河南省高校科技创新人才支持计划项目（人文社科类2021-CX-016）
河南省哲学社会科学规划年度项目（2020BJJ018）
河南大学校级教改项目教师教学发展专项（YB-JFZX-08）
河南大学2021年度本科教学改革研究与实践项目（HDXJJG2021-034）
2022年度河南大学研究生教育教学改革研究与实践项目（YJSJG2022XJ028）
河南大学研究生培养创新与质量提升行动计划项目（SYLKC2022003）

中原城市群的战略推进与整合组织

科学理念、规划实施与整合发展

丁志伟◎著

The Strategic Advancement and Conformity Organization of Central Plains City Group

中国经济出版社
CHINA ECONOMIC PUBLISHING HOUSE
北京

图书在版编目（CIP）数据

中原城市群的战略推进与整合组织：科学理念、规划实施与整合发展 / 丁志伟著．--北京：中国经济出版社，2022.7

ISBN 978-7-5136-6989-4

Ⅰ．①中… Ⅱ．①丁… Ⅲ．①城市群-城市发展战略-研究-河南 Ⅳ．①F299.276.1

中国版本图书馆 CIP 数据核字（2022）第 117570 号

本书地图审图号：GS 京（2022）0080 号

责任编辑　丁　楠
责任印制　马小宾
封面设计　久品轩

出版发行　中国经济出版社
印 刷 者　北京科信印刷有限公司
经 销 者　各地新华书店
开　　本　710mm×1000mm　1/16
印　　张　26.5
字　　数　400 千字
版　　次　2022 年 7 月第 1 版
印　　次　2022 年 7 月第 1 次
定　　价　98.00 元
广告经营许可证　京西工商广字第 8179 号

中国经济出版社　**网址** www.economyph.com　**社址** 北京市东城区安定门外大街 58 号　**邮编** 100011
本版图书如存在印装质量问题，请与本社销售中心联系调换（联系电话：010-57512564）

序

都市圈、城市群是21世纪推进中国城镇化与社会主义现代化的重要地域载体，对促进世界城市体系的建设、全球经济社会新秩序的建立具有重要的现实意义。为了进一步促进中国城市的高质量建设、城乡融合发展，我国政府出台了多项政策支持城市群建设，不仅有顶层的《国家新型城镇化规划(2014—2020年)》，也有国家发展和改革委员会批复的各类城市群规划。其中，2016年12月《中原城市群规划》正式批复，成为中西部经济社会发展的重要增长极，对支撑“一带一路”倡议、黄河流域生态保护与高质量发展等发挥了重要作用。中原城市群上升为国家战略，作为曾经的参与者与见证者，在喜悦、激动的同时，我更多地想到了其不平凡的演进、发展之路。

时至今日，几年前我曾竭力推动的一项研究工作——以学术的眼光透视中原城市群的昨天、今天、明天，终于化为这本《中原城市群的战略推进与整合组织：科学理念、规划实施与整合发展》！因此，我要郑重感谢这本书的作者，河南大学丁志伟博士，他在百事待举、超常忙碌的人生阶段，始终不忘导师的嘱托，抽出宝贵的时间，终成这本书写学术历史的专著！这又一次证实了学友们的评价：志伟愿意干事，而且能干成事！

河南省现代城镇体系拱卫下的省域城市群——中原城市群，是中原崛起的核心地域板块，当然也是中原学者的一片研究热土。中原学者有一个共同的学术情结：在历史长河里，农耕文化、中原文明孕育了中华民族，金戈铁马、中原逐鹿铸就了中华大地，中原地区为民族的繁兴和国家的大一统做出了无可比拟的贡献，同时也经受了很多磨难。在改革开放的新时期，中原地区却像一位大喘粗气、步履艰难的老英雄：常年为“人口大省”“农业大省”的帽子所累，尽管经济总量排名全国第五，人均经济实力却排在二十几位；改革发展大潮涌动神州，有人却惊呼“中原凹陷”……对家国怀有一颗赤诚之心的中原学者，情何以堪，痛何以堪！

河南省有悠久的城市文明史，早在东汉末年就出现了都城、郡府和县城三级结构的城镇体系雏形。但在北宋以后的800多年间，由于全国政治、经济重心转移，黄河多次泛滥，以及屡遭战争破坏，河南省城镇的成长十分缓慢。中华人民共和国成立后，随着国家政治生活的稳定和区域经济的繁荣，城镇呈现迅速发展的势头。但受小农经济制约，以及关起门来搞初级产品的封闭式专业化和低水平的"遍地开花"式的机械均衡发展的局限，改革开放以后的一二十年，河南省与先进地区的差距越来越大，现代城镇体系一直处于初级发育阶段。

为走出这个恶性循环圈，20世纪80年代中期，部分中原学者提出了一些很有见地的观点。例如，林福瑞等提议开展以郑州为中心的新乡、焦作、洛阳、许昌、开封这一"菱形城市群"的区域规划；杨林军等指出应建立一个网状的多层次的向外辐射的中原城市群，即建立以郑州为中心向外辐射的双环城市结构。20世纪80年代末，部分中原学者不约而同地聚焦中心城市带动战略，提出了若干非均衡发展的设想。例如："单核开发，建设全省增长中心"的设想主张侧重于建设首位城市郑州，依靠其增长极的组织作用带动全省发展；"分区开发，建设六个二级城市体系"的设想主张将全省划分为豫北、豫西、豫西南、豫东南、豫东、豫中等六个子城市体系；"轴线开发，建设沿黄城市带"的设想主张侧重于建设黄河沿岸的八个城市，将其作为带动全省的开发轴，等等。

值得自豪的是，在这个中心带动战略的推进过程中，在李润田教授引领下，以我为核心成员的河南大学学术团队，获批了河南省地理学界第一项国家自然科学基金项目"河南省城市体系的发展机理与调控方法研究"(1988—1993)。我们提出了中原地区"一点三圈"的功能组织模式，提出了"外联内聚"的发展思路，并以郑州为中心，以自内向外逐级放射的动态增长为空间线索，采取圈层式功能组织方式，从而为中原地区的城市群建设打下了理论基础和空间划分支撑。

21世纪初，亿万中原儿女发出国家"中部地区崛起"战略中的最强音——"中原崛起"。但如何崛起，从何崛起？事实证明，按地理方位将河南省分为七大块的"分而治之、遍地开花"式的机械均衡发展无法实现崛起；而以"非均衡发展"为突破口，逐步趋向"相对均衡发展"，是符合科学发展观的新思路。经过多年的探索与实践，“以中原城市群带动中原崛起”的发展道路逐渐成熟。构建河南省现代城镇体系，积极推进新型城镇化，发挥中原城市群的核心增长板块作用，实施中原经济区国家战略，是实现中原崛起的必由之路。2003 年《河南省全面建设小康社会规划纲要》将“中原城市群”确定为河南今后带动经济社会发展的重点区域。2006 年初河南省“十一五”规划纲要提出“加快中原城市群发展，把中原城市群建成带动中原崛起、促进中部崛起的重要增长极”。2007 年河南省发展和改革委员会制定了《中原城市群总体发展规划纲要(2006—2020)》。

政府的这些大动作与中原城市群研究从概念提出走向理论论证、实践验证有密切关系，同时省域城市体系与城市群研究进入蓬勃发展时期，研究成果以激流之势涌现。在诸多研究成果中，我作为第一作者完成的《中原城市群整合研究》一书全面论述了中原城市群发展的基础条件、理论支撑、整合路径等，为推进中原地区的城市群建设贡献了地理学力量。由于该书系统分析了中原城市群未来的建设重点、推进路径，并进行了深入的定性与定量分析、理论与实践上相结合，所以该书获得了河南省首届政府发展研究奖三等奖、河南省教育界科技成果一等奖等奖励，助力了中原地区的城市群建设。

2010 年前后，在河南省“一极两圈三层”的中心带动战略引领下，中原城市群的范围扩展至全省，为其进一步提升内聚、外联力量提供了地域板块载体支撑。其后，河南省着力建设中原经济区，提出了以新型城镇化引领“三化”协调科学发展的中原崛起之路。2011 年 9 月 28 日，《国务院关于支持河南省加快建设中原经济区的指导意见》出台，使得中原地区有了国家级区域经济区战略，为中原地区的高质量发展提供了战略引领和政策支撑。2012 年 11 月，国务院发布了《中原经济区规划(2012—2020 年)》，将中原地区的崛起发展推进到了一个实质性建设阶段。

伴随着国内城市群规划建设的浪潮，长三角、珠三角、京津冀等地区的城市群进入全球建设时代，跨区域、一体化、国际化趋势明显，成为国家经济社会发展的标杆区域。在这样的时代背景下，长江中游、成渝地区纷纷组建跨区域的城市群，打造国家经济发展新的增长极，成为中西部新型城镇化建设的引领区。2015 年 4 月，国务院批复《长江中游城市群发展规划》，将武汉城市圈、长株潭城市群、环鄱阳湖城市群合三为一，努力将长江中游城市群建设成为长江经济带重要支撑、全国经济新增长极和具有一定国际影响的城市群。2016 年 3 月，国务院常务会议上通过的《成渝城市群发展规划》，旨在引领西部新型城镇化和农业现代化。在这种形势下，在中原经济区建设的引领下，河南省联合周边四省，组建跨区域的城市群，以进一步提升中原城市群在中西部新型城镇化建设中的影响力。2016 年 12 月，国务院批复《中原城市群发展规划》，使得中原城市群成为国家第七个批复的城市群规划，也使得其具有促进中部地区崛起、推进新型城镇化建设、拓展全国经济发展新空间的重要战略意义。

从 20 世纪 80 年代的中原城市群理论缘起与战略启蒙，到 2016 年《中原城市群发展规划》，中原地区的现代化城镇体系建设已经走过了 30 多个春秋；从 2006 年河南省正式提出中原城市群战略，到而今的中原城市群规划建设，亦有 10 多年的不凡历程。在这个演进的过程中，我从力壮气盛的中原汉子变成了时常感叹“廉颇老矣”的退休者，心中始终不能放下中原城市群建设，个中滋味也非一时半会能说得清楚。然而看到这本《中原城市群的战略推进与整合组织：科学理念、规划实施与整合发展》，感慨涌上心头。虽然有我的一份执着与催促没有落空的宽慰，但更多的是感到年轻的中原学者拼搏向上的澎湃动力，感到了他们钟情于中原城市群研究不竭的知识能量。该书不仅从理论上剖析了中原城市群建设的来源、支撑、整合，而且从中国城市群建设的时代使命出发，分析中原城市群的时空演化、规划建设、空间拓展，还从新型城镇化、“六化”协调、战略推进、整合路径等进行具体建设措施分析，着实把中原城市群研究推向一个新的高度，对中原儿女心心念念的中原崛起有着实实在在的借鉴价值。尤其欣慰的是，我历来倡导的“中原城市—区域综合发展研究团队”的学术宗旨——“理论上站得住脚，实践上行得通”，在这本书上得到鲜明体现。为人师者，夫复何求！

看着眼下这本沉甸甸的学术成果，我不禁再发感慨：志伟博士是在出色承担河大地理与环境学院区域与城市科学系主任、圆满完成繁重教学科研任务的同时做了这样一件并非必需的大事，其间还主持有省部级项目，发表了多篇核心论文，获得了一些有分量的奖励。这是什么？这是一份传承的力量！这是一份学者的坚持！这是一份浓浓的师生情谊！志伟说要将这本书作为今年教师节的礼物送给我，致敬老师这么多年对中原城市群的执着追求与辛勤耕耘。我想，这正是中原学者的高尚情怀，也是河南大学学术精神的力量传递！

值此图书付梓之际，特为之序！

王发曾①

2022 年 6 月

于河大园

① 河南大学原副校长

前 言

受连续的阴雨天气和“7 · 20”河南暴雨的影响，天气显得有些阴沉。我不喜欢这种天气带来的周遭环境影响，因为很压抑。但是，此刻我对着计算机屏幕，心里甚是欢喜，因为完成了一件重要的事情，有种如释重负的感觉。为什么有如此大的反差，这还得从一项重任聊起。2016 年 12 月《中原城市群发展规划》的发布，标志着中原城市群的规划建设进入了实质性推进阶段。2017 年 1 月，我的导师王发曾教授得知此事后心里十分激动，作为中原经济区、中原城市群方面的省内专家，他参与过很多次学术论坛和政府组织的会议，可以说为中原地区的发展“操碎了心”。一个例子就是，因为心中放不下中原地区的崛起，所以花甲之年的他由陈润儿省长颁发聘书，被河南省人民政府继续聘请为城乡规划委员会委员，想持续贡献自己的老骥之力。正如他在微信签名中所说：“中原崛起是中原民心的时代呼唤。”大概是 2017 年 4 月前后，在一次会议期间，讨论中原地区其他发展问题时，王老师话锋一转突然说：“我们研究中原城市群有 30 多年了，《中原城市群发展规划》出台也有一段时间了，我们那本影响力很大、获了很多奖项的《中原城市群整合研究》的著作也有 10 年时间了。趁着中原城市群规划推进正热，我们再出一本反映中原城市群研究三十年沉浮的书吧！这事儿交给年轻一代吧，由丁志伟负责，张改素和毛达协助。”突然受命，让我有些应接不暇，因为近些年我在推进新的研究课题——大数据与电商经济，有一堆项目和任务需要完成。然而，老师如此重视中原地区的规划建设，就鼓起勇气应下来了。

我记着依旧是一个雨天，我和张改素、毛达讨论决定了撰写计划和著作提纲，完善格式后就给王老师发过去了，等待消息确定后准备开始推进。过了一个多星期，突然接到王老师的电话，说是提纲深度不够，反映不出三十年来中原城市群的战略演进，并且重新给我们的专著确定了方向、讲解了提纲重点，足见导师对这本书的重视程度。后来，我熬了三天，认真梳理了老师指示的重点，重新确定了提纲，再次给导师发了过去。然而，王老师对此的反馈还是一般，让我进一步完善后投入撰写。他说：“你们已经毕业了，不受约束，紧着空余的时间推进，不要推得太晚就可以。”后来，由于著作撰写的推进工作一直较慢，两名协助人员也有一堆事脱不开身，所以我就主动“揽活”，由我来单独完成著作的撰写工作。声明一下，我主动要求写这本书的原因有二，一是我执笔列的提纲，所以对内容深度有大致的预期，局部章节可以调整；二是我的硕士、博士毕业论文就是研究城市—区域综合方向的，所以写起来可能更得心应手。

但是，进入写作阶段才发现，这么大的一个任务，要想在几个月内完成，几乎是不可能的。一方面，很多内容需要理论深度，还有很多内容需要定量计算；另一方面，人文—经济地理学已经进入了计量分析、空间分析的时代，需要进行相关模型的构建和图件的分析。为了更好地推进著作的撰写工作，我在教学之余和科研主要任务之外，忙里偷闲地展开撰写，但时间零零碎碎，加上没有系统时间投入，撰写工作进展并不顺利，直到2020年底才完成了核心的几个章节。后来，我给硕士、博士研究生上“城市区域可持续发展”课时，就以中原城市群为案例进行深入分析，以书稿核心内容认真准备了教案并进行了课堂讲解，使得我对内容深度有了更好的把握，撰写工作才有了新的进展。进入2021年，我感觉时间越来越紧迫了，已经过去三四年了，老师虽然不催，但就以博士研究生毕业而言，也该延期了，因此，我下定决心全方位投入写作，以期早日完成这桩心愿。2021年9月1日，我终于完成了合成稿，心里也就有了前述如释重负的感觉，心里的“晴”比窗外的雨好多了，算是守得云开见月明。

本书主要分为三个部分，第一部分是城市群发展的科学概念和规划理念，即第一章，剖析城市群的概念内涵和中国推进意义。第二部分是中原城市群的战略演进过程，从发展基础、发展历程、学术研究进展、发展现状、空间范围拓展等方面进行剖析，包括第二、三、四、五、六章，以分析中原城市群从过去到现在的基本情况。第三部分是中原城市群整合推进的分析，主要包括四大方面内容：首先，通过理论分析构建了城市群空间整合推进的理论框架，也就是第七章内容，即从内聚、外联、区域支撑三个维度进行推进；其次，第八、九、十章从内聚层面分析了中原城市群的核心区组织；再次，第十一、十二、十三、十四、十五章从建设现代城镇体系的层面出发，剖析了中原城市群的外联组织；最后，第十六、十七、十八、十九章从主体区与外围区互动、城市功能地位、规划分区、乡镇差异等层面分析了中原城市群的区域支撑。值得一说的是，由于是战略演进分析，必然涉及诸多规划如2006年《中原城市群总体规划纲要》、2012年《中原经济区规划》、2016年《中原城市群发展规划》等内容的解读，所以本书引用了很多规划文本内容和政府文件；同时，由于本书是对我们河南大学中原城市—区域综合发展研究团队"中原城市群"方面的梳理和总结，也必然涉及一些团队的内容和自己撰写的成果，在文中我会一并说明。

围绕中原城市群，中原学者在中原地区展开了一系列研究，并获得了丰硕成果。本书研究成果旨在分析中原城市群战略的时空演进与整合发展路径，重点从人文—经济地理视角进行空间组织研究，若有不足之处还请读者多多批评指正！感谢河南大学地理与环境学院，河南大学区域发展与规划研究中心、环境与规划国家级实验教学中心，黄河中下游数字地理重点实验室等机构领导、同事、同学的关心和支持！希望本书的完成能为更名后的"地理与环境学院"人文—经济研究团队贡献中原崛起的力量，贡献黄河流域生态保护和高质量发展的中原支撑，也希望本书能为谱写中原地区更加绚丽的新篇章、构筑更加美丽的现代化河南新格局提供理论和实践支撑。感谢我指导的研究生参与著作部分章节模型计算、资料收集、图件绘制、文字校对等方面的工作，尤其对赵芮、马芳芳、胡益平、崔誉、李志远表示感谢，希望你们在这个过程中有新的成长，以及对中原地区有更深厚的爱。感谢我的爱人张改素老师对著作顺利完成提供了各项保障，在这里说声你辛苦了！最后感谢参与文字编辑和出版的中国经济出版社的编辑老师！

再次说明，因学识、能力、专业等所限，本书难免有不妥或者谬误之处，敬请读者多多指正！

文至最后，也将这本书作为不一样的礼物送给我的导师王发曾教授！您辛苦了，学生一定再接再厉，为我们河南大学中原城市—区域综合发展团队继续贡献自己的力量，不辜负老师的谆谆教诲！

2021年9月10日
河南大学地理与环境学院人文楼306室

目录

第一章　城市群的科学概念与规划理念

由于城市群建设既有学术上的缘起、争鸣和共识，也有现实推进中的政府建设诉求，所以城市群的概念内涵具有多维性。从追根溯源的角度，分析城市群的概念缘起、科学内涵和规划理念，能厘清学术层面关注的重点和实践推进的要点，从而为具体的城市群建设提供理论和实践支撑。因此，本章首先从城市群的概念缘起说起，其次剖析城市群的概念本质，最后基于中国城市群建设的推进过程和规划文件，解读城市群的中国推进特色，阐明中国城市群建设的时代意义和规划引领价值。

一、城市群的概念缘起

伴随着城市与区域关系的演进，组成城市—区域的系统结构由点状离散式的联系逐渐向点轴式、串联式和网状式演化，城市与城市之间的联系、城市—区域的互动也逐渐向高级阶段演化。此外，城市—区域关系演进和空间结构演化的同时，以核心城市为支撑的、以现代化交通方式为串联的城市—区域系统不断完善，演变出很多不同类型的地域综合体。一般而言，以一个国家中心城市或者区域中心城市为支撑，借助于现代化产业分工和高效的通勤联系，在中心城市周边会逐渐形成小范围的城市经济影响区或者城市结节区。在城市经济影响区或者城市结节区的作用下，中心城市与周边的卫星城镇、乡村会逐渐形成一个职能分工明确、城乡密切互动、经济相对一体化的地域组织，即我们提及的都市区或者都市圈。关于都市区和都市圈的概念差异，这里暂且不提，后面章节有专门论述。关于一体化的地域组织又可以追溯至1965年艾比尼泽·霍华德(Ebenezer Howard)的田园城市或者1915年帕特里克·盖迪斯(Patrick Geddes)的城市综合体，其表征的概念内涵是基于城市布局、城市联系和城市内部规划的理想模式和完美构思，带有强烈的一体化组织模式理念。伴随着城市—区域系统的演进，都市区的概念在国外经常提及，其表征的是一个大的人口核心以及与该核心具有高度的社会经济一体化倾向的邻接社区的组合，一般是以县(County)为基本单元。在都市区(Metropolitan Area)概念应用方面美国具有代表性，其1910年就有都市区的概念，

1949 年正式提出将此概念应用至国情普查并建立标准都市区（Standard Metropolitan Area，SMA），1956 年将都市区的标准进一步细化（SMSA）并延续应用至 1980 年，之后又改回至都市统计区（MSA）（顾朝林，2007）。听起来似乎很复杂，但其概念本质就是基于都市区概念的一种政府标准，也符合美国城市的特点和发展规律。最早美国认定都市区标准时提出，每个 MSA 必须有一个至少 5 万人以上的中心城市或者包括一个至少 5 万人的城市化地区，并满足都市区的总人口数量至少 10 万。一个 MSA 由中心县（Central County）和外围县（Outlying County）组成。当然中心县和外围县也有人口、经济、就业、空间等具体的衡量指标，在这里就不细表。也就是说，都市区是美国等发达国家衡量城市都市化现象的一种称呼，也是测度中心城市区域与外围联系的一种城市功能地区。

需要指出的是，国外都市区地域系统标准的核心测度指标是非农业活动的绝对占比与中心县—外围县的总体规模和内在联系，其更多的要求是就业能力的保证（非农劳动力）和通勤的有机保障（就业联系）。随着城市化、都市化进程的加快，都市区的界定标准对中心县、外围县的各项指标也提出了新的要求。例如，满足人口在 100 万以上的包括有两个或者两个以上城市化地区的 MSA 复合体，需要进一步定义出他们的组成部分“基本都市统计区”（Primary Metropolitan Statistical Area，PMSA），包含几个 PMSA 的都市区复合体则称为“结合都市统计区”（Consolidated Metropolitan Statistical Area，CMSA）。无论是 MSA、PMSA 还是 CMSA，都是都市区概念的延伸和具体统计方式，也是为了统计方面的需要。由于美国城市和乡村具有其自身特点，所以城乡概念应用不广，而都市区和非都市区更能体现时代特色和发展之变，因此都市区的提法和统计更接近美国大众的感知和认知。

为了将中国城市的功能地域概念与国际通用概念相接轨，又考虑到通勤指标不适合在中国使用（周一星、史育龙，1995），周一星曾建议我国都市区的界定方案为：第一，都市区是由中心市和外围非农化水平较高、与中心市存在密切社会经济联系的邻接县（市）两部分组成；第二，凡城市实体地域内非农业人口规模在 20 万以上的地级市可视为中心市，有资格设立都市区。第三，都市区的外围地域以县级区域为基本单元。外围地域原则上需同时满足以下条件：一是全县（或县级市）的 GDP 中来自非农产业的部分在 75%以上；二是全县社会劳动力总量中从事非农业经济活动的占 60%以上；三是与中心市直接毗邻或与已划入都市区的县（市）相毗邻；四是当中心市为小郊区城市时（一般为“切块设市”的市），中心市的非农化水平能满足第三条规定的非农化水平指标，当中心市为大郊区城市时(一般为“整县设市”的市)，整个市区还需满足第三条规定的非农化水平指标；五是如果一县(市)能同时划分到两个都市区则确定其归属的主要依据是行政原则(视其行政归属而定)，在行政原则存在明显不合理现象时(如舍近求远)，采用联系强度原则(依据到各个中心市的客流量取最大者而定)。

之所以上面讲这么多城市—区域演进和都市区的相关知识，是为深入理解城市群概念而做铺垫的。再强调一下，都市区的概念更多的是表达单中心城市或者大型城市与其周边关系的一种功能系统，那么两个都市区组合或者连绵怎么表达呢？这就是都市带或者大都市带。由两个或者两个以上都市区首尾连成一体，它们在经济、社会、文化等各个方面又存在密切的交互作用，这样的巨大城市地域复合体叫作大都市带。这一概念是1957年法国地理学家吉思·戈特曼在研究美国东北部大西洋沿岸的城市密集区以后，提出的一种衡量世界上人口规模大、现代化发育水平很高的都市连绵带或者城镇密度区的一种称呼(Jean Gottmann，1957)，其英文单词“Megalopolis”就是非常大、超乎想象的城市。大都市带的地域组织有这样几个特点：一是多核心。区域内有若干个高人口密度的大城市核心，每个大城市核心及其周围郊区县之间存在着以通勤流为主要指标的紧密社会经济联系且组成一连串的都市区。各大城市核心之间的低人口密度地区，多为集约化农场、开阔林地、零星分布的牧场和草地。这些非城市性用地为城市人口提供休憩场所和食品供应。二是交通走廊。这些大城市核心及都市区沿高效率的交通走廊而发展，开始是铁路，进而是高速公路，它们构成大都市带空间结构的骨架，把各个都市区连接起来，没有间隔。三是密集的交互作用，不仅都市区内部，中心城市与周围郊区之间有密集的交互作用，都市区之间也有着密切的社会经济联系。四是规模特别庞大。戈特曼以2500万人口作为大都市带的规模标准。五是国家的核心区域。它集外贸门户职能、现代化工业职能、商业金融职能、文化先导职能于一身，成为国家社会经济最发达、经济效益最高的地区，甚至具有国际交往枢纽的作用。看到上述的界定标准，很多学者或者学生就不免想到全球人口密集分布、经济水平发展、城乡互动密切的六大区域，即美国的波士华、美国的五大湖沿岸、日本太平洋沿岸、英格兰中部、西北欧地区、中国的上海。毫无疑问，上述六个区域也就是大都市带在世界范围的主要区域。此外，特伦斯·麦吉提出亚洲地区的亚洲城乡融合区 Desakota Area(Terence McGee，1991)和杜克西亚迪斯提出欧洲地区未来的世界性大都市带设想(C. A. Doxiadis，1970)，也都是大都市带概念在不同国家、不同学者眼中的不同形式。

概念至此，还得再说一下周一星将都市区中国化对应提出的一个词叫作都市连绵区，虽然认可程度与现行的都市圈、城市群不能相比，但该概念的确能反映大都市区在中国的实际（史育龙、周一星，1997；周一星、曹广忠，1999）。1986 年，周一星在分析中国城市概念和城镇人口统计口径时，提出了都市连绵区这一概念，以与国外普遍使用的大都市带（Megalopolis）这一概念相对应（周一星，1986）。周一星所指的都市连绵区是以都市区为基本组成单元，以若干大城市为核心并与周边地区保持强烈交互作用和密切社会经济联系，沿一条或多条交通走廊分布的巨型城乡一体化地区。一般而言，都市连绵区的形成有五个必要条件：一是具有两个以上人口规模超过百万的特大城市作为发展极；二是有对外口岸；三是发展极和口岸之间有便利的交通干线作为发展走廊；四是交通走廊及其两侧人口稠密，有较多的中小城市；五是经济发达，城乡间有紧密的经济联系。都市连绵区成型也有五个指标：一是具有两个以上人口规模超过百万的特大城市作为发展极，且其中至少一个城市具有相对较高的对外开放程度，具有国际性城市的主要特征；二是有相当规模和技术水平领先的大型海港（年货物吞吐量在 1×10^8 吨以上）和空港，并有多条定期国际航线运营；三是区域内拥有由多种现代运输方式叠加形成的综合交通走廊，区内各级发展极与走廊之间有便捷的陆上手段；四是区内有较多的中小城市，且多个都市区沿交通走廊相连，总人口规模达到 2500 万以上，人口密度达到 700 人/平方千米以上；五是组成连绵区的各个都市区之间、都市区内部中心与外围县之间存在密切的社会经济联系。关于其中的人口指标，周一星指出总人口规模达到 2500 万，是与戈特曼坚持的下限指标一致；700 人/平方千米的密度指标显著高于戈特曼建议的 250 人/平方千米的标准，这是基于中国仍是一个经济发展水平较低的人口大国的基本国情而设计的。当然由于中国的城镇化进程加快、中国的都市区连绵度不断增强，所以上述指标的适应性也在进一步调整。

那么城市群的概念是什么呢？城市群就是在都市区、大都市带、大型城镇密集区等概念基础上，结合中国特色演变而来的。一般认为，都市区、大都市带是城市群的“前期”“国外”提法，是城市群概念的缘起，这也符合城市—区域系统演化的规律。关于中国城市群中的“群”，本人认为，就是“大”“超大”的一种口语化、形象化的表达，与外文中“Mega”基本一致，只不过国内外的语境和表达方式不同而已。当然，中国对“大”的提法虽有很多，但“群”更能表达出“内在联系”“众多庞大”的意思，所以城市群更符合中国人的口味。

二、城市群的概念本质

提到城市群的概念，不同学者看法不一，既有基于中心城市的核心辐射影响、现代化交通网络连接、城市—区域互动等视角展开的城市—区域功能地域界定，也有基于都市区、都市带、都市连绵区等中心城市演进视角的解释，还有基于人口集聚、通勤联系、产城互动、城乡融合等方面的综合指标界定（姚士谋、陈振光、叶高斌等，2015）。与城镇化（Urbanization）等城市地理学概念一样，由于城市群相关的都市区、都市带的研究很多，翻译的差异、区情的差异等较大，所以中国城市群概念的学术理解和现实应用差异也很大。宁越敏认为中国城市群的概念最初来自宋家泰、崔功豪等人于1985年编著的《城市总体规划》（宁越敏，2016），该书对城市群下的定义是：多经济中心的（指同一级，或称“城市群”）城市区域，如苏锡常、长株潭、沈鞍抚本辽，甚至扩而大之，像京津唐地区都是。同时，该书指出，大城市及其周围小城镇或卫星镇的结合，可视为城市群类型的变型。国内学术界最早的城市群概念是姚士谋在1992年提出的，其《中国城市群》已修订四版，成为中国城市群研究的引领者。姚士谋认为城市群并不是孤立封闭的体系，而是与邻近区域内、特别是经济发达的城镇密集区的特定区域范围内不同规模的城市（镇）有着密切联系，依托优越的自然环境基础和发达的交通运输体系以及信息网络形成的一个比较完整的有机整体（姚士谋、陈振光、朱英明等，1992）。

关于城市群的概念还有诸多提法，现就中国地理学会城市地理专业委员会主要的代表性人物进行总结。其中，许学强总结20世纪80年代以来中国城市地理学研究进展时指出，城市带（都市区与都市连绵区）是城市群的高级层次（许学强、周素红，2003），姚士谋等的《中国城市群》则是对城市带和城市群研究的系统成果（姚士谋、陈振光、朱英明等，1992），其概念如前文所述。许学强、周一星、宁越敏在其编著的《城市地理学》中进一步指出，城市群这一名词由姚士谋首先提出来以后，在我国得到了广泛的应用并写入国家“十一五”规划（许学强、周一星、宁越敏，1997）。该书指出城市群是指在特定的地域范围内具有相当数量的不同性质、类型、等级规模的城市，依据一定的自然环境条件，以一个或两个超大或特大城市作为地区经济的核心，借助于现代化的交通工具和综合运输网的通达性，以及高度发达的信息网络，发生与发展着城市个体之间的内在联系，共同构成一个相对完整的城市“集合体”，即为城市群。同时该书指出城市群的提出和应用存在两处先天不足，一是没有界定指标，划定城市群范围的任意性太大，空间尺度的概念不明确。

小到一个矿业城市的矿工居民点群体，大到 10×10^4 平方千米、5000 多万人的长江三角洲城镇群体，都可以被认为是一个城市群；二是赋予城市群的英文译名为“Urban Agglomerations”，而“Urban Agglomerations”在国际上恰恰指的是都市区范围内的城镇集聚体，中英文内涵的差异很大。陈彦光、姜世国针对中英文翻译的争议专门发表了《城市集聚体、城市群和城镇体系》，认为城市群的英文译名应该是 System of Cities（城镇体系），而不是 Urban Agglomeration（城镇集聚体）（陈彦光、姜世国，2017）。他们指出城市群概念产生的根源在于国内城镇体系定义的失度——人们误以为一个区域的城镇集合不能轻易地视之为城镇体系，只好叫作城市群；同时指出城镇体系的简易定量方法是位序—规模分布和异速标度分析：只要一个区域的一群城市服从位序—规模分布法则和异速标度律，就可以称为城镇体系。暂且不论表达的争议，其概念的混淆和混用映射出中国城市群翻译的误用和不准确。

宁越敏认为中国城市群是在城市密集地域、都市带概念基础上提出的具有中国特色的地域综合体（宁越敏，2016），同时指出目前一些城市群的研究缺乏界定且空间尺度差异过大，由此或导致规模小的城市群经济总量过低，难以起到带动区域经济增长的作用；或城市群圈定的范围过大，致使城市群整体发展水平较低，内部的区域差异较大。鉴于城市群具有引领区域经济增长的作用，而这种作用的发挥需要城市群具有一定的规模和经济实力，所以宁越敏给出了界定城市群的六条标准：一是以都市区作为城市群的核心。由于中国城市的行政区划不能反映城市实体地域的大小，有必要引入城市功能地域即都市区的概念。一个城市群至少有两个人口规模百万以上大都市区作为发展极，或至少拥有一个人口规模在 200 万以上的大都市区。二是大城市群的总人口规模达 1000 万以上。三是应高于全国平均的城市化水平。四是沿着一条或多条快速交通走廊，连通周边有着密切社会、经济联系的城市和区域，相互连接形成的巨型城市化区域。五是城市群的内部区域在历史上要有较紧密的联系，区域内部要有共同的地域认同感。六是作为功能地域组织的都市区缺少相应的经济统计数据，而地级市能够提供较为齐全的统计数据，因此城市群的组成单元以地级市及以上城市型行政区为主，包括副省级市、直辖市（重庆的市域规模相当于省，只计算核心地区），个别情况下包括省辖市，如中原城市群的济源市，武汉城市群的仙桃、天门、潜江三市。

周一星基于城市群的概念本质，结合定量指标和定性的解释，曾提出中国城市群界定的五大标准（周一星，2007）：一是有两个以上人口规模超过 100 万的特大城市作为发展极，其中至少一个城市具有相对较高的对外开放度，具有国际性城市的主要特征。二是有相当规模和技术水平领先的大型海港（年货运吞吐量大于一亿吨）和空港，并有多条定期国际航线运营。三是有多种现代运输方式叠加而成的综合交通走廊，区内各级发展极与走廊之间有便捷的陆上运输手段。四是有数量众多的中小城市，且多个都市区沿交通走廊相连，总人口规模达到2500万人，人口密度达到700人/平方千米。五是组成都市连绵区的各个城市之间、都市区内部中心市和外围县之间存在紧密的经济社会联系。由于周一星界定的标准主要从都市区、国际化、现代交通联系等指标展开，所以按照该标准形成的大型城市群较多且主要集中在沿海一带。

姚士谋等结合中国城市群的特色、中国的城镇化进程、经济社会综合发展水平等指标，给出了中国城市群界定的十条标准（姚士谋、陈振光、朱英明等，1992）：一是城市群区域总人口超过1500万~3000万人；二是城市群内特大超级城市不少于两座；三是区域内城市人口比重大于35%；四是区域内城镇人口比重大于40%；五是区域内城镇人口占省区比重大于55%；六是城市群等级规模结构完整，形成五个等级；七是交通网络密度：铁路网络密度为250万~350万千米/平方千米，公路网密度为2000万~2500万千米/平方千米；八是社会消费品零售总额占全省比重大于45%；九是流动人口占全省、区比重大于65%；十是工业总产值占全省、区比重大于70%。

作为中国城镇化战略研究方面的专家学者，方创琳在参与国家城镇化规划、国家重大战略时，结合中国未来城镇化的建设重点、发展趋势等，也给出了城市群界定的标准（方创琳，2014）。2010年首次公布中国城市群发展报告时，其界定的标准如下（方创琳、姚士谋、刘盛和等，2010）：一是城市群内都市圈或大城市数量不少于三个，其中作为核心城市的城镇人口大于100万人的特大或超大城市至少有一个；二是城市群内人口规模不低于2000万人，其中城镇人口不少于1000万人，区域城镇化水平大于50%；三是城市群人均GDP（国内生产总值）超过3000美元，工业化程度较高，一般处于工业化中后期；四是城市群经济密度大于500万元/平方千米，经济外向度大于30%；五是城市群铁路网络密度为250万~350万千米/平方千米，公路网密度为2000万~2500万千米/平方千米，基本形成高度发达的综合运输通道；能够形成半小时、1小时和2小时经济圈（核心城市到紧密圈外围的时间不到半小时，发车频率在10分钟左右，视为半小时经济圈，到中间圈外围的时间不到1小时，发车频率在20分钟左右，视为1小时经济圈，到外围圈的时间不超过2小时，发车频率在30分钟左右，视为两小时经济圈）；六是城市群非农产业产值比重超过70%；七是城市群内核心城市GDP的中心度大于45%，具有跨省级的城市功能。考虑到工业化城镇化进程、国际化程度以及地区文化的认同感，方创琳在2016中国城市群发展报告将指标标准扩大为十项（方创琳、姚士谋、刘盛和等，2016），分别为：一是城市群内都市圈或大城市数量不少于三个，其中作为核心城市的超大城市（市区常住人口大于1000万人）或特大城市（市区常住人口介于500万~1000万人）至少一个；二是城市群内人口规模不低于2000万人；三是城市群内城镇化水平大于60%；四是城市群人均GDP超过10000美元，工业化程度较高，一般处于工业化中后期；五是城市群经济密度大于1500万元/平方千米；六是城市群内形成高度发达的综合运输通道和半小时、1小时和2小时经济圈；七是城市群非农产业产值比重超过70%；八是城市群内核心城市GDP的中心度大于45%，具有跨省的城市功能；九是城市群的经济外向度大于30%，承担着世界经济重心转移承载地的功能；十是城市群内各城市的地域文化认同感大于70%以上，具有相似的地理环境和地域文化环境。

中原城市群研究方面的专家学者王发曾认为城市群的概念本质应涵盖以下三个方面（王发曾，2007）：首先，城市群是在城镇化过程中，在特定的城镇化水平较高的地域空间里，以区域网络化组织为纽带，由若干个密集分布的不同等级的城市及其腹地通过空间相互作用而形成的城市—区域系统。其次，该系统接受一个或几个大城市核心的组织和协调，不同层次的城市地域单元之间存在着相应的内在联系，系统内部的城市体系和劳动地域分工体系相对较为成熟。最后，城市群的出现，是生产力发展、生产要素逐步优化组合的产物。每个城市群一般以一个或两个经济比较发达、具有较强辐射带动功能的中心城市为核心，由若干个空间距离较近、经济联系密切、功能互补、等级有序的周边城市共同组成。他同时指出，当前中国城市群的研究应在概念界定、范围界定、标准界定的基础上，更多地关注于城市群的整合，以体现战略诉求和地方经济振兴的最终目的。

陆大道指出，当前中国城市群的研究应综合分析国内外专家有关都市区、都市圈、城市群、都市连绵区等的判断指标和标准，在吸收各家相关权威指标和标准的基础上，充分考虑中国所处的城市化发展阶段、中国城市化在经济全球化时代的重要地位和国际地位，以及中国城市群形成发育中政府主导的国家特色（陆大道、姚士谋、刘慧等，2007）。笔者认为，诸位专家学者对城市群概念本质是相对一致的，基本上都强调中心城市的引领性和带动性，空间扩展的联系性和趋势性，现代化交通方式的便捷性与串联性，城乡联系的融合型和互促性，整体地域功能的完整性和系统性，是一个依托核心城市的综合竞争力和对外辐射性，借助于现代化交通方式和便捷的通勤联系，形成的一个经济高效联动、社会交流密切、科技引领发展、地域文化认同等多方面较为一致的地域功能体或者城市—区域系统。由于大城市核心是不断成长的，其辐射范围和带动效应也是不断变化的，所以城市群基于这类特殊的动态变化进行空间范围识别是一个很复杂的问题，无论采用何种识别标准和方法得出的城市群空间范围都是相对的。从严格意义上讲，由于城市群的空间辐射范围一直处于动态变化之中，所以不可能画出绝对明确的界限。尽管如此，对于城市群空间范围识别的研究还是十分必要的，因为确定相对比较明确的范围，对于制定城市群经济社会发展战略和城市群区域规划具有十分重要的现实意义。

鉴于中国目前出现的城市群规划与建设的热潮，为了防止城市群建设中的盲目圈地、脱离实际、拔苗助长、相互攀比、追求政绩等问题，在实际工作中，有必要规范中国城市群的划分标准。建议国家相关部门立足中国实际情况，组织编写中国城市群相关规范，在规范中首先明确城市群的界定标准和划分方法，便于用同一把尺子区分度量全国不同大小、不同空间尺度的城市群。特别是当前信息社会快速发展时代以及我国政府高度重视新型城镇化发展规划的情况下，在界定相对精准范围的基础上进行城市群的规划建设，不仅利于促进国家城镇化重点地区的经济社会健康持续发展，也有利于促进国家整体城市群体系的健全与完善。

三、城市群的中国推进

如前文所述，20 世纪 80 年代，大型城市、省会城市与其周边的互动已经成为中国学术界研究的一个聚焦点，“打造都市区”“建设都市区”“形成相互联系的城市群体”等词眼时有出现，反映出中国学者对中国城镇体系建设、城镇化推进研究的一片热忱(杨吾扬，1987；顾朝林，1992；顾朝林、张勤，1997；顾朝林，1999)。可以说，城市群是城镇化进程中出现的一种高级城镇空间组织形式，在区域经济社会发展中占据着重要的战略地位，发挥着巨大的牵引和推动作用。20 世纪 90 年代，国家经济建设的热点区、城镇化推进的重点区如长江三角洲、珠江三角洲、京津冀等区域已经是某种意义上的城市群，因此关于上述区域的城镇体系、城市功能组织、城镇化水平评价论文相对较多(马恩成、蒋励、彭力等，1995；许学强、叶嘉安、张蓉，1995；姚士谋，1995；姚士谋、陈爽、汤茂林等，1999；徐永健、许学强、阎小培，

2000）。随着中国城镇化、工业化、农业现代化进程的加快，姚士谋等提出城市群概念后，中国建设城市群的论述或者报告在各级政府不断呈现。时代的前行，学者的跟进，中国城市群成为助力地方经济建设、提升区域尤其是中心城市竞争力的重要支撑。21 世纪初，中国全面建设小康社会、构建和谐社会的宏伟蓝图在神州大地全面铺开，建设资源节约型、环境友好型社会成为各个层面区域经济社会发展的主旋律。在上述建设理念的支撑下，中国已经形成了长江三角洲、珠江三角洲、京津冀等城市群以及一批省域范围内的城市群和类似城市群的城镇密集区，且以城市群和城镇密集区为依托的区域经济显示出了很大的优越性和明显的区域竞争力，不仅取得了显著的发展成就，而且逐渐成为国家城镇化战略的重要内容（姚士谋、周春山、张童等，2017）。

由“计划”转化为“规划”之后，2006 年《中华人民共和国国民经济和社会发展第十一个五年规划纲要》在第五篇“促进区域协调发展”下面的第二十一章“促进城镇化健康发展”第二节“形成合理的城镇化空间格局”中明确提出中国城市群发展的四个战略导向：一是要把城市群作为推进城镇化的主体形态，逐步形成以沿海及京广京哈线为纵轴，长江及陇海线为横轴，若干城市群为主体，其他城市和小城镇点状分布，永久耕地和生态功能区相间隔，高效协调可持续的城镇化空间格局；二是已形成城市群发展格局的京津冀、长江三角洲和珠江三角洲等区域，要继续发挥带动和辐射作用，加强城市群内各城市的分工协作和优势互补，增强城市群的整体竞争力；三是具备城市群发展条件的区域，要加强统筹规划，以特大城市和大城市为龙头，发挥中心城市作用，形成若干用地少、就业多、要素集聚能力强、人口分布合理的新城市群；四是人口分散、资源条件较差、不具备城市群发展条件的区域，要重点发展现有城市、县城及有条件的建制镇，成为本地区集聚经济、人口和提供公共服务的中心。

2011 年《中华人民共和国国民经济和社会发展第十二个五年规划纲要》在第五篇“优化格局促进区域协调发展和城镇化健康发展”下面的第二十章“积极稳妥推进城镇化”第一节“构建城市化战略格局”中针对城市群建设指出：一是要按照统筹规划、合理布局、完善功能、以大带小的原则，遵循城市发展客观规律，以大城市为依托，以中小城市为重点，逐步形成辐射作用大的城市群，促进大中小城市和小城镇协调发展。二是构建以陆桥通道、沿长江通道为两条横轴，以沿海、京哈京广、包昆通道为三条纵轴，以轴线上若干城市群为依托、其他城市化地区和城市为重要组成部分的城市化战略格局，促进经济增长和市场空间由东向西、由南向北拓展。三是在东部地区逐步打造更具国际竞争力的城市群，在中西部有条件的地区培育壮大若干城市群。四是科学规划城市群内各城市功能定位和产业布局，缓解特大城市中心城区压力，强化中小城市产业功能，增强小城镇公共服务和居住功能，推进大中小城市基础设施一体化建设和网络化发展。五是积极挖掘现有中小城市发展潜力，优先发展区位优势明显、资源环境承载能力较强的中小城市。六是有重点地发展小城镇，把有条件的东部地区中心镇、中西部地区县城和重要边境口岸逐步发展成为中小城市。

2016 年《中华人民共和国国民经济和社会发展第十三个五年规划纲要》在第五篇“推进新型城镇化”下面的第三十三章“优化城镇化布局和形态”第一节“加快城市群建设发展”中指出：一是优化提升东部地区城市群，建设京津冀、长江三角洲、珠江三角洲世界级城市群，提升山东半岛、海峡西岸城市群开放竞争水平。二是培育中西部地区城市群，发展壮大东北地区、中原地区、长江中游、成渝地区、关中平原城市群，规划引导北部湾、山西中部、呼包鄂榆、黔中、滇中、兰州—西宁、宁夏沿黄、天山北坡城市群发展，形成更多支撑区域发展的增长极。三是促进以拉萨为中心、以喀什为中心的城市圈发展。四是建立健全城市群发展协调机制，推动跨区域城市间产业分工、基础设施、生态保护、环境治理等协调联动，实现城市群一体化高效发展。

除上述五年一度的经济和社会发展规划对城市群进行了战略部署之外，一年一度的政府工作报告也经常提及。2006 年国家政府工作报告关于《国民经济和社会发展第十一个五年规划纲要（草案）》的说明中就提到，要强调积极稳妥地推进城镇化，发挥城市群的带动和辐射作用，这与国家“十一五”规划中的城市群建设相契合。近年来国家政府工作报告也明确提出要推进新型城镇化，发挥中心城市和城市群的辐射带动作用，这也充分说明了城市群战略在国家城镇体系建设中的重要作用和牵引价值。

《国家新型城镇化规划（2014—2020 年）》更加重视城市群建设，将其作为新型城镇化的重要推进单元，全篇（含目录）50 次提及城市群。一是在该规划中明确中国城市群成为带动我国经济快速增长和参与国际经济合作与竞争的主要平台的同时，也指出中国城市群存在布局不尽合理，城市群内部分工协作不够、集群效率不高等缺点。二是在指导思想中更强调，要根据资源环境承载能力构建科学合理的城镇化宏观布局，以综合交通网络和信息网络为依托，科学规划建设城市群，严格控制城镇建设用地规模，严格划定永久基本农田，合理控制城镇开发边界，优化城市内部空间结构，促进城市紧凑发展，提高国土空间利用效率。三是在优化城镇化布局和形态方面提出，在《全国主体功能区规划》确定的城镇化地区，按照统筹规划、合理布局、分工协作、以大带小的原则，发展集聚效率高、辐射作用大、城镇体系优、功能互补强的城市群，使之成为支撑全国经济增长、促进区域协调发展、参与国际竞争合作的重要平台。四是构建以陆桥通道、沿长江通道为两条横轴，以沿海、京哈京广、包昆通道为三条纵轴，以轴线上城市群和节点城市为依托、其他城镇化地区为重要组成部分，大中小城市和小城镇协调发展的“两横三纵”城镇化战略格局。此外，分章提出要优化提升东部地区城市群（第九章）、培育发展中西部地区城市群（第十章）、建立城市群发展协调机制（第十一章），充分体现出城市群在国家战略布局中的重要地位。

四、城市群的规划

既然城市群作为国家新型城镇化的重要推进单元和地域载体，那么其承担的发展实力和辐射带动作用就显得特别重要，因此国家为落实新型城镇化的现代化战略，必然要推出一系列规划进行建设，以实现国家战略重点区域美好蓝图的逐步落地。这些城市群规划，类型不一，有些是国家明确范围且具有国家发展和改革委员会批文的官方规划，有些是隐含于国家战略地域如经济区、经济圈、经济带之中，还有些是省级政府层面规划建设的城市群。尽管国家级的城市群战略地位突出、发展政策支持力度大、推进和建设进行快，但是地方层面的城市群却显得重视程度不够、发展后劲乏力、规划建设推进慢，因此力争将区域或者地区城市群上升为国家战略成为地方政府的一大重任。为了更清楚地说明城市群在中国各省区的建设和发展情况，下面就大致按照发育程度进行城市群规划建设方面的梳理，也就是对“5+9+6”的模式进行介绍，即 5 个国家级城市群、9 个区域性城市群以及 6 个规划培育型的城市群。

20 世纪 90 年代，京津冀、长江三角洲、珠江三角洲作为国家经济发展的战略核心区，其在政策倾斜、财政支持、先行示范等方面具有优势，加之其人口密度大、经济发展水平、结构演化快，因此其在这个时期已经形成了具有实质意义的城市群，这在姚士谋等著的《中国城市群》就有论述（姚士谋、陈振光、朱英明等，1992）。由于京津地区的城市群环绕渤海湾一带集聚，为振兴以首都为核心环渤海地区建设，1992 年党的十四大报告中提出要加快环渤海地区的开发、开放，将这一地区列为全国开放、开发的重点区域之一。之后，国家有关部门也正式确立了“环渤海经济圈”的概念，并对其进行了单独的区域规划，因此进入 21 世纪“环渤海经济圈”的概念一直被提及。此外，由于北京是我国首都，该区域的都市圈或者说经济区又作为特殊的区域考虑，所以首都经济圈的概念也被提及，在2011年国家发展和改革委员会就启动了首都经济圈的规划和编制工作，在2012年的区域规划审批计划当中，首都经济圈的发展规划更是位居首位。然而由于该概念没有环渤海经济圈、京津冀协同发展等概念的普及性强，所以首都经济圈的规划建设很多时候被掩盖。2014年以来，京津冀协同发展成为环渤海地区一体化发展的新提法，2018年又成为疏解北京非都市功能的国家战略，其战略的实质就是促进京津冀城市群内部的协调和高效运转。2018年11月，在《中共中央 国务院关于建立更加有效的区域协调发展新机制的意见》中明确要求以北京、天津为中心引领京津冀城市群发展，带动环渤海地区协同发展，这就是城市群发展与经济圈协同发展的关系的最好证明。近期习近平总书记针对中国区域协调发展提出了新要求，其重要的一点就指出，要形成几个能够带动全国高质量发展的新动力源，特别是京津冀、长江三角洲、珠江三角洲三大地区，以及一些重要城市群。不平衡是普遍的，要在发展中促进相对平衡，这是区域协调发展的辩证法。换言之，京津冀城市群一直处于规划建设之中，只是不同时期的建设重点不同，规划建设文件的叫法也不同而已。

长江三角洲城市群与京津冀城市群一样，其作为国家战略的核心区，在20世纪90年代就是国家经济发展的核心区，其获取国家层面相关的政策倾斜、战略支持、资金投入就非常多。关于长江三角洲城市群提法，在20世纪90年代就有提及，也是国家实质意义的三大城市群之一，其相关支撑这里不再赘述。1992年6月，“长江三角洲及长江沿江地区经济规划座谈会”建立了长江三角洲协作办(委)主任联席会议，后被更名城市经济协调会，这些都是推进长江三角洲城市群实质建设的区域合作组织。21世纪以来，长江三角洲经济区和长江三角洲城市群均被提及，一个是强调区域经济联系，另一个是强调城市—区域及内部体系，都证明了长江三角洲区域在国家战略中的突出作用。2006年11月《长江三角洲地区区域规划纲要》展开编制工作，2010年国务院正式批准实施的《长江三角洲地区区域规划》将长江三角洲的范围确定为江浙沪。《2010中国城市群发展报告》提出，经过10~20年建设，中国要将“长江三角洲城市群”建成国家综合竞争力最强的世界级城市群，充分肯定了长江三角洲城市群在中国和世界的地位和作用。2014年9月，《国务院关于依托黄金水道推动长江经济带发展的指导意见》发布，进一步指出要促进长江三角洲一体化发展，打造具有国际竞争力的世界级城市群。2015年12月3日，长江三角洲地区三省一市主要领导座谈会在合肥举行。2016年5月11日，国务院常务会议通过《长江三角洲城市群发展规划》。至此，国家层面支持长江三角洲城市群建设的规划出炉，规划范围扩展至26个城市（上海1个、江苏9个、浙江8个、安徽8个），提出培育更高水平的经济增长极，到2030年全面建成具有全球影响力的世界级城市群。2016年之后长江三角洲地区又出台了更具有推进意义的长江三角洲一体化战略，为长江三角洲城市群内部的协同发展提供了更有利的保障。2018年7月，《长江三角洲地区一体化发展三年行动计划（2018—2020年）》正式下发。2018年11月，习近平总书记在首届中国国际进口博览会上宣布，支持长江三角洲区域一体化发展并上升为国家战略。2019年12月，《长江三角洲区域一体化发展规划纲要》正式印发，规划范围为苏、浙、皖、沪四省市全部区域，明确提出要紧扣"一体化"和"高质量"两个关键，带动整个长江经济带和华东地区发展，形成高质量发展的区域集群。时代的巨轮依然前行，可以预见长江三角洲地区的相关的政策支持未来依然是重点，期待长江三角洲城市群未来建设的美好蓝图早日呈现。

作为国家改革开放的窗口点和先行先试示范区，珠江三角洲地区城镇化的进程和现代化都市区建设的步伐均快于内地城市群。由于政策优势、地缘甚至是亲缘关系，珠江三角洲地区的外向型非常明显，形成了外资导向型的工业化、城镇化城市群发展模式。20世纪90年代，以广州和深圳为中心的珠江三角洲城市群就发育的很快，内部城市、城乡之间的交流非常密切，成为引领广东省经济社会发展的示范区。21世纪初期，珠海、佛山、中山、东莞等相继进入大城市之列，城市群体功能呈多样化，交流更加密切，发展为城乡一体、类型完备的多层次城镇体系，双核模式逐渐向网络化、多中心模式演化。2008年广东省印发《珠江三角洲地区发展规划纲要（2008—2020）》，明确提出要进一步探索科学发展模式的试验区，深化改革先行区，扩大开放的重要国际门户，为城市群的内部一体化建设和外部的国家化对接进一步打下了基础。2015年9月，珠江三角洲国家自主创新示范区获国务院批复同意，目标是把珠江三角洲建设成为中国开放创新先行区、转型升级引领区、协同创新示范区、创新创业生态区，这就为珠江三角洲城市群的创新实力提升给予了充分的政策支持。2017年7月，习近平总书记出席《深化粤港澳合作推进大湾区建设框架协议》的签署仪式。2019年2月，中共中央、国务院印发《粤港澳大湾区发展规划纲要》，指出粤港澳大湾区不仅要建成充满活力的世界级城市群、国际科技创新中心、"一带一路"建设的重要支撑、内地与港澳深度合作示范区，还要打造成宜居宜业宜游的优质生活圈，这为该城市群各方面高质量发展提供了发展蓝图。作为国家发育最早、战略意义极为重要的三大建设的世界级城市群，珠江三角洲城市群在诸多方面拥有政策和先行先试优势，可以预见其未来的内部一体化、外部的国际化会进一步强化，也必然成为新一轮对接世界经济的创新合作示范区。

长江中游城市群作为国家级五大城市群的重要组成部分，其发育最早是由省级城市群逐渐演化而来的。先从武汉城市圈说起，其实质意义是指武汉“1+8”都市圈(Wuhan Metropolitan Area)，其以中国中部最大城市武汉为圆心，范围覆盖黄石、鄂州、黄冈、孝感、咸宁、仙桃、潜江、天门等周边八个大中型城市。早在20世纪90年代湖北省就提及以武汉为中心的区域带动战略，即以武汉都市圈为中心辐射带动全省发展，这就为后续的现代化建设都市圈和城市群战略奠定了良好的基础。21世纪以来，以武汉为中心的整体城市—区域战略在中国共产党湖北省第八次代表大会报告中进一步强化，提出了武汉市要着眼于提高综合竞争力，构筑在国际竞争中有比较优势的产业体系和现代化基础设施框架，拓展和完善城市空间布局和功能分区，形成武汉经济圈，更好地发挥对全省的辐射带动作用。2014年2月，《武汉城市圈区域发展规划(2013—2020年)》获国家发展和改革委员会批复。按照规划，武汉城市圈将建设成为全国两型社会建设示范区、全国自主创新先行区、全国重要的先进制造业和高技术产业基地、全国重要的综合交通运输枢纽、中部地区现代服务业中心和促进中部地区崛起的重要增长极。2007年12月，国家发展和改革委员会又批准武汉城市圈和长株潭城市群为全国资源节约型和环境友好型社会建设综合配套改革试验区，使得武汉城市圈的地位进一步得到突显。长株潭城市群的发展历程与武汉城市圈基本类似，20世纪90年代就提出长株潭经济一体化，进入21世纪对长株潭城市群扩容，范围涵盖三市之外的五个城市，形成“3+5”的城市群格局。2006年正式提出“3+5”的城市群战略后，2007年与武汉城市圈共同上升为国家“两型”综合改革试验区。以南昌、九江为核心的城市圈、城市群环绕鄱阳湖，一直是江西省的建设中心，环鄱阳湖城市群的提法由此而生。由于鄱阳湖具有重要的生态功能，加之鄱阳湖城市圈、城市群的建设涉及更广区域的经济社会区域，所以鄱阳湖生态经济区战略构想就“应运而生”。鄱阳湖生态经济区，是以江西省鄱阳湖为核心，以鄱阳湖城市圈为依托，以保护生态、发展经济为重要战略构想的经济特区，其战略规划在2009年12月获国务院正式批复。2013年6月，南昌与抚州签订战略合作协议，提出共建南昌、九江、抚州、赣州的“一圈四化”城市发展战略。2016年8月，《环鄱阳湖生态城市群规划(2015—2030)》正式出台，为鄱阳湖的城市群战略执行提供了规划蓝本。武汉城市群、长株潭城市群、环鄱阳湖生态城市群共同组成了长江中游城市群，不仅撑起中部崛起的南方增长板块，而且为国家城市群战略的格局优化提供了重要支撑，甚至被称为国家经济增长的“第四极”。2015 年 3 月，国务院正式批复《长江中游城市群发展规划》，这是贯彻落实长江经济带的重大国家战略举措，也是《国家新型城镇化规划(2014—2020 年)》出台后国家批复的第一个跨区域城市群规划。作为引领中部崛起、全方位深化改革开放和推进新型城镇化的重点区域，长江中游城市群在中国区域发展格局中的地位必将得到进一步提升。

四川、重庆的城市群在 20 世纪 90 年代亦有发育，但提法并没有完全明确，一般只是作为地方发展的城市带或者城市综合影响功能区。进入 21 世纪，伴随着城市群战略日益受到重视，蜀中平原城市带或者城市群、重庆沿江城市带的提法不断提出，但联合四川、重庆的跨区域城市群一开始并没有完全提出。综合西部城乡发育的成渝特色以及当地探索的一些实践，国家在 2007 年 6 月依托四川、重庆设立了国家级城乡综合配套改革试验区，为后续跨区域的城市群提出奠定了基础。由于国家对城市群的战略逐渐集团化、联合化，所以在批复长江中游城市群之后，跨区域的城市群成为新的规划导向。2016 年 4 月，国务院印发《关于成渝城市群发展规划的批复》(国函〔2016〕68 号)，批复同意《成渝城市群发展规划》，这标志着另一个跨区域城市群的正式规划建设。

除了上述五大规划建设的国家级城市群外，《国家新型城镇化规划(2014—2020 年)》还提出，稳步建设九大区域性城市群(国家二级城市群)，包括哈长城市群、山东半岛城市群、辽中南城市群、海峡西岸城市群、关中城市群、中原城市群、江淮城市群、北部湾城市群和天山北坡城市群，引导培育六大新的地区性城市群，包括呼包鄂榆城市群、晋中城市群、宁夏沿黄城市群、兰州—西宁城市群、滇中城市群和黔中城市群。由于国家层面更加强调城市群建设的区际合作和板块实力提升，所以国务院在批复地方政府编制的城市群规划时，一般区域涵盖三省以上的，国务院会进行专家论证并函复，之后发布城市群发展规划且近期的规划期限一般至 2035 年或者 2040 年。近期批复的国家级城市群战略规划如下：2016 年 2 月国务院批复《哈长城市群发展规划》(国函〔2016〕43 号)，2016 年 12 月国务院批复《中原城市群发展规划》(国函〔2016〕210 号)，2017 年 2 月国务院批复《北部湾城市群发展规划》(国函〔2017〕6 号)，2018 年 1 月国务院批复《关中平原城市群发展规划》(国函〔2018〕6 号)，2018 年 2 月国务院批复《呼包鄂榆城市群发展规划》(国函〔2018〕16 号)，2018 年 3 月国务院批复《兰州—西宁城市群发展规划》(国函

〔2018〕38 号）。

在国家级规划城市群战略规划引领下，各地方政府也纷纷加强内部城市群的建设与培育，其目的不仅是为了提升了内部核心城市的竞争力以及核心区的都市区建设，更是为了提升区域的综合竞争力和综合辐射力，并期望成为新一轮国家新型城镇化的战略区。近期批复的省级城市群战略规划如下：2009 年 6 月宁夏回族自治区人民政府批复《宁夏沿黄城市带发展规划》（宁政发〔2009〕73 号），2010 年 12 月福建省人民政府批复《海峡西岸城市群发展规划》（闽政〔2010〕32 号），2016 年 12 月贵州省人民政府批复《黔中城市群发展规划》（黔府函〔2016〕310 号），2017 年 2 月山东省人民政府批复《山东半岛城市群发展规划》（鲁政字〔2017〕12 号），2020 年 8 月云南省人民政府批复《滇中城市群发展规划》（云政发〔2020〕19 号）。

五、小结

随着城市群成为国家新型城镇化、现代化城市体系建设的重点，城市群的建设也必然走向有整体布设、规模扩张到内涵优化、提质增效的过程，因此在习近平新时代中国特色社会主义建设的背景下，展开城市群发展水平、发育状态、未来趋势等方面的研究，必将成为时代发展的重点。值得说明的是，近期都市圈建设成为新的规划建设，使得城市群的建设与国家中心城市建设、现代化都市圈成为联动发展格局，成为新一轮国家城市—区域系统建设的重点，因此中原城市群在郑州国家中心城市建设的支撑下，提升以郑州为核心的现代化都市圈建设，形成自内向外的中心—外围带动格局，从而进一步提升中原城市群在国家大局中的影响力和综合竞争力，以更好地助推中原地区的城市—区域系统高质量发展。

第二章　中原城市群的发展基础

首先，建设中原城市群需要城市体系发育的状态、地区经济社会发展水平的支撑、区域自然环境的依赖等多方面的基础保障，以及需要地区政府推进的具体战略支撑，因此有必要分析中原城市群建设的现实基础，从城市—区域演进的视角剖析城市群内在演进的脉络。其次，建设中原城市群也需要依托一定的理论基础进行发展路径和实践推进方面的论证，因此基于城市群产生、发育、演进的动力分析中原城市群建设的理论支撑，有利于从理论的深度反思中原地区城市群建设产生的原因、存在的问题、发展的路径等。最后，建设中原城市群还需要从成长环境层面分析其产生和推进的"天时""地利""人和""积淀""聚力""倒逼"等，以分析其具体成长的路径和发展的潜力。基于上述三点，本章从中原城市群的现实基础、理论基础、成长基础三个维度剖析中原城市群发展的支撑，进而深入了解城市群产生、发展的内外环境因素影响和动力源支撑。

一、中原城市群的现实基础

（一）中心带动战略的驱动

作为区域中心带动战略的重要支撑，增长极对促进区域竞争力和辐射带动力的提升意义重大，因此城市群形成、发展的一个重要基础就是中心城市（核心城市）综合竞争力和辐射带动力的提升。聚焦到城市群区域，增长极一般指区域的省会城市，其不仅是区域城镇体系的核心城市，也是区域经济发展的重要载体（崔功豪、魏清泉、刘科伟等，2018）。中心带动战略是指一个地方的中心城市或省会城市，通过提升其自身实力带动周边地区的一体化发展，从而提升增长极的辐射带动作用（崔功豪、魏清泉、刘科伟等，2018）。古往今来，中原地区一直是经济、政治、军事中心，以河南省为主体形成了以开封、洛阳为中心带动的城镇发展格局。直至近代铁路的兴起，郑州的区位优势得以凸显，因此郑州也被称为"火车拉出来的城市"。随着 1954 年省会自开封正式迁至郑州，郑州市的行政功能得到强化，区域的地理地位也进一步提升。改革开放之后，郑州逐渐成为名副其实的河南省中心城市，为中原地区的振兴发展贡献了重要的带动力量。虽然郑州市地理区位优势明显，行政功能得到进一步强化，但是其经济社会发展的基础相对薄弱，与周边地区的联动发展态势不明显，导致其对中原地区的影响一直处于单核牵引状态。20 世纪 80 年代，为促进中原地区城镇体系的合理组织和整体功能优势发挥积极作用，河南省人民政府和相关学者提出了以郑州为核心的圈层式中心带动战略，为中原城市群战略的正式提出奠定了基础。随着 20 世纪 90 年代中原城市群战略的正式提出和 21 世纪城镇化战略的确立，郑州市作为中原地区增长极的提法不断被强化，既有郑州核心增长极、郑汴核心增长极，也有郑州都市区、郑州大都市区，还有现在提及的国家中心城市、郑州都市圈，使得中原地区的中心带动战略进一步得到强化。而今，作为河南省、中原城市群、中原经济区的核心增长极，郑州与周边城市的一体化程度不断增强，持续支撑着中原地区城市群的成长与发展，为中原地区内部板块的合理化组织和区域的协调发展提供“核心”保障。总之，伴随着中原地区中心带动战略的深入实施，郑州市的综合竞争力和辐射带动力必将进一步提升，郑州市的国家中心城市地位也将进一步巩固，从而促使郑州市具备与其他国内超大城市竞争的资格，以及逐渐发育成为具有世界影响力的国际性都市区，并且支撑着中原城市群的进一步发展壮大。

（二）城市与区域互动强度的提升

城市是区域的“明星”，区域则是城市赖以成长的基础，两者在相互促进的过程中彼此支撑。也就是说，城市的发展实力、综合竞争力不断提升，使得其“明星”的身份进一步凸显，从而带动更大范围区域的综合实力提升；而提升实力后的区域，各方面的“供给”“保障”“支撑”要素进一步补充“能量”，从而作为“基质”支撑着城市—区域系统的协同运转，城市与区域互动的强度也进一步提升。进入 21 世纪，区域中的城市“明星”不再是独自闪光，而是彼此之间形成有内在关联的“群体”，以“群星璀璨”的方式带动自身实力和组合功能的提升。作为中原地区最闪耀的“明星”，郑州市与周边的组合不断优化升级，有力地推动了区域整体实力的提升。从最初的郑州市内部的组团发展、郑汴一体化、郑洛双核，到如今的郑州大都市区（郑汴一体化、郑新一体化、郑焦一体化、郑许一体化）、郑州“1+8”都市圈、中原城市群核心区（郑汴洛新焦济许平漯），中原地区走出了一条“单星闪烁”“双星闪耀”“五星联动”“群星璀璨”的城市—区域综合发展之路。

城市群不仅是城市发展到成熟阶段的最高空间组织形式，还是在地域上集中分布的若干特大城市和大城市集聚而成的庞大的、多核心、多层次城市集团，更是大都市区的联合体，上述“星星”组合就是都市区联合发展而形成的城镇集聚体。在此过程中，若想实现每一步城市与区域互动强度的提升，一方面，要提升中心城市和核心功能区的综合影响力，以一体化的形式发挥与近域城市的组合优势，进而形成以“1+X”的集聚力量支撑更广范围的区域成长；另一方面，要以中心城市为核心，打造区域性中心城市或地方性中心城市，与周边地区紧密相连，成为一个有机的整体，在互联互通的过程中发挥集聚效应，提高整个城市群的内聚力与整体竞争力。

的确，当前中原地区西南部、南部、东南部的经济发展相对滞后，区域内部大中小城市之间组合的协调性不足，与周边区域联动的强度没有得到持续的强化，这在一定程度上阻碍了产业集聚与区域空间功能的分工，影响了中原城市群局部地区组合板块的快速成长。然而，伴随着外部“一带一路”倡议、黄河流域生态保护与高质量发展战略、新型城镇化规划等区域政策引领，伴随着内部郑州航空港经济综合实验区、郑州大都市区、郑州“1+8”都市圈、郑洛新国家自主创新示范区等战略体系的优化，在“三区一群”战略的总揽下，中原地区城市与区域的互动强度必将得到进一步提升，中原城市群内部的要素集聚、城城组合、板块牵引等力量也将进一步增强。

（三）增长极的提升需要更广阔的腹地

从产业组织视角看，增长极就是地域上具有推动性的优势部门和主导产业，其不仅具有高效的生产率、高度一体化的产业分工，而且能通过乘数效应带动其他部门的快速成长。从城市视角看，增长极就是空间上具有创新活力的一片区域，是多重设施叠加、人口集聚的、工商业高度发达的发展示范区或者城市核心区。从区域视角看，增长极就是空间上的高度活跃区、高产值区，即单个城市或者几个城市组合而成的都市区或者增长板块。而从城市—区域综合发展的视角看，无论是城市的中心带动战略、都市区扩展，还是核心城区与周边地域不断强化的辐射作用，其最终目的都是为了打造空间上的增长极，这是因为增长极最初是围绕推进性的主导工业部门而组织的有活力的、高度联合的“活跃”区域，它不仅能通过乘数效应推动其他部门的增长，而且能在经济空间上形成某种地域创新综合体，进而在地域创新综合体的基础上带动整个区域的快速发展（丁志伟、王发曾，2017）。

综上所述，增长极的打造将会有效促进核心区域的发展，进而促进整个地域板块的综合发展，因此中原城市群核心增长极的打造旨在使郑州市或者当今的郑州大都市区（圈）成为引领中原地区快速发展的核心区域、促进中部崛起的领头羊和辐射带动中西部发展的战略高地。而郑州市若想得到发展，仅靠自身原有的产业带动是远远不够的，而是应该充分发挥其作为增长极的优势，突破地域限制，扩大腹地范围，加强区域之间的商品流通、人才流动，加强城市群内部之间的城市协作，增强人口、经济、文化等各要素之间的凝聚力，以激发经济社会等方面发展的活力，从而加快城市—区域一体化发展的进程。因此，作为中原城市群的中心城市，郑州要想实现城市—区域综合体的一体化发展，就需要不断提升其内在的核心竞争力，将其影响范围不断地扩展到河南省的其他城市以及中原城市群的外围区域，从而发挥中心—外围式的辐射带动作用。当前，随着交通信息技术网络的完善和高铁“米”字形框架的确立，郑州与其周边地区的交流也更加紧密。与此同时，“半小时交通圈”“一小时交通圈”的打造缩短了中原城市群内核心城市到边缘地区的距离，也助推着各种资金、信息等“流”的顺畅对接。因此，在核心增长极实体不断壮大的当下，在“流”的扩散和回冲过程中，在腹地范围不断扩大的支撑下，郑州大都市区(圈)正作为内聚外联的核心发动机，推动着中原崛起、河南振兴!

(四)现代化交通方式促使“圈”经济的出现

随着高速公路、高速铁路、城际铁路、地铁等现代化交通线路的不断修建，大城市周围的高速交通网日渐完善，“交通圈”的提法不断出现并逐渐成为建设事实。一般而言，交通圈是指各种中心地依托快捷的交通方式而形成的吸引范围，以各条交通线路上的交通流分界点所包围的范围来表示。在城市内部，地铁、BRT(快速公交系统)、轨道交通的体系化建设，使人们对出行、办公、娱乐的诉求变得更为智能、便捷，不仅“社区圈”“商务圈”“休憩圈”等提法不断在城市规划和政府行文中提及，也改变了人们的出行方式和交流范围。通俗来讲，城市现代化的内部公共交通缩短了上班族的通勤时间，促进了中心城市与外围郊区的快速联系，为城乡一体化建设提供了“时间”保障，因此在缩短通勤联系的高效互动下，“城市圈”“都市圈”“环城圈”的提法不断出现，促进了城郊、城乡之间要素、资金的快速交换和流通，为大都市区、都市连绵带、同城化、一体化建设提供了“联通”保障。可以说，在当前经济、社会快速发展过程中，依托交通运输通道所形成的“圈”经济发挥着极为重要的作用，其不仅促进了生产力的提高和经济社会发展水平的快速发展，而且是社会生产、分配和交换等得以顺利开展的重要桥梁和基础。在区域层面，由于科学技术在快速发展，所以现代化的交通方式已经不单包括传统的公路、水路运输，而是把更多的关注点放在快速、便捷的交通方式上，尤其是高铁、航空已成为不可或缺的交通出行方式，立体化交通枢纽得以成为国家中心城市建设的重点。在国家相关政策的支持下，郑州航空港经济综合实验区建立，不仅融合了新郑机场、保税区建设和现代航空货运中心建设，而且融合了城铁、地铁和高铁，实现了立体化交通枢纽建设，为郑州市建成国家中心城市奠定了良好的交通区位优势。在城铁、地铁、高铁“三铁”联运的外部交通串联中，交通体系的“经脉”网也带动着城市与城市、城市与区域之间的高效互动，形成了“15 分钟经济圈”“半小时经济圈”“1 小时经济圈”等圈层结构。在交通方式的串联下，以郑州市为中心的区域空间结构提法也经历了不同时期的演变，由最初的“一点三圈”到 2009 年河南省政府提出的“一极两圈三层”，再到中原经济区规划提出“一极三圈八轴带”，进而到《中原城市群发展规划》“一核四轴四区”等，充分显示出以郑州为中心的城市—区域空间结构演化过程。与此同时，现代化的交通方式使城市之间的联系变得更加紧密，使得郑州半小时都市圈逐渐形成，实现了中原城市群核心区（郑汴洛新焦济许平漯）之间的快速联系；现代化的交通方式促进了中原城市群主体区 18 个省辖市之间的有机联系，为中原地区的现代化城镇体系建立提供了“经脉”支撑；现代化的交通方式促进了郑州与邻近省份省会城市的联系，为中部崛起奠定了省际合作基础。此外，伴随着现代化交通对经济社会联系的助推作用，“圈”的内涵和形式也更加多元化，例如经济圈、社交圈、生活圈、创新圈和通勤圈等。总之，各种形式“圈”经济的出现，使中原城市群地域范围内的城乡、城市之间的联系变得更加畅通，也为城市群定义中现代化交通的“线”“圈”联系提供了联动支撑。

（五）新型城镇化的规划引领

城镇化也称为城市化，是指随着一个国家或地区社会生产力的发展、科学技术的进步以及产业结构的调整，一个地区由农村用地、农业人口变化为城镇用地、城镇人口的过程，其社会由以第一产业为主的传统乡村型社会向以第二产业和第三产业等非农产业为主的现代城市型社会逐渐转变的历史过程（许学强、周一星、宁越敏，1997）。由于传统城镇化过多强调了“形态”“体量”上的变化，忽视了城镇化地区内在品质和人民福祉的匹配，所以很多地区城镇化“空有其表”，而缺乏以人为本的价值涵养提升。在这种情况下，2004 年以后，国家逐渐提出了中国特色城镇化道路并提出了一系列的变革措施，加强了城镇化“内涵”“质量”的建设。新型城镇化强调了更多新理念，不仅注重经济高质量发展，而且注重城乡的互动，具体来讲是以城乡统筹、城乡一体、产业互动、节约集约、生态宜居、和谐发展为基本特征的城镇化，是大中小城市、小城镇、新型农村社区协调发展、互促共进的城镇化。2014

年 3 月 16 日，《国家新型城镇化规划（2014—2020 年）》正式印发，明确指出城镇化是现代化的必由之路，是解决农业农村农民问题的重要途径，是推动区域协调发展的有力支撑，是扩大内需和促进产业升级的重要抓手。同时强调，通过制定和实施《国家新型城镇化规划（2014—2020 年）》，努力走出一条以人为本、四化同步、优化布局、生态文明、文化传承的中国特色新型城镇化道路，对全面建成小康社会、加快推进社会主义现代化具有重大现实意义和深远历史意义。

在 2014 年发布的《国家新型城镇化规划（2014—2020 年）》中，多次提到了城市群的概念，这强调了城市群作为我国城镇化的重要载体单元，与国家的现代化和综合国力提升有着密切的联系。从现实情况来看，新型城镇化强调以人为本的价值引领、人的幸福感和获得感的价值保障、人民的素质水平的全面提升等，从城市内核精神提升的方面助推了城市群的建设，进而引领了中国城市的现代化建设。在中国城市现代化的建设过程中，除了城乡用地和人口结构发生了变化之外，应该更多地惠及城乡居民的幸福生活。例如，城镇化给人们提供了更多便捷的公共服务，创造了更好的生活条件和生态环境，提升了城镇居民的生活质量和安全保障。此外，城镇化也推动着人口素质的转变和城镇科技实力的提升，从而助推经济结构的转型与升级，进一步使社会变得更加和谐，使城市的现代化建设有了更好的保障。在众多的城市现代化建设中，城市群作为引领性的地域载体，不仅迅速提升了城市现代化的品质，而且带来了更多地域的城镇化向现代化“标杆”区域的演进。可以说，新型城镇化的规划引领进一步促进城市群的打造，特别是对中西部城市群来说，其产生了巨大的推动作用，也就为中原城市群内在品质的提升提供了重要保障。从提出建设中原城市群的构想以来，中原地区各城市发展的促进作用不断增强，正在努力朝着以新型城镇化为引领、以新型工业化为主导、以新型农业现代化为基础的“三化”协调科学发展道路前进。我们有理由相信，在新型城镇化的引领下，在新型“三化”的支撑下，中原地区的城市群建设步伐必将进一步加快，也必将谱写新时代现代化河南建设的绚丽篇章。

（六）城市现代化的发展诉求

城市现代化一般是指摆脱传统落后的社会经济因素，以现代科学技术发展生产力，使劳动生产率不断提高、人民生活达到较高质量的发展过程。城市的现代化既是一个过程，也是城镇建设向美好蓝图、高质量生活状态提升的水平衡量，因此在城镇化的进程中，在城市群的组建和提升的过程中，以这样一个既有过程渐变又有目标蓝图的现代化建设导向下，城市建筑、景观、面貌、形象必然发生深层次变化。从城市转型升级看，城市现代化的实现要满足多个方面的需求。首先，拥有先进的生产力水平和高度的物质文明，要求有高度发达的社会分工与协作，从而使产业结构变得更加合理化、高级化。其次，拥有配套和高效的基础设施也是实现城市现代化必不可少的条件，如便捷的交通道路、畅通的水、电、气等管道线路、发展良好的科教文卫事业等，这些都离不开政府部门的支持与投入。最后，在现代化的城市中，人们不仅追求物质上生活的便利，同时寻求精神上的满足，这些诉求进一步提高了人们对生活质量的要求。因此，“蓝天白云、绿树红花”等优美宜居的城市环境已成为城市现代化的形象标志，也是城市群核心城市建设的内在要求，更是新型城镇化导向下的现代城市品质要求。此外，丰富的城市文化已经成为城市现代化更深层次的标志，也要求城市在现代化的过程中体现精神内核，这是因为城市文化是城市发展的根基，是城市气质的表现，也是城市灵魂的体现。总之，人们对城市现代化的诉求促使中原城市群快速发展，同时，中原城市群的高质量发展能够有效满足人们对城市现代化的发展诉求。

二、理论基础

（一）城市—区域系统的演进

从系统论的观点出发，城市作为区域中的核心，城市边缘区和乡村是其影响范围和腹地，交通线路是其辐射和影响的廊道，整个区域是城市的支撑平台，它们相互组合，共同构成了一个城市—区域系统单元。这些单元通过城镇体系相互联系，组成了城市—区域系统（丁志伟、王发曾，2017）。早期的城市多为军事中心、兵家重地，受地域环境和交通方式的限制，城市与区域之间的联系较少，单核孤立的状态较多。在工业革命时代，火车的出现和普及，将各个城市连接起来，城市之间的联系也变得密切，城市与区域形成了“点—轴”拉动模式并产生了一些特色工业区。随着城市—区域系统的演进，如今城市与区域之间的交通网络发达，相互联系愈加紧密，逐渐形成“点—轴—网”的复杂网络关系。在此条件下，城市间的各要素通过内在联动机制结合在一起，释放出巨大的经济效益与社会效益，实现多个城市在一个区域空间内的聚合联动发展。比如郑州大都市区内郑州、开封、新乡、焦作、许昌的一体化联动发展，能够提升它们的总体发展实力，从而达到“1+1>2”的放大效果。在中原城市群的建设中，“一核四轴四区”的空间组织模式，不仅有利于以核心为牵引拉动整个中原城市—区域系统的“点—轴—网”组织，还有利于发挥中原城市群的辐射带动作用，更有利于形成大中小城市和小城镇协调发展的发展格局，从而推动中原城市群产业、资源等要素在空间上的合理布局和自由流动，实现整体效益的最大化。

（二）中心—外围的内聚优势

中心—外围理论中的核心区除了过去指代发达国家、先进地区外，现代一般指代区域的核心城市、增长极。从区域视角看，中心一般指高度发达的城市，其拥有便利的基础设施、现代化的产业体系等先天优势。外围圈层的确定也是有一定门槛的，是由发达国家、先进地区、中心城市向外渗透、辐射而形成的依附国家、地区和城市，在生产方式和生产力水平上都依托于中心城区给予的强有力支撑，进而在中心的带动下产生各种经济社会效应。中心—外围理论是在 1958 年由阿根廷的经济学家劳尔·普雷维什（Raúl Prebisch）提出的一种理论模式，他将资本主义世界划成两个部分：一部分是生产结构同质性和多样化的“中心”；另一部分是生产结构异质性和专业化的“外围”。“中心”与“外围”之间的这种结构性差异并不能说明它们是彼此独立存在的体系，恰恰相反，它们是作为相互联系、互为条件的两极存在的，构成了一个统一的、动态的世界经济体系。从理论本身以及模式映射看，若想实现城市—区域系统中“中心”与“外围”的高效整合，就必须在城市之间进行有效的城镇体系规划和产业空间引导，才能实现“中心”与“外围”的有机互动。究其原因，如果板块之间缺乏衔接，那么区域整体之间的内聚效应就会不足，中心—外围的联动就显得乏力。以郑州市为例，在内部提升方面，《郑州市 2020 年高品质推进城市建设实施方案》提到，要加快推进城市核心板块建设，围绕“东强、南动、西美、北静、中优、外联”的城市发展格局，积极打造 32 个城市建设核心板块，坚持实施以项目带动发展战略，将郑州市行政区划按照不同的发展方向推进整合；在外部联动方面，无论是 2016 年国务院批复《中原城市群发展规划》，还是近期的《郑州大都市区空间规划（2018—2035 年）》均明确指出，支持郑州建设国家中心城市，推动郑州与开封、新乡、焦作、许昌等四市的深度融合发展，建设现代化大都市区，带动周边联动发展。总之，郑州作为中原城市群的核心城市，不仅要致力于内部凝聚力的提升，而且应该以自身为核心带动周边区域的联动，通过城镇体系和交通“经脉”拉动外围区的城市功能发挥，进而推动中原城市群城市—区域系统的综合发展。

（三）中心城市的“双化”效应

“双化”效应分别指城市的郊区化和郊区的城市化，两者并非相同概念，不能混为一谈。其中，城市郊区化是城市化过程中的一个发展阶段，主要是指城市由集聚式发展转变为扩散式发展，表现为人口、工业、商业、服务业、工业等先后从城市中心区向郊区迁移，形成相对中心区而言的城市离心化现象；而郊区城市化是指城市中心城区以外的郊区和乡村区域的不断城市化过程，具体是指以乡镇企业和小城镇为依托，实现农村人口的工作领域由第一产业向第二、第三产业变化的职业转换过程和居住地由农村区域向城镇区域迁移的空间聚集过程（许学强、周一星、宁越敏，1997）。在城市郊区化和郊区城市化的影响下，中心城市的集聚力和辐射力得到进一步增强，中心城市形成的近域系统的功能将进一步完善，从而进一步促进增长极实力的提升和活力的释放，促使城市与郊区形成的功能地区的布局变得更加合理，整个城市—区域系统之间的内聚程度也得到进一步增强。在城市高速发展的进程中，部分生活水平低下的居民区滞后于时代发展步伐、游离于现代城市管理之外，导致其变成了城中村或者棚户区，形成城市化效应的“洼地”。在这种情况下，就需要当地政府加大对旧城改造和局部地区的城市更新，扭转这种不平衡的发展现象，从而进一步提升城市内部的板块组合和功能效应。与此同时，受离心力、向心力以及各种力量的影响，原本位于城市中心的部分商业、工业、人口会选择向郊区迁移，从而使城市边缘地带得到发展，产生了新一轮的城市郊区化效应。不过，这只是城市化的一个过程，当城市边缘区经历了城市新一轮的国土空间规划和城乡建设后，会进一步扩大中心城市的辐射带动力。因此，郑州在进行城市化“双化”的过程中，必然会产生很多功能组织问题，也会产生一些局部“动荡”的地方，但这是郑州中心城区再次聚合和循环提升实力的过程，每一个城市都不例外。唯有如此，城市与郊区之间的联系才会变得更加顺畅，城乡之间的联动性才能进一步得到增强，郑州大都市区空间整合的进程也会进一步加快，中原城市群城市间一体化程度也会更趋紧密。

（四）核心区的城乡高级化融合

改革开放以来，虽然中国各地城乡面貌发生了巨大变化，经济社会建设取得了重大成效，但是依然面临着诸多的发展不平衡、不充分的问题。在诸多不平衡、不充分的因素中，城乡之间、区域之间经济发展不平衡、收入分配差距较大，是影响城乡经济社会高效融合的重要因素。因此，党的十九大审时度势、高屋建瓴，进一步强调“实施乡村振兴战略”，建立健全城乡融合发展体制机制和政策体系，其目的就是缩小城乡之间的基本差别，促使城市和乡村的一体化进程加快。中原城市群规划建设背景下郑州大都市区建设的任务之一，就是要主动承接乡村振兴战略任务，在都市区的规划和建设中充分体现城乡融合发展的理念，综合统筹都市区城乡发展空间，构建城乡一体的都市田园新格局。都市区的核心区域和外围区之间联系密切，两者互促共进才能提升整个都市区的内聚力，因此，外围区要结合核心区的拓展需求而积极寻求转型，强化与核心区的功能对接和整合发展，形成新的经济发力点和空间支撑点，确保城乡之间能够达到高效联动。基于此，郑州大都市区核心区应主动发挥示范引领作用，与周边县市紧密结合，加快城乡融合发展和资源要素在城乡间流动，从而形成工农互促、城乡互补、全面融合、共同繁荣的新型工农城乡关系。此外，其他区域中心城市也要拓展自身的示范带动功能，在区域内实现城乡融合发展，形成独具特色的都市协同区。

当前，中原城市群核心区的城乡高级化融合发展面临着良好发展机遇，例如郑州国家中心城市建设、郑洛新国家自主创新示范区、郑州航空港经济综合实验区等国家战略的支撑，以及郑州、洛阳都市区(圈)的建设、郑汴一体化升级版的再塑等地区联动。伴随着国家战略的支持和地方联动效应的聚合，作为中原城市群核心城市，郑州的增长极优势必将得到进一步释放，这就为核心区的发展提供了优质的条件和良好的时代背景，也为核心区推进工业新型化、农业现代化、市域城镇化、城乡生态化提供了重大机遇。

(五)空间扩展与整合布局

目前我国正处于城市化进程不断推进、经济建设步伐飞速加快的阶段。为了满足城市人口和产业的用地需求，城市空间不断地向外扩张，与周边城市甚至辐射区的城市产生了不同的组合模式。郑州市地处中原地带，是全国的立体化交通枢纽中心，是河南省经济社会高质量发展的核心增长极。在国家宏观战略和区域发展政策的支持下，虽然促使了以郑州为中心的城市空间不断向城市边缘地带和跨区域联动区扩展，但也使得大量的产业资本、社会资源和人口资源不断向城市中心集聚，引发了城市中心承载力不足、职住分离、阶层分化、环境污染、交通拥堵等问题。因此，有必要整合与其周边的联动发展模式，调整河南省的整体城市空间布局，形成双核牵引、轴带联动、多功能片区联动的空间布局结构。

整合就是把一些零散的东西通过某种方式彼此衔接，从而实现信息系统的资源共享和协同工作，其主要精髓在于将零散的要素组合在一起，并最终形成有价值和有效率的一个整体。就城市群内部整合而言，其要义应该是基于核心城市的辐射带动作用，借助于现代化交通轴和创新能力特别强的产业带，促进点、轴、面的有机衔接和高效组合，从而提升地域系统整体功能效应的发挥。城乡规划、城市规划和国土空间规划就是整合布局的有效手段，能对各类用地区进行合理布局和科学规划，从而提升重点发展区、优化发展区的经济发展效率。当前，国土空间规划是涵盖土地规划、城乡规划、产业规划等于一体的规划，不仅涉及巨型的流域区、统一的省级行政区，还涉及更加精细的市县级规划和乡镇规划，更涉及城市群或大都市区为地域载体的空间规划，因此该规划对整个中原地区的城市空间规划和土地规划具有重要的整合意义，有利于土地资源效益的提升和空间布局的优化。在这种状态下，国土空间规划使得基础设施建设更加合理、道路的承载更加有力、公共服务更加便民、产业组织更加优化，也使得城市之间的空间组合得到了优化，进而促使该地区的功能定位发生改变，有了更合适的功能定位。

（六）地域综合体的功能聚合

地域综合体是指在一定地域范围内，由具有地区特色的专业化生产部门及与其直接协作配合的辅助性生产部门组成，形成具有紧密联系、分工协作、城乡联动、功能复合的经济有机整体（丁志伟、王发曾，2017）。城市群的发展或者说整合目标，就是形成内部紧密相连、城市协同、城乡高度一体化的经济社会共同体，因此，若想促进城市群的整合发展，就要推进其内部之间产业的关联、交通的串联和地域的嵌联，进而形成功能复合、高效运转、一体化支撑的地域空间组织体。打造功能聚合的城市群就必须考虑地域综合体内部之间高度协同，考虑其内部的协作和均衡状态，因为它是社会化大生产的地域组织，反映着一定地域内经济活动的特点、生产布局与自然环境之间的协调状况。在地域上通常将河南省划分为豫东、豫西、豫南、豫北、豫中几个部分，然而由于自然的阻隔和地域之间的文化差异，各板块之间的连通、互动性不足，所以内部的联动板块组织需要进一步加强。近年来，在中原地区出现了多个跨区域的联动性组织，一是《汉江生态经济带发展规划》中提出，将发展壮大襄南城市组团，推动襄阳、南阳加快在基础设施、产业发展、公共服务、生态环保等方面一体化进程，合力打造城市圈；二是在黄河中游的河南、陕西、山西三省交界地带，构成晋陕豫三省边缘“黄河金三角区域”，以探索省际交界地区合作发展新路径，同时，这也是中原城市群和外围地区交汇的重点区域；三是淮海经济区的成立使位于河南省东部的商丘市与安徽省、江苏省、山东省等地区的城市加强了互动。因此，在中原城市群的今后组织中，要依靠城市—区域系统的演进、“中心—外围”的内聚优势、中心城市的“双化”效应、核心区的城乡高级化融合和空间扩展与整合布局等，聚合地域综合体的各项功能并产生综合效益，才能使地域系统内部的经济社会各项事业运行得更加顺畅，社会管理和基层组织更加有效，也就能产生更加多元的效益和复合价值。

三、成长基础

(一)地理区位的“天时”

“中原”之名因其横跨中国中部黄淮平原而得，此外，中原地区的主体部分河南省正处于九州之中，素有“中州”之称。“逐鹿中原”“中原系民心，中原支国脉”都是对中原“天下之中”地理位置、交通区位和军事重要性的最好例证。中原地区正位于国家地图版块的“心脏”部位，古往今来就是一块宝地，同时也是华夏文明的核心区域，由于中原经济社会的发展、文化表征的含义在很大程度上能够表征中国，所以经常被冠以“中国经济社会的缩影地区”。中原地区的强盛与其区位的优势是分不开的，因其地处沃野平原，背靠秦岭、太行，濒临悠悠黄河，通达四面八方，所以东西南北文明于此交汇，天南海北商客于此互通，其显耀的地位促使其成为兵家必争之地。优越的地理区位使其成为中华民族和中华文明的重要发祥地，使其在五千年的中华文明史中三千年是全国的政治、经济、文化或军事中心，因此“一部河南史，半部中国史”概括了河南历史文化在中国历史文化发展进程中的地位和作用，凸显了中原地区“天地之中”的优越性。

由此可见，中原城市群在地理区位上存在天然的优势，在自然条件、社会经济条件等方面具有“典型的”代表，在文化上具有悠久的历史和独具特色的“中”文化，因此中原地区依托“天下之中”的地理位置，加强核心城市与中原经济区、中原文化区的协同和共鸣，形成地域相连、山水相依、经济协作、文化认同的地域综合体，也就有了建设中原城市群的发展基础。然而，中原地区的人们长期从事农耕生活，小农意识明显且观念有时候相对闭塞，因此相较于东部沿海发达的地区，创新意识不足，经济转型的节奏不快，各项建设的步伐相对滞后。中原城市群若想取得高质量的发展和整合，必须把城市之间的板块凝聚力激活，加快经济社会各项事业发展的步伐，寻找跨越式发展路径助力前行，才能在新型城镇化引领下的城市群建设中取得新的成绩。

(二)交通串联的“地利”

交通不仅是连接城市的重要纽带，也是城市之间输送客流、物流的重要通道，更是城市体系串联和经济社会往来的核心支撑，因此交通又被称为“经济发展的先行官”。中原城市群地处沿海开放地区与中西部地区的结合部，是我国经济由东向西梯次推进发展的中间地带，其交通便利，素有“九州通衢”之称。河南省作为中原城市群的主体，尤其以郑州为核心的都市区作为引领发展的核心区，正位于陇海线、京广线黄金十字大交叉处，也是高铁纵横交汇的核心区。同时，京九、焦柳等干线纵贯南北，宁西干线横穿东西，形成全国交通运输的“中原交汇”。在全国高铁“八纵八横”主通道的基础上，河南省凭借京广线和徐兰线“十”字形骨架贯通南北、连接东西，正在加速形成“米”字形高速铁路网和现代综合交通枢纽格局，立体综合交通网络不断完善。郑州市作为河南省省会，同时也是中原城市群的核心城市，不仅是全国重要的铁路、航空、高速公路主枢纽城市，而且是全国普通铁路和高速铁路网中唯一的“双十字”中心。近年来，郑州正在加快市内地铁规划建设的速度，也十分重视与周边城市的轨道交通建设。如今，郑州市不仅在陆地上发挥着交通优势，也在积极打造国际航空枢纽，正在建设以航空运输为核心的多式联运中心，促进了航空、铁路、公路“三网”深度融合发展，城市、城际、区际和国际客货流的高效集疏、中转、分拨、配送，未来必将会形成国际化、立体化的交通枢纽，进一步助力中原城市群城市间的高效联系。

（三）共谋发展的“人和”

为加快中原城市群的建设和促进中原崛起，把河南打造成一个经济高质、社会和谐的强省，全省人民上下一条心，同心谋发展、同力建中原。改革开放以来，特别是邓小平南方谈话后，河南省直面现实、攻坚克难，历届省委、省政府坚持科学发展、务实发展、协调发展，致力于“中原崛起、河南振兴”一任接着一任干、一以贯之谋发展，带领着中原儿女极大地改善了中原地区的发展现状，形成了以郑州市为中心带动的区域发展战略，也得到了诸多国家级、省部级项目的支撑。2011 年 9 月 28 日，国务院出台了《关于支持河南省加快经济建设中原经济区的指导意见》，2012 年 11 月国务院正式批复《中原经济区规划》，明确指出其定位为全国工业化、城镇化、信息化和农业现代化协调发展示范区，全国重要的经济增长板块，全国区域协调发展的战略支点和重要的现代综合交通枢纽，华夏历史文明传承创新区。2013 年 3 月，国务院批准了《郑州航空港经济综合实验区发展规划》，其发展战略定位是国际航空物流中心、以航空经济为引领的现代产业基地、内陆地区对外开放重要门户、现代航空都市、中原经济区核心增长极。2016 年 12 月 28 日，国务院批复了《中原城市群发展规划》，指出其战略定位为中国经济发展新增长极、重要的先进制造业和现代服务业基地、中西部地区创新创业先行区、内陆地区双向开放新高地和绿色生态发展示范区。随着郑州航空港经济综合实验区、郑洛新国家自主创新示范区、中国（河南）自由贸易试验区、中国（郑州）跨境电子商务综合试验区等一批国家战略规划获批，河南省战略叠加效应更加凸显，综合竞争优势显著增强。当前，河南正在奋力建设经济强省，打造中西部地区科技创新高地、内陆开放高地和全国重要的文化高地，也是全体中原儿女勠力同心、共同上进精神的积极体现。上述战略、政策、局面的取得，是一亿中原儿女的共同努力结果，是中原人民上下一心、同心协力、共同上进的结果。现如今，河南省大力培育本土人才，鼓励高级人才返乡创业，吸引更多有志之士参与到中原城市群建设中来，以依靠自身力量推进新型工业化、新型城镇化并努力实现“三化”协调和“四化”同步，建设好中原地区这片沃土，以实现中原儿女共同的心愿——中原崛起、河南振兴，谱写更加绚丽的中原建设新篇章。

（四）历史发展的“积淀”

古往今来，中原是诸多代表性文化的发源之地，也是兵家必争之地，更是历史长河中经济社会发展脉络的印迹之地。河南省是中华民族、华夏文明的孕育地，延续着千年来的文脉遗存和历史变迁，成就着“悠且长”的时空轴和人文轴精神内核。可以说，中国的历史是以河南省为中心不断发展演变的。从夏商周三代到隋唐宋，中原参与了中国大部分的历史进程，是名副其实最早的华夏核心人类活动区。中国八大古都中，河南省占据四席，分别是郑州、开封、洛阳、安阳；重点文物保护单位、世界文化遗产丰富，文物古迹众多，其中地下文物和馆藏文物均居全国首位。河南省是农耕文明的至高地、元典思想的诞生地、兵家必争的战略地、四大发明的发端地、炎黄子孙的祖根地、文学艺术的昌盛地，河南省向世人展示着中华文化的独特魅力。其地域优势、文化内涵、精神传承等，使得悠悠中原自古以来的经济社会发展都具有比较突出的地理与文化优势。此外，中原地区的人文景观也格外的丰富，围绕着这片区域建设的都城数量也较多，所以中原地区的城镇密集程度较高，且多数县、镇都有着悠久的历史。浓厚历史的沉淀为今天中原城市群的发展留下了城镇发展的基石，也为中原地区的城镇体系建设塑造了基本的轮廓。如今中原地区正以郑州市为核心，以原有的一些城镇格局和现有的交通体系、城镇体系为支撑，加强与周边的城市的互动、联动，助力中原城市群现代化城市建设。除了历史文化的沉淀外，当今城市群的发展更需要各部门之间高度密切联系，也更需要城市借助于现代化交通方式加强联系，因此，未来的中原城市群建设，需要其内部城市进一步聚合，需要进一步加强其内部的联系强度，从而在原有的基础上结合现代化的方式，突出出中原城市历史文化特色，使其在高质量发展的路上品质更具中原韵味。此外，区域内部的紧密联系需要在文化上有高度的认同感，这就需要弘扬并传承优秀的中原文化，打造良好的城市文化环境，加强城市文化生态保护，增强民众的文化自信，从而构建具有历史沉淀、个性鲜明的中原城市群。

（五）空间整合的“聚力”

当今，国家级城市群的规划大多是跨区域进行的，如京津冀城市群、长江三角洲城市群等，因此，中原城市群若想实现国家级的跃升和贴上现代化城市圈的标签，必须联动周边区域进行跨区域整合，才能在国家板块经济的竞合中占有一席之位。空间整合是一个与建筑学和系统论相关的复合衍生概念，重点强调在核心要素的支撑下有机组合和功能提升，因此，在空间整合的过程中，需要不断构建和完善城市—区域的联动发展机制，在市场机制的调节和政府政策的引导作用下，将不同规模、不同类型、不同结构之间相互联系的城市进行整合，通过合理分工协作而承担不同的功能，克服单个城市在资源空间等方面的不足，在更大的区域范围内实现单个城市无法达到的规模经济和聚集效应，从而实现共同协调发展。

从空间上看，中原城市群位于全国经济的地理腹地，承东启西，连南贯北，是沟通和促进全国各经济区交流合作的中枢之地，在国家区域发展格局中具有十分重要的地位。中原城市群的初始范围是以郑州市为中心，包括洛阳、开封、新乡和焦作等九个城市，2011 年中原经济区上升为国家级区域发展战略后，中原城市群承载中原经济区核心增长极的重任，将范围扩大为以河南为中心的五省，不仅包括河南全部的 18 个省辖市，还包括安徽省、河北省、山西省、山东省的 12 个市。单从区域范围看，中原城市群的协调难度就非常大，加上跨区域联动的行政壁垒、区域竞合等，使得中原城市群的空间整合之路任务艰巨、任重道远。尽管如此，经过多年来对其城市、区域空间资源的整合，已经在一定程度上得到了有效配置，在加强区域沟通和合作方面也取得了较大的进展，中原城市群的整体发展水平得到了很大的提高。然而，在未来的空间整合之路上，依然需要借助核心城市的影响、区际之间的联动、跨区域的协作，甚至需要迈出更大的步伐，因此未来在持续推进中原城市群建设之中，要以空间整合的基本原则、核心理念为基本准则，优化城市之间的组合方式和布局结构，提升城市之间基础设施互联互通格局，进而以合理分工、功能互补的现代城市体系支撑空间整合。

（六）国家战略的“倒逼”

中原地区在历史上曾是群雄逐鹿之地，但在改革开放的新时期，不临江、不靠海、不沿边的板块优势不再明显，甚至形成了中原坍陷、凹陷的说法。然而，勤奋上进的河南人一直在积极努力地探索内陆省份的发展之道，探索出了一条不以牺牲生态与环境、粮食与农业，以新型农业现代化为支撑、新型城镇化为引领、新型工业化为动力的现代化新路子，也获得国家一些战略的叠加支撑，加快了中原崛起的步伐。然而，在2011年之前，中原城市群周边的省份获批了很多国家级的城市群支撑战略，如湖北的武汉都市圈、湖南的长株潭城市群、山东的蓝色半岛经济区等，唯独河南省缺乏国家级的区域板块支撑战略，中原城市群的核心带动、区域整合效应等亟须进一步解决。在这种情况下，河南省委、省人民政府召开多次重大议题、学术会议，加上外界的各种宣传效应，以及中原儿女的民心所向，确定了中原经济区的重大战略。在诸多要素的支持下，2011年加快中原经济区建设的国务院指导意见出台，2012年中原经济区发展规划出台，2016年中原城市群发展规划出台，使河南省迎来了前所未有的历史机遇。尤其是国务院关于《中原城市群发展规划》的批复，使得中原城市群成为继京津冀城市群、长江三角洲城市群、粤港澳大湾区、成渝城市群、长江中游城市群后的第七个国家级城市群，也使得中原地区有了跻身国家级竞争的区域战略支撑。目前，国家的发展战略除了围绕京津冀、长江三角洲、珠江三角洲地区展开外，也逐渐开始给予位于中西部的一些城市群政策支持，其中很多规划和文件明确提出加快中原城市群在中西部地区的辐射带动作用，发挥其区域增长极的各种经济社会效应。近年来，国家对中原城市群的发展也提供了多项战略支持，为中原地区探索内陆开放型城市群经济运行管理新模式的良好平台，使得中原地区的国家级战略叠加效应更加凸显，也使得中原地区的经济社会综合竞争优势显著增强。正如中原经济区、中原城市群规划中的一些文字表述，推动中原城市群跨区域联动发展，有利于形成中国重要的人口和城镇密集区，释放中部地区城镇化蕴藏的巨大内需潜能；有利于增强战略腹地效应，打造全国区域协调发展的战略支点和重要的现代交通枢纽；更有利于河南省加快经济社会发展，科学推进新型城镇化，加快新型城镇化进程。因此，我们有理由相信，中原城市群在国家战略的支持下，打造中西部地区科技创新高地、内陆开放高地和全国重要的文化高地的目标一定会实现。

四、小结

上述三个方面的基础分析，为我们了解中原城市群的发展脉络提供了基础认知和多维透视。然而，城市群的发育还与国家的战略推进、阶段性主题、城市群的空间布局相关，因此深入的分析还需要从其具体的发展历程着手，从而客观地了解中原地区城市群战略的时代演化。基于此，接下来的第三章重点分析了中原城市群的发展历程，从时间轴的演化分析中原城市群的提出、演化和规划建设，总结其阶段性重点和不同时期的战略任务。

第三章　中原城市群的发展历程

中原地区的城市群建设，是伴随着以郑州市为中心的区域发展战略逐渐演变的，也是河南省实施“中原崛起、河南振兴”战略的逐渐深入过程。理论层面的城市群研究，虽然对认识城市与区域的互动规律有较好的支撑，但与实践建设上的城市群存在很大差异，河南省在实施城市群建设的过程中，一方面考虑到学术界关于中心城市与周边城市的互动规律，另一方面也结合区域城市的战略构想，将中心城市建设、都市区规划、城市带打造、经济区建设结合起来，形成了不一样的城市群发展道路。因此，本章从河南省委、省政府关于中心城市的发展战略出发，结合国家城市群规划建设的历程，将中原城市群的发展历程分为以下四个阶段：雏形阶段、共识阶段、整合阶段和建设阶段。

一、雏形阶段(2006 年之前)

所谓雏形，就是刚刚开始萌生，河南省早期就提出了“城市群体”“中原城市群”这样的概念，但与系统规划建设的城市群战略仍有差距，多数仅停留在战略布局和谋划上，甚至是一些战略主题方面。关于中原城市群在政府文件的提出可以追溯到 1991 年，河南省“八五”计划提出要建立以郑州市为中心，包括洛阳市、新乡市、焦作市、开封市在内的城市群体，使之成为河南省的核心经济区。可以发现，当时提的城市群体，并不是紧密联系的内聚式城市群，而是一个以经济区为导向的战略构想。1994 年中国新亚欧大陆桥发展研究会联络处(郑州市政府陇兰办)提出的“十大建设课题”之一，就是要加快中原城市群的建设，这与当时国内城市群的学术研究和国家战略层面的导向有关，也与河南省加快建设沿陇海产业带有关。1995 年，中共河南省第六次党代会的报告提出：加快以郑州市为中心的中原城市群大发展步伐，着力培植主导产业，使之逐步成为亚欧大陆桥上的一个经济密集区，在全省经济振兴中发挥辐射带动作用。可以说，1995 年的这次报告，是河南省委的一次战略构想和决策部署，也是中原城市群被政府部门正式提出的战略决定。1996 年河南省国民经济和社会发展“九五”计划和 2010 年远景目标纲要提出，要加快以郑州市为中心的中原城市群的发展步伐，统一规划协调重大基础设施建设、产业布局、城镇体系建设和生态环境，加强经济技术协作和分工，逐步成为亚欧大陆桥的一个经济密集区，在全省经济振兴中发挥辐射带动作用。由于是五年一度的国民经济与社会发展规划，所以在指导 1996—2000 年河南省区域发展战略时，具有非常重要的引领作用，促进了中原地区中心城市的聚合发展和城镇体系建设。

2000 年以后，随着我国区域发展战略版图的演变以及中部崛起、中原崛起等战略的逐步推行，中原城市群研究进入了一个崭新阶段，内容涉及中原城市群的一体化发展战略、发展特征、问题与对策、经济建设、产业结构、空间整合战略以及文化生态等。2000 年河南省国民经济和社会发展第十个五年计划明确指出，未来五年经济和社会发展的战略任务是着力促进城乡区域协调发展，实施中心城市带动战略，加快中原城市群发展，促进其他城市开放开发，积极发展县域经济，形成各展所长、优势互补、相互促进、协调发展的格局。同时，在规划纲要中多次提出要加快实现中原城市群的战略目标，如加快中原城市群发展，把中原城市群建成带动中原崛起、促进中部崛起的重要增长极等。在“十五”计划的战略引领下，2001—2005 年河南省政府工作报告中也多次提出加快中原城市群建设步伐，谋划中原城市群规划等。其间，中共河南省委、河南省人民政府印发《关于加快城镇化进程的决定》(豫发〔2003〕9 号)、《河南省全面建设小康社会规划纲要》等重要文件，也明确提出了将中原城市群确定为河南省今后一个时期带动经济社会发展的重点区域，进一步强化了中原城市群的战略引领作用。值得一说的是，2004 年 4 月中旬，时任全国政协副主席、中国工程院院长徐匡迪率领 20 多位院士和专家来河南省，就中原城市群建设和发展问题进行了专题指导和实地考察。院士和专家对中原城市群的发展构想给予了积极的评价，并提出了许多宝贵的意见和建议。可以说，“十五”计划期间，河南省委、省政府积极顺应国内外城镇化发展的趋势，审时度势，做出了实施中心城市带动战略的决策，研究提出了中原城市群发展战略构想，纳入了《河南省全面建设小康社会规划纲要》，进一步明晰了中原城市群的发展思路，按照边规划、边实施的原则推动各项工作的开展。

虽然上述的很多政府文件、规划纲要、相关决定等都明确提出了中原城市群的建设，河南省也将其作为战略规划融入河南省的区域城市布局和城镇体系组织，但上述的中原城市群战略多停留的战略谋划和区域站位层面，缺乏相应的整体规划和具体建设内容，因此将上述这个阶段界定为雏形阶段。

二、共识阶段(2006—2008 年)

将 2006 年作为中原城市群建设的共识阶段之始有两个原因：一方面，2006 年是河南省国民经济与社会发展“十一五”规划的起始之年；另一方面，2006 年河南省编制了《中原城市群总体发展规划纲要(2006—2020)》并在 2007 年发布。正是上述两个战略性规划的出台，使得中原城市群的战略推进从概念提出和理论论证阶段，逐步向实施操作阶段推进。其中，2006 年初《河南省国民经济和社会发展第十一个五年规划纲要》明确提出：“加快中原城市群发展，把中原城市群建成带动中原崛起、促进中部崛起的重要增长极。”《中原城市群总体发展规划纲要(2006—2020)》进一步系统提出：依据现实基础与发展要求，“十一五”期间及今后一段时期，中原城市群发展的总体思路是坚持科学发展观，实施中心城市带动战略，创新发展机制，优化空间布局，提升城市功能，改善人居环境，整合区域资源，壮大优势产业，加速人口和产业集聚，促进区域协调发展，放大整体优势，增强竞争力、辐射力和发展活力，将中原城市群建成全省对外开放、东引西进的主要平台，形成中西部地区经济发展的重要增长极，带动中原崛起，促进中部崛起。

在这个阶段，郑汴一体化被提出并作为突破口带动中原城市群的快速建设，明确了两个城市要加快公交互通、电信同城化、金融同城化等方面的建设。该战略切切实实给两市市民带来了实惠，更加方便了两市市民往来，加快了两者联体发展的步伐。除郑汴之间的联动外，中原城市群还提出了应加强与洛阳、平顶山、许昌、漯河、焦作、新乡、济源的联动，确定了中原城市群传统九市的规划建设范围。《中原城市群总体发展规划纲要(2006—2020)》进一步指出，通过九个城市的功能定位，实现了九个城市范围内大小城市从空间和内在经济联系上的紧紧相连，提高了中原城市群的整体竞争力。九个城市的具体功能定位如下：

郑州：河南省省会，中国历史文化名城，国际文化旅游城市，全国区域性中心城市，全国重要的现代化物流中心，区域性金融中心，先进制造业基地和科技创新基地；

洛阳：中国历史文化名城，国际文化旅游城市，中原城市群副中心，全国重要的新型工业城市，先进制造业基地，科研开发中心和职业培训基地，中西部区域物流枢纽；

平顶山：中国中部化工城，中原城市群化工、能源、原材料、电力装备业制造基地；

许昌：中原城市群高新技术产业、轻纺、食品、电力装备制造业基地，农业科技示范基地和生态观光区；

漯河：中国食品城，中原城市群轻工业基地，生态农业示范基地，南部区域物流中心；

开封：中国历史文化名城，国际文化旅游城市，中原城市群纺织、食品、化工和医药工业基地，郑州都市圈重要功能区；

焦作：国际山水旅游城市，中原城市群能源、重化工、汽车零部件制造基地；

新乡：中原城市群高新技术产业、汽车零部件、轻纺和医药工业基地，职业培训基地，现代农业示范基地，北部区域物流中心；

济源：中国北方生态旅游城市，中原城市群能源基地和原材料基地。

值得说明的是，这个阶段河南省大力建设中原城市群是与国家战略不谋而合的，因为《中华人民共和国国民经济和社会发展第十一个五年规划纲要》明确提出，“要把城市群作为推进城镇化的主体形态，逐步形成以沿海及京广京哈线为纵轴，长江及陇海线为横轴，若干城市群为主体，其他城市和小城镇点状分布，永久耕地和生态功能区相间隔，高效协调可持续的城镇化空间格局”，同时提出“具备城市群发展条件的区域，要加强统筹规划，以特大城市和大城市为龙头，发挥中心城市作用，形成若干用地少、就业多、要素集聚能力强、人口分布合理的新城市群”。可以说，作为21世纪中国城镇化进程中出现的一种高级城镇空间组织形式，城市群在区域经济社会发展中占据着重要的战略地位，发挥着巨大的牵引和推动作用。这个时候的中原城市群建设，与国家城市体系建设的方略是一致的，并没有显示出太多的超前意识。为什么这么讲？因为当时国家战略层面的很多城市群都上升为国家级城市群或者说有国家战略规划的支撑，如湖北的武汉城市圈、湖南的“两型”社会改革试验区等。在各省城市群的建设支撑下，2006—2009年我国基本上已经形成了长江三角洲、珠江三角洲、京津冀等三大城市群以及山东半岛、沈阳—大连、长株潭、中原地区、关中地区等类似城市群建设的城镇密集区。与此同时，上述以城市群或者城镇密集区为依托的区域经济显示出了很大的优越性和明显的区域竞争力，取得了显著的发展成就，并逐渐成为国家城镇化战略的重要内容。

三、拓展阶段(2009—2015年)

2006年以来，特别是在郑汴一体化的推进下，中原地区的城市群建设就是以郑州为核心的九个城市(郑汴洛新焦济许平漯)作为建设区域来谋划河南省全局战略的。之后，伴随着国家新型城镇化的推进和省域城市群提升内聚力诉求的提出，中原城市群的范围在政府推进的过程中逐渐扩大，由原来的传统九市拓展至河南省 18 个省辖市，也就是河南省全域。其增长极也由原来的郑州拓展至郑汴核心增长极，即郑州新区、汴西新区以及之间的郑汴一体化区域(郑汴产业带)。2009 年时任河南省省长郭庚茂在政府工作报告中明确提出，完善中原城市群规划，以“郑汴新区”为核心增长极；以郑州综合交通枢纽为中心，打造“半小时交通圈”和“一小时交通圈”；以郑汴一体化区域为核心层、“半小时交通圈”区域为紧密层、“一小时交通圈”内城市为辐射层，积极构建合理分工、功能互补、向心发展、协调推进、共同繁荣的“一极两圈三层”城乡统筹发展新格局。同时提出，实施中原城市群城乡统筹改革发展试验区方案，以建设高速铁路、航空枢纽、城际快捷通道等现代交通体系为突破口，推动核心层、紧密层、辐射层交通、产业、服务相互对接；因地制宜，进行城乡一体化改革探索。从上述表述可以明显看出，中原城市群的规划范围涵盖全省，传统的城市群九市变化为紧密层，郑汴一体化区域成为核心增长极。

由于河南缺乏支撑国家层面、中部地区的重大国家战略，所以进入 2010 年之后，河南省亟须全体上下、凝心聚力谋划一项国家战略。时任河南省委书记卢展工，根据之前谋划海峡西岸经济区的经验和河南省的发展之需，提出建设中原城市群、中原经济区以及推进新型城镇化等方面的战略方案。为了进一步论证，2010 年 3 月和 4 月政府部门和学术界进行了“什么是中原”“什么是中原崛起”“为什么要中原崛起”“怎样实现中原崛起”“中原能否走在中部地区崛起前列”等重大问题的论证，最终确定了中原经济区的战略主题。当时虽有论及中原城市群战略，但为了统一思想，坚定战略主旨，因此将其纳入了中原经济区战略的整个大框架之中。2010 年 7 月 2 日，中共河南省委常委扩大会议专门听取了课题组关于建设中原经济区设想的汇报，并正式提出了建设中原经济区、加快“中原崛起，河南振兴”的战略构想。其后，中共河南省委全会研究通过了《中原经济区建设纲要(试行)》，并上报国务院。经国家有关部委多次调研和多方论证，2010 年 12 月 21 日，国务院正式印发了《全国主体功能区规划》(国发〔2010〕46 号)，将中原经济区正式纳入其中；2011 年 3 月，第十一届全国人民代表大会第四次会议和政协第十一届全国委员会第四次会议期间，中原经济区建设列入《中华人民共和国国民经济和社会发展第十二个五年规划纲要》；2011 年 9 月 28 日，《国务院关于支持河南省加快建设中原经济区的指导意见》(国发〔2011〕32号)正式印发。

2011年是河南省“十二五”规划和中原经济区建设开局之年，因此河南省政府工作报告明确提出，要大力推进城乡建设，加快城镇化进程，提升城市综合承载能力。其中关于城市群建设，明确指出要加快中原城市群“半小时交通圈”“一小时交通圈”及核心城区与卫星城之间快速交通连接线建设；要坚持新区建设与旧城改造同步规划和实施，统筹产业集聚区与城市新区、老城区功能布局，实现良性互动发展；要促进郑汴一体化，大力推进郑汴新区、洛阳新区等城市新区建设。由此可见，这与河南省的“一极两圈三层”区域战略和中原经济区建设是契合的，体现出河南省中原城市群与中原经济区建设的逐渐统一。2012年河南省政府工作报告进一步明确，要推动中原城市群联动发展，着力加强交通一体、产业连接、服务共享、生态共建，着力培育具有较强竞争力的开放型城市群。同时指出，支持加快郑州都市区建设、先行先试，重点推进郑州航空城、综合交通枢纽、国际物流园等区域开发，加快推进郑东新区金融集聚核心功能区建设，打造全国重要的区域性中心城市；积极推进郑汴都市区和郑汴一体化发展，尽快实现通信、金融同城和资源共享。从2012年的政府工作报告中，可以看出，中原城市群的联动发展上升为新的高度，郑汴一体化的进程进一步加快，同时将其核心增长极变化为郑州都市区，甚至拓展为郑汴都市区。

2012年11月，国务院正式批复《中原经济区规划(2012—2020年)》，明确指出中原经济区是以全国主体功能区规划的重点开发区域为基础，中原城市群支撑、涵盖河南全省、延及周边地区的经济区域，地理位置重要，粮食优势突出，市场潜力巨大，文化底蕴深厚，在全国改革发展大局中具有重要战略地位。同时指出，中原经济区是以郑州大都市区为核心、中原城市群为支撑、涵盖河南全省延及周边地区的经济区域，地处中国中心地带，全国主体功能区明确的重点开发区域，地理位置重要、交通发达、市场潜力巨大、文化底蕴深厚，在全国改革发展大局中具有重要战略地位。从上述表述中可以看出，中原经济区的范围应该大于中原城市群范围，因为中原城市群是中原经济区的核心骨架和体系支撑，两者是紧密联系的。值得说明的是，那个时候的中原城市群可能还停留在河南省18个省辖市的范围，不然就不会用到“支撑”二字。在《中原经济区规划(2012—2020年)》正文中，还这样提到，建设“大中原城市群”，构建中原城市群、北部城市密集区、豫东皖北城市密集区一体化发展格局，这也进一步印证了中原城市群当时的范围还没有突破河南省。随着中原经济区规划的推进，中原地区的核心增长极也逐渐变为以郑州为支撑的郑州大都市区。由于郑州大都市区涉及的概念本质、空间范围和区域支撑影响太多，本节不做重点讨论，后续有一章重点进行解读。

2012 年 11 月之后就进入了中原经济区建设时代，因此中原经济区在政府工作报告和各项文件中的提法增多，相应的理论研究成果也随之增多。不过，中原城市群是国家、河南省五年一度的国民经济与社会发展规划的重要内容，因此在 2013、2014、2015 年河南省政府工作报告也都明确了中原城市群建设的一些重点。例如，2013 年指出，要强化中原城市群内在联系和功能互补，促进交通衔接、产业连接、服务共享、生态共建，增强整体效应。2014 年提出，要科学编制新型城镇化发展规划，完善中原城市群联动发展机制；加快建设中原城市群多层次快速交通运输网络，建成郑州至开封、郑州至焦作城际铁路。2015 年强调，要健全空间规划体系，优化城市布局和功能，深入推进中原城市群发展，推动高铁沿线城市经济带建设，依托综合交通网络打造城镇密集带，加快郑汴一体化步伐，促进郑州与毗邻城市形成组合型大都市区，支持省际交界地区中心城市做大做强，推动中心城市组团式发展，增强县城产业支撑和人口吸纳能力，选择一批重点镇开展小城市建设示范；同时指出，要促进中原城市群一体化发展，坚持中心带动、向心发展、错位发展和互动发展，以高速铁路、城际铁路、高速公路建设为突破口，加快推进交通一体、产业连接、服务共享、生态共建，着力构建“一极三圈八轴带”发展格局，不断提升中原城市群整体竞争优势。

可以说，2009—2015 年的中原城市群建设，是紧跟国家新型城镇化进程和国家层面城市群建设步伐的，无论是内聚力提升，还是外联状态畅通都在相关规划中得到明显提升。从内聚力看，中原城市群增长极的称谓由郑汴增长极，逐渐向郑州都市区、郑汴都市区、郑州大都市区、大郑州都市区等转变，这在政府工作报告明显感受到。从外联状态和发展目标看，《国家新型城镇化规划(2014—2020 年)》在第十章“培育发展中西部地区城市群”中明确提出，加快培育成渝、中原、长江中游、哈长等城市群，使之成为推动国土空间均衡开发、引领区域经济发展的重要增长极。在国家新型城镇化的引领下，《河南省新型城镇化规划(2014—2020)》，在其指导思想和发展目标中明确提出要“坚持因地制宜，合理布局，以中原城市群为主体形态，促进大中小城市和小城镇协调发展，提高城市综合承载能力，提升可持续发展水平”“以米字形为主体的城镇化空间格局基本形成，中原城市群引领中西部地区经济发展增长极作用进一步凸显”，彰显了中原城市群在中西部发展格局中的定位，为中原崛起、河南振兴、富民强省提供了新型城镇化的地域增长板块支撑。

四、建设阶段(2016 年至今)

《国家新型城镇化规划(2014—2020 年)》明确提出，要在《全国主体功能区规划》确定的城镇化地区，按照统筹规划、合理布局、分工协作、以大带小的原则，发展集聚效率高、辐射作用大、城镇体系优、功能互补强的城市群，使之成为支撑全国经济增长、促进区域协调发展、参与国际竞争合作的重要平台。因此，2014 年《国家新型城镇化规划(2014—2020 年)》发布以来，各省不断加快城市群的谋划和建设，对区域发展的战略引领和支撑作用不断凸显。此外，在此期间，为了体现出省际城市群之间的竞合和增长极作用，各省纷纷组建跨省区的城市群，以增强区域板块的整体竞争力。正如《中华人民共和国国民经济和社会发展第十三个五年规划纲要》所述，要优化提升东部地区城市群，建设京津冀、长江三角洲、珠江三角洲世界级城市群，提升山东半岛、海峡西岸城市群开放竞争水平；培育中西部地区城市群，发展壮大东北地区、中原地区、长江中游、成渝地区、关中平原城市群，规划引导北部湾、山西中部、呼包鄂榆、黔中、滇中、兰州—西宁、宁夏沿黄、天山北坡城市群发展，形成更多支撑区域发展的增长极。这与我国城市群研究专家方创琳所述类似，其认为我国应形成“5+9+6”的 20 个城市群空间结构新格局：重点建设五大国家级城市群、稳步建设九大区域性城市群和引导培育六大新的地区性城市群。五大国家级城市群中，应将长江三角洲城市群建成国家综合竞争力最强的世界级城市群，将珠江三角洲城市群建成亚太地区最具竞争活力的世界级城市群，将京津冀城市群建成国家创新能力最强的世界级超大城市群。

2015 年以后，国家发展和改革委员会按照“中央政府负责跨省级行政区的城市群规划编制和组织实施，省级政府负责本行政区内的城市群规划编制和组织实施”的要求启动城市群的编制工作，不仅包括跨省区的城市群编制，而且包括省域内部的城市群编制，还包括边疆地区的城市群编制，体现出城市群的等级差异。其中，跨省级行政区城市群规划的编制，包括珠江三角洲湾区、海峡西岸等五个城市群，主要由国家发展和改革委员会同有关部门负责编制，并报国务院批准后实施；省域内城市群规划的编制，包括山东半岛、黔中等五个城市群，原则上由省级人民政府自行组织编制，国家发展和改革委员会会同有关部门进行指导；边疆地区城市群规划的编制，包括云南滇中和天山北坡两个城市群，由相关地区在国家发展和改革委员会指导下编制，并报国家发展和改革委员会批准实施。截至 2016 年 12 月初，国家发展和改革委员会启动了城市群规划编制工作，经国务院批复同意，印发了长江中游、哈长、成渝和长江三角洲等四个城市群发展规划，北部湾和中原城市群发展规划也已编制完成；同时明确了其余12个省域、边疆地区城市群规划编制工作安排。正如国家发展和改革委员会就《关于加快城市群规划编制工作的通知》答问所述，通过这些规划的实施引导，将加强城市群内部城市和城镇之间紧密联系和协同互动，促进城市间要素自由流动，提高资源的配置效率，增强基础设施的对接，有效促进公共服务资源的均衡共享，充分发挥城市群的规模效应和集群效应。

2016年12月30日，《国务院关于中原城市群发展规划的批复》(国函〔2016〕210号)下发，标志着中原城市群建设上升为国家战略，成为国家第七个国家规划的城市群。中原城市群建设此时上升为国家战略，相对已经稳定成型，范围既不是传统意义上九市，也不是拓展至18个省辖市的区域，而是一个涵盖五省30个省辖市的城市群。正如《中原城市群发展规划》所述，中原城市群以河南省郑州市、开封市、洛阳市、平顶山市、新乡市、焦作市、许昌市、漯河市、济源市、鹤壁市、商丘市、周口市和山西省晋城市、安徽省亳州市为核心发展区。联动辐射了河南省安阳市、濮阳市、三门峡市、南阳市、信阳市、驻马店市，河北省邯郸市、邢台市，山西省长治市、运城市，安徽省宿州市、阜阳市、淮北市、蚌埠市，山东省聊城市、菏泽市等中原经济区其他城市。

2016年以来，河南省的国家战略不断增多，与中原城市群的战略叠加不断出现，持续推进了中原地区经济社会的高质量发展。中原城市群既作为国家级的规划城市群，又作为河南省中原崛起、河南振兴、富民强省战略的深化，其战略引领作用非常强，甚至是顶层的，因此河南省之后的战略组合有了一个新的名字，即“三区一群”战略。其中，“三区”是指郑州航空港经济综合实验区、中国(河南)自由贸易试验区、郑洛新国家自主创新示范区，“一群”是指中原城市群。我们有理由相信，在这样一个顶层战略的引领下，河南省经济社会高质量发展的动力将更足，不仅能成为河南省未来开放创新、高质高效发展的新支柱，也必将成为中西部经济发展的新的增长极和内陆创新高地。

五、本章小结

基于河南省委、省政府的各种政策、文件，结合河南省区域战略的演化，本章系统总结了中原地区城市群的战略过程和阶段划分。然而，城市群战略与区域城镇体系建设、经济区建设很多是交织在一起的，且隶属于不同地域系统，因此很多学者的划分可能不一致。不管怎么讲，20 世纪 80 年代中原地区的城镇体系内部核心区组织，1995 年前后的中原城市群战略正式提出，2006 年的中原城市群总体规划纲要出台，2009 年的中原城市群“一极两圈三层”组织，2011—2012 年中原经济区指导意见的获批和发展规划的批复，2016 年的中原城市群发展规划的批复等，都具有标志性时间节点意义。因此，本章就是本着上述时间节点这样一个逻辑进行划分的。如果有学者、同仁认为划分不妥，希望多批评、多指正。

第四章　中原城市群的学术研究进展

作为我国城市空间组织的重要载体，城市群在带动地区经济社会发展和推动新型城镇化建设方面发挥着重要作用，是参与国家现代城镇体系建设和融入世界城市体系的重要力量。而上述政府层面提出的城市群战略，是基于学术研究成果和相关区域发展理论支撑而来的。因此，有必要从城市群的研究缘起、学术脉络变化、研究重点等方面展开总结，以支撑实践层面逐步推进的城市群建设。由于早期，尤其是20世纪80年代以前，缺乏准确表述的中原城市群提法，因此本章在进行述评时，不过多的纠结是由哪位学者最早提出中原城市群的概念或者提法，而是从文献计量的视角进行分析，从而更客观地了解中原城市群的学术研究进展。

一、早期研究的相关说明

河南省有悠久的城市文明史，早在东汉末年就出现了都城、郡府和县城三级结构的城镇体系雏形。但在北宋以后的800多年间，由于全国政治、经济重心转移，黄河多次泛滥，以及屡遭战争破坏，河南省城镇的成长十分缓慢。中华人民共和国成立后，随着国家政治生活的稳定和区域经济的繁荣，城镇呈现迅速发展的势头。但受浓厚的小农经济色彩的制约，以及关起门来搞初级产品的封闭式专业化和低水平的“遍地开花”式的机械均衡发展的局限，改革开放以后的一二十年间，中原地区与先进地区的差距越来越大，现代城镇体系一直处于初级发育阶段，城市群的孕育也较为缓慢。

河南省中部地区城镇密集分布，以郑州市为中心客观存在着一个城镇密集区，具备城市群建设客观条件。随着河南省中心带动战略的实施，中部地区城镇化水平的不断提升和城乡一体化水平的不断改善，郑州与开封、洛阳、新乡、焦作、许昌等城市的互动作用不断增强，中原城市群建设逐渐被提上日程。20世纪80年代很多学者在进行中原地区城镇体系研究时，都对河南省中部地区城镇组织形式展开了研究，提出了“圈层式”“功能分区”“经济分区”等模式，预言了河南省中部城镇建设的组建方案，这些都是中原城市群提出的重要支撑（杨林军、何大明、巫继学，1986；贾杰民、席荣珖，1989）。而今，无论是《国家新型城镇化规划（2014—2020年）》，还是《中华人民共和国国民经济和社会发展第十四个五年规划纲要》，都明确提出要加强城市群建设，充分突显了城市群作为推进国家新型城镇化建设和推动国家现代化建设的重要地域单元。目前，国家提出的构建“5+9+6”或者学者提出的“5+5+9”城市群格局，都是与“两横三纵”的城镇化格局密切串联的，成为推进国家区域协调发展的重要支撑架构。中原城市群地处华夏腹地，在以郑州市为中心的都市区辐射影响下，在以“京广—陇海”为核心轴带的串联下，核心—外围式的空间结构日益明朗，成为中原崛起、河南振兴乃至中部崛起的重要支撑板块。然而，在中原城市群的缘起、提出、规划、建设等过程中，伴随着区域战略演化和国家战略重点改变，其学术关注度与政策要点均发生了很大的变化。

关于中原城市群正式提出的年份，一般认为是在1994—1995年。1994年中国新亚欧大陆桥发展研究联络处提出的“十大建设课题”中包括中原城市群建设的课题，1995年中共河南省第六次党代会提出了“加快以郑州为中心的中原城市群大发展步伐”的战略导向（王发曾、刘静玉、徐晓霞等，2007）。1997年正式以中原城市群为篇名的学术文献开始出现，分别是范钦臣发表在《中州学刊》上面的“略论中原城市群”和张丹等学者发表在《地域研究与开发》上的“中原城市群与郑州大都会区建设的战略思考”（范钦臣，1997；张丹、王建军、席捷，1997），自此以后关于中原城市群研究的文献不断增多。20世纪80年代很多学者在进行中原地区城镇体系研究时，都对河南省中部地区城镇组织形式展开过研究，提出了“圈层式”“功能分区”“经济分区”等模式，预言了河南省中部城镇建设的组建方案，这些都为中原城市群的提出贡献了重要支撑。例如，1984年林富瑞提议开展以郑州市为中心的新乡、焦作、洛阳、许昌、开封这一“菱形城市群”的区域规划（林富瑞，1984）；1985年杜启铭认为河南省中部地区应加快铁路、黄河大桥建设，未来郑、汴、新三市将形成紧凑的、既能合理分工又便于联系的大型城市群，河南省和我国中原地带将出现一个“金三角”（杜启铭，1985）；1986年杨林军等提出为把中原经济区建设成为一个有机整体，必然要建立一个网状的、多层次的、向外辐射的中原城市群（杨林军、何大明、巫继学，1986）；1987年王发曾提出要加强河南省城镇体系的团聚力，扩大郑州市的规模，提高其中心性强度，并加强以郑州为核心的中部大、中城市区域的整体发展（王发曾，1987）。再次说明，本章研究的目的不是为了追溯中原城市群是由哪位学者首先提出来，而试图通过文献统计、文献归纳的方法分析中原城市群研究30年来的主要脉络，总结分析研究的特点与核心主题，进而提出中原城市群未来研究的重点与方向，因此文献统计分析的起点以1987年开始计算。

二、文献计量分析方法

（一）基于中国知网的期刊论文统计分析

在中国知网数据库，以“中原城市群”为研究主题进行设置，发表时间段定义为1987年1月1日到2017年12月31日，研究主题的搜索逻辑关系为“研究主题=中原城市群，或者题名=中原城市群”，专辑导航为全部，搜索数据库为全部文献库且跨库检索。值得说明的是，由于中国知网的某些模块调整，所以文献计量分析不存在，截至2017年12月31日可以有效地进行时间序列对比分析。

具体在统计分析时从文献数量、研究层次与学科分布、作者分布与作者—主题关系、研究机构与基金支持、核心文献、关键词共现网络和学术关注度七个方面展开。

（二）基于著作统计的分析

由于中原城市群、中原经济区的地域范围基本一致，并且两者都是中原地域系统的体现，所以在进行著作统计时，将两者的著作一起统计进行分析。具体步骤如下：一是在读秀学术搜索网站、全国图书馆参考咨询联盟和超星发现系统等搜索网站上，定义发表时间段为1998年9月到2019年12月，选择图书分类后点击全部字段搜索，根据结果筛选图书名称中包含中原城市群和中原经济区的著作；二是通过进入河南大学、郑州大学、南京大学等高等院校的网上图书馆期刊数据库，以中原城市群、中原经济区为关键词进行图书统计分析；三是在当当网、淘宝网、孔夫子旧书网等售书网站进行查漏补充。经过上述三轮统计和甄别，统计出139本中原经济区和40本中原城市群专著。

在分析具体指标时，主要从文献数量、核心内容、著者单位三个方面进行分析。

三、结果分析

（一）基于中国知网的期刊论文统计结果

1. 文献数量呈现“低速增长—快速上升—波动下降—近期上升”变化趋势

根据中国知网对文献数量的计量统计分析，将其可视化析出，结果见图4-1。由图4-1可知，2002年以前关于中原城市群的文献数量极少，最多的年份有4篇，最少的年份0篇，处于低速增长的阶段。将这个阶段的文献进一步细化，可分为1995之前和1996—2002年。从文献的内容看，1995年之前都是个别学者在论述对中原地区城市发展的展望分析，没有出现专门的文献进行系统研究。王发曾等认为政府部门关于中原城市群的研究开始于1994年，因为那时郑州市政府陇兰办提出了关于中原城市群研究的课题，并逐渐向河南省人民政府汇报推进。1995年，中共河南省第六次党代会报告正式提出，要加快以郑州为中心的中原城市群建设步伐。在政府战略的带动下，1995年河南省人民政府发展研究中心向各级政府部门发布重点研究课题，其第三课题就是关于中原城市群发展的研究，提出要打造以郑州为中心，以洛阳、开封、焦作、新乡、许昌为支撑地域的中原城市群，指出要研究该城市群的未来发展战略和提升其辐射带动作用（王发曾、刘静玉、徐晓霞等，2007）。1996年开始在各种发展报告中出现中原城市群的用词，河南省经济社会发展的战略导向逐渐向核心地区集聚发展。1997年，以“中原城市群”为标题的专论性文章开始出现，如范钦臣的“略论中原城市群”，张丹等的“中原城市群与郑州大都会建设的战略思考”，基本上是以发展战略为主题进行分析。1998—2002年，关于中原城市群的文献零零散散出现，主要也是探讨发展战略、城市化、区域开发等内容。

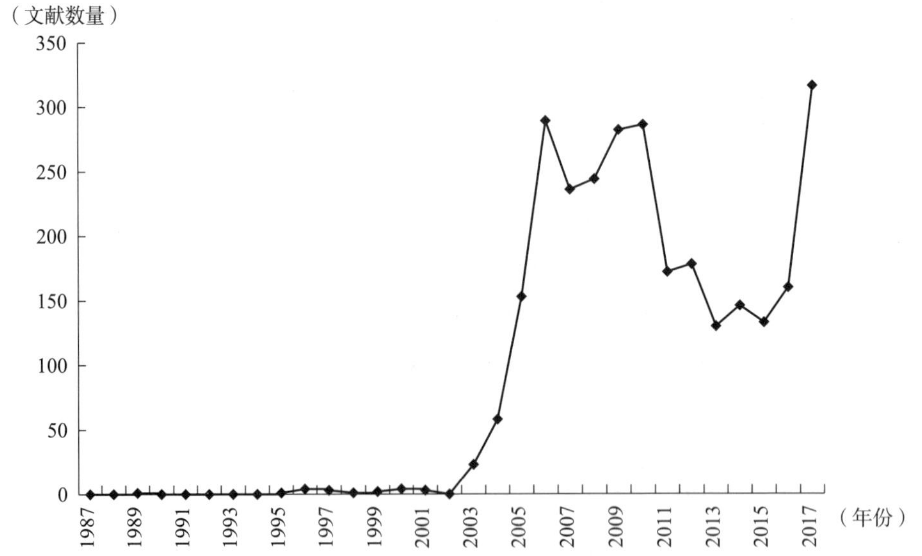

图4-1　中原城市群各年度发文量统计

在此之后，2003年23篇、2004年58篇、2005年153篇、2006年289篇，基本上关于中原城市群的文献每年是以翻倍的数量增长，表明中原城市群研究进入了一个“黄金”阶段。究其原因，该阶段河南省着力推进中原城市群建设，学术界与政府部门交流密切并得到了社会各方的广泛认同。2003年河南省委、省政府正式提出要全力打造中原城市群，构建中原城市群经济隆起带；2003 年《河南全面建设小康社会规划纲要》提出将中原城市群作为实施中心带动战略的重要支撑，并对中原城市群进行专题论证；2004 年河南省政府工作报告再次强调，突出抓好中原城市群建设，完成中原城市群发展规划。2003—2004 年，河南省发展和改革委员会牵头，编制了《中原城市群发展战略构想》，足见政府部门对中原城市群建设的重视程度。2005—2006 年中原城市群的研究进一步升温，为中原城市群的战略规划出台奠定了坚实的基础。2006 年《河南省国民经济与社会发展第十一个五年规划纲要》明确提出，要加快中原城市群发展，把中原城市群作为中原崛起、中部崛起的重要增长极。在政府部门的战略引领下，学术界进行广泛讨论，该阶段学者围绕中原城市群的一体化发展战略、发展特征、问题与对策、经济建设、产业结构、空间整合、文化以及生态等展开多维度的分析。在“轰轰烈烈”的中原城市群战略研讨基础上，《中原城市群总体发展规划纲要(2006—2020)》应“时”而出。至此，中原城市群课题已经从概念提出、理论论证逐渐走向实施操作阶段。

2007—2015 年关于中原城市群研究的文献起伏波动，虽有上升期，但整体呈下降态势。2006 年《中原城市群总体发展规划纲要(2006—2020)》作为政府文件发布后，以政府部门为主导的战略性座谈会、讨论会减少，因此战略性推进文献相应的减少。然而，在此期间学术界的研究并没有明显减少。值得一说的是，2009—2010 年河南省人民政府着力推进以郑州为核心的中心带动战略，并组织研讨会讨论中原城市群的空间扩容问题，提出将河南省整体作为中原城市群空间范围，因而在后续的一些提法中，传统的中原城市群九市(郑州、开封、洛阳、新乡、焦作、济源、平顶山、许昌、漯河)被认为中原城市群紧密层。在河南省中心带动战略的政府引领下，2009—2010 年中原城市群研究又出现了一定的“回温”。2010 年以来河南省的主要战略以中原经济区协调发展为核心主题，学术研究也融入其中，而中原城市群等相关主题的战略研究不断弱化，因而在河南省国民经济与社会发展“十二五”规划期间文献数量呈整体下降趋势。

《国家新型城镇化规划(2014—2020 年)》、河南省国民经济与社会发展“十三五”规划等战略明确提出将城市群作为地区发展的核心带动力量，因而关于中原城市群的文献迅速陡增，呈现蓬勃发展的上升趋势并超越了历史时期的最高文献数量值。此外，近期国家将城市群作为城镇推进的主体形态和参与全球竞争的核心区域，城市群建设成为中国城市与区域发展的重要趋势，因而伴随着城市群的重要性提升，文献数量也不断提升。2016 年国务院印发《中原城市群发展规划》，中原城市群成为国家层面批复的第七个战略城市群，随之而来的学术研究文献也相对增多。可以预料，在未来一个阶段，中原城市群的相关研究必然会产生一个新的“浪潮”。

2. 研究层次以社会科学为主且偏政策，研究学科以经济、政治类支撑为主

根据中国知网提供的研究层次、研究学科统计数据，进行可视化析出，结果见图 4-2、图 4-3。

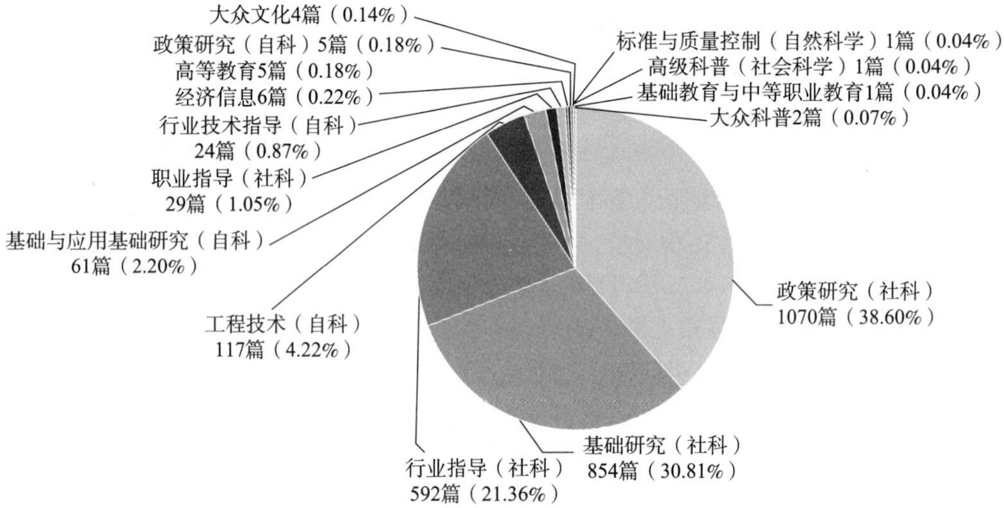

图 4-2 中原城市群研究层次分布

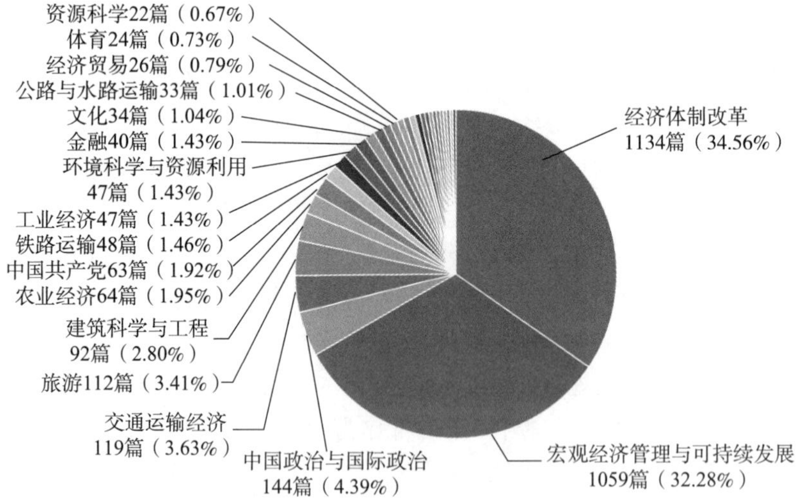

图 4-3 中原城市群研究学科分布

由图 4-2 研究层次分布可知，以社会科学为主的政策、基础研究文献占据了 2/3 以上，明显反映出两个层次的社会科学类研究人员对中原城市群研究的学术贡献，也反映出以战略、政策研究为导向的学术团队对政府重大战

略出台的支持作用。行业指导（社会科学）的文献达到 592 篇，占比为 21.36%，反映出不同行业社会科学人员对推动中原城市群建设的研究支撑性。占比在 1%~5%的研究层次的有职业指导（1.05%）、基础与应用基础研究（2.20%）、工程技术（4.22%），虽然聚焦不明显但自然科学的研究在该比例范围内占据一定优势，体现出自然科学研究者对中原城市群范围内相关科学问题的重视。占比在 1%以下主要集中在教育研究、科普推广、质量标准等，反映出学者对中原城市群建设科学问题的普及之心，也体现出教育工作者对中原教育振兴贡献的绵薄之力。

从研究学科的分布看（图 4-3），经济体制改革类共 1134 篇，占比达到 1/3以上，反映出研究者侧重于经济体制改革的重点领域，如经济发展与社会进步、顶层设计与规划推进、政府管理与市场繁荣、改革深化与稳步推进、体制机制的完善等方面，体现出学者对国家大政方针展开研究的青睐程度，更反映出学者研究中原地区经济社会发展的核心问题的活跃性、积极性。宏观经济管理与可持续发展共 1059 篇，占比达到 32.28%，反映出学者对经济发展方式的转变、产业结构的调整、人口—经济—社会—资源环境可持续发展等方面展开研究，是对经济体制改革方面的进一步深入研究。占比在 1%~5%的研究学科不仅包括党建、政治，而且包括工农业经济、现代服务业（文化、旅游、金融等）、交通运输（公路、铁路、航空等），还包括建筑科学与工程、环境科学与资源利用等，体现出学者在党领导下开展思想政治研究的积极性，体现出行业经济、职能部门领域研究的活跃性。占比在 1%以下有经济贸易、体育、资源科学等，基本上是对经济体制改革、可持续发展领域的展开与补充，具有较强的现实研究价值。

3. 研究机构以省内高校、研究所与省委省政府相关部门为主，基金支撑以国家基金和省软科学研究计划为主

从研究机构分布看（表 4-1），河南大学论文发表量为 303 篇，占比近 1/3，远远超出其他研究机构；其次是郑州大学共发表了 121 篇，也远领先位于第三的河南省社会科学院。河南省两大高校不仅有院系科研人员发文支撑中原城市群建设的各个方面，而且有专门的国家、省级社会科学基地从事省内重大战略研究，加之一些社会科学名家及其带来的团队成员、研究生撰写相关论文，因而两大高校的发文量遥遥领先。排名第三的河南省社会科学院，作为河南省委、省政府的“智囊团”“智库”，积极展开研究为河南省各项战略的顺利实施提供了理论支持和政策保障，因而发文量亦相对较多。从排名前三位之后的研究机构看，主要以河南省高校、研究所为主，其次涵盖一些省级党政部门，另有部分省外高校、研究所加入其中。中原城市群的主体地域是

河南省，中原城市群战略的发起者和推进者是河南省各级政府部门，中原城市群的发展与中原儿女的福祉密切相关，因而省内高校、研究所以及相关政府部门蕴含的热情、研究的动力、投入的精力较其他地区更高、更强、更足。

表 4-1　各研究机构发文量统计

研究单位	发文量	排名	研究单位	发文量	排名
河南大学	303	1	平顶山学院	17	16
郑州大学	121	2	经济视点报社	16	17
河南省社会科学院	41	3	中国科学院地理科学与资源研究所	15	18
郑州航空工业管理学院	33	4	河南科学学院	15	19
许昌学院	32	5	信阳师范学院	14	20
河南财经政法大学	27	6	华中师范大学	13	21
河南省人民政府	24	7	中共河南省委	12	22
河南省科学院地理研究所	23	8	桂林理工大学	11	23
商丘师范学院	22	9	洛阳理工学院	11	24
河南财经学院	21	10	华北水利水电大学	11	25
河南师范大学	20	11	武汉理工大学	11	26
河南农业大学	20	12	华东师范大学	10	27
华中科技大学	20	13	西北师范大学	10	28
河南财政税务高等专科学校	19	14	中共河南省委党校	10	29
河南工业大学	17	15	西北师范大学	10	30

从基金项目支撑看（表 4-2），国家自然科学基金支撑的发文量为 93 篇、国家社会科学基金支撑的发文量为 82 篇、河南省软科学研究计划支撑的发文量为 76 篇，位居前三名。深入研究前三名基金支撑的研究作者可知，绝大多数为省内高校的科研人员，体现出国家、省级层面基金对中原学者展开相关研究的资金支撑，也体现出国家最高层面研究项目对河南省展开区域振兴课题的支撑。排名第四至第十位的基金项目依次是国家、省级层面的科技支撑项目、软科学项目、基础研究项目，虽不及前三名支撑的发文量大，但依然为探索中原城市群的发展之路提供了有力的支撑。排名十位之后的基金项目所支撑的发文量很少，零零散散地夹杂在国家其他层面与外省的自然科学、软科学、社会科学支撑项目中，体现出其他层面基金项目支撑研究的不足，也从侧面进一步印证了主要以河南省研究机构展开研究的地方特色。

表 4-2　各基金项目支撑的发文量统计

基金项目支撑	发文量	排名	基金项目支撑	发文量	排名
国家自然科学基金	93	1	国家重点基础研究发展计划	3	11
国家社会科学基金	82	2	中国科学院知识创新工程	2	12

续表

基金项目支撑	发文量	排名	基金项目支撑	发文量	排名
河南省软科学研究计划	76	3	国家高技术研究发展计划	2	13
河南省教委自然科学基金	21	4	吉林省软科学研究计划	2	14
河南省自然科学基金	13	5	全国教育科学规划	2	15
国家科技支撑技术	8	6	山西省软科学研究计划	1	16
河南省科技攻关计划	7	7	甘肃省中青年科技基金	1	17
中国博士后科学基金	5	8	福建省软科学研究计划	1	18
高等学校博士学科点专项科研基金	4	9	陕西省教委基金	1	19
国家软科学研究计划	4	10	广西壮族自治区软科学研究计划	1	20

4. 文献作者以科研机构人员为主但差异明显，核心主题聚焦于发展模式

根据中国知网计量可视化提供的检索结果，将发文量前30名的作者进行汇总，结果见表4-3。由表4-3可知，发文量最多的为河南大学的王发曾、苗长虹，发文量分别达到45篇、28篇，体现出两位学者对中原城市群研究的贡献性之大。两位学者作为河南省区域战略研究的领军学者，踊跃参与河南省委省政府的各项战略研讨，积极撰写关于中原城市群、中原经济区等国家级战略的政策文章，致力于城镇化、产业发展、城镇体系整合、“三化”协调发展等方面的研究，为中原城市群研究做出了重大的学术支撑。发文量在10篇以上的学者中，除河南省科学院地理研究所的冯德显、河南省人民政府的刘战国、许昌学院的吴国玺外，其余全部为河南大学学者。这些学者中，除了王发曾带领的城市—区域研究团队成员徐晓霞、刘静玉、丁志伟外，还有中原发展研究院耿明斋、环境与规划学院的高建华等，体现出河南大学研究的“集群”力量。发文量在5~10篇的学者仍以河南大学为主，不仅包括王发曾、苗长虹、秦耀辰、梁留科、覃成林等带领的团队成员如赵威、张丽君、吕可文、张改素等，而且包括一大批青年学者和研究生。此外，发文量在5~10篇的学者，还包括河南省社会科学院两任院长喻新安、张占仓，河南省政府部门的吴天君，河南省科学院地理研究所的杨延哲，省内高校的李学鑫、陈梦筱。

表4-3　文献作者发文量统计

作者及单位	发文量	排名	作者及单位	发文量	排名
王发曾，河南大学	45	1	吕金嵘，河南大学	7	16
苗长虹，河南大学	28	2	彭荣胜，信阳师范学院	6	17

续表

作者及单位	发文量	排名	作者及单位	发文量	排名
刘静玉，河南大学	16	3	陈梦筱，郑州航空工业管理学院	6	18
丁志伟，河南大学	16	4	苏朝阳，河南大学	6	19
高建华，河南大学	12	5	吴天君，中共河南省新乡市委	6	20
冯德显，河南省科学院地理研究所	11	6	吕可文，河南大学	6	21
徐晓霞，河南大学	11	7	杨延哲，河南省科学院地理研究所	6	22
吴国玺，许昌学院	11	8	赵威，河南大学	5	23
刘战国，河南省人民政府	10	9	秦耀辰，河南大学	5	24
耿明斋，河南大学	10	10	史雅娟，河南大学	5	25
孟祥林，华北电力大学	9	11	李学鑫，商丘师范学院	5	26
曾鹏，桂林理工大学	9	12	覃成林，河南大学	5	27
喻新安，河南省社会科学院	8	13	张丽君，河南大学	5	28
张改素，河南大学	8	14	梁留科，河南大学	5	29
张占仓，河南省社会科学院	7	15	王海江，河南大学/河南理工大学	4	30

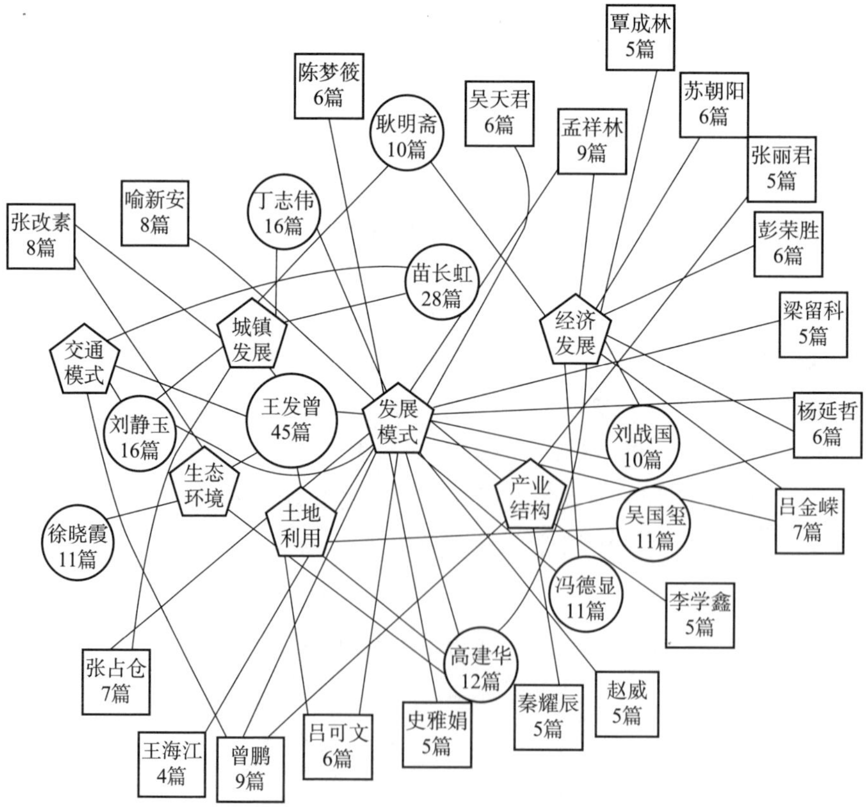

图 4-4 研究主题与作者的关系

中原城市群研究涉及诸多方面，根据研究的核心内容可分为发展模式、经济发展、城镇发展、交通模式、产业结构、土地利用、生态发展七个研究主题。其中，发展模式的研究包括空间整合、战略探讨、大都市区建设、区域联动等(冯德显，2004；付磊，2004；张占仓、杨迅周、杨延哲，2004；许叔明，刘静玉，2006；张二勋、秦耀辰，2006；夏保林、吕连琴，2009；朱永红，2010；冯明军，2011；吴国玺、刘培、王丽娜，2018)；城镇发展的研究包括城镇化及其动力机制、城市体系结构演化、城镇体系空间组织、城镇密集区等(崔彩辉，2005；刘静玉，2006；刘晓丽，2006；杨建涛、高建华、史雅娟，2014；谢永琴、曹怡品，2018)；交通模式的研究包括交通网络体系、交通通达性与空间结构的优化等(雒海潮、苗长虹、罗未蓉，2007；李晓莉、王发曾、罗军，2008；雒海潮、苗长虹、周凯，2009)；产业结构的研究包括经济整合、产业结构分析和优化调整、产业集聚发展等(李学鑫，2008；张丽君，2010)；土地利用的研究包括土地集约利用评价、土地资源的合理分配、土地承载力评价、土地资源优化等方面(王发曾、王新涛，2008；毋晓蕾、韦东、陈常优，2009；张谦智、吴国玺，2010；张丽君、秦耀辰、张金萍等，2011)；生态发展的研究主要包括生态空间结构优化、环境保护、生态系统评价等(徐晓霞，2005；徐晓霞，2006；张建伟、王发曾、徐晓霞，2008；张改素、丁志伟、赵威，2014)。将七个研究主题与相应的研究者绘制成关系网状图(图 4-4)，可更清晰地看出中原城市群的研究情况。从图 4-4 可以看出，王发曾涉及的研究主题有交通模式、城镇发展、发展模式、土地利用和生态环境五个方面，苗长虹涉及交通模式、城镇发展、发展模式和产业结构四个方面，体现出两位学者关注的研究领域较广。关于发展模式的学者有 22 人，足见中原城市群的发展模式关注度最高，也反映出学者为探索区域发展的合适模式不断深化研究成果。生态环境的研究人数最少，体现出研究主题对该方面聚焦程度不够，也预示着需要进一步加强该方面的研究力量。

5. *核心文献以省社会科学名家为主，文献来源以省内知名报纸、核心杂志为主*

根据中国知网提供的文献下载量、引用次数，提取出 10 篇代表的文献(表 4-4)。由表 4-4 可知，除“中原城市群城市承载力评价研究”的作者吕斌、孙莉、谭文垦不属于省内研究机构(吕斌、孙莉、谭文垦，2008)，其余 9 篇均来自河南省。从作者出现的频数看，核心文献以王发曾居多，不仅有战略导向的新型城镇化研究(王发曾，2010)，而且有城市竞争力、城市空间整合的具体研究(刘晓丽、方创琳、王发曾，2008；王发曾、吕金嵘，2011)，体现该学者“理论上站得住，实践上行得通”的研究理念。苗长虹的核心文献出现2次，研究主题聚焦于区域经济联系、产业结构，体现出区域经济研究占相关研究引用中的分量（李学鑫、苗长虹，2006；苗长虹、王海江，2006）。喻新安、张占仓两位河南省社会科学院领军学者的文献主题偏重于战略，无论是河南省的新型城镇化还是中原经济区建设均与政府的区域战略密切相关，也体现出河南省社会科学院“中原智库”的学术担当（喻新安，2010；张占仓，2010）。河南省科学院地理所的两位领军人物冯德显、杨迅周聚焦中原城市群的空间整合与一体化发展构想，与其研究所侧重于社会服务、战略咨询的机构性质密切相关（冯德显、贾晶、杨延哲等，2003；杨迅周、杨延哲、刘爱荣，2004）。

表 4-4 核心引用文献

题目	作者	期刊	年(期)	下载量	引用次数
中原经济区的新型城镇化之路	王发曾	《经济地理》	2010(12)	7698	170
河南省新型城镇化战略研究	张占仓	《经济地理》	2010(09)	6375	233
中原城市群城市竞争力的评价与时空演变	王发曾、吕金嵘	《地理研究》	2011(01)	5158	139
河南省城市的经济联系方向与强度——兼论中原城市群的形成与对外联系	苗长虹、王海江	《地理研究》	2006(02)	3444	349
中原城市群的空间组合特征与整合模式	刘晓丽、方创琳、王发曾	《地理研究》	2008(02)	2577	95
城市群产业结构与分工的测度研究——以中原城市群为例	李学鑫、苗长虹	《人文地理》	2006(04)	2095	131
建设中原经济区若干问题研究	喻新安	《中州学刊》	2010(05)	2092	96
中原城市群城市承载力评价研究	吕斌、孙莉、谭文垦	《中国人口·资源与环境》	2008(05)	1900	94
中原城市群一体化发展战略构想	冯德显、贾晶、杨延者、张教平、张丽萍	《地域研究与开发》	2003(06)	1198	98
中原城市群空间整合战略探讨	杨迅周、杨延哲、刘爱荣	《地域研究与开发》	2004(05)	759	92

根据中国知网提供的文献来源数据，进行可视化分析，结果见图 4-5。虽然表 4-4 中核心引用文献主要来自国内人文—经济地理领域的核心期刊

《地理研究》、《人文地理》、《经济地理》等，但从文献的期刊、报纸来源看主要以省内的出版单位为主(图 4-5)。《河南日报》发文量达 258 篇，占比为 21.50%，体现出该报作为河南省第一大报在开展中原城市群研究的权威性和指导性，也反映出省委省政府各机关干部在重大战略实施过程中敢于建言献策。《郑州日报》《新乡日报》《开封日报》《洛阳日报》《焦作日报》作为地方报纸，在解读中原城市群建设过程的郑汴一体化、郑州都市区建设、核心发展区域一体化发展等具体问题方面起到了重要作用，发文量的占比分别为 7.08%、13.75%、5.92%、4.33%、2.33%。河南大学与郑州大学的硕士、博士研究生在导师投身地区战略实践的带领下，发文量分别达到了 99、34 篇，占比分别为 8.25%、2.83%，为中原城市群的各方面建设提供了理论支撑。其他的报纸如《经济视点报》《经济日报》《协调论坛》《中国经济导报》《21 世纪经济报道》等围绕国家的城市群建设，针对中原地区的具体发展发表了相关评论性文章。《地域研究与开发》与《河南科学》作为河南省的区域经济发展、城市建设与管理方面的学术研究成果的核心期刊，发文量占比达到 3.92%、3.00%，刊载了大量关于中原城市群方方面面的最新研究成果，展示出地方期刊“百家齐鸣”的办刊宗旨。

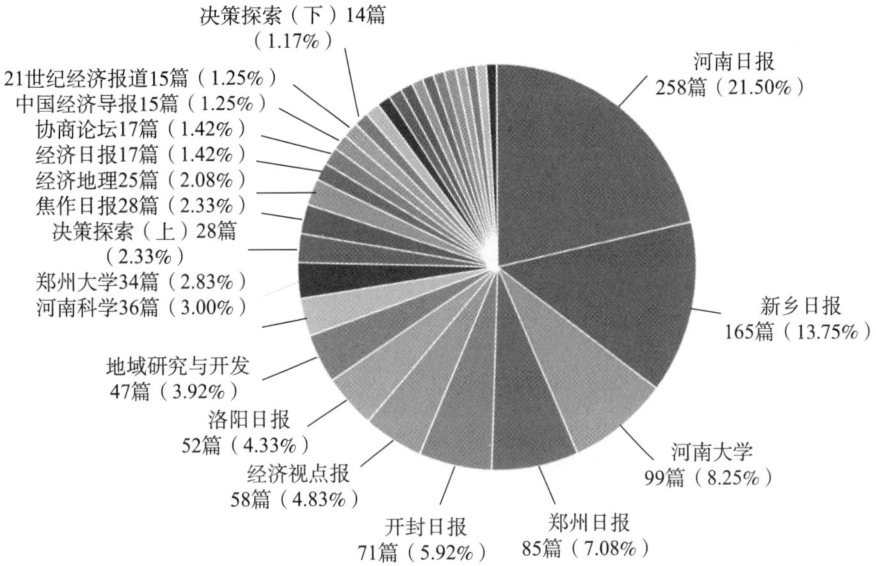

图 4-5　文献来源的计量统计

6. 核心关键词围绕中原地区的“区域经济”“城镇化”“崛起”“协调发展”交织成网

根据关键词出现的频数可知（图 4-6），中原城市群、中原经济区、城市群、河南省作为地域范围的名词最多，分别达到 546、156、147、107 次。除上述地域名词外，郑州、河南、中原、中部地区等地域名词出现的频数也相对较多，分别达到 27、24、21、20 次。上述名词的不断出现不仅展现出与中原城市群密切相关的中心带动战略、核心区空间拓展、区域合作战略等，也体现出战略导向下的区域研究特色。除区域经济（41 次）、产业结构（31 次）、产业集群（19 次）、经济发展（15 次）、城市竞争力（25 次）等经济方面的关键词，以及主成分分析（24 次）、指标体系（16 次）、因子分析（19 次）、综合评价（15 次）等计算方法外，核心出现的关键词以城镇化（38 次）、城市化（32 次）、新型城镇化（26 次）、协调发展（29 次）、发展（16 次）、发展战略（16 次）、中原崛起（32 次）、中部崛起（23 次）、可持续发展（23 次）为主，体现出中原城市群研究求发展、谋振兴的战略特色。通过中国知网计量可视化析出的关键词共现网络（图 4-7），更能体现出区域经济、城镇化、协调发展、崛起的核心战略主题。

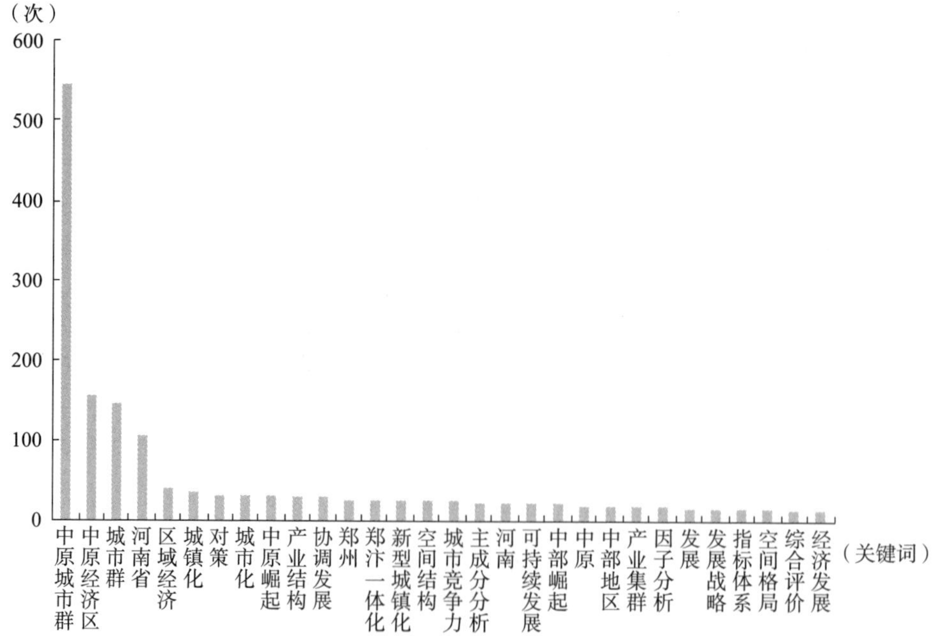

图 4-6 关键词出现的频数

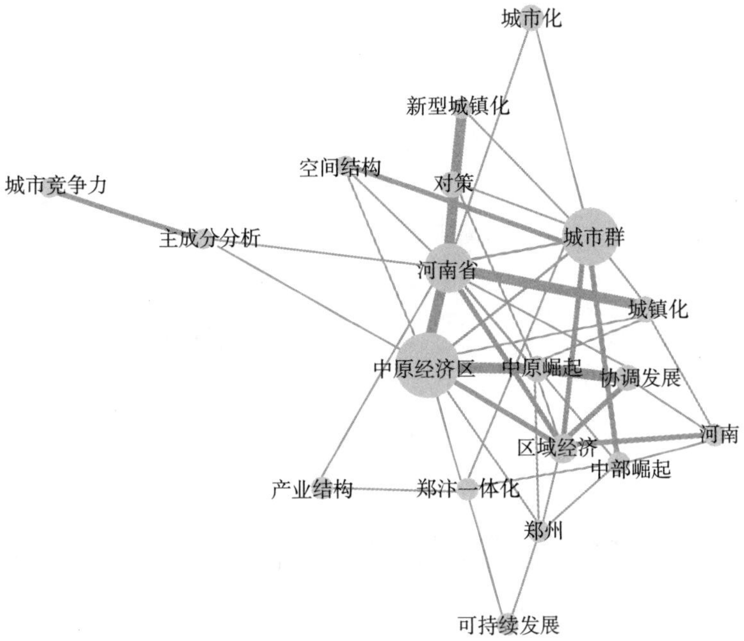

图 4-7 关键词共现网络

7. 学术关注度与文献数量变化基本一致，学术传播度虽有波动但整体影响力不断增强

作为河南省区域发展的引领性战略，中原城市群战略对河南省区域整体空间打造与拓展、区域经济协调发展等具有重要的指引作用，因而河南省虽有诸多国家级战略支持，但仍将该战略与郑州航空港经济综合实验区、中国(河南)自由贸易试验区、郑洛新国家自主创新示范区共称为“三区一群”，足见其在河南省战略中的重要地位。此外，在中原城市群萌芽、孕育、发展、拓展、规划建设的过程中，空间范围由最初的郑州附近，到传统的中原城市群九市，再到拓展后的河南全境，最后到规划建设的跨区域 30 个省辖市，研究的关注点也由省内不断走向全国，整体的学术成果在其间也发生波动变化。总体而言，学术关注度与研究文献的数量变化基本一致(图 4-8)，呈现“低速增长—快速上升—波动下降—近期上升”变化趋势，只是波动的幅度不及研究文献量。但从学术传播度看，2000 年之后除个别年份起伏外，整体影响力不断增强，也反映出中原城市群研究在国内学术界、城市群战略中的地位不断上升。

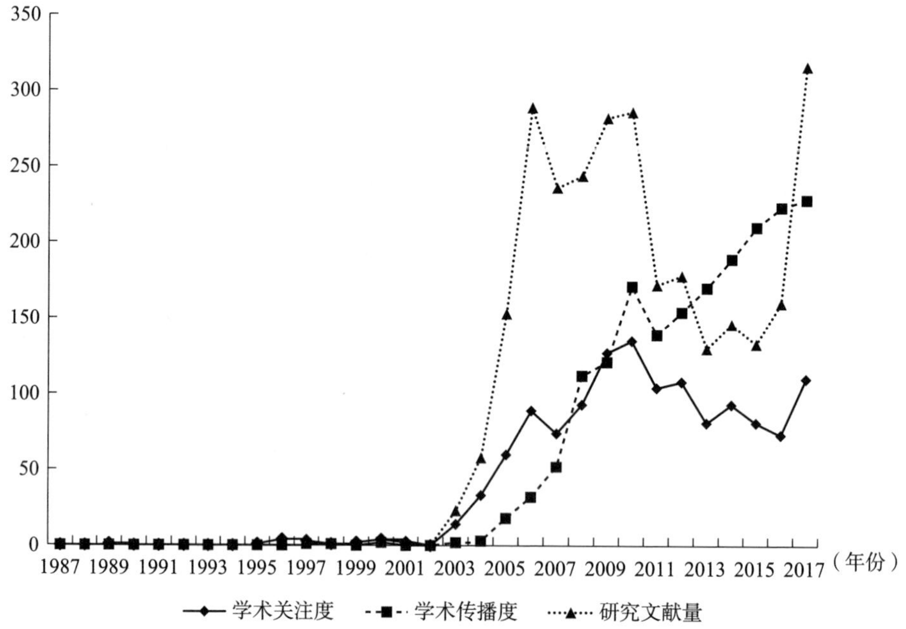

图 4-8　中原城市群战备的学术关注度和学术传播度的变化

(二)基于著作统计的结果

1. 专著出版数量的时序变化特点

根据版权著作网站对中原地区城市群、经济区的著作进行数据提取和归纳总结，分析其随时间变化的特点并将其可视化析出(图 4-9)。由图 4-9 可知，2000 年以前专著的出版量较少，只在 1998 年出版了 1 本。2001—2005 年出现小幅度的增长，其中 2004 年著作数量为 4 本。2006—2016 年著作数量开始由缓慢增长向快速增长发展，由 2006 年的 6 本增长至 2016 年的 19 本，其中 2013 年出版了 29 本，数量达到最高值；2016 年以后相关的出版专著再次下降，其中 2019 年仅为 2 本。根据普莱斯曲线得知科学文献量随时间发展有一条规律：在某个学科发展的前期，文献数量呈缓慢增长的初始阶段；当学科进入发展期，文献数量将会进入指数增长阶段；随着学科理论的不断完善和成熟，其科学文献量将会进入缓慢增长阶段(许叔明、刘静玉，2006)。可以预见，如果没有新的战略、政策或者其他影响因素刺激中原城市群、中原经济区研究，其相关的著作数量必然呈下降趋势。

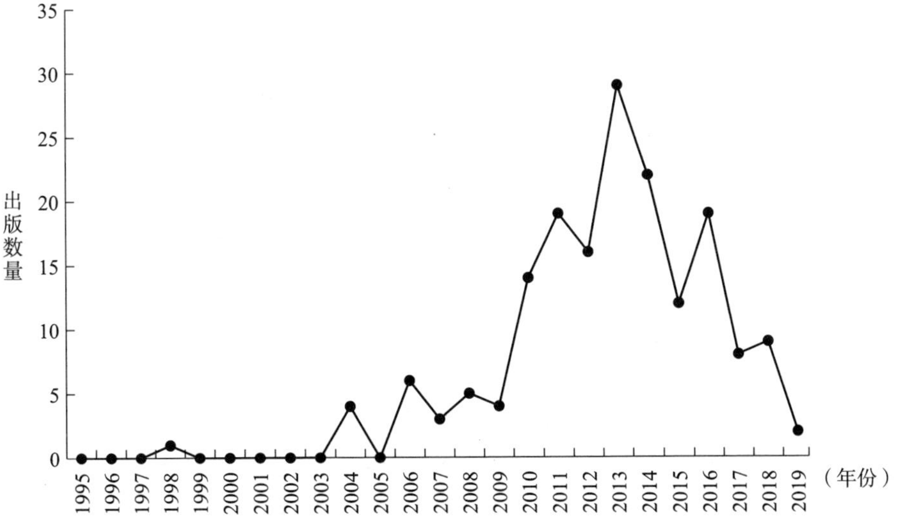

图 4-9　中原地区城市群、经济区各年度著作发表量统计

由图 4-9 可看出 2003 年是著作数量变化的一个时间节点，之前是零星存在，之后波动变化且以上升趋势为主。虽然学者在 2003 年之前多次提及中原城市群的概念，但是由于缺乏政府战略指导，系统研究中原城市群的专题成果不多，所以早期该研究领域的论文发表量和专著出版量比较少。不过，2003 年之后，伴随着政府战略、政策的支持和相关部门的宣传，关于中原城市群研究的论文和专著如雨后春笋般冒出，并且在此后的几年内一直呈增长趋势。回顾中原城市群的建设历程可知：2003 年河南省人民政府在《河南省全面建设小康社会规划纲要》中明确提出要加快中原城市群建设；2004 年再一次强调要抓好中原城市群的建设，完成其发展规划，建立中原城市群的联动发展机制（朱永红，2010），并且编制了《中原城市群发展战略构想》；2005 年国家“十一五”规划纲要明确提出要把城市群作为推进城市化的主体形态；2006 年河南省人民政府印发《中原城市群总体发展纲要（2006—2020）》。在上述政府部门战略引导和其他相关政策支持下，学术界开始围绕中原城市群城镇体系空间结构优化、区域整合规划、经济体制改革等展开讨论，相关的著作也逐步产出。相较于 2003 年之前中原城市群的零散研究而言，论文的数量呈快速增加趋势，而著作在 2004—2005 年并没有快速增加，这是因为专著出版需要较长的周期，需要搜集大量资料进行规范实证和深入分析。2004—2005 年之后，学者系统研究中原城市群的成果开始出现，相应的著作数量也逐渐增加，因此出现了图 4-10 中的变化趋势。

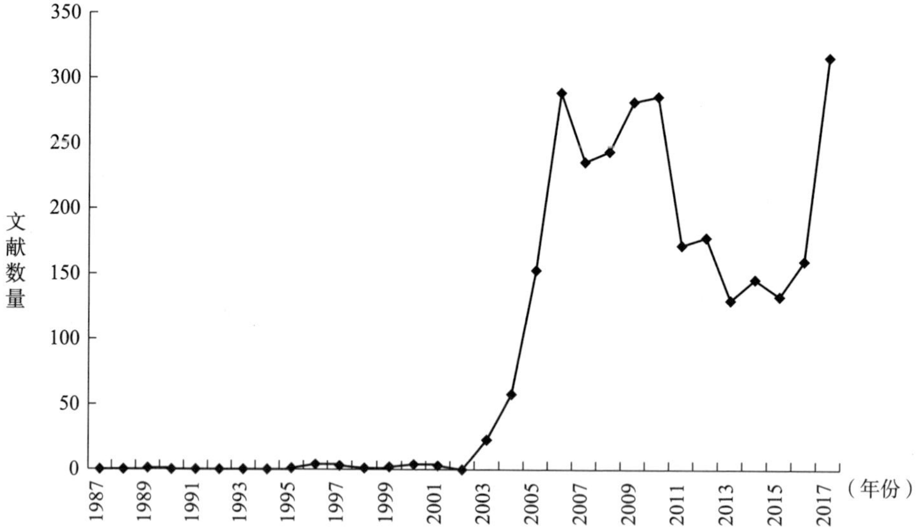

图 4-10　中原城市群各年度发文量统计

2006 年河南省人民政府发布《中原城市群总体发展纲要(2006—2020)》以来，中原城市群建设过程中需要大量的理论支撑和实践经验总结，因此相关的专著出版量呈指数增长。2005—2006 年河南省政府又提出郑汴一体化建设，使得中原城市群的核心地区一体化研究不断增多，相关的研究著作也不断呈现；2009 年河南省人民政府又在其官方的政府工作报告中提出了“一极两圈三层”的空间开发格局，使得中原城市群的空间范围和战略重点进一步明确，相应的研究论证成果不断呈现；2012 年国务院正式批复《中原经济区规划(2012—2020 年)》，围绕其进行科学发展、解读要义的论著不断增加；2016 年国务院正式批复《中原城市群发展规划》，使得中原城市群的研究又产生小的高潮。可以预见，伴随着中原城市群规划研究热度的消退，中原城市群研究的相关专著数量必然进一步下降。不过，这也从侧面反映出，2012 年以来由于中原地区城市群、经济区建设的战略和政策不断推进，学者围绕其发表的论著研究更加深入，所以中原城市群研究的理论和实践逐渐走向成熟。

2. 专著的研究内容的特点分析

根据版权著作网站对中原地区城市群、经济区研究的核心维度统计结果进行可视化析出(图 4-11)。由图 4-11 可知，关于其研究出版的专著主要内容为区域发展和政策研究，反映出学者研究的核心多数是基于政府出台的战略性文件、政策进行了发展方向、建设路径解读。据数据统计，139本中原经济区和40本中原城市群的出版专著中，关于区域发展和政策研究就分别有65本和45本，占比分别为37%和25%，进一步反映出两者的占比较大；关于经济地理、文化教育和生态资源为研究内容占到了图书出版总量的37%，反映出中原地区城市群、经济区发展中核心关注的层面和要解决的实质性问题。国内学者主要从区域经济、政府战略角度研究中原地区的城市群、经济区，说明学者对国家政策的大力支持和对建设中部地区的积极性，也反映出学者助力中原崛起、河南振兴的地方贡献。作为中原地区经济社会高质量发展的重要板块支撑，城市群、经济区对带动区域增长极竞争力的提升，以及核心板块的辐射带动作用提升，实现中原地区的经济社会文化一体化和支撑中部地区的北侧崛起具有重要的现实意义，因此，国内的专家学者关于中原地区城市群、经济区建设的相关论著，不仅为其高质量发展提供了严谨的理论基础，而且在更大程度上促进了城市群、经济区的实践建设。

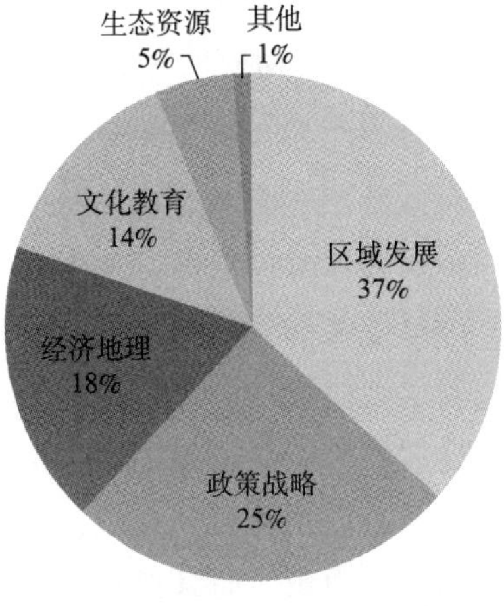

图4-11 中原地区城市群、经济区专著研究内容分布

政策战略和区域发展是关于研究中原城市群、经济区的两个层次，一个从战略方向、未来路径层面把握中原地区各项事业的可持续发展，另一个从具体的区域组织模式、功能优化视角给出具体的建设方略。首先，政策战略的专著占比为25%，说明学者通过对政策战略和区域经济的深入研究，为政府决策机构、领导提供基本框架、定性定量支撑和理论方法，用以指导中原城市群建设的决策和部署。例如《解读中原经济区》《中原经济区建设热点问题解读》等著作，作者结合政府发布的关于中原经济区规划建设文件，不仅对现在中原经济区建设的热点问题如中原经济区建设的空间布局、“一带一路”建设等展开解读，而且将学术研究与政策规划相结合，解析了中原经济区建设的空间布局、核心板块建设等。其次，区域发展的专著占比达37%，反映出学者在中原城市群核心地区尤其是增长极地区的研究贡献，不仅分析其作为经济动力方面的创新发展，而且分析其作为空间增长的都市区、一体化建设，为中原城市群的内聚力提升和核心增长极培育指明了方向。最后，城市文化不仅仅包括了物质文明，还涵盖了精神文明和政治文明，丰富了居民的精神生活追求，因此在建设城市经济的同时还要注重城市文化的发展。从统计数据看，文化类著作占比达到14%，反映出国内学者对文化建设的重视和关切，例如，部分学者结合城市群的文化、人才、科技建设，提出了要打造“老家河南”的文化产业品牌，要培养高新技术人才支撑郑洛新国家自主创新示范区建设，要提高中原地区的整体技术创新能力等。

综上所述，关于中原地区城市群、经济区的出版著作研究的核心主题偏向与区域协调、政府策略和经济地理有关，而与城市群的文化、制度、生态等方面的论著相对较少，体现出著作研究的时代局限性和系统性缺乏。

3. 中原地区城市群、经济区研究文献作者分析

以研究者的工作单位和专著出版量为分析指标，绘制出表格和网络图以直观地分析其在空间上分布状态和内在关联，结果见表4-5和图4-12。由表4-5可知，出版作者的工作单位大部分集中在河南，其中不缺乏一些研究领域中的佼佼者。河南大学的学者占据的分量较多，有8位教授或副教授级别的专家学者，形成中原研究的河南大学支撑，这主要是因为河南大学在区域经济、经济地理研究方面在国内占据着重要地位，不仅形成了中原发展研究院、中原城市群研究团队等核心力量，而且拥有着高质量的科研人员团队和国家级、省部级课题项目支持。值得说明的是，以“智库”著称的河南省社会科学院，以中原城市群为研究主题为河南省经济社会发展提供了大量的理论性和实证性论著，为繁荣发展中原地区哲学社会科学做出了重要贡献。由于河南省社会科学院研究内容涉及面广，可能部分关于中原地区发展的著作未收录其中，如有不全面，在此表示歉意。

表 4-5　作者分布及出版著作分析

排序	姓名	单位	出版专著量
1	耿明斋	河南大学	23
2	史自力	河南财经政法大学	7
3	喻新安	河南省社会科学院	7
4	王发曾	河南大学	4
5	刘静玉	河南大学	3
6	苗长虹	河南大学	3
7	刘海平	南京大学	3
8	丁志伟	河南大学	2
9	高友才	郑州大学	2
10	秦耀辰	河南大学	2
11	张占仓	河南省社会科学院	2
12	杨健燕	河南财经政法大学	2
13	李新安	河南财经政法大学	2
14	张宝锋	河南财经政法大学	2
15	许广月	河南大学	2
16	徐夏楠	华北水利水电大学	2
17	何云鹏	延边大学	2
18	罗煜	浙江大学	2
19	赵威	河南大学	1
20	杨兰娇	河南省社会科学院	1
21	马培衢	河南科技大学	1
22	刘凌霄	许昌学院	1

中原地区城市群、经济区相关的出版物主要集中分布在河南省内，其中河南大学、河南财经政法大学、郑州大学占据很大的份额，说明了河南省高等院校的课题研究与省内的政策战略保持了同步。由表 4-5 可知，在 179 本专著中河南大学出版的专著数量达到 40 本，遥遥领先于其他高校。其中耿明斋教授的出版量高达 23 本，与其他学者拉开了很大的距离，这与其任职中原发展研究院院长并致力于中原地区的研究密不可分，也体现出了该智库平台对中原地区城市群、经济区研究的贡献。该智库平台每年都针对河南省的经济发展撰写相应报告并出版系列丛书，如“中原经济区的农业发展报告”、“财政发展报告”、“金融竞争力报告”等。王发曾、喻新安、张占仓、秦耀辰、苗长虹等社会科学名家围绕中原地区的经济社会发展、城市群整合、产业结构、

新型城镇化、生态环境、文化建设等展开研究，体现出与省委、省政府战略、政策的高度一致性，也体现出这些学者对河南省经济社会发展的理论贡献。正是由于这些贡献，王发曾、俞新安、张占仓、耿明斋等获得第二届(2011年)河南经济年度特别贡献奖、河南省社会科学优秀成果特等奖，在此致敬上述前辈，也以此激励本人继续努力上进、提升自身学术研究功力。史自力教授任职于河南财经政法大学，主要从国际经济贸易理论的观点看待中原地区经济发展的动力机制，针对区域产业优化升级、金融发展、城镇化与中小企业协同发展等动力机制展开研究，为中原地区经济发展的动力提供了理论基础。另外根据专著的研究内容绘制了著者与研究主题之间的网状图，可以更清楚地看出研究者侧重的领域，具体见图 4-12。

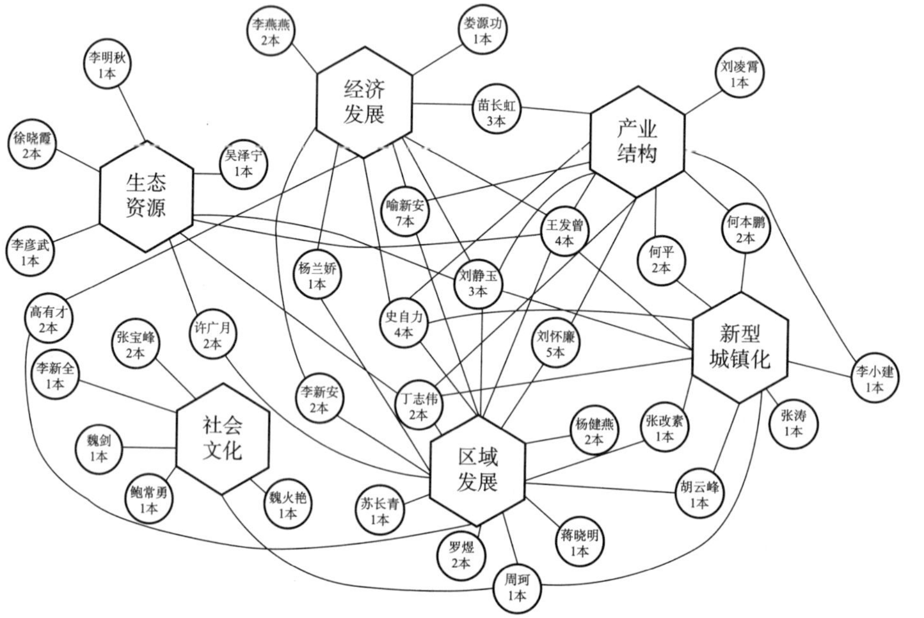

图 4-12 研究主题与作者关系网络图

四、小结

本研究通过对中原城市群学术搜索文献的计量统计分析，得出如下结论：一是文献数量整体呈现出波动变化且近期有上升趋势，但著作类后劲不足；二是研究层次以社会科学为主且偏政策，研究学科以经济、政治类支撑为主；三是研究机构以省内高校、研究所与省委省政府相关部门为主，基金支撑以国家基金和省软科学研究计划为主；四是作者以科研机构人员为主但差异明显，核心主题聚焦于发展模式；五是核心文献、著作以省社会科学名家为主，文献来源以省内知名报纸、核心杂志为主；六是核心关键词围绕中原地区的“区域经济”“城镇化”“崛起”“协调发展”交织成网，但整体侧重于区域经济、战略分析和经济地理；七是学术关注度与文献数量变化基本一致，学术传播度虽有波动但整体影响力不断增强。

根据文献检索的分析结论，要进一步增强中原城市群的学术影响力，本研究认为应加强以下方面的研究：

第一，学术成果的研究文献量需进一步提升。受中原城市群战略上升为国家战略并出台《中原城市群发展规划》的积极影响，文献产出量虽近期波动上升，但整体的学术研究量与长江三角洲、珠江三角洲、京津冀、长江中游、成渝等城市群相比还相差很多，因此学者尤其是中原学者需要进一步从更多的视角展开研究以提升学术研究的产量与质量，从而更好地为中原城市群建设增砖添瓦，让论文写在中原大地之上。值得一提的是，学者易受战略导向变化的影响，可能会围绕近期河南省其他的战略核心区如郑州大都市区、郑洛新国家创新示范区、中原经济区等方面追加产出，因而需要学者不盲目跟风，从“三区一群”的总体战略出发，加强对中原城市群核心问题的研究。

第二，研究层次在以社会科学为主的同时，关注点应更加多样化。虽然在进行战略论证、政策执行过程时，社会科学层次的研究作为中坚力量为重大战略政策的实施提供了保证，但是在中原城市群的具体建设过程中，需要经济、社会、文化、科技等方面的力量协同推进，因此在今后的研究过程中，在发挥社会科学层次研究的引领力量的同时，要不断提升其他学科的支撑力度，实现学科之间的交叉与融合，推进关注点的多样化，使得各类研究层次的成果更好地服务于中原城市群建设大局。

第三，研究机构应展开多方合作，同时基金支撑的项目来源可进一步拓展。从已有的研究机构组成来看，主要是以河南大学、郑州大学为主的省内高校和省级层面的研究所为主，部分为政府部门，但政府部门的支撑力度明显不如省内高校、研究所，反映出研究结构支撑的不均衡。因此，在今后研究过程中，要在发挥省内高校、科研院所等学术阵营的成果支撑的同时，积极展开与政府部门的合作研究，使得研究成果与地方建设实践更进一步融入，甚至多成立一些政府与科研平台联合的研究机构与中心。此外，要进一步争取更多的国家自然、社会科学基金，积极开展地方政府与国家层面平台结合的基金项目，使得研究的资金支撑力度进一步提升。

第四，继续发挥中原学者的带动作用，积极推动多领域联动研究。从发文的主要作者看，以省内高校、科研院所的学者为主，体现出中原学者服务地方实践的热情。从实际研究成果看，多集中于区域经济、城镇化、空间整合、中原崛起等核心战略，反而显得学术研究的视角过于聚焦，缺乏针对具体发展环节的深入研究。因此，在今后研究过程中，一方面要继续发挥中原学者的带动作用，助力中原更加出彩的地方建设研究；另一方面要在核心领域的引领下，展开多领域的交叉研究，深化研究的分支领域，使得各项建设的研究成果更富支撑力。

第五，积极发挥省内社会科学名家的引领作用，推广研究成果在更多媒体上呈现。在学术成果的影响力方面，省内社会科学名家的发文往往更具有引领性，带动文章的引用量和转载量也不断上升，究其原因，这些名家往往在国内学术界占据一席之地或者担任学术团体要职，学术的影响力自然比普通学者大很多。因此，在今后的研究中，省级政府部门、研究机构要进一步谋划多种形式的高层论坛或者研讨会，鼓励社会科学名家积极撰文支持并形成有分量的研究成果，不仅将这些学术成果在专业性期刊上发表，而且将其推广到更多的媒体平台，使得有关中原城市群的标志性研究成果的影响力进一步增强。

第六，围绕核心问题进一步深入研究，持续探索中原崛起之路。从关键词及关键词共享网络可知，已有的研究成果围绕河南省地方发展战略的核心问题如区域经济、城镇化等展开，为中原崛起的理论与实践研究提供了重大支撑。因此，在今后的研究中，要进一步深化对新型城镇化、国家中心城市建设、郑州大都市建设、空间结构优化与区域联动发展、郑州航空港经济综合实验区建设、生态环境建设等方面的研究，从而为解决中原城市群的“三化”协调与“四化”同步、城乡统筹发展、现代城乡体系建设、生态环境等关键问题提供科学的依据。

第七，青年学者要敢于担当，推进学术影响力进一步提升。老一辈学术领军人物为服务中原崛起、中原更加出彩付出了太多的心血，“老骥伏枥，志在千里”的探索之路依然努力向前。然而，未来属于年轻人一代，青年兴则国兴、青年强则国强，因此青年研究者的学术担当要进一步增强，要以“丈夫志不大，何以佐乾坤”的学术精神，发力于中原城市群建设的关键问题研究，奋斗于“开启新时代河南全面建设社会主义现代化新征程，奋力谱写中原更加出彩新篇章”，为服务地方建设贡献青年一代应有的学术力量。

第五章　中原城市群的发展现状

关于中原城市群的范围，有传统9市、河南省18市、中原经济区30座省辖市3个县区等提法，随着《中原城市群发展规划》发布，其范围界定为5省30个省辖市，与中原经济区规划范围基本一致。如《中原城市群发展规划》前言所述，中原城市群以河南省郑州市、开封市、洛阳市、平顶山市、新乡市、焦作市、许昌市、漯河市、济源市、鹤壁市、商丘市、周口市和山西省晋城市、安徽省亳州市为核心发展区。联动辐射河南省安阳市、濮阳市、三门峡市、南阳市、信阳市、驻马店市，河北省邯郸市、邢台市，山西省长治市、运城市，安徽省宿州市、阜阳市、淮北市、蚌埠市，山东省聊城市、菏泽市等中原经济区其他城市。中原城市群是以河南为主体，延及周边而形成的城市—区域系统，对支撑河南振兴、中原崛起具有重要的现实意义，因此客观地了解其发育的基本情况、战略定位、现状问题等，对夯实内部发展的基础实力、提升内部组合竞争力具有重要意义。基于此，本章以《中原城市群发展规划》内容为支撑，分析其内部的城市构成、行政区划，剖析其战略定位和发展重点，解析其存在问题和发展潜力，从而支撑中原城市群规划建设的长远建设。

一、区域概况

中原城市群位于华夏腹地，涵盖了豫北、豫西、豫南山地和华北平原、南阳盆地、皖北平原地区、晋东南地区以及鲁西南地区，是国家经济社会发展的“缩影区”，承担着重要的现代化发展支撑目标。中原城市群地处全国“三横两纵”城市化战略格局路桥通道与京广通道交汇区域，有京广高铁、京九高铁、徐新高铁、大西高铁等线路穿境而过，加之以郑州为核心的“米”字形高铁正在规划建设，部分区域陆续竣工通车，因此其交通战略地位进一步凸显（见图5-1）。正如团队已有成果所述，中原城市群东承实力强大的沿海发达地区，西启充满希望的西部地区，南联势头强劲的南方地区，北通积淀深厚的北方地区，在我国区域发展的版图中具有十分重要的战略意义（王发曾、刘静玉、徐晓霞等，2007）。可以说，中原城市群的规划建设标志着以构建中原经济隆起带、推进我国中部崛起的战略规划进入实施阶段，这不仅能形成中部开放型经济发展的核心区域，提升中部地区的工业化、城镇化水平，又能形成我国东、西部之间产业梯度转移的主要承接载体，形成中部六省实现崛起的重要支撑点。正如《中原城市群发展规划》所述，中原城市群地处全国“两横三纵”城市化战略格局陆桥通道与京广通道交汇区域，极具发展潜力，当前正处于提质升级、加快崛起的关键阶段，具有在高起点上加快发展的优势和机遇，必须立足现有基础，紧紧抓住重大机遇，强化发展优势、补齐发展短板，实现持续健康发展，成为我国经济社会发展的重要战略支撑。

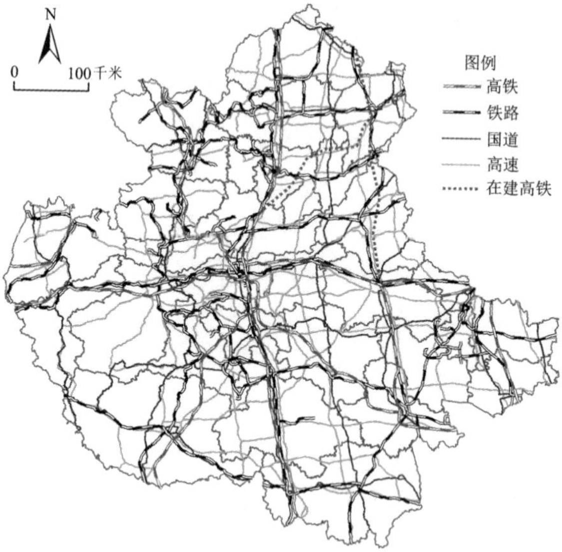

图 5-1　中原城市群内部交通结构图

中原城市群范围包括河南省的郑州市、开封市、洛阳市、南阳市、安阳市、商丘市、新乡市、平顶山市、许昌市、焦作市、周口市、信阳市、驻马店市、鹤壁市、濮阳市、漯河市、三门峡市、济源市，山西省的长治市、晋城市、运城市，河北省的邢台市、邯郸市，山东省的聊城市、菏泽市，安徽省的淮北市、蚌埠市、宿州市、阜阳市、亳州市等 5 省 30 座省辖市（见图 5-2、表 5-1），国土总面积为 28.7 万平方千米，2018 年末总人口规模为 16373.5 万，分别占全国的 3.0%和 11.7%，人口密度达 570 人/平方千米。中原城市群的核心区包括河南省的郑州市、开封市、洛阳市、平顶山市、新乡市、焦作市、许昌市、漯河市、济源市、鹤壁市、商丘市、周口市和山西省的晋城市，安徽省的亳州市这 14 个城市，是中部人口密集度、城镇快速发展区和经济发展的先行区。2018 年这 14 个核心发展城市的行政区域土地面积为

10.34万平方千米，年末户籍人口为7913.5万人，地区生产总值为37095.93亿元，分别占中原城市群的36.0%、41.8%、51.6%，显示出核心发展区以占比较少的人口和土地创造出了占比较多的贡献价值。

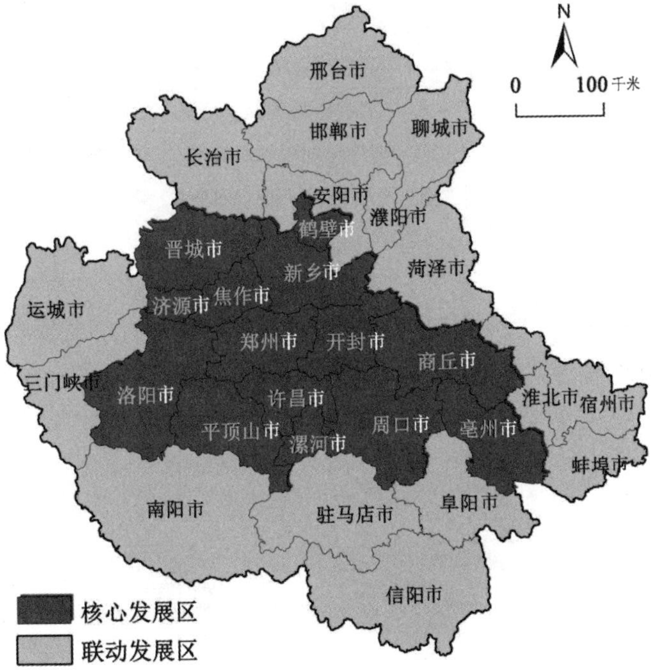

图5-2 中原城市群的核心发展区与联动发展区

表5-1 中原城市群行政区划情况

省	地级市	下辖
河南省	郑州市	中原区、二七区、管城区、金水区、上街区、惠济区、中牟县、巩义市、荥阳市、新密市、新郑市、登封市
	开封市	龙亭区、顺河区、鼓楼区、禹王台区、祥符区、杞县、通许县、尉氏县、兰考县
	洛阳市	老城区、西工区、瀍河区、涧西区、吉利区、洛龙区、孟津县、新安县、栾川县、嵩县、汝阳县、宜阳县、洛宁县、伊川县、偃师市
	平顶山市	新华区、卫东区、石龙区、湛河区、宝丰县、叶县、鲁山县、郏县、舞钢市、汝州市
	安阳市	文峰区、北关区、殷都区、龙安区、安阳县、汤阴县、滑县、内黄县、林州市
	鹤壁市	鹤山区、山城区、淇滨区、浚县、淇县
	新乡市	红旗区、卫滨区、凤泉区、牧野区、新乡县、获嘉县、原阳县、延津县、封丘县、长垣县、卫辉市、辉县市

续表

省	地级市	下辖
河南省	焦作市	解放区、中站区、马村区、山阳区、修武县、博爱县、武陟县、温县、沁阳市、孟州市
	濮阳市	华龙区、清丰县、南乐县、范县、台前县、濮阳县
	许昌市	魏都区、建安区、鄢陵县、襄城县、禹州市、长葛市
	漯河市	源汇区、郾城区、召陵区、舞阳县、临颍县
	三门峡市	湖滨区、陕州区、渑池县、卢氏县、义马市、灵宝市
	南阳市	宛城区、卧龙区、南召县、方城县、西峡县、镇平县、内乡县、淅川县、社旗县、唐河县、新野县、桐柏县、邓州市
	商丘市	梁园区、睢阳区、民权县、睢县、宁陵县、柘城县、虞城县、夏邑县、永城市
	信阳市	浉河区、平桥区、罗山县、光山县、新县、商城县、固始县、潢川县、淮滨县、息县
	周口市	川汇区、扶沟县、西华县、商水县、沈丘县、郸城县、淮阳县、太康县、鹿邑县、项城市
	驻马店市	驿城区、西平县、上蔡县、平舆县、正阳县、确山县、泌阳县、汝南县、遂平县、新蔡县
	济源市	无
山西省	长治市	潞州区、上党区、屯留区、潞城区、襄垣县、平顺县、黎城县、壶关县、长子县、武乡县、沁县、沁源县
	晋城市	城区、沁水县、阳城县、陵川县、泽州县、高平市
	运城市	盐湖区、临猗县、万荣县、闻喜县、稷山县、新绛县、绛县、垣曲县、夏县、平陆县、芮城县、永济市、河津市
山东省	聊城市	东昌府区、阳谷县、莘县、茌平县、东阿县、冠县、高唐县、临清市
	菏泽市	牡丹区、定陶区、曹县、单县、成武县、巨野县、郓城县、鄄城县、东明县
安徽省	宿州市	埇桥区、砀山县、萧县、灵璧县、泗县
	淮北市	杜集区、相山区、烈山区、濉溪县
	阜阳市	颍州区、颍东区、颍泉区、临泉县、太和县、阜南县、颍上县、界首市
	亳州市	谯城区、涡阳县、蒙城县、利辛县
	蚌埠市	龙子湖区、蚌山区、禹会区、淮上区、怀远县、五河县、固镇县
河北省	邢台市	桥东区、桥西区、邢台县、临城县、内丘县、柏乡县、隆尧县、任县、南和县、宁晋县、巨鹿县、新河县、广宗县、平乡县、威县、清河县、临西县、南宫市、沙河市
	邯郸市	邯山区、丛台区、复兴区、峰峰矿区、肥乡区、永年区、临漳县、成安县、大名县、涉县、磁县、邱县、鸡泽县、广平县、馆陶县、魏县、曲周县、武安市

二、发展优势

(一)基础资源支撑较好

中原城市群地处南北气候过渡地带和第二阶梯向第三阶梯的过渡地带，自然禀赋优良。一是矿产资源丰富如煤、铝土、石油、黄铁矿、耐火黏土等。20 世纪 80 年代以后，很多城市依托煤炭资源发展和扩展，主要分布于中部、中北部、北部等区域，如平顶山市、新乡市、焦作市、邯郸市峰峰矿区等地。在地域组合上，焦作市、济源市分布有煤、耐火黏土、黄铁矿，郑州市、洛阳市之间分布有煤、铝土、耐火黏土、石英砂等，对工业化进程加快具有重要的支撑作用。二是矿产资源的地理位置适中，均位于铁路、公路运输方便之处，外运条件好。三是矿产资源临近城市，具有广阔的市场前景，为发展能源、化工、冶金、建材和其他加工工业提供了条件。四是粮食、油料、生猪、肉牛、花木、烟叶、中药材等农产品资源在全国占有重要地位，是国家重要的粮食生产区和战略保障区，有力地支撑着中原城市群的农业现代化进程。总之，该区域自然条件优越，水源充沛，平原广布，农业生产水平较高，产业发展、城镇建设受自然条件影响较小，为中原城市群地区实现经济、社会、文化、空间、环境等高质量发展提供了优越的基础条件。

(二)经济社会基础良好

中原城市群地区是中国古代政治、经济、文化的中心区域，人民勤劳勇敢、自强不息、开拓进取、刚柔相济，有着优良的历史文化传统，是中华民族和中华文明的主要发祥地之一。中华人民共和国成立后，经过多年的发展，中原城市群地区已经成为支撑中部崛起的核心力量，在国家新型城镇化、新型工业化和农业现代化的协同方面走在前列。目前，整个区域的工业化水平较高，产业结构渐趋合理。第一、二、三产业比约为 9. 6 ∶ 45. 8 ∶ 44. 6，第二、三产业比重达 90. 4%。正如《中原城市群发展规划》所述，中原城市群综合实力较强，产业体系完备，装备制造、智能终端、有色金属、食品等产业集群优势明显，物流、旅游等产业具有一定国际影响力。科技创新能力持续增强，国家和省级创新平台数量众多，人力资源丰富，劳动人口素质持续提升。从具体数字看，从事科技活动的人员占全国的 8. 1%，科学技术支出达 199. 12 亿元，占全国的 3. 8%；R&D(科学研究与试验发展)内部经费支出达 940 亿元，占全国的 4. 8%；2018 年全年专利授权数达 114620 件，占全国的 10. 4%，创新发展取得丰硕成果。近期，城市群内部的合芜蚌、郑洛新自主创新示范区建设全面展开，郑州航空港经济综合实验区建设不断取得突破，引领开放、带动全局的效应日益凸显。

（三）历史文化积淀深厚

中原地处我国东西南北交汇之地，平原广布、物产丰富、交通便捷，适宜于人类居住和城市建设。适宜的地貌条件为单体城市的空间扩展和城市群网络的建立提供了前提，成为城市建设的最佳区位和城市的集中分布区。历史上许多王朝建都于此，我国八大古都中有四座（洛阳、开封、郑州、安阳）坐落于此，为中原城市群的形成和城市群整合奠定了历史基础。从时空历史长远的演进看，中原地区是我国古文明的发源地之一，是我国较早出现城市的地区之一，也是历史上城市分布最为密集的区域之一，有力地支撑着我国社会主义文化事业的大繁荣大发展。可以说，依托历史长河的沉淀、历史文化遗存的支撑、文化旅游资源的品牌，中原地区不仅形成了兼容并蓄、刚柔相济、革故鼎新、生生不息的中原文化，而且沉淀了大量宝贵的历史文化遗产，提升了中原文化的软实力（中原经济区规划，2012）。正如《中原城市群发展规划》所述，中原城市群人缘相亲、文化相融，人员交流和经济往来密切，是中华民族和华夏文明的重要发祥地，国家历史文化名城和国家级风景名胜区数量众多，地上地下文物和馆藏文物均居全国前列。

（四）城市经济层次较好

依托优越的区位、交通、通信、文化优势，城镇空间聚合形态较好，大中小城市和小城镇协调发展格局初步形成，工业化城镇化加速推进。2018 年，区域人均社会消费品零售总额达 19383 元，区内和区间的商品流动逐步增强，已成为我国重要的商业集散地和商贸辐射中心。尤其是核心城市郑州正朝着国内和沿亚欧大陆桥的中国商都、国际商贸城目标迅速迈进。从 2018 年经济总量上看，可将中原城市群 30 个城市可以划分为五个层次，郑州市、洛阳市都在 4500 亿元以上，特别是郑州市高达 10143 亿元，南阳市、邯郸市、聊城市、菏泽市在 3000 亿元以上，许昌市、周口市、新乡市、安阳市、商丘市、信阳市、焦作市、驻马店市、平顶山市、开封市在 2000 亿元以上，邢台市、阜阳市、蚌埠市、濮阳市、长治市、宿州市、三门峡市、运城市、晋城市、亳州市、漯河市在 1000 亿元以上，淮北市、鹤壁市、济源市则小于 1000 亿元。从人均 GDP 来看，同样可划分为五个等级，郑州市一骑绝尘超过 10 万元，济源市、洛阳市、三门峡市、焦作市、许昌市、晋城市、鹤壁市、聊城市、蚌埠市超 5 万元，长治市、漯河市、濮阳市、淮北市、开封市、新乡市、平顶山市处于4万~5万元，信阳市、邯郸市、安阳市、南阳市、菏泽市、驻马店市、商丘市、周口市超3万元，邢台市、宿州市、运城市、亳州市、阜阳市则小于2万元。城市经济的层次性有利于资源的整合和城市之间的相互作用，建立合理的产业分工并形成互补，从而有利于城市网络体系的形成，在整合中形成完善的城镇体系并支撑中部崛起、黄河流域生态保护与高质量发展。

（五）综合交通网络出现

目前，中原城市群区域内已经形成了以郑州市为中心，铁路为骨架，辅以公路、内河航运和航空的综合交通运输网。一是本区位于全国铁路网的中枢，郑州市是全国唯一贯穿东西和南北的陇海、京广铁路干线的交会点，素有中国铁路的“心脏”之称。二是城市群内高速公路网络完善，拥有超过20条国家级及省级高速公路，基本形成了以郑州市为中心的1.5小时高速经济圈，截至2018年底高速公路总里程达10991.5千米，占全国总量的7.7%。三是通信网络完备，互联网用户达3877万户，占全国的9.5%，通信能力居全国前列。四是中原城市群航运条件便利，拥有郑州新郑机场、洛阳北郊机场、南阳姜营机场、信阳明港机厂和运城关公机场，其中郑州新郑机场开通了国际民用航线和国际货运航班，年旅客吞吐能力将超过2733万人次，已进入全国十大机场之列。五是通航河道也较发达，以沙河和颍河最为重要，水运基础设施也得到了进一步的改善。

在陆路为主体交通形式的背景下，中原城市群所形成的以铁路、公路为骨干，以民航、水路运输为辅助的全方位开放的立体型交通网络，决定了其在我国交通中的重要地位。为构筑以铁路客运专线、高速公路、干线铁路、民用航空为主体的综合交通新优势，西气东输和南水北调工程、郑州黄河公路、铁路两用桥、郑州铁路客运专线枢纽站、郑州铁路集装箱中心站、高速公路客运枢纽站和公路物流港、航空货运物资中心等工程正陆续进入实施阶段，这些项目的建成，将进一步稳固中原城市群承东启西、联南通北的战略地位。

三、发展劣势与现状不足

（一）整体经济实力较弱

与我国其他城市群相比，中原城市群的整体实力明显偏弱。城市群对国家经济增长的贡献率反映了该城市群在国家经济发展中的地位和作用，也在一定程度上反映了该城市群的发展状况。根据我国经济发展现状，选取 GDP、第二产业生产总值和人均 GDP 三个指标进行中原城市群与我国三大城市群的对比（表 5-2）。2018 年中原城市群对国家 GDP 增长的贡献率最低，仅为 7.98%，而三大城市群对国家 GDP 增长的贡献率均在 8.5%以上，长江三角洲城市群更是高达 19.84%。中原城市群第二产业生产总值对国家第二产业生产总值的贡献率为 8.99%，位列倒数第二。GDP 总量反映了区域经济总体实力，人均 GDP 则反映了区域经济发展的质量或效率。长江三角洲城市群人均 GDP 是国家人均 GDP 的 223.32%，京津冀城市群也占到国家平均水平的 130.76%，而中原城市群仅是 67.69%，并未超越国家人均 GDP 的平均水平。从工业发展看，虽然中原城市群的煤炭、石化、机械、食品、有色冶金、电气等工业门类支撑了地区的工业化城镇化进程，但没有形成在全国以至全球有突出效应的产业集群，且技术水平相对落后、经济效益也差。

表 5-2　中原城市群和三大城市群对国家经济增长贡献率比较

城市群	占国家 GDP 比重/%	占国家第二产业生产总值的比重/%	占国家人均 GDP 的比重/%
长江三角洲城市群	19.84	20.86	223.32
珠江三角洲城市群	9.00	9.12	198.98
京津冀城市群	8.57	6.88	130.76
中原城市群	7.98	8.99	67.69

（二）产业结构尚需优化

城市群的发展，需要城市之间密切的联系与分工协作。长期以来中原城市群产业发展主要还是依托人力资源和自然资源的开发，支撑城市群各市的主要产业过分依赖矿产资源和农产品的转化，走的是“大而全”“小而全”的老路，产业结构具有一定的趋同，产业之间缺乏有机联系和合理的分工协作，高新技术产业比重依然不高，产品链条较短，产品的深加工程度低，市场竞争能力差。在上述特点的影响下，中原城市群各城市虽在努力形成各自具有优势的工业产业，但是城市之间的分工和协作意识仍然不强，尚未形成整体发展的态势。例如，东西走向上，郑汴一体化发展中，由于开封市的经济实力相对较弱，主要的支柱产业如农副产品加工业、文化产业、旅游业、化学化工产业等优势不突出，有些产业的发展甚至处于下滑趋势，近期内仍不能很快与郑州的产业相融合。南北走向上，新乡市作为豫北的工业中心，产业发展未能与焦作市的电力、能源等产业形成互动；豫中南的许昌市、漯河市与平顶山市，在某种意义上已经具备产业和政策资源一体化的前提，平顶山市的能源、化工，许昌市的电力、烟草以及漯河市的交通运输、食品工业也已经形成了产业互补的市场优势，但目前该区域一体化的整合优势还不明显。

（三）核心带动作用有限

据中国社会科学院在2020年10月22日出台的《中国城市竞争力报告》，中原城市群的核心城市郑州的综合竞争力在全国位列第20名，在省会城市中位列第七名。选取2018年长江三角洲城市群、珠江三角洲城市群、京津冀城市群和中原城市群各自核心城市的GDP数据，计算城市群核心城市对城市群GDP增长的贡献率，结果见表5-3。核心城市对城市群GDP增长贡献率最高的是京津冀城市群的北京市，贡献率达到43.21%，郑州市仅为15.33%，其经济优势在中原城市群中还不是很明显。另外，选取北京、天津、沈阳、大连、哈尔滨、上海、福州、厦门、济南、青岛、郑州、武汉、长沙、广州、深圳、重庆、成都、西安等18个城市做比较，郑州市GDP占全国GDP的比重在18个城市中位列倒数第八名，地方一般公共预算支出占全国的比重位列倒数第10名，社会消费品零售总额占全国的比重位列倒数第五名。此外，在对比中发现，郑州市与位列前几名城市的差额巨大。不仅如此，郑州市在制造业方面仍缺乏拳头产品，金融、科技、信息、人才等要素市场体系不够完善，与中原城市群其他城市之间的产业分工与互动能力较弱，对城市群地区的吸引、辐射作用不强。因此，郑州市对中原城市群的核心带动作用有限，难以与广州、上海、北京等国际化大都市、全国性经济中心，以及武汉等区域性中心相提并论。因此，加快核心城市郑州的发展，提高郑州的经济实力、竞争力和辐射带动力，是推进中原城市群整合发展的当务之急。

表5-3　核心城市对城市群GDP增长的贡献率比较

城市群	长江三角洲城市群	珠江三角洲城市群
核心城市贡献率/%	17.32	25.48
城市群	京津冀城市群	中原城市群
核心城市贡献率/%	43.21	15.33

（四）环境质量仍须加强

中原城市群地区在基础设施、相关产业和城镇布局等方面存在严重的重复建设现象。一是表现在由公共财力投资的基础设施建设普遍缺乏各个层次之间的统一协调，公路、水厂、电厂、污水处理厂、电视塔等的建设均存在着协调不足、建设重复等问题，阻碍了相互之间的要素流动和资源优化配置。

二是表现在相关产业协调布局方面缺乏统一性，使得钢铁、水泥、电解铝等部分行业低水平重复建设，严重制约了中原城市群的产业整合。

另外，近些年该地区资源开发和经济发展速度较快，受生产工艺、技术水平、思想观念及管理协调等方面的影响，环境污染尤其是市区工业污染较为严重，生态环境质量不断下降，可持续发展压力较大。较为突出的问题有：以城市为中心的环境污染还在加剧，并且向广大农村蔓延；地区间产业布局和污染治理缺乏有机协调和相互协作；受区域产业布局不合理的影响较大，大量工业企业仍属于高投入、高消耗、高污染企业，产业技术层次较低；区域可持续发展实施政策和措施不够具体，各种生态化建设缺乏实施行动，环境治理力度不够大。

此外，2016 年的《中原城市群发展规划》还明确指出，该区域存在农村人口多、农业比重大、保粮任务重，经济结构不合理、农村富余劳动力亟待转移、基本公共服务水平低，“三农”问题突出是制约“三化”协调发展的最大症结，人多地少是制约“三化”协调发展的最现实问题，城镇化水平低是制约“三化”协调发展的最突出矛盾。因此，中原城市群在经济发展、产业转型、城镇现代化、生态保护、绿色发展等方面要按照规划建设的核心思路和战略构想有序推进各项建设，以保障富强、民主、文明、和谐、美丽的现代化河南建设顺利实施。

四、战略意义

（一）全国层面

随着区域一体化的加快推进、经济全球化的日渐深入、国际经济竞争的日趋激烈和城镇化进程的加速，城市群经济逐渐成为包括我国在内的世界经济发展的主要形式之一。随着城市群实力的迅速壮大，城市群正在逐渐取代单个城市成长为区域性的经济增长极。2018 年 11 月 18 日，中共中央、国务院发布的《中共中央　国务院关于建立更加有效的区域协调发展新机制的意见》明确指出，以京津冀城市群、长江三角洲城市群、粤港澳大湾区、成渝城市群、长江中游城市群、中原城市群、关中平原城市群等城市群推动国家重大区域战略融合发展，建立以中心城市引领城市群发展、城市群带动区域发展新模式，推动区域板块之间融合互动发展。以北京、天津为中心引领京津冀城市群发展，带动环渤海地区协同发展。以上海为中心引领长江三角洲城市群发展，带动长江经济带发展。以香港、澳门、广州、深圳为中心引领粤港澳大湾区建设，带动珠江—西江经济带创新绿色发展。以重庆、成都、武汉、郑州、西安等为中心，引领成渝、长江中游、中原、关中平原等城市群发展，带动相关板块融合发展。《国家新型城镇化规划(2014—2020年)》明确指出，加快培育成渝、中原、长江中游、哈长等城市群，使之成为推动国土空间均衡开发、引领区域经济发展的重要增长极，充分显示出中原城市群在国家区域格局中的战略作用。正如《中原城市群发展规划》所述，深入推进供给侧结构性改革，强化大都市区引领和中心城市带动，建设高端发展平台，提升城市群综合实力，打造体制机制较为完善、辐射带动力强的发展区域，成为与长江中游城市群南北呼应、共同带动中部地区崛起的核心增长区域和支撑全国经济发展的新空间。

(二)中部层面

相对于优先发展东部沿海地区、西部大开发和振兴东北老工业基地，中部地区的发展相对缓慢，成为国家经济板块中亟须崛起振兴的一个板块。2004年初时任国务院总理温家宝在政府工作报告中提出“促进中部地区崛起”。2004年12月的中央经济工作会议正式提出“中部崛起”，并将其列入2005年的六项主要任务之中。2006年3月出台的《中华人民共和国国民经济和社会发展第十一个五年规划纲要》中，促进中部崛起已成为实施区域发展总体战略的重要一环。2012年7月25日，时任国务院总理温家宝主持召开国务院常务会议，研究部署进一步实施促进中部地区崛起战略，会议讨论通过《关于大力实施促进中部地区崛起战略的若干意见》。2016年12月17日，国务院批复同意《促进中部地区崛起“十三五”规划》，将中部发展目标表达为全国重要先进制造业中心、全国新型城镇化重点区、全国现代农业发展核心区、全国生态文明建设示范区、全方位开放重要支撑区。2019年5月21日，习近平总书记在南昌主持召开推动中部地区崛起工作座谈会，对中部崛起的部署进一步指明了方向。虽然有国家重大战略的支持，但中部各省的区域发展战略大部分是以城市发展来带动区域整体发展的战略。目前，在山西、河南、湖北、湖南、安徽、江西中部六省中，存在着规模不等的城市群，如长江中游城市群(武汉、长株潭、环鄱阳湖三大城市群组合)、中原城市群(涵盖五省30省辖市)、太原城市群(以省域中部为主)、皖江城市群(省域内部城市群)等，这些城市群的整体的联动性和系统性并不强。这样一来，每个省都规划出了基本相似的区域发展战略，城市群无疑是这一发展战略中的主角，成为实现区域经济发展进而实现中部崛起战略的经济增长极。在此，没有必要也不需要去进一步求证谁将是城市群发展战略中的领头羊，因为在中部这一经济发展相对落后、面积广阔的区域内部目前还缺乏一个具有相当实力且能独自承担区域经济发展增长极重任的地域单元，所以必须通过数个经济增长极的辐射带动作用，才能实现中部崛起。因此，整合以中原城市群、太原城市群等城市群的竞争力，完善区域城市群之间的联动机制，无疑是这些战略支点中极其重要的一个。

（三）黄河战略层面

近些年，中原城市群抢抓机遇，立足基础，顺势而为，综合经济实力持续增长，生产总值仅次于长江三角洲城市群、珠江三角洲城市群、京津冀城市群，位居全国第四位，是中国经济第四增长极。2016 年中原城市群 GDP 为 60983.27 亿元，2017 年增长至 67044.34 亿元，2018 年达 71874.61 亿元，占全国经济总量的 7.9%。此外，中原城市群的人均 GDP 也增长迅猛，2016 年为 37624 元，2017 年增长至 41156 元，2018 年为 43896 元。这一发展历程说明中原城市群经济增长的贡献在不断增加。另外，从经济实力来看，2018 年，中原城市群地方财政一般预算收入达到 5547.04 亿元，占全国总量的 5.7%。全社会固定资产投资为 68284.17 亿元，社会消费品零售总额为 31736.7 亿元，外贸进出口额为 1102.05 亿美元，占全国的比重分别为 10.6%、8.3% 和 2.4%。城镇居民人均可支配收入为 31516 元，农民人均可支配收入为 13400 元，收入差距比为 2.35∶1；低于全国城乡居民人均可支配收入 2.69∶1，说明中原城市群城乡居民收入差距较小。随着黄河流域生态保护与高质量发展成为国家重大战略，七个沿黄城市群的支撑显得尤为重要，因为中原城市群对带动核心区的城市—区域联动，支撑战略关键区的资源开发、环境保护和经济高质量发展是必然的路径选择。此外，中原城市群作为黄河中下游地区的重要增长极，提升其发展实力，对串联龙头城市群山东半岛的辐射效应，带动上游地区城市群的共同发展，同样具有重要的现实意义。

（四）区域城镇化层面

中原城市群是我国中西部地区城镇空间分布和人口密度最大的地区。2018 年我国城镇化水平（城镇化率）已达到 59.6%，进入城镇化进程的中期阶段，即进入城镇化的快速发展阶段。2016 年中原城市群城镇化率为 48.2%，2017 年为 49.6%，2016—2017 增长速度为 2.8%，高于全国的 2.0%；2017—2018 年增长速度高达 3.4%，明显高于全国的 1.8%。2018 年中原城市群城镇化率达到 51.3%，虽略低于全国水平，但其增长速率明显高于全国水平，城镇人口占比过半，反映出其强大的发展动力和后劲。正如《中原城市群发展规划》所述，推进中原城市群发展，对于加快促进中部地区崛起、推进新型城镇化建设、拓展我国经济发展新空间具有重要战略意义，有利于发挥中原地区人口和市场规模优势，优化资源要素配置，培育形成我国经济增长新引擎；有利于优化城镇和人口空间布局，保障农业安全和生态安全，为人口密集的传统农区加快新型城镇化建设提供探索经验。

五、小结

综上所述，中原城市群是国家重要的经济增长板块、国家城市群战略的重要承载区、区域城镇化进程的策源地，提升其经济发展综合实力、新型城镇化综合水平、城乡融合度等具有重要的现实意义。虽然我国城镇化主要依靠城镇化水平高、城镇化发展成熟的区域的辐射带动作用来实现，长江三角洲城市群、珠江三角洲城市群、京津冀城市群等城市群的强劲辐射力还在强化，但优化中西部城市群尤其是国家战略交汇、叠加区城市群综合实力、竞争力和辐射带动力，对推进所在区域乃至全国的城镇化进程所起到的重要作用不言而喻。中原城市群是推动相对落后省份的城镇化进程的重要推进器，而且其城镇化的辐射作用可以进一步扩延到城市群以外的区域，这无疑将对国家的城镇化发展做出重大贡献。因此在将来的发展中，依托京广线、陇海线、黄河、“一带一路”倡议等战略走廊，提升其与周边城市群的联动发展，形成区际合作发展的新机制，必将进一步带动中部崛起、黄河流域的生态保护与高质量发展，从而发挥好国家战略腹地的各项功能和综合承载效应。正如《中原城市群发展规划》重要意义的后两个“有利于”所述，推进中原城市群发展，有利于提升内陆地区对外开放水平，构建全方位开放新格局，为“一带一路”建设提供内陆腹地战略支撑；有利于优化区域发展空间格局，推动经济增长空间由东向西梯次拓展，促进东中西协调发展。

第六章　中原城市群的空间范围拓展

城市群是建立在一定地域范围的城市群集合体，因此明确其空间范围拓展，对客观地了解中原城市群的内部城镇体系组成和功能优化具有重要的现实意义。从学术界定看，城市群需要从人口、交通联系、经济贡献、社会影响、文化认同、国际化等方面选择指标进行分析，同时结合地形要素、行政区划构成进行划定。从政府战略看，城市群是区域经济发展的增长极，需要从行政管理、利益诉求、集体运转等方面实现，因此战略层面的城市群范围不断变化且需要规划建设。基于此，本章从学术视角和政府战略两个维度对中原城市群的空间范围进行深入剖析，透视其时空演进的变化规律，从而为当下大力推进的中原城市群战略提供支撑。

一、学术视角下中原城市群空间范围的内核与拓展

（一）城市群空间范围的界定标准

与第一章对城市群的概念界定一样，由于学者对城市群的内涵界定不一，所以关于城市群空间范围的界定也未有统一的标准，学术界的测度界定方法也比较多元。一般而言，城市群空间范围是相对的，是基于中心城市辐射带动形成的，是基于一定的人口规模划分的，是需要考虑内在城市之间经济社会文化联系的，因此城市群空间范围的界定需要通过定量化的方法或者模型来测度的。姚士谋等认为城市群空间范围的界定需要考虑客观性及可识别性原则，城市的辐射与吸引作用的阶段性、模糊性，统一性及空间相互联系的原则等，因此其测度是建立在上述基础上的一种量化方法（姚士谋，1992）。从现实看，伴随着城市群的发育，其内在的各项指标、中心城市的辐射带动、内在城市之间的联系必然会发生变化，其范围的确存在阶段性和变化性。

在目前的大多数测定中，学者主要基于城市群空间范围界定的各项指标进行的，之后通过行政区划进行匹配和进一步精确化。在技术手段方面，在开始阶段主要是基于几何点的平面统计方法、中心城市的综合实力进行辐射范围（吸引力范围）测度，常用的方法是图论方法和引力模型。伴随着技术的升级和改进，运用场强模型、加权 Voronio 图、可达性等进行测度，界定范围

的精确度进一步提升。21 世纪以来，随着信息化进程的加快，很多学者基于节点、交通流、网络构成等视角进行测算，成为测度城市群空间范围的重要辅助手段。由于城市群的概念内涵之一是借助于现代化快捷交通，所以基于公路网络、普通铁路、高速铁路、信息流的研究不断增多，与实体经济联系指标合并后的综合联系网络成为城市群测度的重要方法。值得说明的是，很多学者的研究成果是基于量化指标测度的，缺乏对地形要素、文化认同、地域文化综合体建设的认知，因此在定性与定量结合方面还存在一定的局限。

由于中原城市群空间范围的界定文献和相关成果较多，下文就基于中国知网数据库，以“中原城市群”“中国城市群”“我国城市群”“城市群空间范围界定”为文献主题搜索词，选择时间点截至 2019 年 12 月 31 日，采用跨库链接进行检索，以分析中原城市群的空间范围演化过程。获取数据的步骤如下：首先，以“中原城市群”为主题搜索词对文献进行搜索时，最终检索到期刊论文、硕博论文等相关文献共 857 篇。其中，硕博文献 120 篇，核心期刊 268 篇。其次，以“中国城市群”“我国城市群”“城市群空间范围”为主题词依次按上述步骤进行检索，最终获得“中国城市群”文献 287 篇，“我国城市群”155 篇，“城市群空间范围界定”文献 155 篇。最后，逐一进行文献的筛查，将与中原城市群范围无关的文献剔除，整理相关空间范围界定的相关数据，最终获得完整的数据资料。

（二）早期界定范围的模糊与核心

受改革开放的推动、国家经济政策的倾斜、自身所居地理位置的优越性、历史因素等多方面影响，东、中、西部三者之间的发展呈现出一定的差异性，即东部地区率先崛起、西部大开发和与中原地区相关的中部崛起，造成三大地域板块发展的不平衡，由于中部地区是连接东部和西部的枢纽，具有承东启西的过渡作用，所以中部崛起战略提出以后，中部六省纷纷组建相应的城市群或者城市体系来托举中国挺起的脊梁。在这样的背景下，以郑州市为中心的中原城市群的构建成为带动中部地区发展的支撑点，中原城市群空间范围的研究也就成为客观认识中原地区发展的一个学术点。通过对中原城市群有关范围界定的文献进行提炼和总结，发现 2003 年之前学者对于中原城市群的研究还处于早期阶段。究其原因，当时缺乏理论和实践等多种因素的支撑，也缺乏具体的量化分析方法，所以学者在中原城市群空间范围界定上出现模糊化的现象，表述基本上是“发挥郑州的辐射带动作用，构筑以郑州为中心，与周边地区密切互动的中原城市群”（见图 6-1）。也有学者认为中原城市群范围应为三市，以郑州为中心，涵盖郑汴洛的一片区域（见图 6-2）。同时，2003 年之前国家未有批复的文件对中原城市群空间范围进行明确的界定，因此有关的研究和探索尚处在萌芽时期。

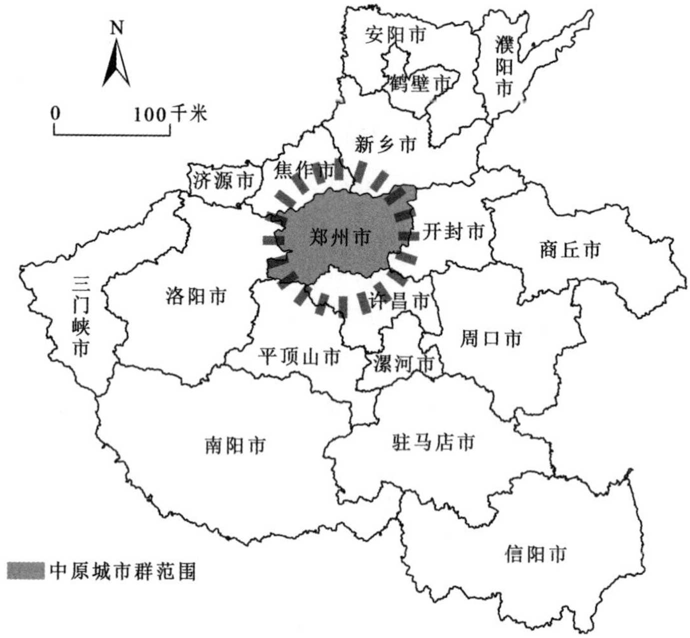

图 6-1　早期中原城市群范围

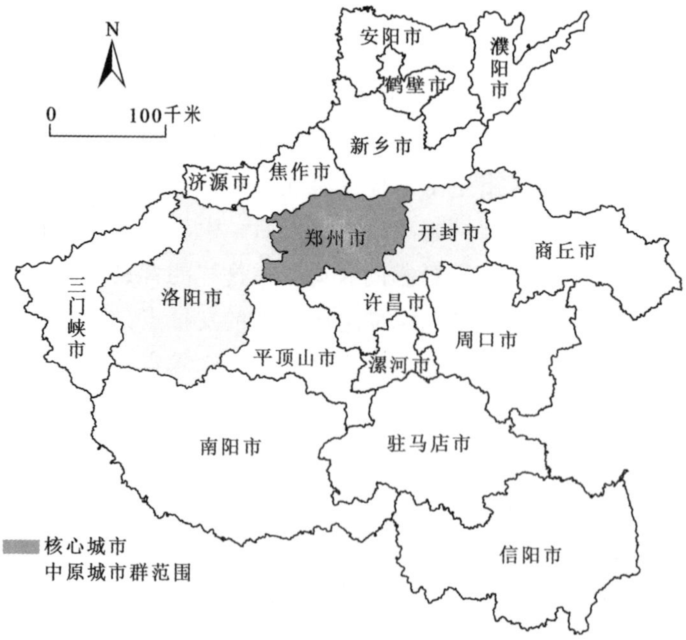

图 6-2　早期中原城市群范围及核心城市

之所以将上述郑汴洛三个城市界定为中原城市群范围，原因可能有二：一方面，从河南省 18 个城市的综合经济发展水平看，省会郑州位居第一，洛阳发展基础良好，开封的毗邻地缘优势明显，所以为提升郑州在全国的综合实力和辐射范围，若把中原城市群范围扩展至郑汴洛三市，有利于提升其综合竞争力和潜在的辐射力。另一方面，郑州、洛阳、开封作为中国的八大古都之三，具有深厚的历史文化积淀，有利于发挥历史传承和地域认同优势，对提升中原城市群的内在凝聚力发挥着主要的作用。

1997 年中原城市群范围进一步发生变化，整理文献如冯德显在中原城市群一体化发展战略构想中提出中原城市群应以郑州为中心的五个城市为支撑，提升其内在的协作力和空间整合力(见图 6-3)。从 1997 年中原城市群范围的界定来看，除去相应的量化指标，其内在原因如下：首先，地理位置优越。城市群内各城市距离省会郑州都较近，有利于城市群内部各城市间经济的连通与合作以及信息流的交换等。其次，交通通达度较高。交通是沟通区域联系的重要因素，而上述五个城市处于京广线、陇海线的大动脉枢纽位置，人流、客流、物流相对较大。最后，经济活力和综合实力较强。相对于西部、南部和北部地区来说，中部地区的工业实力较强，内在的产业分工存在互补，所以发挥五市的内在协助水平，有助于提升中原地区在全国的显示度。

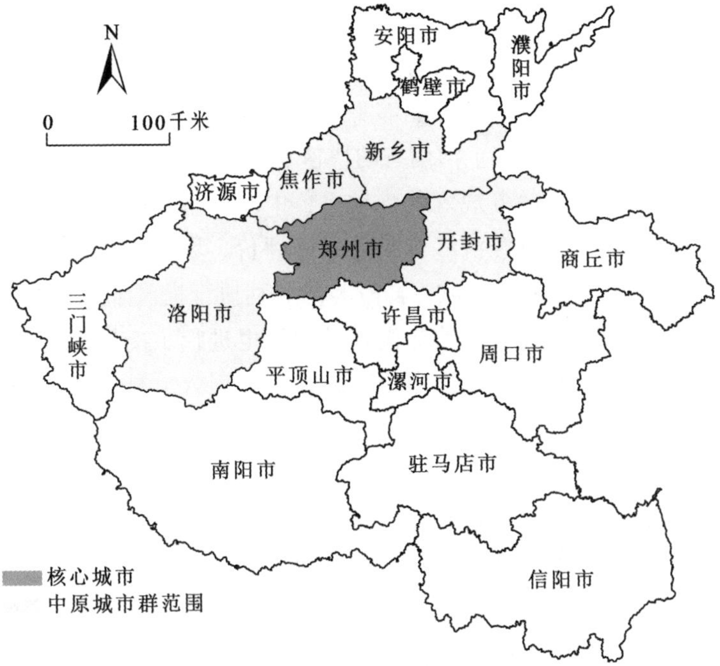

图 6-3　1997 年中原城市群范围及核心城市

（三）中期阶段范围的稳定与扩缩

2003年之后，河南省政府提出打造中原经济隆起带的战略构想，明确要加快以郑州为核心的都市区建设步伐，标志着要扩大中原城市群的空间范围。同时，2003年河南省委省政府提出《河南省全面建成小康社会规划纲要》，对中原城市群空间构成及内在城镇体系的组合提出了路径，也为中原城市群的空间扩展提供了支撑。截至2006年，河南省发展和改革委员会通过多方论证，结合相关学者的建议，出台《中原城市群总体发展规划纲要（2006—2020）》并明确了中原城市群范围为9市，具体范围如图6-4所示，包括8个省辖市，1个省管市，34个县级市，374个建制镇。统计2003年之后的文献，发现关于与中原城市群的多方面研究，众多学者都是以9市为研究区域（安士伟、贾学锋，2005；张占仓、杨延哲、杨迅周，2005；李宁，2010），如王发曾、刘静玉等基于这一范围对中原城市群整合发展问题进行探究（王发曾，2009），丁志伟基于此范围对中原城市群发展状况进行分析等（丁志伟、王发曾、殷胜磊，2010）。除上述学者外，其他关于中原城市群9个城市的文献多达176篇，充分体现出学者对上述范围的认可度。此外，国务院发布的《关于促进中部地区崛起的若干意见》中提出，加快省会城市的辐射带动作用，打造更加完备的中原城市群，使得中原城市群的研究上升到新的高度，范围也基本聚焦至中原城市群9市。可以说，鉴于当时河南省总体经济发展状况，同时考虑到这9个城市在河南省所有城市中经济发展水平相对较高，所以将它们划为中原地区的城市群范围，能够更好地实现资源优化组合、发挥郑州的辐射带动作用，从而引领整个河南省的快速发展。

在上述国家战略和地方规划的支撑下，中原城市群的范围相对聚焦，多数学者也以此为范围进行经济社会发展水平评价、城市体系组织、资源环境影响分析等，为推动中原地区城市群战略的顺利执行提供了坚实的理论保障。此外，面临着城市群研究的战略热潮，学术界也进行了冷思考，对中原城市群的界定也有了新的思路，特别是定量化方法的引入。具体而言，呈现两个方面的特点：一方面，研究方法变化，突破了原有主观意愿较大的指标体系分析的方法，多采用定量模型如引力模型进行探讨，计算省会郑州与其他城市的经济联系强度或者计算郑州与其他城市间的相互吸引力。相对于2003年之前的方法，该方法以定量手段为支撑更为科学客观，也有助于更客观的认知中原地区核心城市的相互联系状态。另一方面，已有作者对“官方”提出的中原城市群范围进行了扩展或者说有了新的认知，突破了固有的提法，体现出了学术界对城市群范围的认定。

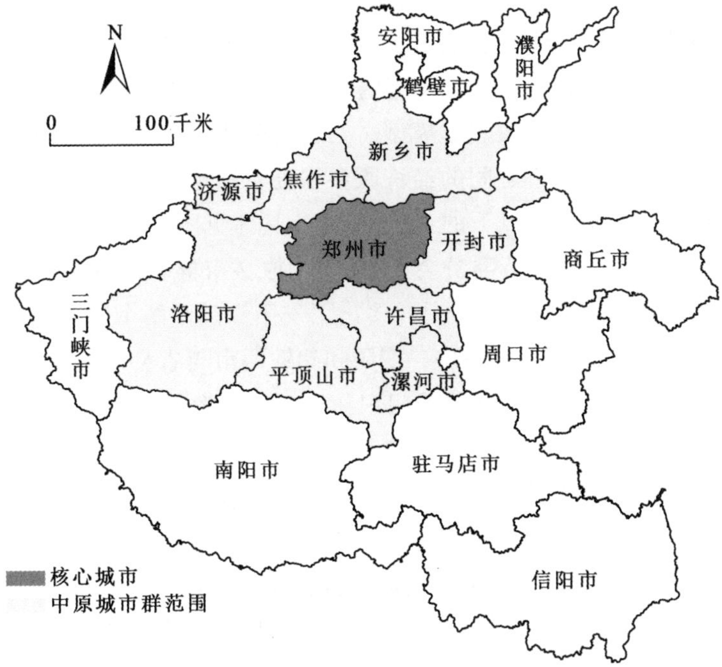

图 6-4　2003 年中原城市群范围及核心城市

选取 2004 年中原城市群范围界定的文献发现，学者在界定时并未严格地按照行政边界把中原城市群传统 9 市所管辖的全部范围，而是包含了郑州、开封、新乡、焦作、许昌、济源 6 个市所辖区域，洛阳市则只包括了偃师、孟津、伊川三县，平顶山市则只包括了汝州市、宝丰县、郏县，以及漯河的临颍县、郾城县，共 9 市，28 个县(王彦武，2004)。这一划分不局限于行政边界，究其划分的缘由，大致可以提炼出以下三个方面：首先，经济联系。基于城市间经济联系的视角，考虑城市间的相互作用联系程度，主要目的是形成规模有序、结构合理、辐射带动力强的城市体系，以此促进各城市间的相互交流与合作，形成集聚效应，实现各要素之间的整合，带动整个区域经济的发展和综合竞争力的提高。其次，借鉴经验。参考我国早期形成的长江三角洲、珠江三角洲、京津冀三大城市群地域划分标准，不再囿于行政区范围，而是打破了行政界限。最后，综合发展。在城市群范围划分时必须考虑发挥整体的效益，不能只追求单方面的发展，而是要考虑各方面的协同发展，基于此划分的范围能够大大提高城市密度。通过以上观点的总结，2004 年学者从宏观的角度剖析，并未局限于考虑各城市之间本身所具有的外在条件，而是考虑到空间之间的相互关系，打破了原有的思维定式和固有的行政区划理念，将城市群范围划分上升到一个新的高度。

通过整理2006—2008年这三年文献，得出中原城市群三种不同的界定范围（见图6-5），既有相似之处，又有内在的不同。2006年有学者利用万有引力公式和经济联系强度指数建立模型，然后对公式进行一定的修订，最后测算出郑州与河南其他城市之间的经济联系强度，划定一个值，最后得出中原城市群的范围，主要包括以下的11个城市，具体见图6-5（侯景梅，2006）。该范围与河南省发展和改革委员会发布的《中原城市群总体发展规划纲要》中提出的中原城市群的范围不同的是，多出了安阳和鹤壁两个城市。究其原因：一方面，在河南省的17个城市中，安阳和鹤壁两市与省会郑州的经济联系强度位居第五位，加之安阳在豫北的门户作用，将两者划归到范围之中，有助于其与其他省外城市的沟通与联系。另一方面，考虑安阳的工业实力较强、工业类型齐全，同时考虑到鹤壁在郑州—安阳之间的连通性和行政递进关系，所以将两者划入有利于保持中原城市群在北部范围的连续性和完整性。

2007年的范围界定与2006年的界定方法大同小异，基本上都是引入城市引力模型，弥补相关测度指标的一些不足，分析城市质量和其他各城市与郑州的距离进行确定，最后计算出郑州对河南各城市的吸引力，确定一个吸引力的临界值e，划出中原城市群的空间范围，主要包括12个城市（石贤光，2007）。学者基于上述结果，根据引力模型计算出的范围，没有将济源市、许昌市、漯河市等纳入其中，而是把安阳市、商丘市、周口市、菏泽市、晋城市、长治市加进中原城市群的范围之内，体现出北部经济协作区的一些重要性。菏泽市、晋城市、长治市作为北部传统中原经济协作区的地缘战略考虑，融入中原城市群，一方面三者与郑州的距离比它们三者距离各自的省会要近，另一方面三者的经济联系的确与中原地区的核心城市较为密切。但是部分学者认为，考虑当时由于省与省之间的行政界限、交通状况以及省会郑州市的综合水平和核心竞争力，未把山西省的晋城市和长治市、山东省的菏泽市划入中原城市群的范围。安阳市和新乡市之间的鹤壁市，之所以划入中原城市群范围之内，这与2006年划分标准类似，主要是考虑到中原城市群范围的完整性和连续性。济源、漯河、许昌三市划入中原城市群，主要是因为按照三者在河南省的经济发展水平和综合的竞争力，基本上稳居河南省的18个省辖市的前六位，因而也划入了中原城市群的范围中。总结以上原因，2007年学者最终确定的中原城市群的范围是以郑州为中心的14个市。2008年学者划分城市群范围时与2007年方法相同，所得出的范围是上述的12个城市，在这里不再赘述。

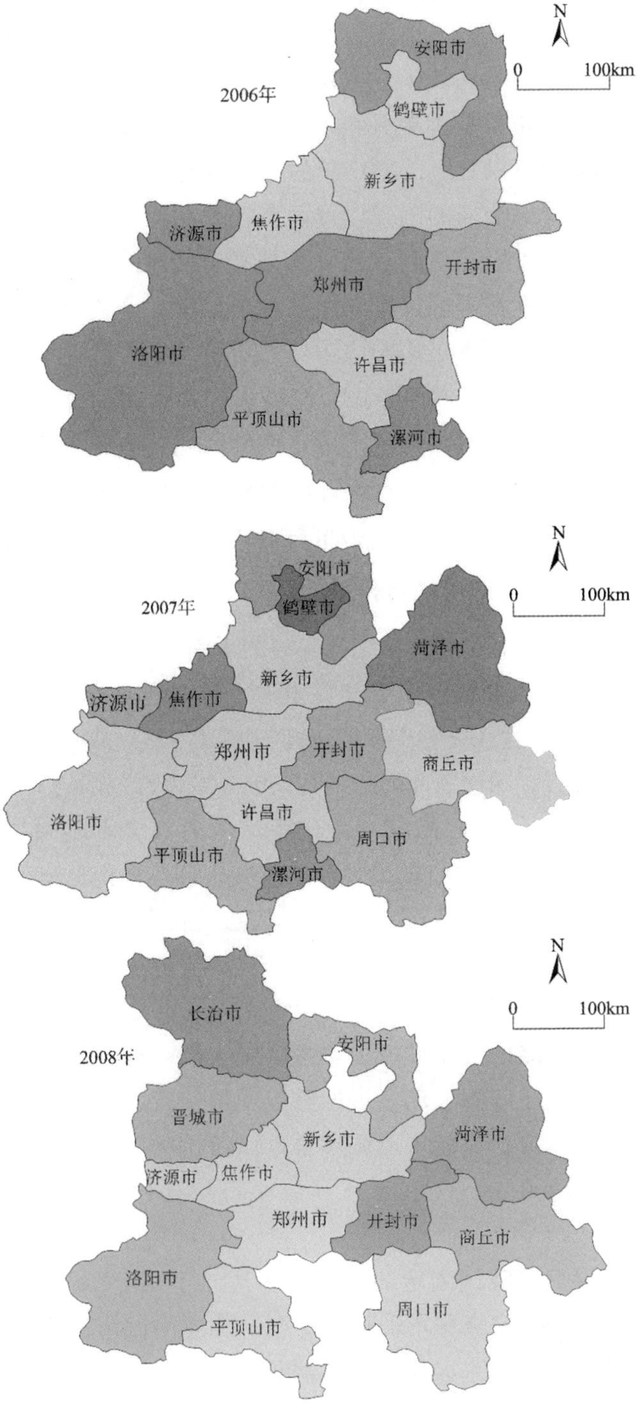

图 6-5　2006—2008 年国内不同学者界定的中原城市群范围

通过以上界定方法的分析，再将 2006 年和 2007 年两种中原城市群范围划分进行对比，可以总结出 2007 年中原城市群范围的划分更加具体，学者不仅运用定量的方法，而且加入了一些定性方法的客观状况分析，因此定量与定性相结合的中原城市群范围更具科学性。通过对比 2006 年和 2007 年两种中原城市群范围划分可以看出，2007 年的范围多出了商丘和周口的两个城市，究其原因，主要是考虑交通的因素以及两者在豫东地区的重要区际作用。此外，2007 学者提出的划分范围与其他大部分文献所述的范围进行对比也可以看出，其范围并未包括济源、许昌和漯河三个城市，这是因为按照郑州与三者之间的城市吸引力，三者不应归入中原城市群范围。然而，考虑到三个城市与郑州的地理位置关系，同时考虑三个城市在河南省的经济发展水平和综合竞争力等因素，最后将其划入了范围之内，因此，虽然定量的方法计算出的结果相对于定性来说更具有客观性，但如果缺乏地理位置关系、行政区划管理的需要，那么定量化的方法的实现度和现实执行性就很差。

（四）当前阶段范围的内核与拓展

随着时间的推移，省会郑州的综合实力的不断提升但依然面临诸多挑战。为进一步提升中原城市群整体实力和竞争力，河南省政府提出“一极两圈三层”的中心带动战略，旨在完善中原城市群的城镇体系，从而将中原城市群范围拓展至整个河南省，因而在此期间，有关中原城市群范围的文献既有传统 9 市，又有定量化的自我界定范围，还有涉及河南省全部地域的研究范围。2016 年《中原城市群发展规划》的出台，中原城市群范围由原来的 9 市扩展至 18 个省辖市的核心区，以及外联至河南省周边的山西省、安徽省、河北省、山东省的部分城市，共 5 省 30 个城市（见图 6-6）。统计 2016 年学者的发文可知，以《中原城市群发展规划》规划范围为研究背景的文献共有 40 篇，体现出学术研究紧跟政府战略的实用性特征。由于城市群是推动国家重大区域战略融合发展和区域板块之间的互动发展的重要支撑，所以城市群的建设与发展是一个长远的战略规划，也体现出城市群地域范围的动态性变化特点，因此中原城市群的规划范围在一定的学术研究中将持续存在并且具有相对的稳定性。

从全国维度展开，我国划定的城市群多达二十几个，界定的方法不一。然而，伴随着相应的国家级城市群规划出台，相应的城市群范围具有短期研究的相对稳定性，使得学术界研究城市群具有可比的地域空间。可是，学术界界定的标准与规划范围的标准差异很大，因此很多学者依然围绕规划范围与理论范围进行了对比，体现出学术界的科学精神和服务社会建设的理论执

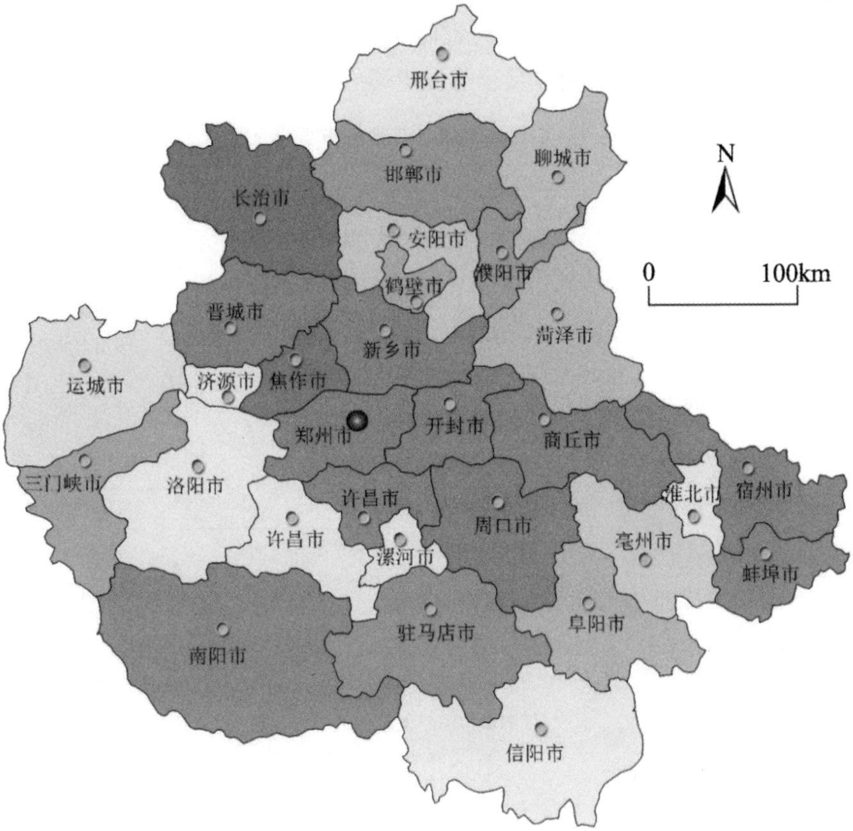

图 6-6 2016 年之后的中原城市群范围

着。首先，从全国范围来看，国内其他城市群范围的界定多以核心城市群辐射影响力为出发点，通过考虑经济、交通、文化、综合竞争力等多个方面，体现出城市群核心城市牵引和带动的内聚特点。其次，界定的方法也是多样，如引力模型、场强模型、扩展断裂点模型等辐射带动模型，以及运用要素流、资金流、技术流、信息流等联系模型等。再次，综合性方法不断出现，如借用计量模型，计算出场强、经济距离、引力值三方面的数据，以 ArcMap 为辅助工具，来确定出城市群的空间范围。最后，学者针对中心城市不太突出的情况，主要以经济联系强度模型和经济隶属度来界定培育型城市群的范围。总之，每一种方法都有各自的优点和不足，因此学者无论采用哪一种方法都必须结合现实发展情况进行定量总结，从而实现城市群范围界定的科学性和管理的有效性。例如，有学者将指标体系的构建辅以定量的分析（长江三角洲城市群），从而避免一些不可定量化分析的因素，以此增加城市群空间范围识别的客观性和真实性。相比较之下，中原地区城市群范围的界定虽有许多借鉴的实例，但从发表期刊来看多为省内学者的经济联系测度为主，内在的学术科学性界定和管理的实用性结合还显得不够。

表 6-1　中原城市群与其他城市群界定标准

中原城市群界定标准	题目	文献来源
地理位置、交通、资源状况、工农业等因素	中原城市群与郑州大都会的战略思考	《地域研究与开发》
	略论中原城市群	《中州学刊》
经济效益、整体效益	中原城市群的几个问题探讨	《中州学刊》
	中原城市群空间结构研究	四川大学
引力模型，计算与核心城市距离，再加以定性分析	基于引力模型的中原城市群空间范围界定	南京航空航天大学经济与管理学院
其它城市群界定标准	基于引力模型的中原城市群空间发展模式研究	南京航空航天大学
经济距离模型	题目	期刊
引力模型和要素流分析的综合	黔中城市群空间范围界定和空间结构研究	《地域研究与开发》
城市间经济联系度、城市可持续发展度	城市群空间范围的综合界定方法研究—以长株潭城市群为例	《地理科学》
支撑体系可达度、文化基质类同度四方面叠加分析	安徽中部地区城市群空间范围综合界定	《重庆师范大学学报》
引力模型	淮海城市群空间范围的综合界定	《江苏师范大学学报》
引力模型、场强模型	基于引力和场强模型的山东半岛城市群空间范围界定	《城市建设理论研究》
GIS和计量模型	基于 GIS 和计量模型的首都城市群空间范围界定	《北京联合大学学报》
引力模型同时兼顾行政区划完整性	兰白西城市群空间范围界定和空间发展战略研究	《西北师范大学学报》
定性与定量要素结合	城市群范围界定研究—以长江三角洲城市群为例	《地理研究》

二、政府战略视角下中原城市群规划范围变化

（一）早期战略的中心性指向

根据中原地区提出的城市群概念可知，早期的城市群是模糊层面的中心带动战略，即以郑州为核心的省域城市体系组织模式。20 世纪 80 年代，政府开始提出以郑州为中心，提升其内在的集聚力和加强与周边的互动，进而促进与区域的协调关系，因此早期的城市群提法具有明显的中心指向性。围绕这样的中心性指向和河南省的中心带动建设，以及提升郑州在全国竞争力的需要，一些学者提出了一些很有见地的观点。例如，提议开展以郑州为中心的新乡、焦作、洛阳、许昌、开封这一“菱形城市群”的区域规划（林富瑞，

1984）；应建立一个网状的多层次的向外辐射的中原城市群，即建立以郑州为中心向外辐射的双环城市结构（杨林军、何大明、巫继学，1985）。20 世纪 80 年代末，部分中原学者不约而同地聚焦中心城市带动战略，提出了若干非均衡发展的设想。例如，“单核开发，建设全省增长中心”的设想主张侧重于建设首位城市郑州，依靠其增长极的组织作用带动全省发展；“分区开发，建设六个二级城市体系”的设想主张将全省划分为豫北、豫西、豫西南、豫东南、豫东、豫中等六个子城市体系；“轴线开发，建设沿黄城市带”的设想主张侧重于建设黄河沿岸的八个城市，将其作为带动全省的开发轴；等等。

为推动我国科技体制改革，国务院于 1986 年 2 月 14 日批准成立国家自然科学基金委员会。1987 年，我国著名人文—经济地理学家李润田教授带领一批年轻学者，设计、申报并获批了河南省地理学界第一项国家自然科学基金项目“河南省城市体系的发展机理与调控方法研究”，研究期限自 1988 年至 1990 年，也进一步论证了河南省中心城市的带动模式。该项目以非均衡发展理论为导引，打破河南省长期以来奉行的团块状机械均衡发展的传统模式，提出了“外联内聚”的发展思路，并以郑州为中心，以自内向外逐级放射的动态增长为空间线索，采取圈层式功能组织方法，重新建构了河南省经济社会发展的空间地域格局。该项目厘清了城市体系的等级结构与规模结构的不同内涵，构建了衡量城市等级的“城市中心性强度”指标，经过扎实的调研、精细的分析、大胆的假设和严密的论证，提出了河南省城市体系“一点三圈”的功能组织模式。

“一点”即郑州，“三圈”包括：核心城市圈，土地面积 2. 39×104 平方千米（占全省 14. 3%），总人口 1434 万人（占全省 17. 7%），包括首位城市郑州以及四个地级城市洛阳、开封、新乡、焦作；中间城市圈，土地面积 6. 05×104 平方千米（占全省 36. 2%），总人口 3128 万人（占全省 38. 6%），包括七个地级城市安阳、濮阳、平顶山、许昌、鹤壁、漯河、周口；周边城市圈土地面积 8. 26×104 平方千米（占全省 49. 5%），总人口 3532 万人（占全省 43. 7%），包括五个地级城市三门峡、南阳、驻马店、信阳、商丘。

核心城市圈是全省名副其实的组团状增长核，即“核心增长板块”，是未来很长时期内全省区域开发空间选择的重点。该圈层可走网络式发展道路，在明确城市分工、协调管理机制的基础上，建立以郑州为综合枢纽，以其他四市为网结的专业化生产协作网、科技与人才开发网、生产服务网、商品流通网、金融信贷网和信息情报网等。

可以说，上述“一点三圈”模式是二十年后河南省政府提出的河南现代城镇体系“一极两圈三层”模式的雏形，其“核心城市圈”是后来横空出世的“中原城市群”的雏形，这进一步佐证了当时中原地区城市群建设的中心指向性。

（二）地方战略下的稳定性范围

进入21世纪，河南省的“中心城市带动战略”逐渐凝练升华。2003年《河南省全面建设小康社会规划纲要》将“中原城市群”确定为河南今后带动经济社会发展的重点区域。2006年初《河南省国民经济和社会发展第十一个五年规划纲要》提出“加快中原城市群发展，把中原城市群建成带动中原崛起、促进中部崛起的重要增长极”。2007年河南省发展和改革委员会正式出台了《中原城市群总体发展规划纲要》，进一步明确了中原城市群的战略意义，即加快中原城市群发展，是符合河南现代化建设实际的现实选择，对于构筑河南省乃至中部地区具有强劲集聚效应和辐射带动作用的核心增长极，带动中原崛起，促进中部崛起，进而支撑沿海城市群加快发展，具有十分重要的现实意义和深远的历史意义。政府的这些大动作与中原城市群研究从概念提出走向理论论证、实践验证有密切关系，同时省域城市体系与城市群研究进入蓬勃葳蕤时期，研究成果以激流之势涌现。

在《中原城市群总体发展规划纲要》中是这样表述中原城市群的空间定位和空间范围的：从全国城市体系的空间布局和区域经济发展的形势看，在中西部地区，中原城市群是以郑州为圆心、半径500千米区域内城市群体规模最大、人口最密集、经济实力较强、工业化进程较快、城镇化水平较高、交通区位优势突出的城市群。中原城市群与东部沿海地区长江三角洲、珠江三角洲、京津冀三大城市群及其他城市群发展相互呼应，并起着重要的支撑作用，是河南省乃至中部地区承接发达国家和我国沿海发达地区产业梯度转移、西部战略资源输出的枢纽和核心区域之一。中原城市群以郑州为中心，包括洛阳、开封、新乡、焦作、许昌、平顶山、漯河、济源共9个省辖（管）市，14个县级市、33个县、340个建制镇。区域土地面积为5.87万平方千米，占全省的35.1%；总人口3985万人，占全省的41%。至此，中原城市群的“官方”范围就是九个城市，就是传统意义上的中原城市群范围，延续使用了很多年，在很多学术成果上的显示度也最高。

（三）中心带动战略下的拓展范围

2009年，河南省委、省政府在积极借鉴发达地区经验的基础上，将原有的中心带动进一步升级，进一步优化省域城镇体系，提出了规划中原城市群建设的理念，即构建“一极两圈三层”的新模式。“一极”即构建带动全省经济社会发展的核心增长极，就是“郑汴新区”，由“郑州新区”和“开封新区”两个部分构成，涵盖中牟县。通过在区域内大力推进改革创新，使之成为“五区一中心”，即现代产业集聚区、城乡一体发展的现代复合新型城区、全省综合改革核心试验区、对外开放示范区、环境优美宜居区和为全省乃至中西部地区服务的区域服务中心。“两圈”即加快城市群轨道交通体系和高速铁路建设，在全省形成以郑州综合交通枢纽为中心的“半小时交通圈”和“一小时交通圈”。“三层”即中原城市群核心层、紧密层、辐射层。核心层指郑汴一体化区域，包括郑州、开封两市市区和“郑汴新区”，主要是通过加快郑汴一体化进程，逐步发展成为中原城市群发展先导区、全省城市统筹发展引领区。紧密层包括洛阳、新乡、焦作、许昌、平顶山、漯河、济源等七市，主要是在郑汴一体化区域先行试验的基础上，建立包括核心层和紧密层在内的中原城市群城乡统筹改革发展试验区，逐步发展成为全省对外开放、东引西进的主要平台。辐射层包括南阳、鹤壁、濮阳、三门峡、安阳、商丘、信阳、周口、驻马店等周边九个省辖市，主要是通过加快郑西、石武、郑徐、郑渝等高速铁路建设，密切辐射层与紧密层的经济联系，共同构建全省城市向心发展、开放型城镇体系。在上述建设思路的支撑下，河南省委、省政府实质上将中原城市群的范围拓展至河南省全境，并提出了“交通一体、产业对接、资源共享、生态共建和环保同治”的建设路径，为省域城镇体系的现代化建设和更大范围的城市群打造提供了区域支撑。在拓展的中原城市群建设战略下，原有的传统意义上的九市成为其核心层和紧密层区域，也就是核心发展区，而范围扩大后的中原城市群的区际影响和国内地位进一步上升。

（四）规划建设战略下的外联范围

2010—2015 年，中原大地迎来了改革开放以后的黄金发展期。《中原经济区规划》《国家粮食生产核心区规划》《郑州航空港综合经济实验区规划》等三大国家战略陆续出台，《国家新型城镇化规划（2014—2020 年）》《河南省新型城镇化规划（2014—2020）》为走向两个一百年引领了方向。“中原崛起、河南振兴、富民强省”为实现“中原梦”注入了强大动力，河南省域城市体系与城市群的研究已汇入中原经济区新型城镇化这片碧蓝、深邃的海洋。在新的时代建设理念下，中原经济区的空间位置和地域范围在《中原经济区规划（2012—2020 年）》中明确表述过，中原经济区是以全国主体功能区规划明确的重点开发区域为基础、中原城市群为支撑、涵盖河南全省、延及周边地区的经济区域，地理位置重要，粮食优势突出，市场潜力巨大，文化底蕴深厚，在全国改革发展大局中具有重要战略地位。中原经济区的规划范围包括河南省全境，河北省邢台市、邯郸市，山西省长治市、晋城市、运城市，安徽省宿州市、淮北市、阜阳市、亳州市、蚌埠市和淮南市凤台县、潘集区，山东省聊城市、菏泽市和泰安市东平县，区域面积 28.9 万平方千米，2011 年末总人口 1.79 亿，地区生产总值 4.2 万亿元，分别占全国的 3%、13.3%和 9%。从上述表述可以看，中原经济区是以中原城市群为支撑的，也体现出中原城市群范围与中原经济区规划范围的契合性。

中原经济区的新型城镇化战略引领“三化协调、四化同步”的科学发展道路。中原经济区建设要求新型城镇化、工业化、农业现代化、信息化分别发挥引领、主导、基础和推动作用。在这个进程中，以京广—陇兰复合轴带为主脉，其他铁路、公路、水路为支脉，全国区域性、省内地区性、地方性中心城市以及中心镇、基点型小城镇为节点，构建层次分明、结构合理、功能协调、动态开放的现代城镇体系，是中原城市群未来发展的必由之路。在《中原经济区规划》正文中，关于中原城市群建设的表述如下：实施中心城市带动战略，加快完善多层次城际快速交通网络，实现以郑州为中心的核心区域九个城市融合发展，进一步增强中原城市群辐射带动作用。依托以客运专线为主的高效便捷交通走廊，强化“米”字形发展轴节点城市互动联动，促进中原城市群扩容发展，提升综合实力和竞争力。深化城际开放合作，发挥轴带集聚功能，推动邯郸市、安阳市、邢台市、鹤壁市、聊城市、菏泽市、濮阳市等北部城市密集区提升发展，促进蚌埠市、商丘市、阜阳市、周口市、亳州市、淮北市、宿州市、信阳市、驻马店市等豫东皖北城市密集区加快发展，形成与沿海地区沟通联系的前沿地带。强化交通一体、产业连接、服务共享、生态共建，构建中原城市群、北部城市密集区、豫东皖北城市密集区一体化发展格局，形成具有较强竞争力的大中原城市群。从上述内容可以看出，中原城市群的范围没有中原经济区的规划范围大，但透露出要加强豫北部城市、豫东皖北城市密集区的发展，也表明中原城市群此时的范围有外联、区际合作之势。

2016 年 12 月，《中原城市群发展规划》出台，使得中原城市群的战略定位和空间范围有了清晰的总结，即中原城市群地处全国“两横三纵”城市化战略格局陆桥通道与京广通道交汇区域，极具发展潜力，当前正处于提质升级、加快崛起的关键阶段，具有在高起点上加快发展的优势和机遇，必须立足现有基础，紧紧抓住重大机遇，强化发展优势、补齐发展短板，实现持续健康发展，成为我国经济社会发展的重要战略支撑。中原城市群以河南省郑州市、开封市、洛阳市、平顶山市、新乡市、焦作市、许昌市、漯河市、济源市、鹤壁市、商丘市、周口市和山西省晋城市、安徽省亳州市为核心发展区。带动辐射河南省安阳市、濮阳市、三门峡市、南阳市、信阳市、驻马店市，河北省邯郸市、邢台市，山西省长治市、运城市，安徽省宿州市、阜阳市、淮北市、蚌埠市，山东省聊城市、菏泽市等中原经济区其他城市。由此，中原城市群的规划范围拓展5省30个省辖市，与中原经济区的30省辖市3个县区（泰安的东平县、淮南的凤台县和潘集区）基本一致，表征着中原地区进入了经济区与城市群耦合协调的新时代道路，两者谐振共鸣必然促进中原地区板块的竞争力进一步提升。

近年来，中原城市群的新型城镇化战略要求大中小城市和小城镇协调发展。实施多年的中心城市带动战略须进一步深化，强力推进一个载体、三大体系、五大基础建设，构建以中原城市群为主体形态的新型城镇化发展格局。打破这些年已经成熟甚至固化了的“郑州—洛阳双核牵引”“郑汴一体化核心增长”等发展模式的制约，采取多中心、网络式的发展模式，是中原城市群未来发展的一个优势选项。此外，中原城市群战略提出了建设“郑州大都市地区”“现代化都市圈”的命题，为中原地区的内聚力提升注入了新的动力源。该地区由豫境黄河两岸的郑州、开封、洛阳、新乡、焦作、许昌六市组成，是中原谋求科学发展的浓墨重彩，是现代化进程的强大引擎，是城乡统筹的示范标杆，是中原城市群当然的核心区。该地区的建设应该是一个既有连续性又有阶段性、既要总体谋划又要分步设计、既慢不得也快不得的可持续发展进程。因此，凝聚该地区的核心能量并使其尽快成型，是中原城市群未来发展的必然选择。

三、小结

任何地域综合体的研究，都是以特定的空间范围为背景与支撑，中原城市群的研究也必然要依托科学界定的地域载体进行规划建设。当前，中原城市群的地域范围的内涵和外联有其相对的稳定性，因此聚焦中原城市群的板块优势，发挥中原城市群在中部崛起、地方竞争力提升、资源优化组合的地位和作用，对谱写中原地区更加绚丽新篇章具有重要的时代意义。本章聚焦中原城市的群空间范围研究，有利于客观地认知中原城市群空间范围的延展、时序的变化，以期为提升中原城市群研究提供理论支撑和实践引领。

综上所述，我们深知中原城市群作为一个开放动态变化的系统，受经济发展、社会变化、城镇化进程的推进、国家政策的变动等多种综合复杂变化因素影响，未来其空间范围必然会进一步发生变化。本章基于已有规划范围和文献范围两个方面进行延伸分析，能使我们进一步认识到中原地区城市群范围的变化，能让我们科学地认知中原地区城市群建设的时代历程和战略变化，从而为中原地区的振兴与发展构筑更加坚实的地域载体和战略平台。在新型城镇化的背景下，河南省现代城镇体系与中原城市群的战略地位越来越重要，也越来越稳固。如果说前些年处于概念、范围界定后的理论与实践的探索，那么这几年以及今后若干年，这个领域的研究已经或将要走向实务，走向理论与实践的新的境界与平台。恰如奔腾的激流注入浩瀚的海洋，水滴将在周期的轮回中走向新的升华。矗立在中原大地中央的中原城市群，在河南省现代城镇体系的拱卫下，将以我国中西部地区核心增长板块的雄姿俯仰中华！

第七章　中原城市群的整合推进

在认识中原城市群的基本情况、发展现状、存在问题、战略意义等基础上，本章重点分析中原城市群整合推进的基础和有利条件，以期在城市群综合发展的理念下，提出中原城市群整合的理论框架与具体实施路径，从而支撑中原城市群的现代化建设和高质量发展。从内容组合上，本章在剖析整合的科学理念的基础上，分析城市群整合研究的学术进展和理论支撑，解读《中原城市群发展规划》的战略要点，从内聚、外联、提升等视角优化中原城市群整合的具体实施路径，从而为后续几个章节的分析提供理论和框架方面的支撑。

一、理论支撑

(一)科学认知

整合一词在现代汉语词典中的含义是，将零散或者松散的东西彼此衔接，以实现信息系统的资源共享和协同工作，从而形成有价值有效率的一个整体。就字面意义而言，即按照系统组织的模式，将一件工作或者一个目标经过合理的组织安排和协同处理，实现功能的最大化和集体利益的最大功能发挥。从英文“integration”看，最早来源地质学的地质整合，但更多表征两层含义：一是指合作或组成一个联盟的行动或程序，即平等的合并为一个社会或由不同的集团组成的特殊组织；二是指一种已知区别职能的判定行动。由于汉语词义的丰富性，整合往往与优化、一体化、组织等联系在一起，体现出整合一词的多维性。20 世纪 50 年代以来，国外有许多学者试图对该词下定义，但至今尚无一致的表述(尤先迅，1999)。有代表性的提法有：整合应该是指不同的国家参加一个区域集团的过程或状态；整合可以指通过人员、资金及产品的流动而实现的一种广泛一致的现实存在；整合表示一种事务的状态或一个进程，即包括一个分散的经济联合成为一个更大的自由贸易区域(Machlup，1977)；认为它至少在两个参加国之间除去所有的贸易障碍、干预、差别待遇以及在它们之间建立诸个因素的一定合作，后者完全依赖于整合所采取的实际形式；各国经济之间的贸易关系像在一个国家那样自由和有利可图，在两个或两个以上的国家，不仅允许商品自由流动，而且还必须消除各国在这些方面存在的各种歧视，做出一定程度的政策协调；实现市场一体化和生产、发展一体化，等等(湛柏明，1999)。结合我们河南大学中原城市—区域综合发展研究团队成果(王发曾、刘静玉、徐晓霞等，2007)，认为整合是指在一个国家的一定区域范围内，将更小的发展地域单元结合为一个整体，实现这个整体内部的各种发展要素的优化配置，经济与社会结构的优化调整，各项功能的优化组织，各种效益和效应的高度和谐。

城市群(Urban Agglomeration)的概念首先是由英国的盖迪斯在1915年提出来的，历经了对城市空间集聚形态的感性认识与理性分析，现今在理论研究与建设实践中已达到很高境界(Fawcett，1932；Gottmann，1957；McGee，1991；夏安桃，2004)。我国城市群的研究虽始于20世纪70年代后期，但随着我国城镇化的快速发展，理论研究与实践应用都在较短的时间内取得了长足进展(于洪俊、宁越敏，1983；董黎明，1989；孙一飞，1994；周一星、史育龙，1995；顾朝林，1995；姚士谋、朱英明，陈振光，2001；刘荣增，2003；冯德显、贾晶、杨延哲等，2003；夏安桃，2004；刘静玉、王发曾，2004；张占仓、杨延哲，杨讯周，2005)。河南大学中原城市—区域综合发展团队在城市群整合、城市群深度取得的一系列成果，其中，2007年出版《中原城市群整合研究》一书，对整合的相关内容进行了深入剖析。团队的核心观点有三：首先，城市群是在城镇化过程中，在特定的城镇化水平较高的地域空间里，以区域网络化组织为纽带，由若干个密集分布的不同等级的城市及其腹地，通过空间相互作用而形成的城市—区域系统。该系统接受一个或几个核心城市的组织和协调，不同层次的城市地域单元之间存在着相应的内在联系，系统内部的城市体系和劳动地域分工体系相对较为成熟。其次，城市群是由城市和区域构成的复杂、开放、巨大的城市区域系统(图7-1)，由城市经济社会人文结构的多样性塑造出许多异质性特征，城市群中的城市彼此都存在着差异和不协调，而这些差异和不协调对整合提出了必然的要求，是整合的内在需求基础。最后，整合的实质是在一个城市群区域范围内，将各个城市地域单元结合为一个整体，实现这个城市群内部各种发展要素的优化配置，经济与社会结构的优化调整，各项功能的优化组织，经济、社会、环境等效益和效应的高度和谐，促使区域城镇化进程健康发展，并在更大的区域发展范围内发挥重要的牵引与推动作用。

(二)研究进展

国外关于城市群的出现、都市区的组织、城市—区域组织尤其是城镇体系组织研究较为系统，既有理论支撑性的经典理论，也有注重实证的案例研

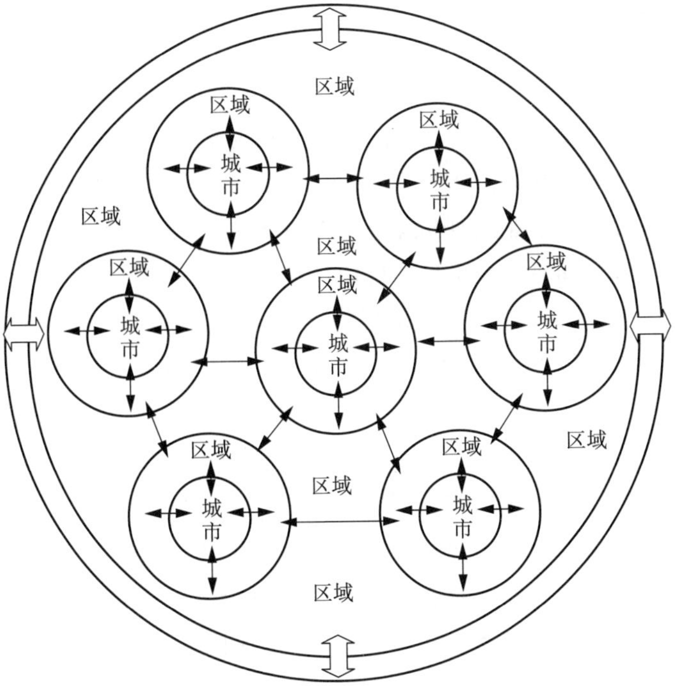

图 7-1　城市群整合的区域意象图

究，主要呈现如下特点：一是借助人口、某一产业的分布、居住、消费、通勤等指标研究城市群的空间结构，提出内部的圈层化、分区式理论模式。二是从宏观尺度到微观尺度进行城市群驱动机制的研究，分析了工业化、城镇化、创新、区域一体化等因子的作用。三是进行城市群相关概念的研究，通过这些研究探讨合适的城市区域发展模式。四是进行区域整合的测度研究，如美国的 Yi Feng 等两位学者提出了运用商品与服务贸易、资本流动程度、劳动力流动程度、跨国机构重要性程度、货币政策协调程度、财政政策协调等六项指标组成的指标体系测度区域的整合程度，并对一些区域进行了实证研究（Yi Feng、Gaspare M. Genna，2004）。五是整合研究的对象较宏观，更多地关注国家之间的合作，即侧重于国家之间的合作，如对欧盟的研究。六是区域整合特别是区域经济整合的研究侧重于区域共同市场或贸易共同体、区域协调机制的研究，而其他方面则较少涉及。

如前文所述，我国城市群研究的主要特点有：一是城市群研究具有明显的阶段性特征。20 世纪 80 年代以前以结构研究为主，主要偏重于与城市群密切相关的城镇体系的研究；20 世纪 80 年代之后，研究倾向于城市群的形成演化机制、空间结构特征等方面，同时也开展了城市群整合研究。二是城市群研究理论尚显不足，缺乏深入反映我国城市化特色和城市群地域结构的基础性理论，尤其对城市群整合的理论研究不足。三是实证研究立足于所在区域，国内大学、研究机构、科研院所大多针对自己所在区域的城市群展开研究。四是研究主要针对长江三角洲城市群、珠江三角洲城市群、京津冀城市群等发达的城市群进行分析，而其他中西部或者欠发达地区的城市群的研究相对较少。

虽然国内外城市群整合研究取得了很多成果，不仅为地方经济发展研究贡献了理论力量，而且为城市群的现代化建设提供了实证案例。但总体而言，还存在如下问题：第一，关于城市群整合的理论体系尚未建立。城市群本身是一个复杂的、开放的巨系统，由若干个子系统组成，其整合必须依赖完整的理论体系支撑。然而，在目前国内外的研究中，该理论体系的研究十分薄弱，一些基本概念尚未建立。这既不利于进行城市群整合的规范分析，也不利于进行城市群经济整合的实证研究。第二，关于城市群整合的动力研究并不全面。城市群整合的动力可以分为自主推动的内力和外部的促进力两类，其中内力是主要因素，外力是次要因素，外力通过内力起作用。城市群整合研究应认真分析城市群整合的内力和外力，遵循内外力相互作用的辩证规律，才能真正为实现城市群的整合做出贡献。第三，研究的技术路线和方法比较陈旧。目前常用的范式包括，通过对城市群地区的自然基础、历史基础、经济基础等进行分析，进而提出城市群整合的方案。尽管这是一种非常重要的模式，但是研究的理论依据与结果的实用性值得商榷。为此，今后研究的技术路线有待进一步的更新与提升，以增强研究成果的理论性和实用性。与此同时，目前城市群整合研究大多采用传统的定性、定量分析方法，而如 GIS（地理信息系统）、分形理论、数学模拟等方法的运用还比较少，与经济学、社会学、生态学等多学科交叉研究局面尚未形成。第四，对城市群经济整合的研究仍须加强。经济既是城市群发展的主要目标之一，更是城市群发展的重要推动力，对经济整合的研究理应更多地引起关注。在宏观尺度上，国内外相关研究更多的是探讨经济支撑系统的整合，例如市场一体化。产业整合主要通过企业行为来实现，针对城市群产业整合的研究尚不多见。城市群不等同于一般意义上的区域，城市群经济整合不能等同于区域经济整合，而是更深层次的经济整合，这一点往往被人们忽略。第五，国内城市群整合的研究较为片面。一是，较注重城市群内部组织结构与相互关系的研究，而对新的经济、社会、技术因素对城市群的影响等研究尚浅，对人文、生态等要素考虑不足。二是，关于沿海城市群的研究相对成熟和深入，尤其是对长三角城市群和珠三角城市群的研究更是如此，相比之下对内地城市群的研究则相对薄弱。三是，研究中虽注重了城市群整体的协调发展，但受城市群发展阶段的现状所限，客观上导致研究难以深化，很大程度上仍属于传统的城市体系四大结构的研究，缺乏明确统一的选界指标，城市群整合研究仍处于初级阶段。

（三）理论来源

1. 可持续发展理论

1987 年，时任世界环境与发展委员会主席的挪威首相布伦特兰夫人（Gro H. Brundtland）在其报告《我们共同的未来》中，把可持续发展定义为“既满足当代人的需要，又不对后代人满足其需要的能力构成危害的发展”。并提出了人类发展的原则：建立一个可持续的社会；尊重并保护生活社区；改善人类生活质量；保护地球的生命力和多样性；维持在地球承载力以内；改变个人的生活态度和生活习性；使公民团体能够关心自己的环境；提供协调发展与保护国家的网络；建立全球联盟。这一定义得到了广泛接受，并在 1992 年的联合国环境与发展大会上取得共识（郑度，1994）。在可持续发展理论提出之后，世界各国推出了各自的发展措施并成立相关国际组织，发布可持续发展报告，对促进资源、环境、经济、社会的可续性发展提供了重要支撑。从本质上讲，当前提出的和谐论、高质量发展论、城市—区域综合理论都属于可持续发展的演变理论，根本就是经济、社会的发展要与资源、环境相协调，其中的核心是生态与经济的相协调。在研究城市群整合的问题上，满足可持续发展的要求，解决好发展资源在当代人与后代人之间，以及城市群内各地域单元之间的合理配置，并达到人口、资源、环境，经济、社会、生态之间的高度和谐，当是首要的宗旨。

2. 系统理论

1952 年美国的路德维希．贝塔朗菲（Ludwig V. Bertalanffy）提出了系统论的思想，1973 年形成了一般系统论原理，对系统分析科学发展问题和解决重大区域性发展问题提供了重大支撑，并支撑了系统科学的发展。一般认为，系统是由若干要素以一定结构形式联结构成的具有某种功能的有机整体，它包含了系统、要素、结构、功能等四个概念，表明了要素与要素、要素与系统、系统与环境三方面的关系。一般系统论的核心思想是系统的整体观念。任何系统都是一个有机的整体，它不是各个部分的机械组合或简单相加，整体大于部分之和。系统中各要素不是孤立存在，每个要素在系统中都处于一定的位置上，起着特定的作用，要素之间相互关联，构成了一个不可分割的整体。一般系统论的基本思想方法，就是把所研究和处理的对象，当作一个系统，分析系统的结构和功能，研究系统、要素、环境三者的相互关系和变动的规律性(袁嘉新、何伦志，1997)。城市群系统同样具有自组织和自我发展能力，通过强大的人工调控和系统自身的组织发展机制，完全可以使系统走向不断完善与最终整合，因此，基于系统理论，对城市群整合的支撑平台进行优化，从而减弱外界的负面干扰，能有效保证城市群及其子系统不断走向完善与整合。

3. 经济高质量发展理论

城市群建设的主流任务之一是发展城市经济与区域经济，实现经济的高质量发展和城市—区域的综合发展。当前提出的高质量发展理论，就是要在追求经济发展体量、规模的同时，注重经济发展的内在质量和人民福祉，最终实现共同富裕的发展目标，因此高质量发展理论为城市群经济高速、高效、高质发展提供了理论支撑，也为社会主义现代化战略实现提供了路径支撑。而经济高质量发展也主要来源于现代经济增长理论，因此了解现代经济理论的核心内容，也就成为城市群整合研究的重要理论来源。现代经济增长理论在经历了20世纪四五十年代哈罗德-多马经济增长模型(Harrod-Domar model)和六七十年代索洛经济增长模型(Solow growth model)的重大进展之后，进入了一个相对停滞的时期。但近几年，在经济增长理论方面又出现了一系列新的突破，我们称之为新经济增长理论(陈辉，2002)。新经济增长理论不仅重视资本、技术、劳动力带来的地区发展差异，而且强调高质量发展主要取决于知识积累、技术进步和人力资本的水平。其核心观点认为当前世界经济增长中各个国家的经济增长率和人均收入差距越来越大的主要原因，就在于各国在知识、技术和人力资本积累方面的巨大差异。此外，该理论还对专业化分工、对外开放和国际贸易、政策等进行了溢出或者内敛效应分析，为不同模式下的地区经济高质量发展路径选择提供了支撑。因此，城市群地区必须凝聚和整合新的经济增长要素，重视知识的积累、技术的进步和人力资本水平的提高，全面提升城市群的经济实力，并通过科学的劳动地域分工与产业分工，在保障政策的支撑下，使城市群成长为统一、协调的地域发展实体。

4. 竞争优势理论

竞争优势理论包括三个不同的层面：一是市场竞争优势理论。在以实物生产为主的经济发展阶段，市场竞争主要是产品竞争，产品成本是竞争优势的决定性因素。因此早期的竞争力分析的焦点集中在这一方面，其代表是亚当·斯密(Adam Smith)基于资源禀赋而建立起来的绝对成本优势与大卫·李嘉图(Dawd Ricardo)的相对成本优势及乔治·马歇尔(George Marshu)的集聚优势理论。时至今日，这一观点仍是建立市场竞争力优势的主要基础（滕腾，2001）。二是国家竞争优势理论。世界经济论坛和瑞士洛桑国际管理发展学院的观点认为：竞争力是在自由及公平的市场环境下，国家能够在国际市场上提供好的产品、好的服务，同时又能够提高本国人民生活水平的能力（倪鹏飞，2003）。在资源禀赋意义下降的情况下，强调贸易竞争力的重要性，即一国生产的产品和提供的服务必须经过国际市场的检验，才能证明是否有竞争力。三是产业竞争优势理论。1990年，美国著名经济学家迈克尔·波特的《国家竞争优势》（*The Campetitive Advantage of Nations*）一书，创立了产业竞争优势理论，认为一国或一城市产业国际竞争力的状况决定于企业在当地所处的竞争环境。产业的生产要素条件、本国需求条件、相关产业的国际竞争优势、企业战略结构与竞争程度等4个方面相互影响、相互加强，共同构成一个动态的激励创新的竞争环境（Michael E. Porter，1998）。该理论对城市群整合有广泛指导意义。尤其是城市竞争力的整合，竞争优势的培育应该是全方位的，市场竞争产生外部竞争优势，区域（国家）竞争产生地域竞争优势，产业竞争产生内部竞争优势

5. 劳动地域分工理论

劳动地域分工理论认为区域或国家之间生产要素的差异是形成区域分工和贸易的主要原因（高洪深，2002）。区域的资源禀赋、技术水平以及历史、文化基础等自然、经济、社会、文化条件的差异性和互补性，是城市群形成的必备前提和动力，更是城市群内部地域分工的重要基础和促进因素。城市群的形成过程伴随着城市群内部劳动地域分工体系的形成，城市群内部各个城市、各个地域逐渐形成基于区域优势的区域职能。分工与合作是相伴而生的，城市群内部更是如此，随着城市群内部地域之间分工的不断深化，日益突出的区域经济发展专业化倾向使得地域之间相互依赖程度在不断地加深，各地域之间在分工的同时必然寻求相互之间的合作与交流。城市群内部地域合作的主要方式有：相互消除地域之间要素流动的种种障碍，促进要素资源向最优区位流动，形成区域内部自由竞争的市场体系；通过区域内部企业的兼并与重组形成合理的区域产业链条，通过产业的合理有序转移形成产业的合理布局。而这些恰恰都是城市群整合的重要内容。

6. 空间相互作用理论

地球表面的各种要素在空间上是分散的，相互作用使它们组合成一个有机整体，通过在城市之间的迁移、流动、交换等空间作用过程，人口和产业活动被组合在一个统一的系统中，从而有序地推动城镇化的进程。1957年，

美国地理学家厄尔曼(E. L. VUman)首先认识到空间相互作用的一般原理，在前人研究的基础上提出了空间相互作用的三个基本观点，即互补性、移动性和中介机会。在上述三个原则的支撑下，每个城市都有自己的经济场、能量场和发展机遇，从而使城市的资源与劳动力的配置、水平和垂直分工的格局发生变化，进而助推不同区域主导产品的升级和市场的拓展。正是由于城市群内部各城市是相互作用的，所以各城市间表现为相互依赖的关系，单个城市正是在城市群综合作用场中发挥自己的区位优势、突出自己的功能特色而发展起来的。城市群的能量场在空间上的高度聚集和有效组合必然会产生质的飞跃，形成很强的规模效应，对周边地区产生强烈的辐射作用。城市群区域内城市之间，以及城市和区域之间的空间相互作用是一种复杂的社会经济现象。每个城市的发展既要有个性特征，同时要加强与城市群内其他城市之间的分工与合作，要加强城市群的内聚力和辐射力，提高联系率和网络功能，促进城市群的生长发育，城市群体的发展又会反过来带动城市更快地发展。

7. 区域空间发展理论

由于城市群是依托一定的地域空间进行产业组织、基础设施建设、分工组织，所以基于区域空间发展的核心理论、延展理论等分析城市群内部的城市—区域空间组织，对城市群内部的高效组织、外联影响具有重要的现实意义。在已有的核心理论中，我们熟知的有中心地、增长极、中心—外围、点—轴系统理论等，为区域的中心—外围式的带动发展提供了支撑(崔功豪、魏清泉、刘科伟等，2018)。在空间组织和串联方面，有双核、成长三角、雁形形态、卫星组团等，为不同等级城市体系的空间结构优化提供了支撑，从而有效提升了城市群内部的凝聚力。在区域一体化、协调发展方面，除了系统理论、区域整体理论外，还有城乡一体化、区域一体化、区际联动、综合发展等理论，为区域内部的一体化串联和区际共赢发展提供了支撑。因此，基于空间组织的内部、一体化、外部理论，分析城市群系统经济、社会、科技、文化和自然物质要素组合的空间组织模式，成为新时代城市群系统优化的模式选择依据，因为城市群的整合必须坚持整体性原则、综合性原则、协调性原则。

8. 区域创新理论

美籍经济学家约瑟夫·熊彼得(Joseph Schumpeter)在其《经济发展理论》(*Theory of Economic Development*)等著作中，用“创新”来解释经济周期和经济发展，明确提出创新是经济发展的本质，创新的过程就是一种不断打破经济均衡的过程，因而经济研究的重心不是探讨如何实现均衡，而是探讨如何打破均衡，均衡的破坏就是创新(崔功豪、魏清泉、刘科伟等，2018)。熊彼得的创新理论广泛涉及创新的内涵、创新的主体、实现创新的制度条件、实现创新的途径等基本理论问题。自熊彼得以后，有关创新的理论层出不穷，对推动经济社会发展起到了不可估量的作用，区域创新理论就是创新理论衍生出来的一个重要理论。该理论倡导建立一种能够充分利用市场机制合理配置科技资源，体现区域特点和优势的市场经济条件下的科技发展模式，建立一种集创造、存储、传播、应用新知识、新理论、新方法、新技术为一体的区域网络系统，即区域创新体系。该创新理论指出，区域的高质量发展不仅依赖创新的原动力、驱动力，还且应重视创新要素的动力要素耦合交织。该体系的动力要素包括大专院校、科研机构、企业研发力量和政府科研职能部门等；功能要素包括理念创新、制度创新、管理创新、职能创新和技术创新等；环境要素包括法规、机制、基础设施、激励措施和技术硬件等。在当今的城市群发展中，创新引领成为发展的第一动力，因此城市群的整合，必须依靠创新的精神、创新的意识、创新的思维、创新的设计和创新的实践来推动和完成，可以说，没有创新动力、动能的支撑，高质量发展的话题就无从谈起。

二、整合内容

(一)必要性

2006 年《中原城市群总体发展规划纲要(2006—2020)》中确定的总体发展目标是：经过十几年的发展，形成空间布局优化、结构合理的城市体系，建成一批特色鲜明、适宜居住的资源节约型和环境友好型城市，进一步凸显城市经济在区域经济中的主体作用；建成全国重要的先进制造业基地、能源基地和区域性现代服务业中心、科技创新中心，产业整体竞争力显著提高，要素集聚和承载能力全面增强，确立在中西部乃至全国城市群中的重要地位，带动全省并辐射周边地区发展。

2016 年《中原城市群发展规划》指出，到 2025 年，现代基础设施网络全面形成，城市群一体化发展全面实现，综合经济实力和在全国发展大局中的地位快速上升，人口与经济集聚度进一步提高，带动全国发展的新增长极地位更加巩固，参与全球经济合作与竞争的能力大幅跃升。

2021 年《河南省国民经济和社会发展第十四个五年规划和二〇三五年远景目标纲要》中的“十四五”时期经济社会发展主要目标指出：“经济强省建设迈出重大步伐，主要经济指标年均增速高于全国平均水平，经济总量再迈上两个新的大台阶。现代化经济体系建设取得重大进展，经济结构更加优化，制造业比重保持基本稳定，产业基础高级化、产业链现代化水平明显提升，形成 10 个万亿级产业和 10 个千亿级新兴产业集群，新型基础设施建设走在全国前列。重点领域关键环节改革持续深化，市场主体更加充满活力。城镇化水平和质量显著提升，常住人口城镇化率突破60%，郑州国家中心城市、洛阳副中心城市建设取得重大进展，都市圈引领带动作用充分显现，中原城市群综合竞争力明显增强。”

针对以上目标，中原城市群发展的总体思路应该是：坚持高质量发展理念，实施中心城市带动战略，强化创新驱动力量，优化城市体系结构，促进新型城镇化、新型工业化、农业现代化、信息化、绿色化、科技化等协调发展，加快人口市民进程，促进城市群网络化、一体化，放大城市群整体优势，增强竞争力、辐射力和发展活力，将中原城市群建成全省对外开放、东引西进的主要平台，形成中西部地区经济发展的重要增长极，带动中原崛起，促进中部崛起，支撑黄河流域生态保护与高质量发展，持续抓好“一带一路”建设带来新机遇。

（二）核心内容

1. 总体思路

从全国城市体系的空间布局和区域经济发展的宏观角度看，在中西部地区，中原城市群是以郑州为圆心、半径500平方千米区域内规模最大、人口最密集、经济实力较强、交通区位优势突出的城市群。中原城市群与东部沿海地区长三角、珠三角、京津冀三大城市群及其他城市群相互呼应，是我国中部地区承接国外和沿海发达地区产业梯度转移、西部资源输出的枢纽和核心区域之一，更是河南省参与国内外竞争、促进中原崛起、辐射带动中西部地区发展的重要增长极。中原城市群的整合发展对于实现上述战略构想具有深远的现实意义。

从2016年《中原城市群发展规划》可知，其要实现经济发展新增长极、重要的先进制造业和现代服务业基地、中西部地区创新创业先行区、内陆地区双向开放新高地、绿色生态发展示范区五个战略目标。

中原城市群要贯彻总体发展思路，实现上述五大战略目标，就必须走整合发展之路，因此城市群整合的实质是，通过政府的宏观调控、市场的运作机制，以及区域内各地域单元的共同努力，形成区域内部地区间合理的互补与协调，实现区域内部生产要素的合理、有序流动和各种资源要素的合理、高效配置，实现区域内部经济社会结构的优化，实现区域内部功能组织的合理化，实现与区域外部的对接、互动与良性竞争，从而实现城市群整体实力的提升，最终实现城市群的可持续发展。可以说，整合的理念、思路、途径和举措等都与城市群的发展目标、发展思路、建设任务密切相关，整合发展是城市群发展唯一正确的道路，“整合”是中原城市群健康发展的重大课题。

2. 具体内容

根据城市群高质量发展包括的城市、经济、社会、生态等方面的任务要求，结合《中原城市群发展规划》的具体实施路径，本章提出城市群整合应重点涵盖的七个方面。

(1)城市竞争力整合

城市竞争力是城市参与全球经济一体化、中国城市群战略布局的核心支撑，对推动中原地区的高质量发展具有重要的现实意义，因为城市、城市群竞争力直接影响了其经济发展的现代化进程和外向化支撑，一方面城市的现代化加速了城市的国际化进程，使城市之间的相互依赖性逐步增强，另一方面城市区域化也使国家之间的竞争向区域之间、城市群之间、城市之间的竞争转化。城市群的优势与劣势、互补与互动、分工与合作、繁兴与衰落等无不与城市竞争力紧密相连。同时，伴随城市间的竞争与协作，城市群凭借着巨大的发展空间，在国家财富增长中发挥着战略平台的作用，其协调发展日益受到重视。强化城市群内部城市之间的相互协作，完善合作竞争机制，从而在提升各城市竞争力的同时促进城市群协调发展，进而提升城市群的整体竞争力。从目前态势看，我国区域之间的合作与竞争突出地表现为各城市群城市层面的合作与竞争，城市的竞争力提升转变为以城市群为支撑的地域竞争力支撑。因此，加强中原城市群城市竞争力的整合研究，既有助于正确认识和评价该城市群城市的现状和潜力，制定恰当的竞争与合作战略，实现城市之间的优势互补和良性竞争，又有助于城市群整体参与国内外的竞争与合作。

(2)城市体系整合

城市体系是在一定地区范围内，不同等级、规模、职能的城市依托现代化交通网络组成的一个相互制约、相互依存的统一体，其作为“骨架”支撑了城市群发展的现代化方向。中原城市群与三大国家城市群的差距，除了根本的历史、经济因素外，其城市体系结构和功能上的差距是重要原因之一，而城市体系功能差距是其结构差距产生的必然结果。城市体系内部结构不合理，缺乏合理的城市分工，城市性质、功能大体相似，城市职能同构性强而互补性差，相互联系不够紧密，尚未形成有序化、网络化城市体系结构，必然导致中原城市群地区整体功能降低，发展相对缓慢。因此，需要对该区域城市体系进行整合，调整和完善该区域城市体系高层面的等级层次结构和低层面的城市体系内部结构，逐渐缩小中原城市群地区城市体系在规模、职能、功能等方面与其他城市群的差距，以实现城市群的总体推进，最终形成等级优化、类型完备、职能明确、功能互补的区域城市体系结构，促进中原城市群地区的整合发展，进而带动整个河南乃至中部地区的经济和社会发展。

(3)产业整合

主导产业的选择和长久导向、支柱产业的支撑和高质量发展，是影响产业结构升级、经济高效发展的长久大计，因此基于产业整合视角分析城市群经济高质量发展问题，对促进城市群的现代化建设有着重大的意义。当前，我国城市群发展进程中的产业整合不完善现象比较突出。例如，随着城市群经济的发展，地区经济中竞争内耗问题和发展的外部性问题不仅没有减少反而增多了；城市群内部各城市强化其行政职能，各自为政，出现了内部重复投资和产业结构趋同，通过行政壁垒排斥外地产品和服务，造成不平等竞争；城市群内部各城市定位不明确，城市主导职能划分不清，导致城市之间的联系不强；城市群内部的港口、航空港、铁路场站建设等基础设施建设缺乏整体意识，城市群内部基础设施布局不协调，导致了不同地区之间争夺客货源的恶性竞争和基础设施的巨大浪费等。这种缺乏整合的状况导致了城市群的整体功能“1+1<2”和资源的大量损耗以及整体实力的大打折扣，城市群内部的低效博弈大大阻碍了我国城市群整体实力和竞争力的提升。产业整合不完善在中原城市群内部也有不同程度的存在，正因为此中原城市群经济实力较弱，从而影响了中原城市群在区域经济发展中应该发挥的作用，和它在区域经济发展所处的地位也不相称。因此，必须进行中原城市群的产业整合，优化中原城市群的产业结构，提升中原城市群经济实力，使其能够担负起其在区域经济发展中的重任。

（4）基础设施整合

基础设施是城市群资源传递、市场传导、经济联系、社会交流、文化传承、科技协作、生态共建的地域“硬件”支撑和流动的“经脉”支撑，因此促进区域基础设施的一体化建设和城乡联动，促进公共服务设施的等级完善和共建共享对促进城市群整合具有重要的现代化保障作用。而在中原城市群的建设中，依然存在现代化交通串联不畅、各类交通方式组合欠佳、经济发展的“先行官”依然带动不强等问题。除了交通设施的对接、串联、体系建设之外，公共服务设施在部分欠发达地区、乡镇地区“缺胳膊少腿”，体系建设不健全，配套跟不上，影响着地区经济尤其是乡镇经济的振兴和贫困地区脱贫后的长远发展。此外，在自然、人为造成的灾害面前，基础设施的区域协作、应急设施的快速反应也成为保障城市现代化建设的重要因素，因为灾害同样考验着城市群的韧性和抗压能力。因此，加强中原城市群内外网络的一体化、促进基础设施的高质量建设、提升公共服务设施的供给和服务能力，是促进城市群一体化、现代化、共享化的关键和核心。

（5）空间整合

城市群地区的城市空间布局结构是城市在区域空间上的投影，也是区域自然、经济社会条件空间分异的表现形式。从我国城市群的空间格局来看，城市群发展不可能是空间均衡发展的，城市群空间整合是我国城镇化过程中必须解决的重大战略问题。通过城市群空间整合，将城市群空间发展的潜在优势转化为竞争优势，引导城市群在空间上的协调有序发展，无疑具有十分重要的理论和实践价值。城市群空间整合一般是从空间的视角来考虑城市群发展的战略性问题，在空间发展现状进行研究的基础上，分析空间发展的潜力及其局限性，明确提出空间未来的发展趋势和总体构架并进行整合。中原城市群空间整合的方向是：优先放手发展若干特大、超大城市，以此为主导，带动区域内大中小城市和小城镇的发展，形成若干以特大、超大城市为核心，以大中城市为重点，以小城市和小城镇为基础，以广大农村为腹地，协调联动发展的城市群区。

(6)生态环境整合

在已有的城市群建设中，发展的目标往往集中于工程结构、经济过程及社会功效，而忽视生态资产的流失和生态服务功能的退化，造成了一系列资源环境问题，影响了城市群的可持续发展。在绿色发展理念得到重视之后，生态文明建设成为千秋大计，影响着经济、社会、科技等方面的运转效率和持续发展，使得“五位一体”“五大理念”“生态优先、绿色发展”成为新时代经济发展的新要求。由于中原城市群地处传统农区，经济社会发展主要靠制造业的“财力”支撑和工业化的加速推进，加之城镇化推进需要大量基础社会建设，所以对地区生态环境造成了一些损害，甚至产生了一定的牺牲，因此在资源约束下、生态保护下的经济高质量发展之路成为城市群可持续发展的必然选择。此外，在经济总量快速增长、基础设施大规模建设的状况下，处理不好密集的人类活动、快速的结构性增长和高物耗、高污染严重的产业发展对城乡生态环境的胁迫效应，会成为中原城市群地区健康、可持续发展的一个主要限制性因素。因此，走新型工业化道路，坚持发展循环经济，对城乡生态环境进行科学整合，探索实现经济社会与生态环境整体协调发展的现代化之路，是中原城市群亟待解决的重要任务。

(7)发展的支撑平台整合

城市群是一个包含自然、经济、社会、历史、科技、信息技术等各种因素组成的开放的复杂巨系统。区域内部不同个体之间、不同或相同等级的地域单元之间，由于政治因素、经济利益、历史渊源、文化传统等方面存在着不同层次、不同等级的矛盾，城市群的协调发展和可持续发展问题已成为人们关注的焦点。另外，由于城市群是一个多种发展成分、多个地域单元组成的城市—区域综合体，城市群内部的交通、能源、物流、信息等基础设施很难有组织地发挥整体效应，基础设施落后往往成为城市群发展的瓶颈。可以说，区域协调机制和基础设施共同组成了城市群整合的“支撑平台”。在中原城市群的未来发展中，如果不对发展的协调机制和基础设施进行建设、布局进行整合，不对城市竞争力、城市体系、经济、空间、生态环境等进行整合就无从谈起，城市群的组建将是一个漫长甚至是失败的过程。同时，一切发展都是以土地为基础进行的，土地整合是发展的客观要求，所以支撑平台的建设，必须考虑以上三方面的内容。

三、整合组织

(一) 基本理念

《中原城市群发展规划》指出，要“遵循城市群发展规律，推动空间结构升级，强化关键要素驱动支撑，以重点突破带动城市群加快发展，增强中原城市群整体竞争力辐射力影响力”。这表明，在建设中原城市群的宏大战略中，中原城市群承担着极其重要的任务。若要完成使命，中原城市群必须走深度整合发展之路。即以国家经济增长极为目标，内聚核心带动力，构建核心增长极——郑州大都市区；外联区域承载力，构建区域支撑体系——中原城市群现代城镇体系；提升整体竞争力，构建核心增长极、核心增长板块、城镇体系紧密层。“一极一板块一支撑层”是中原城市群深度整合的高度概括。

1. 内聚组织

所谓内聚，是指以城市群的核心城市为主体，激活核心带动力，营造现代大都市区，以非均衡发展作先导，构建能够带动城市群快速发展的“核心增长极”。中原城市群的发展需要激活核心带动力，把郑州建设成为国家中心城市。围绕郑州建设大都市区，营造现代化都市圈，增强郑州的城市竞争力，进而打造城市群的核心增长极，这是中原城市群内聚的战略重点。要在短时期内增强郑州的综合实力，必须选择距离较近、有合作基础的城市，走一体化发展道路。郑州向东、向南、向北、向西北，从空间距离、历史渊源、产业构成、空间走势、行政区划等多角度看，都与周边城市有诸多契合之处，可以说，以郑汴、郑许、郑新、郑焦一体化发展具备国内少有的天时、地利、人和的优良基础，对打造现代化都市区提供了很好的近域地缘支撑。正如《中原城市群发展规划》发展路径的第一条就是，核心带动，推进大都市区国际化发展。把支持郑州建设国家中心城市作为提升城市群竞争力的首要突破口，强化郑州对外开放门户功能，提升综合交通枢纽和现代物流中心功能，集聚高端产业，完善综合服务，推动与周边毗邻城市融合发展，形成带动周边、辐射全国、连通国际的核心区域。

2. 外联组织

所谓外联，是指以全省城镇和区域为载体，集合区域承载力，营造现代城镇体系，以相对均衡发展为目标，构建能够承载城市群健康发展的“区域支撑体系”。河南省最早提出的城镇体系有“一点三圈”模式，2009年河南省人民政府明确了“一极两圈三层”中心带动战略，后来又提出了“一极三圈八轴带”“一核四轴四区”等的现代城镇体系框架，是中原城市群一个完整的区域支撑体系。在现代城镇体系架构下，中原城市群将逐步形成国家区域中心城市、省内区域中心城市、地方性中心城市、小城镇、乡村居民点协调发展，城镇体系结构完善、功能互补，全省合力奋进、共同繁荣的健康发展局面。正如《中原城市群发展规划》中的发展目标所述，形成布局合理、功能完善、大中小城市和小城镇协调发展的现代城镇体系。

3. 提升组织

所谓提升，是指以城市群的所有城市为对象，提高整体竞争力，营造城镇体系紧密层，以非均衡发展与相对均衡发展为目标，构建能够引领城市群发展的区域支撑体系和协作平台。当前中原城市群与周边四省联动，需要加强交通体系一体化、城镇体系协同、共享机制共建、创新平台搭建等区域支撑体系，也需要形成区域创新发展的新机制，支撑五省的联动发展，因此，基于区域一体化、区际联合发展、系统整体发展的理念，需要加强对外联系通道建设，策动核心层、紧密层、辐射层、支撑层逐层互动，形成具有强大竞争力的开放型城市群。因此，探索省际边界中心城市的快速发展，促进与毗邻地区优势互补、协调互动、融合发展，形成区际联动机制，有利于实现中原城市群的核心区、主体区与合作区的深度整合。

（二）整合的内容框架

根据上述中原城市群整合推进的理论框架，后面几个章节按照内聚、外联、提升三个维度进行深入分析。首先，在内聚维度，一是分析以郑州为核心的现代化都市区建设路径，二是对郑汴洛核心区的组织进行深入剖析，从两个方面的推进路径分析支撑中原城市群核心区建设。其次，在外联维度，通过四方联动、五大发展、六化协调、七大支撑、八大轴带支撑中原城市群的现代化城镇体系建设，并提出空间组织的优化方案。最后，在提升维度，从主体区建设、分区划分、功能组织等方面进行论证，以深入分析内部板块之间的关系，从而助推圈层之间的联动和区域支撑体系的完善。

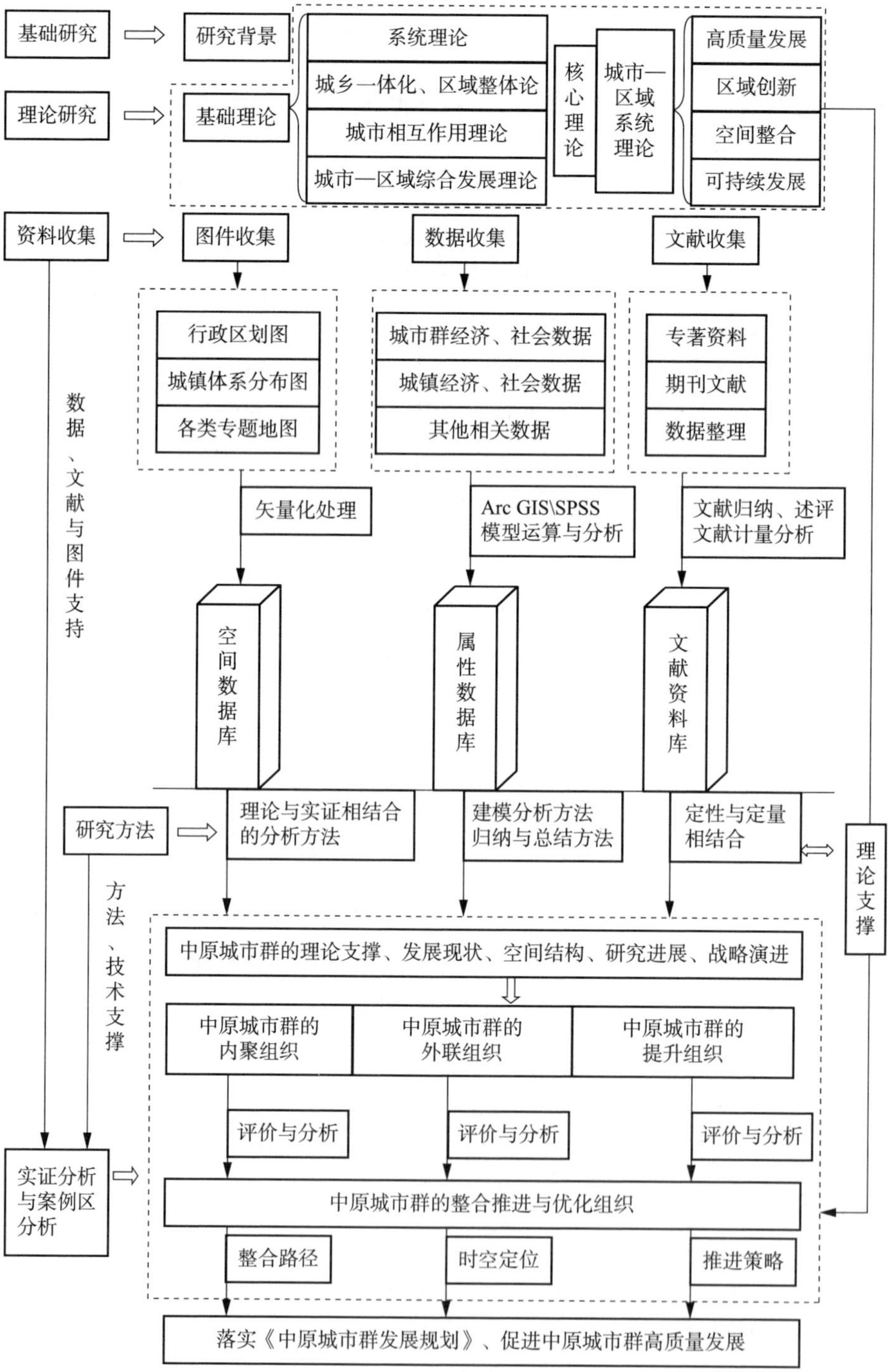

图 7-2　中原城市群整合推进的理论框架支撑

第八章　中原城市群的一核成长与规划建设

都市区(圈)既是支撑城市群发展的核心空间载体，也是提升国家中心城市核心竞争力的重要城市—区域系统。郑州作为中原地区的核心城市，其都市区(圈)建设伴随着区域政策、区域战略的变化也发生了很大的内核变化，在新型城镇化背景下亟须进一步谋划与整合，从而支撑中原城市群整体实力提升和郑州国家中心城市建设。基于此，本章一方面在梳理都市区(圈)相关概念的基础上，明确了都市区界定的相关标准，解析了中原地区都市区(圈)研究的理论脉络与学术关注点变化；另一方面，结合中原地区都市区(圈)建设的区域政策、时空进程、规划建设，剖析了中原地区都市区(圈)建设的现状特征与存在问题。在上述两个方面分析的基础上，又结合现代化都市区(圈)建设的未来趋势，提出了中原地区都市区(圈)建设应提升郑州国家中心城市的核心竞争力，强化核心城市、核心区域的辐射带动力，提升都市区(圈)一体化的区域支撑力，缩小内部城镇、乡镇发展的内在差异，构建一体化的都市区(圈)现代城乡体系等政策建议。

一、都市区(圈)建设的时代意义

20世纪90年代，在以郑州单核、郑汴核心增长极、郑洛双核等为增长极的中心带动战略引领下，中原地区的城市—区域战略走过了不同发展阶段。21世纪以来，以现代化都市区(圈)为核心支撑的城市群建设成为国家新型城镇化的主要形态和核心空间载体，对促进国家经济增长、支撑区域协调发展、融入国际竞争等起到重要的支撑作用。与此同时，国家中心城市处于全球城市体系金字塔结构的中间地带，也需要现代都市区(圈)的建设支撑其竞争力的提升和位置的稳固。伴随着中原城市群成为国家第七个规划建设的城市群、郑州市成为第八个规划建设的国家中心城市，中原地区的都市区(圈)规划建设成为不可逆转的时代潮流，也成为支撑中原城市群、郑州国家中心城市建设的不二选择。然而，从现实状况看，除了在北京、上海、广州等地区形成大都市区具有全球性和国际化影响，中西部以重庆、武汉、郑州、西安为都市区中心市的建设并没有突出的现代化效应。从发展实力来看，郑州与北京、上海、广州等国家中心城市的发展实力水平相比存在较大差距，以郑州为核心的中原城市群与京津冀、长三角、珠三角城市群，甚至是成渝、长江中游城市群也都有较大的差距。在这样的现实背景下，基于中原地区都市区(圈)建设的理论分析和实践剖析，明晰中原地区都市区建设(圈)的目标，找出制约其发展的问题与短板，对支撑中原地区的城市现代化建设具有重要的现实意义。进一步讲，提升以郑州为核心的都市区建设质量，优化都市区(圈)内部的城乡体系与空间组合，实现中原城市群的高质量发展，对中原地区的"更加出彩"建设和中原儿女的河南振兴"梦"实现也具有重要的现实意义。基于此，本章一方面在厘清都市区内涵的基础上，注重中原地区都市区(圈)建设的理论研究挖掘；另一方面，基于中原地区都市区(圈)建设的实践，有针对性地根据现状问题"对症下药"，提出未来中原地区都市区(圈)建设的具体路径。

二、都市区(圈)相关概念与界定标准

(一)相关概念

1. 都市区(圈)与大都市区

"都市区(圈)"一词是一个外来词，源于英文 Metropolitan Area。该词最早是由美国在 1910 年提出，1949 年美国进行标准化国情普查将其命名为标准都市区(圈)(SMA)，1959 年改为标准都市统计区(SMSA)，1980 年以后又改名为都市统计区(MSA)(许学强、周一星、宁越敏，2009)。由于都市区(圈)在国外应用的比较广泛且相对统一，所以它普遍被认为是一个大城市人口核心以及与其有着密切社会经济联系的、具有一体化倾向的邻接地域的组合(一般以县为基本单位，包括中心县和外围县)，是城镇化发展到较高时期产生的城市空间组织形式(洪世键，黄晓芬，2007)。由于"都市区(圈)"英文单词的前缀"metro"带有大城市、大都市的含义，所以中国政府部门相关管理者、学者和规划者经常将"都市区(圈)"叫作"大都市区"。可以说，从概念本质讲，都市区(圈)和大都市区是一致的。但从中国文化讲，大都市区更符合中国语境且体现出"大"的区域战略构想。

2. 都市带与大都市带

"都市带"一词同样来自国外，是"都市区"的延伸、延展概念，主要指都市区首尾相连、融为一体而形成的巨大城市地域复合体，其内部都市区之间、城乡之间在经济、社会、文化等各个方面存在着密切的交互作用(谢守红，

2006）。该词最早是1957年由法国学者戈特曼研究美国东北部大西洋沿岸的城市密集区提出的，后广泛应用于世界各地的超级大都市区、带状连绵都市区研究（许学强、周一星、宁越敏，2009）。“都市带”的英文原词为Megalopolis，其前缀“mega”较“metro”更具有大型、巨型的含义，因此在中国语境下“大都市带”更受中国学者和相关政府管理者青睐。都市带或者说大都市带的地域组织具有多核心、交通走廊、密集的交互作用、规模特别庞大、国家的核心区域等特点，因此戈特曼围绕上述特点界定了当时的六个世界性大都市带：美国波士华（东北部）都市带、美国芝匹兹（美国大湖沿岸）都市带、日本太平洋沿岸都市带、英格兰大都市带、西北欧大都市带、中国长三角都市带（许学强、周一星、宁越敏，2009）。除此之外，他还预测了未来在巴西、意大利、美国和墨西哥边界区也会形成三个大都市带，现在看来也基本上成了现实。在戈特曼之后，麦吉、杜克西亚迪斯等结合自己的研究和研究区的现实情况提出了“Desakota Area”“Ecumenopolis”等概念，也反映出了大型、巨型的地域特色，因此“大都市带”较“都市带”更具有该地域系统的实质表征。

3. 都市连绵区

“都市连绵区”的概念由周一星研究中国城市功能地域问题最早提出，以明晰具有中国特色的都市区连绵组织形式。也就是说，都市连绵区与戈特曼提出的大都市带是一致的。周一星认为其是以都市区为统计单元的，以若干个大城市为核心并与周边地区保持强烈的交互作用和密切的经济社会联系，沿一条或多条交通走廊分布而形成的巨型一体化地区（史育龙、周一星，2009）。他认为都市区形成具有以下五个条件（许学强、周一星、宁越敏，2009）：一是具备两个或者两个以上人口规模超过百万的特大城市作为发展极；二是有对外口岸；三是发展极和口岸之间有便利的交通干线作为发展走廊；四是交通走廊及其两侧人口稠密，有较多的中小城市；五是整个地域经济发达且城乡之间具有密切的经济联系。在上述五个条件的基础上，周一星进一步界定了都市连绵区的具体五项指标，给出了具体的定量标准，为研究中国都市连绵的地域特征提供了基本支撑。

4. 都市圈

都市圈是日本规划界在美国“都市区”概念基础上，结合自身城市特点而形成的一个概念。从中国文字表达看，都市圈与都市区相伴而生，是都市区在空间上进一步交织而形成的功能圈。但从中国规划建设的实践看，都市圈在地域空间规划的组织形式不一，尺度范围与都市区也有很大差异（张伟，

2003；许学强、周一星、宁越敏，2009）。在中国具体区域的规划应用时，都市圈不仅可以指代某一城市的综合经济影响区（与都市区的概念有一定的类似），也可以指代几个都市区的联合（与大都市带的概念类似），还可以指代中国特色的大型经济区（超过大都市带的范围），因此都市圈的概念存在混用，概念的实质内涵也不统一。与此同时，都市圈也含有生活圈、交通圈、势力圈等含义，因此其使用范围非常广且学术内涵不断泛化。2014 年 3 月，《国家新型城镇化规划（2014—2020 年）》出台，提出要培育形成通勤高效、一体发展的都市圈，为我国新型城镇化的推进提供了重要支撑作用。2019 年 2 月，《国家发展改革委关于培育发展现代化都市圈的指导意见》（发改规划〔2019〕328 号）的出台，认为都市圈是城市群内部以超大特大城市或辐射带动功能强的大城市为中心、以 1 小时通勤圈为基本范围的城镇化空间形态；同时指出通过现代都市圈的培育，增强区域竞争新优势，为城市群高质量发展、经济转型升级提供重要支撑。同期，清华大学中国新型城镇化研究院发布《2018 年中国都市圈发展报告》，指出都市圈是一个或多个中心城市为核心，以发达的联系通道为依托，吸引及辐射周边城市和区域，是城市地域空间形态演化的高级形式，也是大城市发展一定阶段所出现的一种空间现象；同时指出都市圈是城市群的核心，也是推进城市群健康高质量发展的核心抓手。上述国家文件和发展报告的出台，为厘清中国都市圈研究提供了官方和学术支撑（尹稚、袁昕、卢庆强等，2018）。

5. 城市群

中国城市群的概念最早由姚士谋提出，在我国政府文件和学术界得到了广泛的应用，成为引领新时代中国新型城镇化建设的重要载体（姚士谋，1992）。一般认为，城市群是在特定的地域范围内，借助于现代化的交通工具和综合运输网络的通达性，以及高度发达的信息化网络，以一个或两个超大城市为核心并引领区域内不同性质、规模、等级的城市、城镇形成一个经济社会联系密切、强烈交互作用城市“集合体”（姚士谋、周春山、王德等，2016）。城市群的概念与都市区的概念相差甚远，空间尺度也更大，但由于中国学者多数将其英文翻译为“Urban Agglomeration”，使得两者的概念又产生了千丝万缕的联系。这是因为，“Urban Agglomeration”在国外的理解是都市区范围的城镇集聚体，所以两者的概念出现了“国内两者差异大”“国外两者捋不清”的局面。关于该问题，陈彦光进行了详细的论证和批判，以期纠正翻译的误区并进行了科学的梳理，具体可参见《城市集聚体、城市群和城镇体系》一文（陈彦光、姜世国，2017）。值得一提的是，宁越敏认为中国都市区、都市连绵区的概念没有严格的界定，而城市群是在都市连绵区基础上形成的，基于此他提出了“先界定都市区后判断城市群”的城市群界定方法（宁越敏，2011）：一个大城市群拥有较高的城市化水平，至少有两个人口百万以上大都市区作为发展极，或至少拥有一个人口在200万以上的大都市区；沿着一条或多条交通走廊，连通周边有着密切社会、经济联系的城市和区域，相互连接形成的巨型城市化区域。

（二）界定标准

1. 国外标准

由于都市区概念最早来源于美国，所以有必要了解其起始标准，即两个标准（王国霞、蔡建明，2008；许学强、周一星、宁越敏，2009）：一是每一个都市区至少包括一个5万人以上的中心县（市）或者包括一个至少5万人的城市化地区，并满足都市区的总人口至少10万人。二是中心县至少有50%以上的人口居住在城市化地区，且外围县必须满足某些都市区特点（人口密度、城镇化率、非农劳动力比重）以及与中心县之间保持密切的社会经济联系（通勤指标）。在上述界定基础上，美国都市区标准经过多次调整，2003年“基于核心的都市统计区”标准发布，将核心统计区的人口规模分为大都市统计区和小都市统计区。在此基础上，地域上邻近且双向通勤率或“就业交换指数”之和达到15%的若干个大都市统计区和（或）小都市统计区可以构成一个联合统计区。其他发达国家借鉴美国的标准，出台了符合本国国情的都市区界定标准，这里不再赘述。不难发现，都市区的界定主要包括两方面的内容：一是中心县（市）人口规模下限的界定，例如美国2010年核心基础统计区的人口下限只有1万人；而人口密度较大的日本的下限为50万人。二是外围县的界定，最初在外围县的界定中采用通勤率指标和非农劳动力比重两项指标。随着美国城市化指标的提升，通勤流成为划分外围县的唯一指标，并且这一指标的门槛值不断上升，2010年达到25%。其他国家的通勤标准界定也存在不同，如法国将向城市中心通勤率超过40%的地区构成一个通勤带，城市中心和外围通勤带共同构成一个都市区（王德、顾家焕、晏龙旭，2018）。

2. 中国标准

在中国，都市区概念界定以周一星最具早期的代表性，其划分标准主要包括三个方面的内容（许学强、周一星、宁越敏，2009）：一是由中心县（市）和外围非农化水平高、与中心县（市）保持密切的经济社会联系的外围县组成。

二是中心县(市)应为具有实体地域的地级市市区支撑，其非农业人口不低于20万。三是都市区中心县(市)以外的区域以县、县级市为基本单元，且需要满足五个条件：其一，县(县级市)的GDP的非农产业部分比重应不低于75%；其二，县(县级市)中从事非农经济活动的劳动力比重应不低于60%；其三，县(县级市)应与中心市直接毗邻或者与都市区管辖的县(县级市)毗邻；其四，当中心县(市)为小规模郊区城市时，中心县(市)的非农业产业GDP比重应不低于75%，非农劳动力比重应不低于60%；当中心县(市)为大规模郊区城市时，整个市区的非农业产业GDP比重应不低于75%，非农劳动力比重应不低于60%。其五，如果一个县(县级市)能同时划为两个都市区，应根据行政区划原则确定归属；若根据行政原则明显不合理，这个县(县级市)可以采用联系强度原则进行归属确定。由于中国地级市市区人口密度大且中心县(市)与外围区域的非农指标存在测度局限性，宁越敏根据"五普"城乡划分口径和数据，提出了中国都市区的简单划定标准(宁越敏，2011)：一是全部人口为城镇人口的市区为中心市，人口下限为50万人；二是城镇化率大于60%的区县作为都市区的外围县。由于通勤联系测度较难且缺乏统一的标准，所以基于通勤联系的测度较少。例如，2018年10月，王德基于收集信令收据，基于通勤联系和消费联系视角，以上海都市区为研究区域，分析了该区域的都市区构成情况(王德、顾家焕、晏龙旭，2018)。总之，中国都市区的界定缺乏明确的官方界定，亟须出台文件明确核心标准。

三、中原地区都市区(圈)建设的理论脉络与学术关注

(一)理论脉络

中原地区的都市区(圈)是以核心城市郑州为中心县(市)展开的，因而要了解中原地区的都市区(圈)建设的理论研究，必须以郑州都市区(圈)为研究主题进行理论溯源。作为中原地区的核心城市，郑州与周边的一体化发展是都市区形成的基本支撑，因此很多学者围绕郑州地区的核心带动作用进行研究。具有代表性的，20世纪80年代王发曾提出"一点三圈"的区域发展构想，即以郑州市区为发展的增长极"点"，以郑州为中心的核心城市圈(空间范围类似与郑州大都市规划的范围)为第一个圈，以郑州为中心的中间城市圈(类似于传统的中原城市群九市范围)为第二个圈，以郑州为中心的周边城市群(类似于中原城市群发展规划的空间范围)为第三个圈(王发曾、袁中金、陈太政，1992)。上述的第一个核心发展圈，就是基于核心地区的城镇体系组织、城乡密切关联提出的，具有很强的先见性和战略眼光。后两个圈的规划建设也基

本上符合当前的中原城市群、中原经济区建设的空间结构，为中原地区的协同发展提供了支撑。此外，最早关于郑州都市区建设的文献始于 2001 年庞玉平、张秋娟的《郑州大都市区城市化的特征分析》，虽然该文献没有摘要和参考文献，但理论分析力度很强。他们基于城市化和非农人口视角，将郑州大都市区界定为郑州市域范围，具体包括四个部分（庞玉平、张秋娟，2011）：中心区（基本上是三环以内区域，面积 124 平方千米）、城市边缘区（城市边缘组团和未包括在组团内的乡镇，面积 886 平方千米）、边缘组团区（花园口组团、莆田组团、小李庄组团和须水组团）、近郊区县（包括上街、荥阳、新密、新郑和中牟）、远郊县（巩义和登封）。同时，他们根据郑州大都市区存在"中心城市功能不强，辐射作用不显著""城市腹地经济总体水平较低、自下而上的城市化动力不足"等问题，提出强化中心城市实力、完善都市区城镇体系建设、建立一体化区域经济和管理体制等措施。2003 年冯德显等学者发表《中原城市群一体化发展战略构想》提出构建"一心两圈三轴"的城市网络格局（冯德显、贾晶、杨延哲等，2003），即以郑州为增长中心，以郑州为中心涵盖巩义、温县、武陟、桥北、中牟、新郑、登封七个卫星城镇的区域为大郑州都市圈，以郑州为中心，涵盖洛阳、焦作、新乡、开封、许昌、漯河、平顶山、济源八市的区域为中原城市群紧密联系圈，以陇海、南太行、许平漯为三大发展轴。该提法与王发曾的"一点三圈"有类似之处，但其明确提出大郑州都市圈的范围主要包括郑州市区及其紧密联系的外围卫星城市，也明确提出加快大郑州都市圈建设是当前中原城市群建设的首要任务，在战略推进上更具长远性。2004—2010 年无明确主题的郑州都市区的相关研究。2011 年郑州都市区研究开始"井喷"，达到 27 篇，这主要得益于郑州都市区规划战略的酝酿和前期研究。《郑州都市区规划（2012—2030）》出台之后，2012—2014 年的学术研究持续跟进，文献数量保持在 20 篇左右，涉及战略、交通、产业等诸多方面主题。2015 年之后研究文献有所减少，每年数量在 10 篇以内，学术研究的热度下降很多。其间，王发曾提出"科学谋划大郑州都市区建设""城市群整合的归宿：大都市地区"等学术观点，系统梳理了郑州都市区建设的理论视角（王发曾，2014）。近期，河南省提出以郑州为中心的"1+8"都市圈建设，使得现代化都市圈的研究又进入了一个新的阶段。

（二）学术关注

基于中国知网提供的文献计量分析功能，从学术关注度、学术传播度和用户下载量三个维度透视郑州都市区的学术关注变化。从学术关注度看，整体曲线呈现"平缓—急增—波动下降"的特点，这与理论脉络中文献数量变化特点类似，体现出其研究与政策、规划出台密切相关的特征。由于近期的学术关注度依然不高且有下降趋势，反映出学者潜心研究郑州都市区战略、内部规律演化等方面的“初心”不足，需要进一步强化相关方面的理论支撑与实践引导。从学术传播度看，整体曲线呈现较平稳的上升趋势，体现出虽然学者研究产出的文献不高，但对该领域的研究关注度不断增强，这或许与2015年之后《中原城市群发展规划》、《郑州大都市空间规划》的出台有密切关系。从用户下载量看，整体曲线呈现“凸”型，反映出2008年前后用户下载量大的特点。由于该曲线中国知网仅提供到2011年，而后期的曲线虽有上升趋势但不是非常明显，因此长期的趋势有待中国知网进一步统计方可以印证。总之，郑州都市区的学术关注度的“阶段性”“节点性”明显，持续的关注性有待进一步提升。

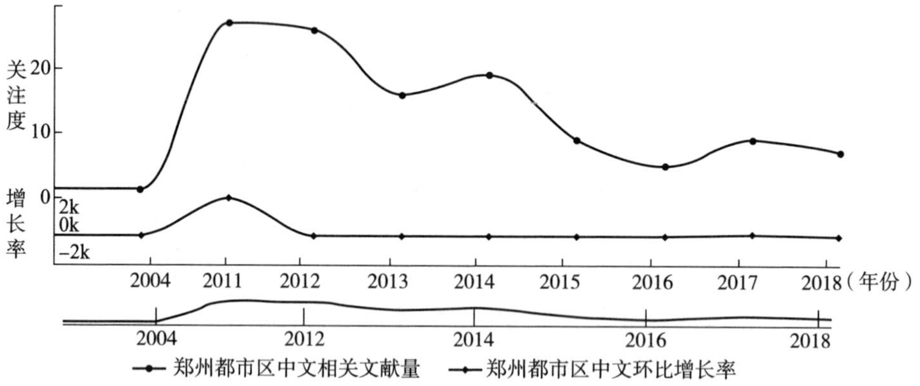

图 8-1　基于中国知网文献计量分析的郑州都市区学术关注度变化趋势

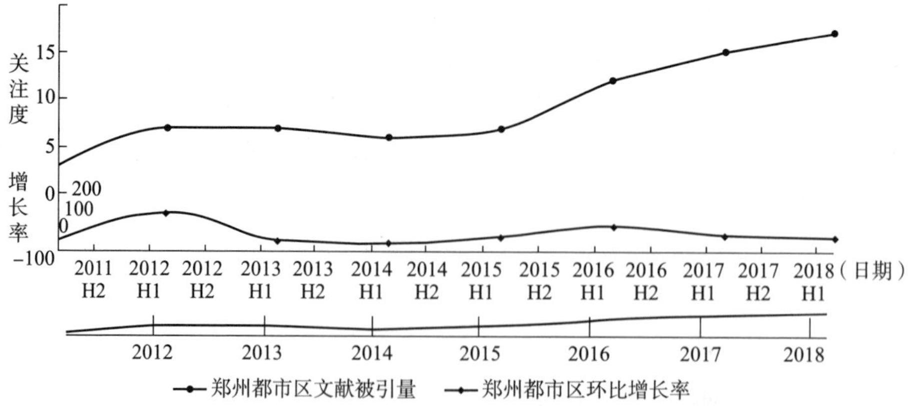

图 8-2　基于中国知网文献计量分析的郑州都市区学术传播度变化趋势

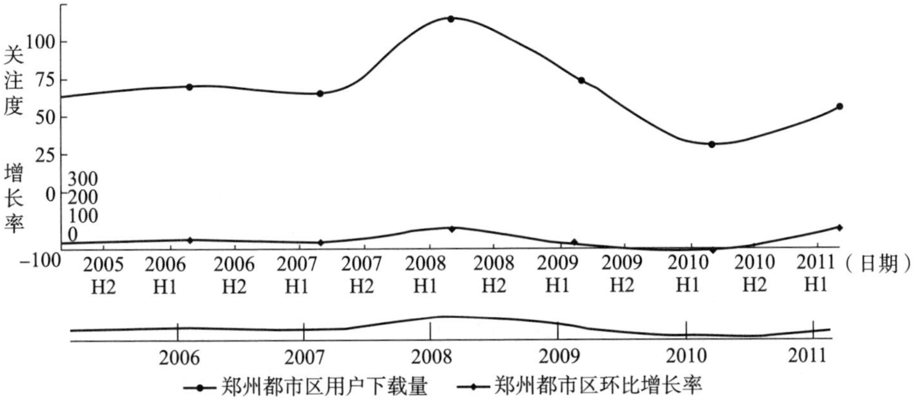

图 8-3　基于中国知网文献计量分析的郑州都市区用户下载量变化趋势

四、中原地区都市区（圈）建设的时空演进与现状特征

（一）发展历程

1. 缘起与萌生

如理论脉络所述，中原地区的都市区建设发端于郑州市区与周边的密切互动，因此最早关于郑州都市区的建设起源于中原地区核心增长极的打造和城镇体系空间格局优化。20 世纪 80 年代，河南省委、省政府就提出要强化省会城市的辐射带动作用，以提升郑州市的核心竞争力和辐射带动力。20 世纪 90 年代，在中原城市群战略逐渐纳入河南省政府文件的背景下，郑州市地区的都市化进程逐渐被提上日程。其中 1995 年中共河南省第六次党代会提出，要加快以郑州为中心的中原城市群大发展步伐，使之成为亚欧大陆桥上的一个经济密集区，在河南省振兴发展中发挥辐射带动作用（王发曾、刘静玉、徐晓霞等，2007）。21 世纪以来，郑州市的核心力量进一步壮大，与周边城市的互动联系进一步增强，都市区的提法就出现在了一些规划和政府文件之中，如《郑汴产业带总体规划》、《郑开大道沿线地区总体规划》，在各类新闻媒体报道中也纷纷闪现。2006 年河南省委、省政府提出大力推进郑汴一体化建设，加之《中原城市群总体发展规划纲要（2006—2020）》提出加快郑州都市圈的规划建设，使得郑汴市区及中间地带的联系不断加强，郑州都市区、郑汴都市区的提法自此之后不断增多。2009 年时任河南省省长郭庚茂提出“一极两圈三层”的战略构想，郑汴核心增长极的提法开始出现，郑汴都市区的建设也应运而生。

2. 推进与联动

2011 年《国务院关于支持河南省加快建设中原经济区的指导意见》明确提出，支持郑汴新区加快发展，建设内陆开发开放高地，推进教育、医疗、信息资源共享，实现电信、金融同城，加快郑汴一体化进程。2012 年《中原经济区规划(2012—2020 年)》中进一步提出建设以郑州大都市区为核心、中原城市群为支撑、涵盖河南全省延及周边地区的中原经济区。与此同时，郑州市政府为了规划建设郑州地区的都市区，编制了《郑州都市区总体规划(2012—2030 年)》，成为中原地区都市区建设的引领文件，有力地推动了郑州地区的都市化进程。2015 年河南省第十次党代会、2016 年《中原城市群发展规划》，河南省“十三五”发展规划、2017 年《河南省建设中原城市群实施方案》等都提出建设现代化郑州大都市区，并提出以郑州都市区为核心、“米”字形城镇产业发展轴带为支撑的空间结构，以提升中原城市群一体化发展水平和整体竞争力。2018 年 12 月河南省委常委会审议通过《郑州大都市区空间规划(2018—2035)》，明确了郑州大都市区的空间范围和未来发展重点，促进了郑州与外围开封、许昌、焦作、新乡的联动发展，开启了以郑州为核心的跨市都市区建设新征程。

3. 规划与建设

伴随着《郑州大都市区空间规划(2018—2035)》的出台，河南省各界对郑州都市区建设的关注度不断提升，不仅河南省委、省政府在 2019 年“两会”上提出共筑“非常 4+1”的郑州大都市区蓝图，而且以河南省社会科学院为主导的社科研究单位共同举办了郑州大都市区一体化暨大郑北发展高层论坛，为郑州都市区的科学发展提供了政府决策、学术活力支撑。值得一提的是，虽然洛阳与郑州大都市区的互动不密切，但自 2018 年《洛阳市组织豫西北城市召开洛阳都市圈工作座谈会》出现在政府新闻和媒体新闻以来，洛阳市加快了都市圈建设的调研和论证，体现出积极建设都市区的战略构想。2019 年 7 月，中共河南省委、河南省人民政府印发了《建立更加有效的区域协调发展新机制实施方案》，提出在推进郑州大都市区建设同时，规划建设洛阳都市圈，使得洛阳都市圈建设提升到了一个新高度。2019 年 8 月，洛阳市自然资源和规划局主办召开“洛阳市都市圈与国际化城市研讨会”，各方城市地理、城市规划学者通过会议研讨的形式为洛阳都市圈建设进一步助力。

4. 乘风与助推

在郑州大都市区建设的酝酿、提出和规划出台期间，2016 年国家发展和改革委员会印发的《促进中部地区崛起“十三五”规划》、2017年印发的《关于支持郑州建设国家中心城市的指导意见》中均明确提出支持郑州市建设国家中心城市，标志着将郑州建设成国家中心城市上升到国家战略。2019年2月国家发展和改革委员会出台《关于培育发展现代化都市圈的指导意见》，从推进基础设施一体化、强化城市间产业分工协作、加快建设统一开放市场、推进公共服务共建共享、强化生态环境共保共治、率先实现城乡融合发展、构建都市圈一体化发展机制等七个方面提出了对加快培育发展现代化都市圈的指导意见。近期，河南省提出以郑州为中心的“1+8”都市圈建设，使得现代化都市圈的研究又进入了一个新的阶段。这些国家战略的出台，加之中原地区原有中原经济区、国家粮食生产核心区、郑州航空港经济综合实验区等诸多国家战略的“叠加”耦合，为郑州大都市的现代化建设注入了更加强劲的“内聚”动力。

（二）空间演变

1. *雏形与内核*

如理论脉络所述，由于20世纪八九十年代缺乏政府部门明确的都市区战略、规划，所以学者主要围绕都市区、都市圈的概念内涵进行郑州都市区空间的界定，如前文所述的《郑州大都市区城市化的特征分析》一文将其范围界定为郑州市域范围（庞玉平、张秋娟，2011）。进入21世纪的前几年，在圈层式中心带动战略的引领下，以郑州为中心的都市圈不断闪现，其空间范围虽没有明确的界线，但仍以郑州市域范围为主体。随着2006年《中原城市群总体发展规划纲要（2006—2020）》中圈层战略的规划和2009年河南省人民政府“一极两圈三层”的中心带动战略实施，大郑州都市区、郑汴核心增长极、郑汴都市区的提法出现，其空间范围包括“延及郑州周边地级市范围”“郑州市区、开封市区、郑汴产业带”“郑州市区、中牟县、开封市区”“郑汴全域范围”等大郑州都市区、郑汴类都市区，但因其官方支撑均不足，主要出现在相关学术研究之中（邬晓霞，2011；张丽君、秦耀辰、张金萍等，2012；王发曾、张改素、丁志伟，2014；王发曾、毛达，2016；丁志伟、唐永文，2017）。《郑州都市区总体规划（2012—2030年）》出台之后，郑州都市区的规划范围明确为郑州市域，规划空间结构为“一主、一城、三区、四组团，一带、两翼、三轴”，规划城镇体系为“一主、一城、三区、四组团、26个新市镇、若干新型农村社区”的新型城镇体系，致力于打造承载千万级人口规模的都市区空间载体。

2. *五星联动*

2010年以来，郑州与周边地区的一体化进程加快，郑汴一体化、郑许一体化、郑新一体化、郑焦一体化的现代化建设融入态势明显，因此基于“郑汴焦新许”的都市区范围被部分学者提出，认为郑州大都市区的范围应包括上述五市的全部范围。2019 年《郑州大都市区空间规划(2018—2035 年)》出台之后，郑州与周边开封、新乡、焦作、许昌的融合发展的现代化都市区范围进一步被理清：包括郑州市域、开封市区、新乡、焦作、许昌四市中心城区和巩义市、武陟县、原阳县、新乡县、尉氏县、长葛市、平原城乡一体化示范区(见图 8-4)，郑州大都市区的国土总面积约 1.59 万平方千米，占河南省国土面积的 9.6%。该规划开篇明确指出大都市区是城市化发展到较高阶段的城市空间组织形态，是支撑带动城市群发展的核心增长极，是引领区域融入全球网络、在更高层次上参与全球分工合作的主要载体，因此郑州大都市区成为中原地区核心增长极的“升级版”，也成为支撑郑州国家中心城市建设、中原城市群建设的核心增长极和核心空间载体。

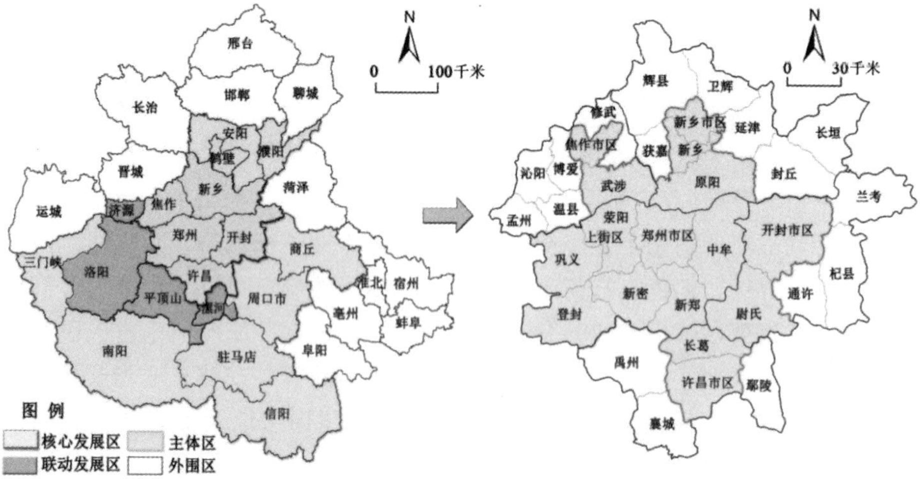

图 8-4　郑州大都市区在中原城市群的定位及其空间组成

3. 外联扩展

然而，上述的郑州都市区范围多是政府部门划定或者政府文件引申而来，基于学术内涵的界定不足。笔者按照都市区对中心县(市)、核心城镇、周边县(市)等指标要求，参考河南省关于郑州大都市区、郑汴都市区的定位及相关研究成果，在博士学位论文《中原经济区“三化”协调的状态评价与优化组织》提出郑汴都市区的空间范围(丁志伟，2014)：一是近期范围。整体范围为郑州、开封管辖的行政区域；核心区域为郑汴一体化区域(郑州新区、郑州航空港经济综合实验区、开封新区、中牟县)；核心城镇组团包括荥阳—上街组团、新郑组团、新密组团、尉氏组团、通许组团；外围城镇组团包括巩义组团、登封组团、杞县组团、兰考组团。二是远期范围。整体空间范围为郑汴全域+许昌的禹州市+焦作的温县和武陟县+新乡的原阳县；核心区域为郑州市区+中牟县+新郑市+荥阳市+开封市辖区+开封县+尉氏县；核心城镇组团包括巩义组团、登封组团、兰考组团、新密组团；外围城镇组团包括禹州组团、温县组团、武陟组团、杞县组团、原阳组团。上述解读主要是根据都市区的概念内涵、非农化指标、城镇化指标、通勤指标划定的，远期范围与《郑州大都市区空间规划(2018—2035年)》有一定的相似性，体现出学术预期与规划实践的某种契合性。值得一提的是，王发曾基于都市区在中原地区的长远发展，提出了基于“点”状的2020年大郑州都市区范围(郑汴所管辖的行政范围)，为中原地区核心城市竞争力的提升提供“核心增长极”支撑；基于“线”“点+线”状的2030年郑州大都市带(郑汴洛所管辖的行政范围)、大郑州都市圈(郑汴洛新焦济许平漯所管辖的行政范围，即现代提出的郑州“1+8”都市圈)，为中原地区核心区域的融合发展提供“核心增长轴”“核心增长板块”支撑；基于“面”状的2040年大郑州都市连绵区或者说中原都市连绵区，为中原地区的振兴发展提供“核心增长区域”支撑，为“一带一路”建设提供强大的区域支撑(王发曾、毛达，2016)。

(三)现状特征

无论怎样，《郑州大都市区空间规划(2018—2035年)》的出台，为中原地区都市区的空间规划建设确定了实实在在的地域范围，因此下文以其规划的范围进行现状分析。截至2017年，郑州大都市区，包括5个市域单元，16个城镇，204个镇域单元(乡、镇、街道办及其他的一些镇级编制单位)。

1. 区域基本现状

郑州大都市区位于京广、陇海(徐兰)两条大动脉“十”字交叉中心，是中原城市群“米”字形综合交通规划的交叉中心，其交通区位优势明显，对发展壮大沿线城市综合实力，增强其聚集力和辐射带动力具有重要的作用。郑州大都市区位于中原城市群半小时交通圈内(见图8-5)，对促进大都市区内各城市的“一体化”发展有重要意义(王敏，2019)。大都市区内以“十”字形铁路为骨架，以国道、省道、高速公路为辅助形成全方位开放的综合交通网络，为未来城际轨道建设、公路设施规划建设，高可达性的主体通勤圈建设，辐射带动周边城镇发展等提供重要保障，对都市区道路网络化、区域一体化发展有重要推动作用。根据《2018年河南统计年鉴》，2017年末郑州大都市区年末总人口为1841.82万人，占河南省年末总人口的16.97%；GDP为13178.86

亿元，占河南省的 29.58%；城镇人口 1224.18 万人，常住人口城镇化率为 67.13%，比河南省城镇化率 50.16%高出 16.97 个百分点；三次产业结构为 3.05∶44.94∶52.00，河南省的三次产业结构为 9.29∶47.37∶43.34（王敏，2019）。由此可以看出，郑州大都市区汇聚了全省约 17%的人口却占全省近 30%的经济总量，是河南省人口高度集聚、经济实力强劲、城镇化水平较高的城市—区域系统。

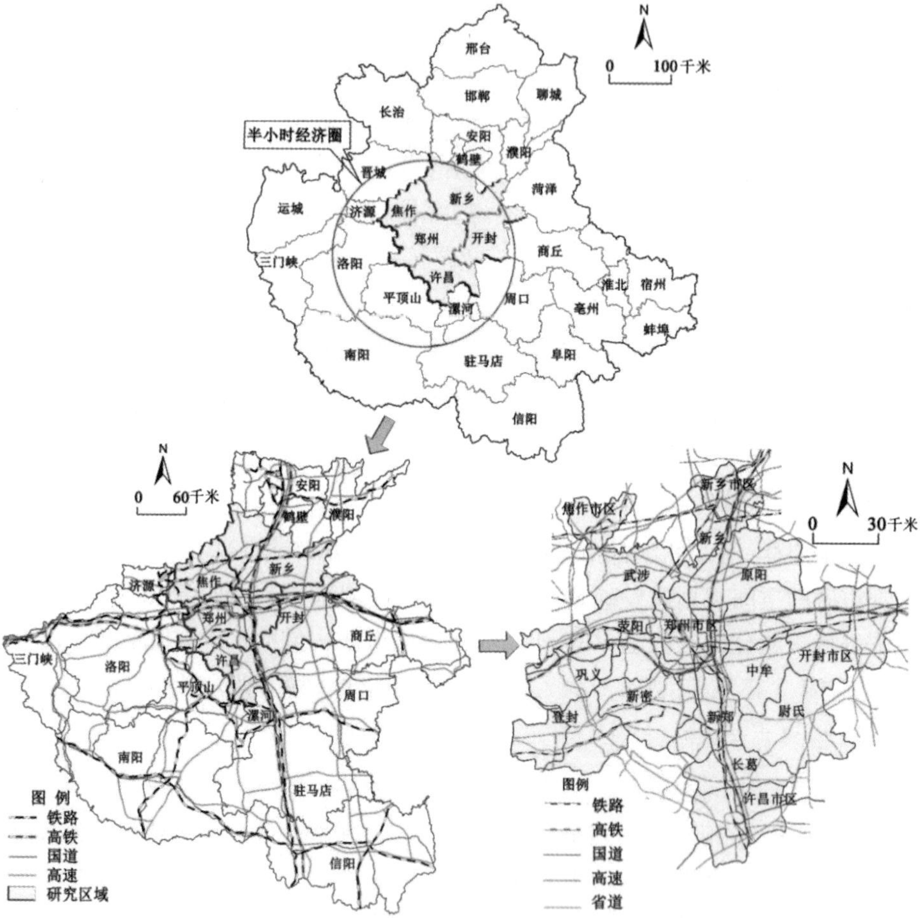

图 8-5　郑州大都市区的交通区位及其内部交通网络

2. 发展特征与问题剖析

第一，作为国家中心城市建设的核心城市竞争力不强。郑州成为国家建设的中心城市以来，关于其竞争力、发展实力、未来潜力的论证时有出现，充分显示出郑州建设过程中面临的压力和挑战。一般而言，国家中心城市处于中国城镇体系的最高一层，具有很强的集聚力、很强的辐射扩散力、高效的基础设施运转能力、很强的科技创新能力、较强的国际竞争力和较强的可持续发展能力。核心城市郑州虽然具有建设国家中心城市的“地利”优势，但其产业发展的国际化水平、高新技术产业发展水平、金融国际化水平等“精”“尖”水平不高，成为建设国家中心城市的“短板”，因此郑州市亟须进一步优化产业结构、建设现代产业体系、提升国际竞争力。《2017 国家中心城市发展报告》对确立建设的 8 个国家中心城市进行综合评价与排名，郑州市位居末席（第 8 名），体现出其综合竞争力不强的客观事实。2019 年上半年国内城市 GDP 排名中，郑州市虽然入围 20 强且经济增速保持在 7.9%，但其排名处于 20 强的倒数第四位（第 16 名），落后于苏州、青岛、无锡等非省会城市且济南撤县设区后的追赶优势明显，因此提升经济实力的核心任务任重而道远。

第二，核心城市对中原地区的辐射引领作用有待进一步提升。郑州市作为中原地区的核心城市，理应担负起河南振兴、中原崛起的重任，然而由于综合实力不够强和中原地区“核心—外围”式的城市布局，其辐射带动范围远不能涵盖全区。根据中原地区核心城市、核心区域的扩展断裂点模型计算发现，核心城市郑州的辐射范围仅限于河南省的大部分（见图 8-6），未辐射至南阳的外围区域、信阳的大部分区域，未辐射至皖北、皖西北的局部地区，未辐射至晋东南地区的局部区域，也未辐射至山东菏泽、河北邯郸的大部分区域，这与中原城市群、中原经济区的规划范围相比逊色很多（丁志伟，2014）。同样，以核心区域（中原城市群传统九市）的辐射看，与核心城市的辐射范围类似，也远未影响至中原城市群、中原经济区的周边地区（图 8-7）。因此，作为中原地区的核心城市和河南省的省会城市，其城镇中心强度、板块带动能力均须大幅的提升（丁志伟，2014）。

第三，都市区界定的“三项”指标有待大幅提升。由于中原地区核心城市郑州市区的城镇人口达到 400 万以上，加之郑州附近县市的人口密度大，所以按照周一星、宁越敏关于中国都市区的界定标准，除去通勤联系指标，可主要从外围县城镇化率大于 60%、非农产业比重大于 75%、非农劳动力比重（第二、三产业从业比重）大于 60%作为三项基本指标进行都市区标准核定。由表 8-1 可知，几乎有一半的县市城镇化率不足 60%，个别县的城镇化率偏低，例如原阳县、尉氏县仅有 33.66%、36.9%，因此外围县市提升城镇化水平的压力依然很大。从非农产业比重的看，所有的外围县市均达标，体现出产业结构逐渐高级化的特征。虽然其非农劳动力比重绝大多数都达标（原阳县、尉氏县除外），但其与相应的非农产值结构差异很大，体现出产业结构偏

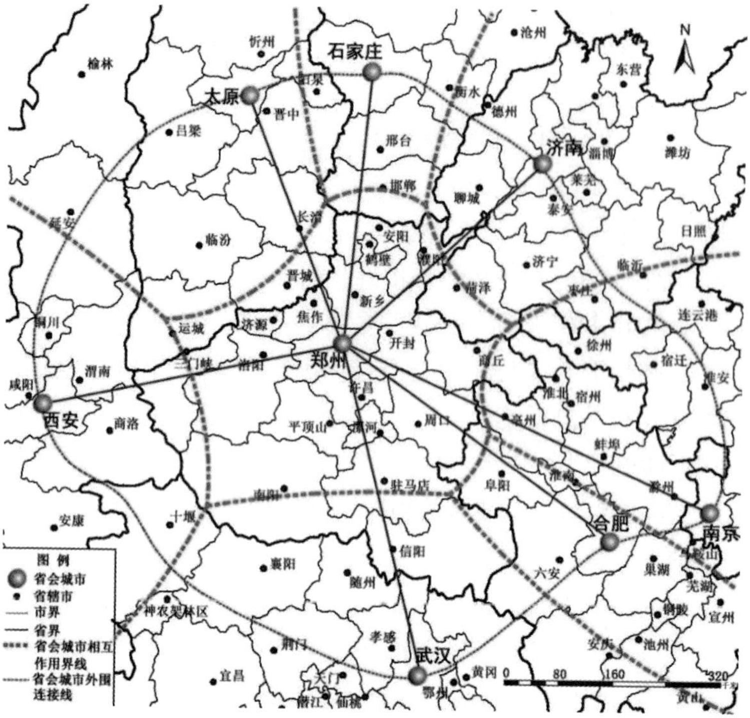

图 8-6　郑州市的空间综合影响区

离度大、人口市民化进程不快等现实问题。在这种局面下，“居住城市而难以落户”“城镇公共服务难以完全享受”“就业压力大”等人口都市化的“烦恼”时常出现，加上城市边缘区的城乡融入问题，整个都市区内部结构的稳定性需要进一步提升。因此，加快外围县市的都市化进程，使其核心指标逐渐达标，成为都市区建设又一核心问题。

表 8-1　2017 年郑州大都市区内部城镇的主要指标

名称	总人口（万人）	非农业人口（万人）	城镇化率（%）	非农劳动力比重（%）	非农产值比重（%）
郑州市辖区	482. 19	430. 77	89. 34	97. 22	99. 77
中牟县	113. 44	58. 19	51. 30	60. 82	95. 36
巩义市	83. 27	46. 71	56. 10	74. 71	98. 42
荥阳市	62. 67	34. 74	55. 43	82. 70	95. 73
新密市	80. 97	46. 76	57. 75	82. 74	97. 13
新郑市	94. 81	55. 10	58. 12	81. 65	97. 96
登封市	70. 71	39. 18	55. 41	69. 81	97. 17

续表

名称	总人口（万人）	非农业人口（万人）	城镇化率（%）	非农劳动力比重（%）	非农产值比重（%）
开封市辖区	162.89	106.05	65.11	72.63	90.17
尉氏县	85.61	31.59	36.90	42.12	86.19
新乡市辖区	116.29	106.58	91.65	86.93	99.07
新乡县	34.59	18.66	53.94	90.89	95.15
原阳县	65.20	21.95	33.66	47.21	81.72
平原城乡一体化示范区	26.00	20.00	76.92	——	——
焦作市辖区	103.31	80.29	77.72	88.68	98.77
武陟县	66.39	28.10	42.33	58.12	89.92
许昌市辖区	130.44	82.05	62.90	67.87	96.80
长葛市	69.36	37.44	53.98	78.59	96.05

第四，都市区内部的城镇、乡镇综合实力差异大。基于城镇中心性、乡镇中心性的概念内涵，从规模、经济、基础设施、社会生活、生态环境等方面构建指标体系对郑州都市区内部城镇、乡镇的综合实力进行评价，见图8-7、图8-8（王敏，2019）。除开封外的各地级市市区、巩义、新郑等综合实力较强，处于第一、第二等级。第三、第四、第五等级的城镇数量多且主要分布在外围地区，空间集聚的特征明显。除上述特点之外，北部外围地区的城镇实力明显偏低，形成北部的低值集中区。结合排名和现实情况可以发现，低等级的城镇要么内部结构不合理、规模较小，要么经济水平不高、基础设施不完善，要么社会生活保障低、生态环境较差等。由图8-9可知，各等级乡镇不仅数量差距大，而且等级层次结构不尽合理，将城镇一级综合实力的空间差异特征进一步扩大。从空间分布看，高等级乡镇主要分布郑州市区西侧、西南侧、南侧的荥阳市、巩义市、新密市、新郑市管辖范围，低等级乡镇主要分布在整个都市区的南部、东部、西北部、东北部且形成明显的低值集聚片区，体现出明显的差异化空间格局。

第五，都市区的内聚与外联水平均须进一步提升。城市—区域系统内在活力的提升与外在影响力的扩展与其内聚、外联水平密切相关，因此都市区的建设要不断强化其内在聚合力和外在融合力。都市区内部的城镇之间、城乡之间虽然存在较为紧密的经济社会联系，但由于其内在交通的一体化建设、城镇组团的构建、城乡一体的基础设施等都还处于规划建设、统筹安排阶段，所以郑州市区（中心市）与其周边县市的一体化存在明显的差异，尤其是其与黄河以北地区的融合、对接乏力，这从侧面印证黄河以北城镇实力不强、低

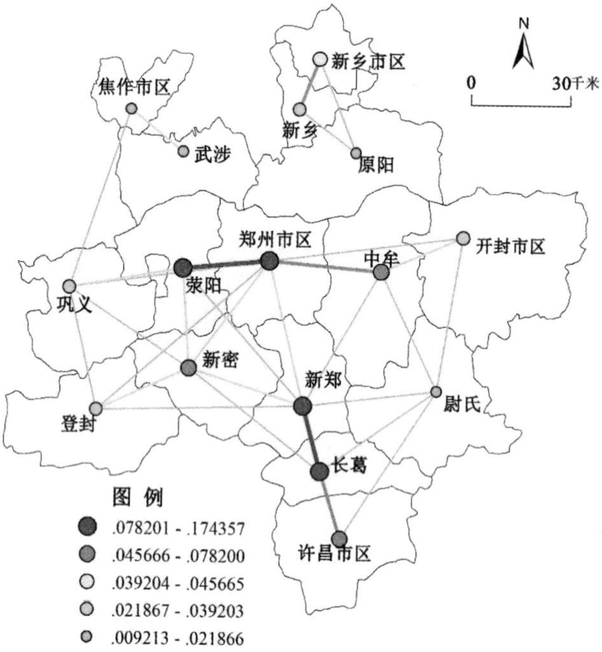

图 8-7 郑州都市区内部城镇的中心性强度

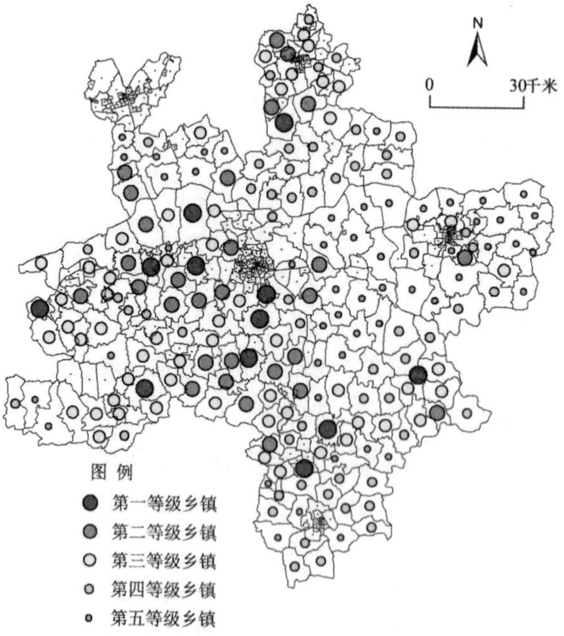

图 8-8 郑州都市区内部乡镇的中心性强度

值乡镇分布等特点。从都市区外围县、外围乡镇与其周边地区的互动、融合状态看，它们之间处于低强度、低效率的耦合交织，外围的“底部”支撑力不强且缺乏新动力支撑。这是因为，外围区之外的城镇与外围县(市)的经济社会发展水平普遍不强且缺乏突出的增长极点，所以外联通道的畅通、基础环境的支撑、对接力量均须进一步增强。

五、中原地区都市区(圈)建设的规划引领与未来重点

(一)规划引领

郑州市及其周边县市的规划繁多，存在着规划目标不一致、局部内容冲突、使用底图精度参差不齐、个别规划“空有其表”等问题，因此要促使郑州大都市区建设范围内各类规划的精准落地难度极大。为了统筹如郑州各类规划的衔接问题，2019 年中共中央、国务院出台了《关于建立国土空间规划体系并监督实施的若干意见》，为统筹区域可持续发展提供了空间蓝图支撑，也为各类国土空间开发保护建设提供基本依据。《郑州大都市区空间规划(2018—2035 年)》的出台，虽然基于各市县人口聚集、经济发展、交通区位、地形地貌、地质状况、土地资源、水资源、生态、灾害等指标进行了郑州大都市区国土空间开发适宜性评价，但具体的落地依然需要底层县市、乡镇的具体国土空间规划落实。因此，要切实发挥规划的引领作用，落实国土空间规划在总体规划、详细规划和专项规划的具体内容，形成“一张蓝图绘到底”的都市区建设模式。如《郑州大都市区空间规划(2018—2035 年)》所述，营造山清水秀的生态空间，打造集约高效的生产空间，塑造依据适度的生活空间，培育多元活力的创新空间，构建具有持续竞争力的空间格局，将郑州大都市区建设成为具有全球影响力的国际化大都市。

(二)未来重点

1. 提升郑州国家中心城市的核心竞争力

作为“国家队”的成员，郑州虽然在建设国家中心城市方面具有地理位置、交通枢纽的“地利”优势，但其诸多的国家中心城市核心功能的发挥却不尽如人意。如国家中心城市需要具备国家金融中心、跨国公司总部集聚中心、国家贸易中心、国家科技研发中心、国际文化交流中心等五大功能，同时兼备国家政治权力中心、国家制造业中心、国家物流中心、国家交通枢纽中心、国家人才集聚中心等其中的一项或者几项功能。如前文所述，郑州在科技研发、国际贸易、跨国金融等方面明显存在“短板”，因此，郑州在加强自身经

济实力的同时，一定要注重高科技产业、金融总部经济、跨国贸易等方面的实力提升，并且保持较为重要的政治文化影响力，使其对影响全球性、国家性经济发展的决策具有一定的影响，站稳国家中心城市建设的“脚跟”支撑。

2. 强化核心城市、核心区域的辐射带动力

要增强核心城市对区域辐射引领力，要扩大区域增长板块对外围的影响力，就必须提升郑州自身的综合实力和内外竞争力，因此，郑州作为中原地区的核心城市，必须不断加快自身的各项建设，走出一条在资源环境受限情况下的新型城镇化、新型工业化、新型农业现代化、信息化、科技化、国际化、绿色化多维耦合的现代化建设之路，将其打造成中国中部地区的重要增长极、全国乃至全球重要节点城市，在中原地区的都市区建设中实现其“龙头”的“抬起”和“脊梁”的“托举”，形成新时代中国现代化都市区的核心区。具体而言，要做好以下几点：一是促进产业升级，提升自身综合竞争力。大力发展高成长性产业、高创新性产业、高国际化产业，实现都市区产业结构的不断升级和优质产业的高质量发展。二是推进市区各组团的有机融合。按照都市区中心县（市）内部产业定位明确、组团功能充分发挥的要求，推动“双城”联动发展，加快市区外围城镇和核心区的融合发展，促进各功能板块的集聚融合。三是加快郑州航空经济综合实验区建设。按照塑造大都市区的理念，依托郑州国内大型航空枢纽建设，通过促进对航空依赖性较强的高端制造业、现代服务业的加速集聚和人口的加快转移，打造中心县（市）南部的航空都市示范区。

3. 提升都市区一体化的区域支撑力

一是以交通一体化为先导，引领郑州大都市区基础设施建设一体化建设，以轨道交通尤其是高速铁路畅通内部交通网络和通勤联系，推动“四铁”联运和公路网脉贯通，实现内部“经脉”的顺畅。二是探索郑州大都市区内部各类交通管理的有机衔接和联网管理，推动中心县（市）与城市边缘区卫星城镇、外围县等轨道交通的有效衔接和便利换乘，满足都市圈通勤指标要求。三是逐渐建立协同发展的一体化管理机构，坚持全域一体化发展指导思想，推进区域产业、公共服务设施的一体化建设。四是从提升郑州大都市区整体竞争力出发的“全域”理念出发，协调处理好郑州市区竞争力提升与郑汴、郑许、郑新、郑焦一体化的融合度提升的关系，推进郑州市区与其管辖县市、外围县市的协调发展，以最终实现都市区内部城镇的功能互补和彼此协作。此外，在上述理念的支撑下，还要突出绿色化战略思维，科学布局“三生”空间，按照郑州大都市区空间规划的“一核、四轴、三带、多点”空间结构，持续提升

郑州大都市区的区域支撑力。

4. 缩小内部城镇、乡镇发展的内在差异

根据城镇、乡镇中心度评价的结果，结合郑州都市区内部城镇发展的客观现实，要特别注重中等级别以下城镇、乡镇实力的提升，以实现全部城镇经济社会发展实力的提升，进而达到优化不合理的等级体系和空间失衡格局的整合目的。在提升第三、第四、第五等级城镇发展的进程中，一要充实县市的各项功能，引导村镇经济发展壮大，进而引领乡村振兴；二要积极发展当地特色产业并形成优势产业链，提升自身综合实力，为现代城乡体系建设打下“过渡”支撑。在提升低级别乡镇中心度方面，一要培育新的增长极点（特色镇或者重点镇），促进其对周边实力较弱乡镇的辐射带动作用；二要积极发挥该级别乡镇政府的服务职能和能人带动作用，充分发挥当地“人—地—业”的聚合优势，积极引导和帮助当地村民创业、就业，引导能人返乡创业，培育和发展适合当地特色的产业，促进乡镇经济、政治、社会的全面发展，进而缩小其与较高等级乡镇的差距。

5. 构建一体化的都市区（圈）现代城乡体系

根据国家新型城镇化对城乡体系整合的要求，按照中原城市群—郑州大都市区（大郑州都市圈）—郑州国家中心城市—大中小城市、城镇协同发展—特色小镇（重点镇）—乡村振兴的城乡一体化战略支撑和全域空间组合链条，加快形成以郑州国家中心城市建设支撑郑州大都市建设，以郑州大都市建设支撑中原城市群建设，以中原城市群深度整合促进人口集聚格局的优化和产业集聚区的合理布局，以人口、产业的合理集聚带动特色小镇和乡村振兴，最终实现大中小城镇的现代化协同与城乡统筹发展，进而反馈于郑州国家中心城市建设。在上述理念的支撑下，按照郑州大都市城乡体系构筑的理念，优化城乡空间布局，促进大中小城市和小城镇协调发展、集约发展、联动发展，以郑州国家中心城市为核心、次级中心城市为支撑、功能节点城市（镇）为纽带、乡村地域为基础，构建生态空间开敞、城乡风貌各异，“一主、四副、多点”紧凑型、一体化城乡体系。

六、小结

在城市群成为国家新型城镇化建设核心空间载体和地域综合体的新时代背景下，培育和建设城市群已成为带动区域协调发展、优化国家增长板块的重要支撑。而在各区竞相提升城市群核心竞争力的当下，现代化都市区俨然已成为促进城市群核心城市辐射带动能力提升的重要力量。中原城市群作为国家第七个规划的城市群，《中原城市群发展规划》明确提出要加强郑州与周边毗邻城市的融合发展，提升其核心带动作用，推进大都市区国际化发展。《郑州大都市区空间规划(2018—2035年)》提出，未来伴随着郑州辐射带动能力和郑州大都市区一体水平的提升，其空间范围要在原有规划的基础上，逐步将开封市、新乡市、焦作市、许昌市所辖县市及汝州市、兰考县等河南省直管县市纳入进来。因此，提升郑州的综合辐射能力，加强其与周边毗邻城市的网络化、组团化、集约化联动，已成为未来建设的重要支撑。伴随着《国家发展改革委关于培育发展现代化都市圈的指导意见》的出台，以及近期国土空间规划的逐渐细化，郑州大都市建设正逐渐向“实干”落实，郑州大都市建设的美好蓝图也逐渐展现。然而，大都市区的建设需要多方力量共同参与，需要中原儿女的不懈奋斗，因此要警惕规划建设中的“目标偏离”“干劲不足”“执行不力”等“懈怠”问题，建立统一的规划建设管理机构和有效的监督机制，为中原地区的“更出彩”建设“保驾护航”！

第九章　中原城市群的双略引领与耦合效应

在城乡的现代化进程中，城镇化作为推进产业结构优化、促进城市高质量发展的重要力量，为人类追求美好质量、富裕生活提供了重要保障；乡村振兴作为促进农业生产力提升、农村社会改革、农民生活质量提升的重要方略，对促进农业农村现代化和实现农民富裕富足等方面具有重要的现实意义。一直以来，城镇化的基本特征都较多理解为以城市为核心，侧重于城市的规划建设和城市竞争力的提升。新型城镇化提出以来，其发展理念表现为构建现代城乡体系、注重城乡公共服务均等化、共筑城乡一体化新格局等思想，这正是城乡统筹发展的基本特征与内在要求。2014 年 3 月 16 日《国家新型城镇化规划(2014—2020 年)》正式发布，提出要努力走出一条以人为本、四化同步、优化布局、生态文明、文化传承的中国特色新型城镇化道路，推动城乡发展一体化，坚持工业反哺农业、城市支持农村和多予少取放活的方针、加大统筹城乡发展力度，增强农村发展活力，逐步缩小城乡差距，促进城镇化和新农村建设协调推进。2017 年 10 月 18 日，党的十九大报告中提出乡村振兴战略，指出农业农村农民问题是关系国计民生的根本性问题，必须始终把解决好“三农”问题作为全党工作的重中之重，实施乡村振兴战略。2018 年 5 月 31 日，中共中央政治局召开会议，审议《国家乡村振兴战略规划(2018—2022 年)》。实施乡村振兴战略，就是要在新时代背景下凸显乡村对城镇的支撑和基础保障作用，推进农业农村现代化，促进城乡融合发展，实现乡村的全面振兴，从而助推社会现代化强国建设。由此可知，践行社会主义现代化建设方略，推动新型城镇化建设，实施乡村振兴战略，加快推进新型城镇化与乡村振兴“双略”耦合协调，不仅是落实国家城乡统筹发展战略的现实需求，而且能更好地在乡村振兴的基础上充分发挥新型城镇化的引领带动作用。

一、双略引领与时代意义

（一）新型城镇化

城镇化主要概念内涵是在城乡发展的过程中，农村人口向城镇人口集聚和转化的过程，农村用地变化为城镇用地并产生集聚效应的过程。这两个过程就是我们经常说的实体城镇化，即Ⅰ型城镇化。当然，伴随着这个过程，经济发展方式、社会公共服务体系、基础设施建设、建筑与景观的变化、价值观与生活方式的改变等，也是城镇化带来的变化，被称为Ⅱ型城镇化，即抽象层面的城镇化。改革开放以来，为了缩小与发达国家城镇化的差距，我国走了一条重在“人口”集中、“土地”集聚的传统城镇化之路，在Ⅰ型城镇化方面取得巨大成就。然而，随着我国综合国力的持续提升，深层次的矛盾和问题不断浮现，人们开始不断反思城镇化进程中的问题，对走何种城镇化道路不断进行摸索创新（王发曾，2007；罗煜，2008）。推进“新型城镇化”的命题越发凸显，其实践在转变经济发展方式战略中的作用越发重要。正如很多学者认同的新型城镇化概念内涵所述，其强调的是以人为本的城镇化，倡导资源节约、环境友好的经济转型发展理念，注重城乡基础设施共建共享、城乡公共服务均等化的统筹发展方式，追求经济高效、科技引领、信息加速、生态支撑、低碳出行、宜居宜业、生活幸福等高质量发展目标。从深层次看，新型城镇化是建设社会主义现代化强国的必然路径，也是实现社会主义现代化强国的必然要求，因此必须从人口转变、土地扩展、经济转型、社会和谐、城乡统筹、生态宜居等多个维度强化其引领作用。关于新型城镇化的论证和解读，各行各业的专家都有不同的见解，关于其现代化建设意义也不一而足。《国家新型城镇化规划（2014—2020 年）》发布以来，给出了其更大层面的重大意义阐释，即城镇化是伴随工业化发展，非农产业在城镇集聚、农村人口向城镇集中的自然历史过程，是人类社会发展的客观趋势，是国家现代化的重要标志。按照建设中国特色社会主义五位一体总体布局，顺应发展规律，因势利导，趋利避害，积极稳妥扎实有序推进城镇化，对全面建成小康社会、加快社会主义现代化建设进程、实现中华民族伟大复兴的中国梦，具有重大现实意义和深远历史意义。也正如《国家新型城镇化规划（2014—2020 年）》进一步阐释道，城镇化是现代化的必由之路，是保持经济持续健康发展的强大引擎，是加快产业结构转型升级的重要抓手，是解决农业农村农民问题的重要途径，是推动区域协调发展的有力支撑，是促进社会全面进步的必然要求。

（二）乡村振兴

新型城镇化虽然强调了城乡统筹的发展理念和城乡一体化的发展目标，但其更多强调的是以“城”为核心的现代化发展方式。但在过去的 30 年建设中，中国走的是以重点地区、核心城市为带动的区域非均衡发展战略，即也在很大程度上牺牲了很多乡村的利益，以及在某种程度上削弱了乡村发展的力量。在农村出现“空心化”“乡村凋敝”“丢失乡愁”“386199 部队”①等现实问题的情况下，不仅中央一号文件重视“三农”问题，而且党中央、国务院开始重视乡村规划、建设与治理体系现代化问题，对新发展阶段优先发展农业农村、全面推进乡村振兴作出总体部署，即大力实施乡村振兴战略。党的十九大报告正式提出乡村战略并指出，农业农村农民问题是关系国计民生的根本性问题，必须始终把解决好“三农”问题作为全党工作的重中之重，实施乡村振兴战略。此后很多政府报告、意见、法规都出台了相应举措，大力保障乡村战略的实施。例如 2018 年 3 月，国务院总理李克强在《政府工作报告》中讲到，大力实施乡村振兴战略。2018 年 5 月，中共中央政治局召开会议，审议通过《国家乡村振兴战略规划(2018—2022 年)》。2018 年 9 月，中共中央、国务院印发了《国家乡村振兴战略规划(2018—2022 年)》，并发出通知，要求各地区各部门结合实际认真贯彻落实。2021 年 2 月《中共中央　国务院关于全面推进乡村振兴加快农业农村现代化的意见》，即中央一号文件发布，进一步明确乡村战略的现实意义和长远意义；2021 年 2 月，国家乡村振兴局正式挂牌；2021 年 3 月，中共中央、国务院发布了《关于实现巩固拓展脱贫攻坚成果同乡村振兴有效衔接的意见》，提出了扶贫攻坚与乡村振兴相结合的重点工作；2021 年 4 月，十三届全国人大常委会第二十八次会议表决通过《中华人民共和国乡村振兴促进法》；2021 年 5 月，司法部印发了《“乡村振兴　法治同行”活动方案》。国家和地方还出台了一系列文件、报告、意见、法规以保障政策落实，给乡村振兴战略带来更多实质性的落地支撑。诚然，乡村为城乡联动发展中的一方，是具有生产、生活、生态、文化等方面的系统耦合面，只有形成良性的城乡互动关系、地域综合体系统，才能实现城乡的共荣发展。正如《国家乡村振兴战略规划(2018—2022 年)》所述，实施乡村振兴战略，是解决新时代我国社会主要矛盾、实现“两个一百年”奋斗目标和中华民族伟大复兴中国梦的必然要求，具有重大现实意义和深远历史意义。也正如《国家乡村战略规划(2018—2022 年)》进一步阐释其意义道，实施乡村振兴战略是建设现代化经济体系的重要基础，是建设美丽中国的关键举措，是传承中华优秀传统文化的有效途径，是健全现代社会治理格局的固本之策，是实现全体人民共同富裕的必然选择。

(三)双略的耦合

新型城镇化作为引领社会主义现代化建设的先导力量，在促进国家中心

---

① 以妇女、儿童和老人为主体的庞大留守群体

城市、城市群、经济区建设方面取得了一系列重大的成绩，为促进经济发展、社会进步、居民幸福、环境改善等做出了重要贡献。此外，乡村处于城镇化拉动的一方和“附属”的地位，虽然在促进人口转变、土地集中和城镇体系建设的过程中，提升了乡村的生产力水平，但在“化”的过程中牺牲了太多乡村力量。因此，在新时代城乡联动、协调发展的系统发展理念下，提出乡村振兴战略，是实现城乡地域系统全面发展的客观要求，也是提升整体地域竞争力的现实诉求，可谓乡村兴则国家兴！推进新型城镇化和乡村振兴的耦合联动，既能发挥新型城镇化的引领前行作用，也能提升乡村振兴对区域竞争力提升的贡献力，从而通过“双略”联动实现整个功能地域的系统提升。在国土空间规划总领区域各类规划的新时期城乡规划建设中，通过“双略”的耦合驱动，优化“三生”空间的格局，促进“四化”同步发展，实现城镇、乡村各自功能优势发挥，最终以联动、协同的状态实现地域系统的高级化运转，实现城乡一体化的发展目标，从而助力社会主义现代化强国建设。

（四）双略的时代价值

中原城市群是中国中西部城乡耦合发展的典型区域，其新型城镇化、乡村振兴一直是区域发展的核心主题。一是在重视中原城市群新型城镇化建设的过程中，通过提升核心增长极实力、组建郑州大都市区、促进郑州与周边城市的一体化发展、构建现代城乡体系等，促进了核心城市竞争力的提升与区域带动作用的不断增强。二是在推进新型工业化的进程中，通过构建现代产业体系，加快产业集聚建设，推进商务中心区和特色商业街区建设，优化产业空间布局等，不断向先进制造业强省、现代服务业强省迈进。三是在“两不”“三新”的现代化建设中，更加重视乡村振兴建设，粮食生产能力与保障作用不断增强，农业现代化进程不断加快。由于农业农村的发展滞后始终是影响“三化”协调发展的一个“短板”，所以河南要振兴，农业农村要振兴。在新时代的背景下，进一步解放农村的生产力，提升农业现代化的支撑力，实现乡村振兴战略与新型城镇化战略的“双轮”驱动，从而进一步推进中原城市群的“三化”协调、“四化”同步、“五化”协调与城乡统筹发展。

同时，作为中原城市群的主体区，河南省是人口大省、粮食和农业生产大省、新兴工业大省，是中国经济社会发展的“缩影区”，因此解决好新型城镇化和乡村振兴之间的协调发展问题具有典型性和代表性。实施促进中部地区崛起战略以来，河南省经济社会发展取得巨大成就，进入了新型城镇化、新型工业化加速推进的新阶段，既面临着跨越发展的重大机遇，也面临着粮食增产难度大、经济结构不合理、城镇化进程滞后、公共服务水平低等问题的挑战。河南省新型城镇化和乡村振兴的协调推进，是巩固提升农业基础地位，保障国家粮食安全的需要；是实现产业振兴、人才振兴、文化振兴、生态振兴、组织振兴等全面振兴的基础；是破除城乡二元结构，加快新型工业化、城镇化进程，以及为全国同类地区创造经验的需要；是加快河南发展，建设社会主义现代化强国经济社会目标的需要；是带动中部地区崛起，促进区域协调发展的需要。因此，加强对河南省、中原城市群新型城镇化和乡村振兴的耦合协调问题研究，对实现河南省的振兴发展以及中原崛起具有重大深远的时代意义。

二、双略的耦合评价

（一）评价理念

根据协调的概念内涵，本章认为新型城镇化、乡村振兴的耦合协调内涵是指在一定的地域范围内，两者自身的发展水平不断提升，两者之间的联系日益密切，两者之间的相互依赖作用日益加深，两者在发展上关联互动和正向促进，两者均持续发展且差异趋于缩小的过程。根据其内涵诠释，以有利于观察和定量分析，提出如下三个维度的评价维度：一是发展水平提升。从发展目标看，新型城镇化、乡村振兴耦合协调发展需要各自方面的增长且产生协同效应。因此，新型城镇化、乡村振兴的耦合协调发展的基础是两者自身实力的提升以及共同发展水平的提升。二是差异不断缩小。适度的发展差异能产生良好的带动或促进效应，而差异过大则会导致两者的竞争乃至对立，不利于系统整体的协调。因此，新型城镇化、乡村振兴发展水平的差异趋于缩小是实现两者协调发展的客观要求。三是互动逐渐增强。新型城镇化、乡村振兴耦合协调发展的基础是两者之间存在相互促进的内在关联，两者彼此联系的程度越强，在发展过程中越发的“共荣共衰”。

（二）指标体系

根据对新型城镇化、新型工业化和乡村振兴概念本质的解读，从指标体系构建的针对性、科学性、层次性、可比性出发，构建新型城镇化、新型工业化和乡村振兴耦合协调发展评价的分层指标体系。

新型城镇化是当前社会主义现代化建设的一大战略，不仅包括城镇人口比重增加和城镇用地面积的扩张，还应逐步实现产业支撑、社会保障、生态环境、生活方式等方面由“乡”到“城”的转变。关于新型城镇化，根据上述内容，本研究认为新型城镇化包括城乡统筹、生活质量、生态环境、经济发展和人口城镇化五个方面。通过城乡统筹、生活质量反映新型城镇化的社会和谐状态；通过生态环境反映环境友好发展状况；通过经济发展反映新型城镇化的经济高效状况；通过人口城镇化指标反映新型城镇化基本“体量”变化。具体指标见表9-1。

表9-1 新型城镇化水平的指标体系

目标层	准则层	指标层	指标性质
新型城镇化	城乡统筹	城镇居民可支配收入	+
		城乡恩格尔系数比	+
		农民人均纯收入	+
		城乡消费支出比	+
		城乡收入比	+
	生活质量	人均道路面积	+
		人均建设固定资产投资	+
		科教预算支出比	+
		每万人医院床位数	+
		每万人公共汽车拥有量	+
	生态环境	建成区绿化覆盖率	+
		人均公园绿地面积	+
		污水处理率	+
		一般工业固体废物综合利用率	+
	经济发展	人均 GDP	+
		人均固定投资	+
		工业增加值指数	+
		第三产业占 GDP 比重	+
		财政总收入	+
	人口城镇化	城镇化率	+
		城镇人口登记失业率	+
		第二、三产业就业人口比重	+
		非农人口占总人口比重	+
		建成区面积/总面积	+

资料来源：《河南统计年鉴2008—2019》、《山西统计年鉴2008—2019》、《山东统计年鉴2008—2019》、《安徽统计年鉴2008—2019》、《河北经济年鉴2008—2019》、《中国城市统计年鉴2008—2019》、2008—2019各市统计年鉴。

同新型城镇化一样，一个地区乡村振兴水平是区域内各种要素交互作用的结果，它也是由多种要素组合形成的指标体系，因此适合用熵权灰色关联模型进行定量分析与状态评价。参考已有研究成果，结合本文对乡村振兴概念内涵本质的理解，根据指标体系选取的主导性、可比性、可获取性、综合性、独立性和导向性，构建乡村振兴评价的分层指标体系(表 9-2)。具体而言，通过第一产业从业人员比重、人均农业机械动力、人均农业增加值、人均耕地面积、单位面积粮食产量等指标反映农业整体发展水平；通过农用塑料薄膜量、农用柴油使用量、农药使用量、农用化肥折纯量等指标来反映农村生态环境的状况；通过农村居民家庭人均消费支出、农村人均交通和通信支出、农村人均用电量、农民恩格尔系数、农村人均教育文娱消费支出来反映农村居民生活水平。

表 9-2　乡村振兴评价的分层指标体系

乡村振兴	农业发展	第一产业从业人员比重	+
		人均农业机械动力	+
		人均农业增加值	+
		人均耕地面积	+
		单位面积粮食产量	+
	生态环境	农用塑料薄膜量	−
		农用柴油使用量	−
		农药使用量	−
		农用化肥折纯量	−
	居民生活	农村居民家庭人均消费支出	+
		农村人均交通和通信支出	+
		农村人均用电量	+
		农民恩格尔系数	−
		农村人均教育文娱消费支出	+

资料来源：《河南统计年鉴 2008—2019》、《山西统计年鉴 2008—2019》、《山东统计年鉴 2008—2019》、《安徽统计年鉴 2008—2019》、《河北经济年鉴 2008—2019》、《中国城市统计年鉴 2008—2019》、2008—2019 各市统计年鉴。

(三)评价方法

1. 熵值法

熵值法可用来处理数据信息不完备及指标间具有复杂关系的情况，其综合评价结果的高低优劣并没有明显界限，可以视为灰色系统，因此可应用熵权灰色关联模型对新型城镇化和乡村振兴水平进行评价与分析。其中信息熵作为各评价指标的权重，可避免层次分析法的主观性，使评价结果更客观和便于比较。以新型城镇化为例，具体计算步骤如下：

(1)熵权的计算步骤

第一，进行标准化处理。经评价指标 j 的理想值假定为 X_j^*，对于正向指标：$X'_{ij}=X_{ij}\div X^*_{ijmax}$，负向指标：$X'_{ij}=X^*_{ijmin}\div X_{ij}$。将数据归一化处理，$Y_{ij}=X'_{ij}\div\sum_{i=1}^{m}X'_{ij}$，从而得到数据的标准化矩阵：$Y_{ij}=(Y_{ij})_{m\times n}$。

第二，计算第 j 项指标的熵值 e_j。

$$e_j=-k\sum_{i=1}^{m}y'_{ij}\ln y_{ij} \tag{9-1}$$

式中，$k=\frac{1}{\ln n}$，y_{ij} 为标准化矩阵。

第三，计算第 j 项指标的偏差度 d_j。

$$d_j=1-e_{ij} \tag{9-2}$$

其中，e_{ij} 为熵值。

第四，计算第 j 项指标的权重 W_j。

$$W_j=\frac{d_j}{\sum_{i=1}^{n}d_{ij}} \tag{9-3}$$

其中，d_j 为偏差度。

(2)灰色关联度计算步骤

第一，建立相对最佳决策方案的增广矩阵 $X=(Xi_j)_{(m+1)\times n}$，首先经过标准化处理得到相应的无量纲矩阵 $X'_i=\{X'_{i1},X'_{i2},\cdots,X'_{in}\}$，其次建立理想样本 $X'_0=\{X'_{01},X'_{02},\cdots,X'_{0n}\}$。

第二，求绝对差序列和两极最大差、最小差(绝对差序列 $\Delta_{ij}=|X'_{ij}-X'_{0j}|$；两极最大差 $\Delta_{\max}=\max\max\Delta_{ij}$；两极最小差 $\Delta_{\min}=\min\min\Delta_{ij}$)。

第三，计算关联系数。

$$\xi_{ij}=\frac{\Delta_{\min}+k\Delta_{\max}}{\Delta_{ij}+k\Delta_{\max}} \tag{9-4}$$

式中，ξ_{ij} 为关联系数，k 为分辨系数(其值在 0.5~1 之间，一般取 0.5)。

(3)新型城镇化综合水平计算步骤

根据灰色关联分析方法，计算出灰色关联系数矩阵，结合熵权计算的指标权重，构建新型城镇化综合水平评价模型。公式为：

$$E_i=\sum_{j=1}^{n}w_j\xi_{ij} \tag{9-5}$$

式中，E_i 为新型城镇化综合水平，w_j 为 j 项指标的权重，ξ_{ij} 为关联系数。

2.“发展—差异—互动”协调评价模型

从发展水平、差异水平和互动水平三个方面测度新型城镇化和乡村振兴的协调发展状况，之后通过综合协调度指数和协调等级剖析两者协调的总体变化规律。计算步骤如下：

第一，发展水平的计算。根据新型城镇化和乡村振兴综合发展水平各自的计算结果，通过之前确定的权重计算两者的综合水平，并将计算结果通过最大—最小值标准化方式处理到 0~1 之间。计算公式如下：

$$Z_1=\frac{1}{2}UR+\frac{1}{2}RU \tag{9-6}$$

式中，Z_1 代表发展水平，UR 为新型城镇化综合水平，RU 为乡村振兴综合水平。

第二，差异水平的测度。首先计算新型城镇化与乡村振兴的差异水平，新型城镇化与乡村振兴的差异水平，以反映两者的总体差异水平，并将计算结果通过最大—最小值标准化方式进行逆向指标正向化处理，并将其处理到 0~1 之间。差异值愈小，协调性就愈好，反之则较差。计算公式如下：

$$Z_2=|UR-RU| \tag{9-7}$$

式中，Z_2 代表差异水平，UR 为新型城镇化综合水平，RU 为乡村振兴综合水平。

第三，互动水平的计算。根据新型城镇化和乡村振兴综合发展水平各自的计算结果，借助于物理学中的两个系统耦合作用系数模型，计算两者之间的互动水平。计算公式如下：

$$Z_3=\frac{UR*RU}{\left[\frac{1}{2}(UR^2+RU^2)\right]^{\frac{1}{2}}} \tag{9-8}$$

式中，Z_3 代表互动水平，UR 为新型城镇化综合水平，RU 为乡村振兴综合水平。

第四，综合协调水平的计算。将最大—最小值标准化方法处理后的 Z_1、Z_2、Z_3 之后，用平均赋权法将这三个指标合成一个反映新型城镇化、乡村振兴综合协调度指数，其计算公式如下：

$$Z=Z_1+Z_2+Z_3 \tag{9-9}$$

式中，Z 代表综合协调指数，Z_1 代表发展水平，Z_2 代表差异水平，Z_3 代表互动水平。

同样，将综合协调指数分为如下等级：当 Z 处于 0~0.2 时，系统处于Ⅰ

级协调等级；当 Z 处于 0.2~0.4 时，系统处于级Ⅱ协调状态；当 Z 处于 0.4~0.6 时，系统处于Ⅲ级协调等级；当 Z 处于 0.6~0.8 时，系统处于Ⅳ级协调等级；当 Z 处于 0.8~1.0 时，系统处于Ⅴ级协调等级。

3. 空间分类—ArcGIS 自然断裂点分类法

空间分异格局—Jenks Natural Breaks 分类与不均衡度指数 Jenks Natural Breaks 分类方法通过统计数据的方差来衡量差异大小，不仅可以实现分类后组内差异最小、组间差异大的分类结果，而且可以通过直方图明显地发现数据的断裂之处，从而较为科学地实现"物以类聚"和"自然"的断裂，因此本章采用该方法分类以更清楚地分析市域尺度下新型城镇化与乡村振兴综合水平的空间分异格局。

4. 空间关联分析—ESDA 分析方法

空间自相关是探索性空间数据的常用分析方法之一，能判断出研究单元属性指标在空间上的密切程度。一般而言，莫兰指数(Moran's I)是空间数据探索性分析方法常用的全局测度指标，能测度空间上内部类似水平单元的相似程度。然而，莫兰指数不能指示具体空间哪个区域产生的何种形式的关联类型，因此常借助于局部 Lisa 集聚图来分析。该图能清晰地指示空间集聚的 High-High 区(HH 区)、Low-Low 区(LL 区)、High-Low 区(HL 区)、Low-High 区(LH 区)四种类型。其中，HH 区代表高值区被高值区包围，产生了正向的空间关联效应与高值集聚现象；LL 区代表了低值区被低值区包围，产生了正向的空间关联效应与低值集聚效应；HL 区代表高值区被低值区包围，产生了负向的空间关联效应与空间局部极化现象；LH 区代表低值区被高值区包围，产生了负向的空间关联效应与空间局部塌陷现象。

(四)结果分析

1. 时序演变特征

通过查阅年鉴，根据指标体系获取 2007—2018 年河南省新型城镇化和乡村振兴的各项指标，通过熵值法计算两者各个方面的发展水平。从河南省新型城镇化水平的变动情况来看(见表 9-3)，除个别年份有所变化外，整体呈现上升趋势。其中，城乡统筹子系统水平在 2009—2013 呈下降状态，2014 年之后迅速提升，这与国家的新型城镇化规划出台和地方加快新型城镇化建设有密切关联。生活质量、生态环境和经济发展子系统水平，除个别年份有些微下降外，整体呈稳步上升状态，体现新型城镇化引领下对生产、生活、生态带来的全面的提升。从人口城镇化子系统水平看，2007—2013 年呈现下降状态，2014 年以后呈稳步提升状态，体现出城镇化“人”“地”变化逐渐走向内涵式城镇化的过程，也体现了以人为本的新型城镇化理念。从河南省乡村振兴水平变动情况来看(见表 9-4)，整体呈波动增长状态，近期上升态势明显，这与国家近些年的乡村振兴战略实施密切相关。从生态环境和居民生活方面部分年份出现略微的下降趋势，可见应注重环境建设，发展绿色农业、提升乡村居民的生活质量和幸福感。

表 9-3　2007—2018 年河南省新型城镇化水平变动情况

年份	城乡统筹	生活质量	生态环境	经济发展	人口城镇化
2007	0. 1648	0. 1305	0. 0496	0. 1567	0. 1316
2008	0. 1565	0. 1358	0. 0525	0. 1518	0. 1364
2009	0. 1645	0. 1349	0. 0552	0. 1496	0. 1319
2010	0. 1643	0. 1416	0. 0562	0. 1570	0. 1275
2011	0. 1578	0. 1419	0. 0568	0. 1631	0. 1204
2012	0. 1555	0. 1461	0. 0579	0. 1622	0. 1209
2013	0. 1410	0. 1545	0. 0604	0. 1692	0. 1197
2014	0. 1413	0. 1708	0. 0625	0. 1768	0. 1183
2015	0. 1452	0. 1829	0. 0633	0. 1879	0. 1204
2016	0. 1491	0. 1845	0. 0657	0. 2033	0. 1213
2017	0. 1582	0. 2275	0. 0747	0. 2224	0. 1234
2018	0. 1695	0. 2587	0. 0810	0. 2516	0. 1303

表 9-4　2007—2018 年河南省乡村振兴水平变动情况

年份	农业发展	生态环境	居民生活
2007	0. 2261	0. 2771	0. 1830
2008	0. 2312	0. 2645	0. 1741
2009	0. 2346	0. 2407	0. 1810
2010	0. 2375	0. 2572	0. 1893
2011	0. 2388	0. 2371	0. 1893
2012	0. 2387	0. 2458	0. 1902
2013	0. 2424	0. 2085	0. 2061
2014	0. 2447	0. 2085	0. 2269
2015	0. 2510	0. 2075	0. 2443
2016	0. 2525	0. 2157	0. 2835
2017	0. 2553	0. 2477	0. 3027
2018	0. 2633	0. 2518	0. 3606

根据“发展—差异—互动”协调模型对2007—2018年河南省新型城镇化、乡村振兴的发展水平和耦合协调发展水平的状态变化进行计算，结果见表9-5、表9-6。

表9-5 2007—2018年新型城镇化和乡村振兴协调发展的各项指标值

年份	新型城镇化	乡村振兴	发展水平	差异水平	互动水平
2007	0.6331	0.6861	0.6596	0.0530	0.6580
2008	0.6330	0.6698	0.6514	0.0368	0.6506
2009	0.6360	0.6564	0.6462	0.0204	0.6459
2010	0.6466	0.6840	0.6653	0.0374	0.6645
2011	0.6399	0.6652	0.6526	0.0254	0.6522
2012	0.6427	0.6747	0.6587	0.0321	0.6581
2013	0.6448	0.6570	0.6509	0.0123	0.6508
2014	0.6696	0.6802	0.6749	0.0106	0.6748
2015	0.6997	0.7028	0.7012	0.0032	0.7012
2016	0.7238	0.7517	0.7378	0.0279	0.7374
2017	0.8063	0.8058	0.8060	0.0005	0.8060
2018	0.8910	0.8758	0.8834	0.0153	0.8833

表9-6 2007—2018年新型城镇化和乡村振兴两者协调各项标准化值及等级划分

年份	发展水平	差异水平	互动水平	综合协调水平	等级划分
2007	0.7467	0.0092	0.7450	0.5003	Ⅲ级协调
2008	0.7374	0.0133	0.7366	0.4958	Ⅲ级协调
2009	0.7315	0.0240	0.7313	0.4956	Ⅲ级协调
2010	0.7531	0.0131	0.7523	0.5062	Ⅲ级协调
2011	0.7387	0.0193	0.7384	0.4988	Ⅲ级协调
2012	0.7456	0.0153	0.7451	0.5020	Ⅲ级协调
2013	0.7368	0.0399	0.7368	0.5045	Ⅲ级协调
2014	0.7640	0.0463	0.7640	0.5248	Ⅲ级协调
2015	0.7938	0.1549	0.7939	0.5808	Ⅲ级协调
2016	0.8352	0.0176	0.8348	0.5625	Ⅲ级协调
2017	0.9124	1.0000	0.9125	0.9417	Ⅴ级协调
2018	1.0000	0.0320	1.0000	0.6773	Ⅳ级协调

由表 9-5、表 9-6 可知，河南省新型城镇化、乡村振兴的综合协调度指数呈现轻微波动上升状态：2007—2017 年呈稳步提升态势，反映出在新型城镇化引领下，特别近年来其与乡村振兴战略的耦合影响下，两者的协调状态明显改善并产生了实实在在的建设效果。2017—2018 年呈现下降状态，既反映出重“城”轻“乡”或者是城乡联动发展不佳的局面，也与反映出城镇化和乡村振兴两者没有处于很好的协调“节拍”或者“频道”。从分项指标看(表9-6)，2007 年以来，发展水平基本上呈现持续稳定上升状态，反映出两者交织下的综合实力水平不断上升；差异水平呈波动状态，部分年份出现陡降状态，既反映出两者之间的带动水平差异较大，也反映出两者各自引领力量的支撑强度不够；从互动水平看，2007 年以来基本上呈现持续稳定上升状态，反映出两者的耦合作用强度在“双略”战略下近些年有所加强。总体来看，综合协调指数受差异水平影响较大，与发展水平、互动水平表现出类似的变化趋势。从协调等级来看，2017 年之前处于Ⅲ级协调状态，反映出新型城镇化、乡村振兴两者的耦合交织效果较好，2017 年处于Ⅴ级协调状态，反映出两者耦合交织状态大幅提升；2017—2018 年状态有所下滑，出现了一些城乡发展的矛盾问题。从现实情况看，近期河南省不断提升工业发展实力、优化产业结构，统筹城镇化与乡村振兴两者的各项建设，使得新型城镇化、乡村振兴的综合协调度指数逐渐上升。因此，在今后的发展建设过程中应兼顾新型城镇化和乡村振兴两者的发展水平、差异水平和发展速度，使两者推进保持在较为和谐的节奏以更好地提高综合协调发展水平。

2. 空间格局特征

(1)空间分布特征

为更好地分析中原城市群新型城镇化和乡村振兴的空间差异状态，根据评价方法分别对 2007 年、2018 年中原城市群各市新型城镇化和乡村振兴的发展水平及综合发展水平进行计算，在 ArcGIS 软件空间分类工具中，选择 Jenks 最佳分类方式将其划分为五类，进而对中原城市群市域尺度下两个年份发展水平空间特征进行对比分析，结果见表 9-7、表 9-8、图 9-1、图 9-2。

表 9-7　2007 年中原城市群各市域单元的发展水平、差异水平、互动水平、综合协调度

市域单元	发展水平	差异水平	互动水平	综合协调度
郑州市	1.0000	1.0000	1.0000	1.0000
开封市	0.8475	0.5045	0.7284	0.6934
洛阳市	0.8750	0.5393	0.7778	0.7307

续表

市域单元	发展水平	差异水平	互动水平	综合协调度
平顶山市	0.8601	0.5130	0.7478	0.7070
安阳市	0.8592	0.5107	0.7456	0.7052
鹤壁市	0.8692	0.5185	0.7613	0.7163
新乡市	0.9459	0.7279	0.9116	0.8618
焦作市	0.8785	0.5412	0.7827	0.7341
濮阳市	0.8539	0.5002	0.7336	0.6959
许昌市	0.8600	0.5102	0.7462	0.7055
漯河市	0.8676	0.5223	0.7614	0.7171
三门峡市	0.8627	0.5126	0.7506	0.7086
南阳市	0.8353	0.5002	0.7115	0.6823
商丘市	0.8406	0.4939	0.7141	0.6829
信阳市	0.8374	0.4809	0.7025	0.6736
周口市	0.8404	0.5043	0.7198	0.6881
驻马店市	0.8458	0.4998	0.7238	0.6898
济源市	0.8792	0.5353	0.7810	0.7318
长治市	0.8538	0.5037	0.7354	0.6976
晋城市	0.8594	0.5113	0.7461	0.7056
运城市	0.8394	0.4776	0.7028	0.6733
聊城市	0.8766	0.5826	0.7970	0.7520
菏泽市	0.8493	0.5277	0.7424	0.7065
蚌埠市	0.8678	0.5428	0.7710	0.7272
淮北市	0.8964	0.5784	0.8181	0.7643
阜阳市	0.8547	0.5211	0.7456	0.7072
宿州市	0.8679	0.5554	0.7765	0.7333
亳州市	0.8595	0.5211	0.7512	0.7106
邯郸市	0.8651	0.5588	0.7747	0.7329
邢台市	0.8549	0.5521	0.7600	0.7223

表 9-8 2018 年中原城市群各市域单元的发展水平、差异水平、互动水平、综合协调度

市域单元	发展水平	差异水平	互动水平	综合协调度
郑州市	1.0000	1.0000	1.0000	1.0000
开封市	0.8582	0.4992	0.7690	0.7088
洛阳市	0.9066	0.5845	0.8514	0.7808
平顶山市	0.8713	0.5076	0.7873	0.7221
安阳市	0.8503	0.5052	0.7625	0.7060
鹤壁市	0.8837	0.4702	0.7851	0.7130
新乡市	0.9341	0.7021	0.9043	0.8468
焦作市	0.8785	0.4932	0.7895	0.7204
濮阳市	0.8591	0.4906	0.7663	0.7053
许昌市	0.8872	0.5182	0.8093	0.7382
漯河市	0.8863	0.5079	0.8045	0.7329
三门峡市	0.8797	0.4847	0.7872	0.7172
南阳市	0.8349	0.5228	0.7518	0.7032
商丘市	0.8458	0.5267	0.7657	0.7127
信阳市	0.8386	0.4901	0.7426	0.6904
周口市	0.8317	0.5174	0.7461	0.6984
驻马店市	0.8520	0.5122	0.7672	0.7105
济源市	0.9245	0.5374	0.8578	0.7732
长治市	0.8626	0.4489	0.7495	0.6870
晋城市	0.8821	0.4607	0.7785	0.7071
运城市	0.8565	0.4222	0.7259	0.6682
聊城市	0.8442	0.5071	0.7563	0.7025
菏泽市	0.8395	0.5015	0.7485	0.6965
蚌埠市	0.9043	0.6047	0.8539	0.7876
淮北市	0.9005	0.5132	0.8224	0.7454
阜阳市	0.8696	0.5473	0.7996	0.7389
宿州市	0.8634	0.5534	0.7945	0.7371
亳州市	0.8794	0.5454	0.8100	0.7449
邯郸市	0.8537	0.5025	0.7653	0.7072

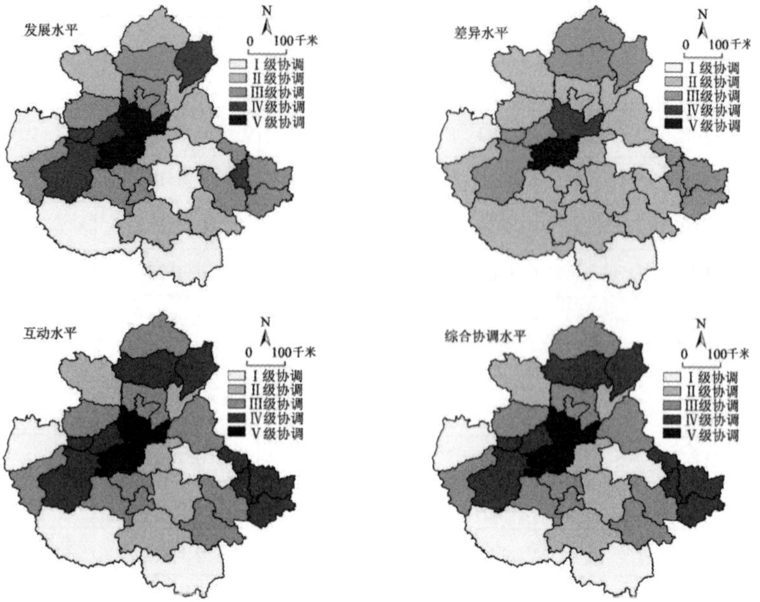

图 9-1　2007 年中原城市群新型城镇化、乡村振兴协调指数空间分布

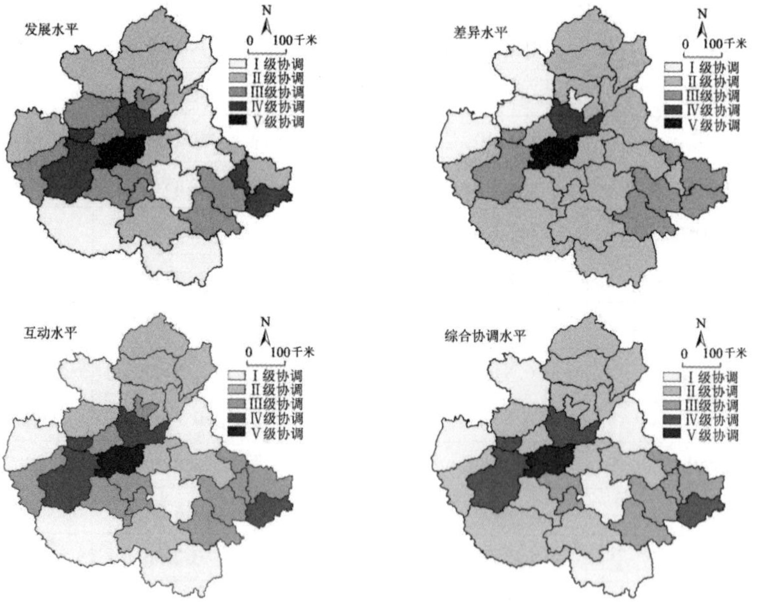

图 9-2　2018 年中原城市群新型城镇化、乡村振兴协调指数空间分布

由表 9-7 和图 9-1 可知，2007 年综合协调水平的Ⅴ、Ⅳ主要集中以郑州为中心的周围并向西北、西南延伸，并形成集聚片区，体现出经济发展优势

区的空间集聚效应。从子系统构成可发现，发展水平、差异水平和互动水平郑州都是最强，体现出郑州在经济社会发展中的核心地位。综合来看，综合协调水平主要受互动水平影响且空间格局的各等级城市分布较为类似，而发展水平、差异水平虽然耦合交织作用程度较大但对整体的贡献度不及差异水平。2018 年综合协调度的空间分异与 2007 年相比，虽然各等级的城市有所变化、集聚程度有所下降，但西北方向的高值引领态势依然明显。而从发展水平和互动水平看，基本上与 2007 年的格局相比变化不大，体现出经济社会综合水平对新型城镇化、乡村振兴的支撑作用明显。

(2)空间关联度特征

为进一步探索市域尺度下中原城市群新型城镇化与乡村振兴耦合协调发展的空间关联特征，利用 Geo-Da 软件中的空间自相关分析工具，计算 2007 年两者耦合协调发展的空间关联状态，结果见图 9-3、图 9-4、图 9-5。

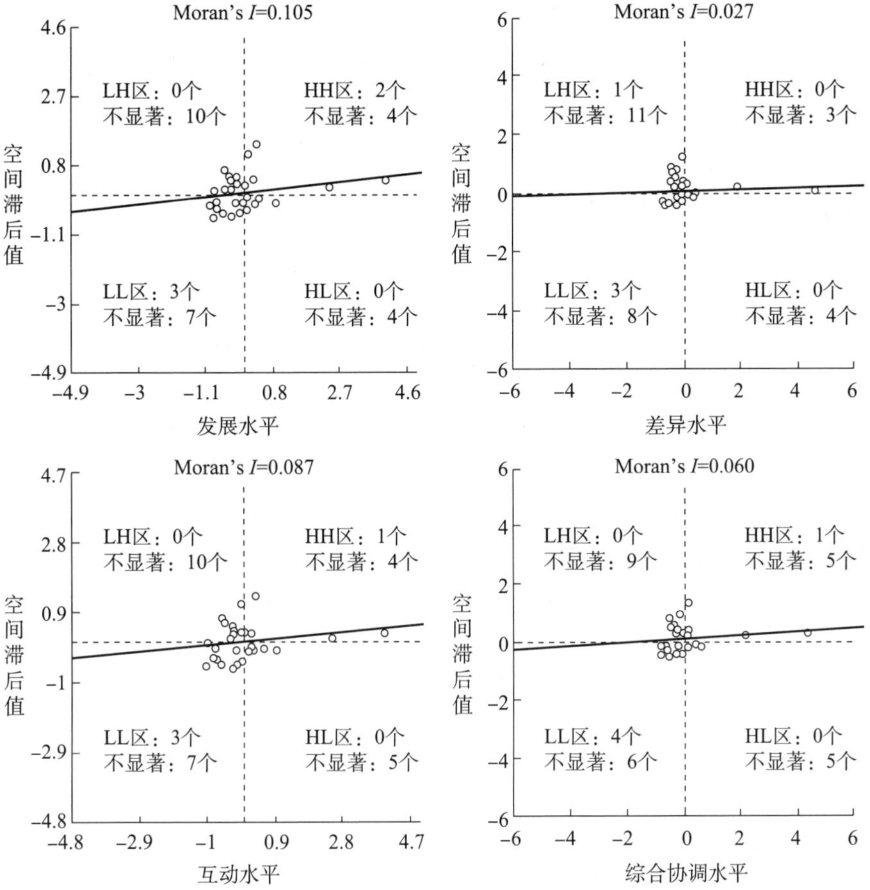

图 9-3　2007 年中原城市群新型城镇化、乡村振兴协调的 Moran's *I*

图 9-4　2007 年中原城市群新型城镇化、乡村振兴协调各聚集区示意

由图 9-3、图 9-4、图 9-5 可知，2007 年市域尺度下中原城市群新型城镇化、乡村振兴耦合协调的空间自相关 Moran's I 指数为 0.06，呈正相关，表明产生了一定的空间关联效应。其中显著 HH 区仅有焦作市一个，并未产生集聚效应，表明高值区的关联强度不高。显著 LL 区有 4 个，分别是周口市、驻马店市、阜阳市、信阳市，在南部产生了负向的空间关联效应。从发展水平和互动水平看，两者空间集聚分布类似，发展水平的显著 HH 区为郑州市和焦作市，互动水平的显著 HH 区为郑州市，体现出以郑州为核心的空间引领作用，产生了与邻近区域的正向促进作用；显著 LL 区均在南部形成集聚片区，表明低值区在该区域产生了“近墨者黑”空间临近效应。从差异水平看，显著 LL 区为周口市、驻马店市、阜阳市，体现出低值区在空间上产生了一定的集聚效益，即“近墨者黑”；显著 LH 区为焦作市，表明其发展未获得正向的促进效应，形成了塌陷区。

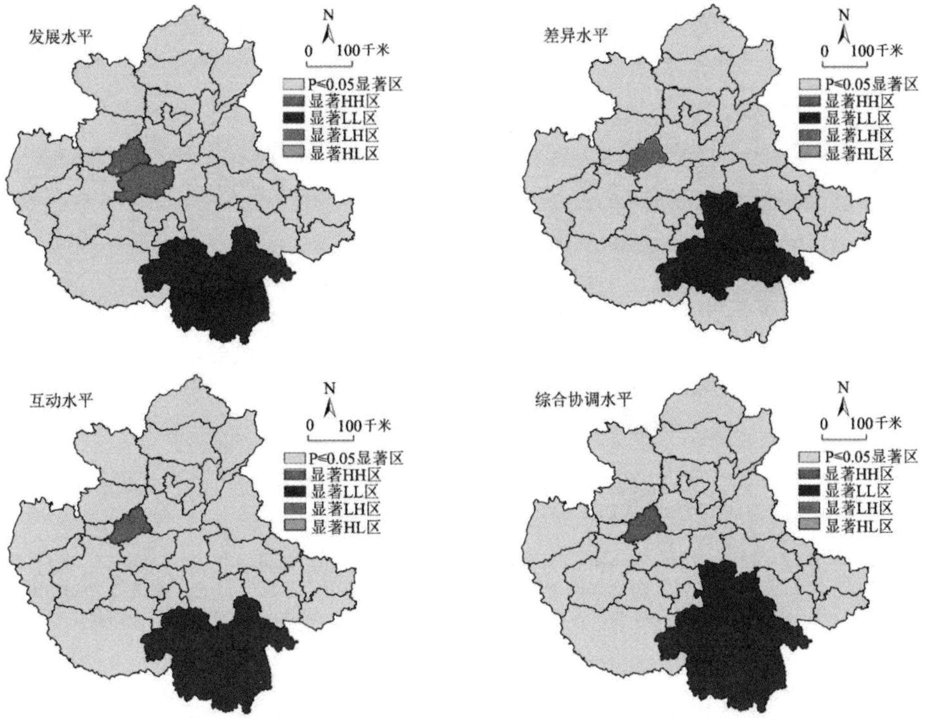

图 9-5　2007 年中原城市群新型城镇化、乡村振兴协调的 LISA

同样地，利用 Geo-Da 软件中的空间自相关分析工具，计算 2018 年市域尺度下中原城市群新型城镇化、乡村振兴耦合协调发展的空间关联状态，结果见图 9-6、图 9-7、图 9-8。

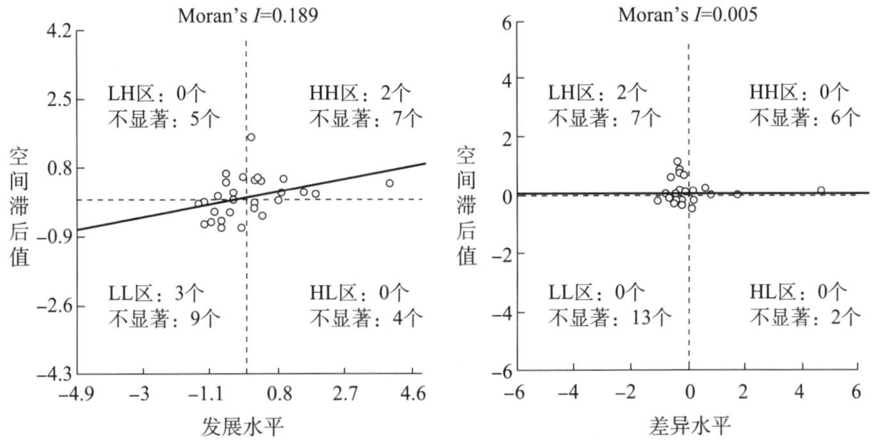

图 9-6　2018 年中原城市群新型城镇化、乡村振兴协调的 Moran's I

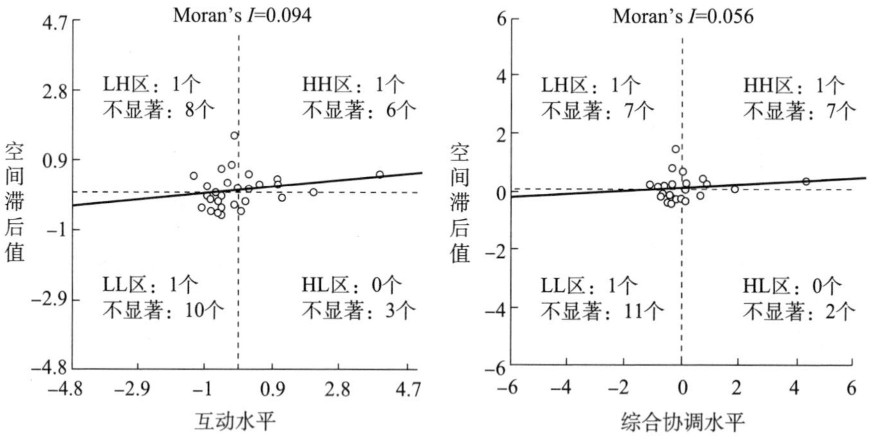

图 9-6(续)

图 9-7 2018 年中原城市群新型城镇化、乡村振兴协调各聚集区示意

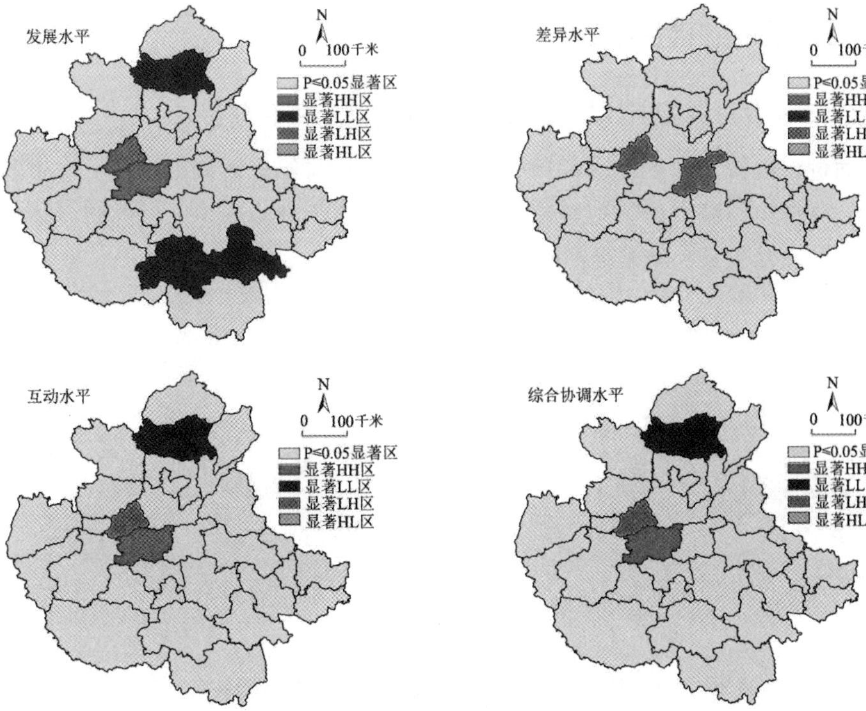

图 9-8　2018 年中原城市群新型城镇化、乡村振兴协调的 LISA 图

综合协调水平的 Moran's I 值为 0.056，较 2007 年稍有下降，表明空间集聚的效应有所减弱。从综合协调水平看，显著 HH 区为郑州市，和 2007 年相同，体现出其在空间的核心作用。显著 LL 区为邯郸市，低值集聚的效果不明显，未产生大范围的“近墨者黑”效应；显著 LH 区为焦作市，表明以其为中心，与邻近区域产生了一定的塌陷效应。从发展水平看，显著 HH 区是郑州市和焦作市，高值区在空间上产生的集聚关联效应，也体现出以郑州为核心的空间引领作用；显著 LL 区为驻马店市、阜阳市和邯郸市，体现出低值区在空间上产生了一定的集聚效应。从差异水平看，仅有显著 LH 区存在，包括焦作市、开封市两个区域，体现出郑州市的极化效应，对周边地区产生了一定程度的削弱作用。从互动水平看，郑州市依然为显著 HH 区，体现出其在空间的核心作用；显著 LL 区仅有邯郸市一个区域，未形成低值集聚；显著 LH 区（焦作市）分布在郑州市周边，体现出郑州市的极化效应。总体来看，空间的高值集聚和低值集聚效应虽然存在，但正向联动的效果不是十分明显，需要进一步提升核心区的引领作用，以在空间上产生较好的组织功能。

三、双略的耦合推进

（一）耦合协调度与区域经济发展格局的互动关系分析

通过将市域尺度下人均 GDP 的空间分异格局与综合协调度指数分布进行对比，分析中原城市群新型城镇化、乡村振兴耦合协调度与区域经济发展格局之间的互动关系，结果见图 9-9。

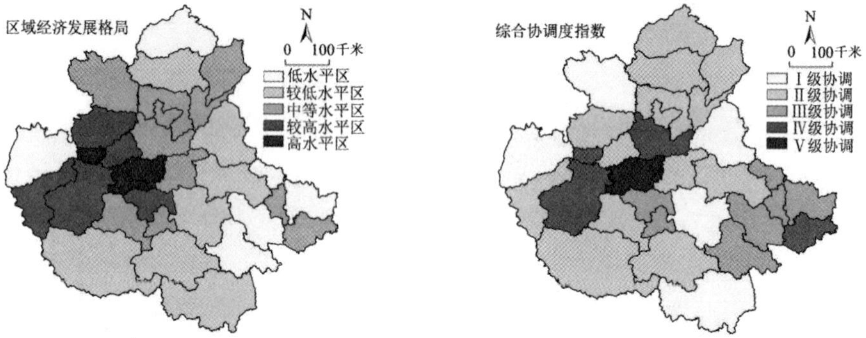

图 9-9　耦合协调度与区域经济发展格局的互动关系

经济发展高、较高水平主要出现在以郑州、洛阳为核心的集聚区内，其他外围区也出现了部分高值区，与新型城镇化、乡村振兴两者耦合交织的发展水平、互动水平的高、较高值区类似。从现实情况看，以郑州为核心区的经济发展基础好、综合竞争力强，由于其支撑下的公共服务设施建设居民生活质量、产业结构和乡村建设等方面的发展较好，所以其在全区的核心引领地位一直占据主导。同时，由于郑州在都市区、郑州新区、航空港经济综合实验区等方面的城市现代化力度较强，且乡村振兴的力度和幅度也较强，其“双略”的耦合处在合适的“步履”，所以其综合协调水平较高。在河南省中部，临近经济发展高水平区的部分区域，虽然经济发展水平并不是很强，但综合协调度等级较高。从实际情况来看，这类地区位于河南省核心部位且靠近经济较发达区，接触到的资源、人才、资金等更加广泛，从而带动了这类地区各方面的综合协调发展，协调等级相对较高。由图 9-9 可以看出，蚌埠、新乡等虽然经济发展水平不是很高，但综合协调度等级却较高，从实际情况看，这些地区的经济发展虽然不发达，但城镇化、工业化与乡村振兴之间的各元素融合度较好，因而综合协调度较高。河南省东南、南部大部分地区的经济发展水平不高，且综合协调度等级也不是很高，很多区域处于Ⅲ级。可见，经济发展水平在很大程度上对二者的耦合协调度有一定的影响，其对新型城镇化、乡村振兴的支撑力下降并产生了低值集聚的正向影响，因此这些区域要在全面提升自身实力的基础上，找到支撑新型城镇化、乡村振兴的突破口和亮点，带动其耦合协调“节拍”提升，从而促使其综合协调等级进一步提升。

（二）不同协调区的空间划分

根据市域尺度下的综合协调度指数的空间分布格局，结合中原城市群的区域经济发展水平空间特征和中原地区的自然分区，将中原城市群 30 个省辖市划分为六个协调推进区，结果见表 9-9、图 9-10。

表 9-9 河南省各县域单元新型城镇化、新型工业化、乡村振兴耦合协调区划分

协调区	市域单元名称	个数
中部综合协调推进区	郑州市、开封市、焦作市、新乡市、许昌市、漯河市、平顶山市	7
西北部综合协调推进区	长治市、晋城市、运城市	3
西部综合协调推进区	洛阳市、三门峡市、济源市	3
北部综合协调推进区	邯郸市、邢台市、聊城市、安阳市、鹤壁市、濮阳市	6
东部综合协调推进区	淮北市、宿州市、蚌埠市、亳州市、商丘市、周口市、菏泽市	7
南部综合协调推进区	南阳市、信阳市、驻马店市、阜阳市	4

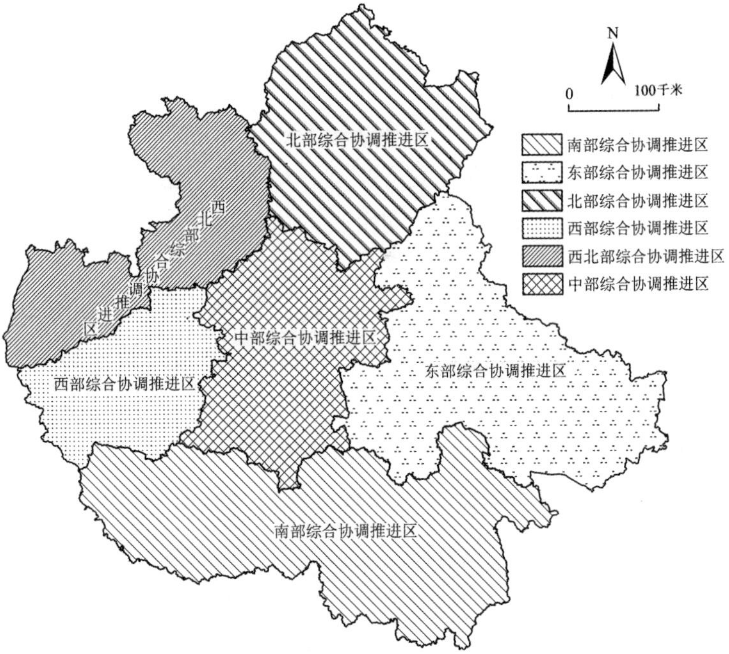

图 9-10 中原城市群新型城镇化、乡村振兴二者耦合协调分区

由表9-9可以看出，中原城市群共划分为六个推进协调区：第一，中部综合协调推进区共包括七个市域单元，位于河南省中部以省会郑州市为核心的大多数地区，除郑州市外综合协调等级基本处于Ⅳ、Ⅴ级，其各项指标的协调等级也相对较高。作为河南省核心地区，应充分发挥其区位优势，在保持目前新型城镇化和乡村振兴两者良好发展势头的基础上，加快各元素之间的发展和融合，推进中部地区快速发展，辐射带动周围地区综合协调度指数的共同提升。第二，西北部综合协调推进区，共包括三个市域单元，也就是中原城市群外围区长治、晋城、运城，该区域经济发展水平较高，但综合协调指数以及发展水平、互动水平以及新型城镇化、乡村振兴子系统水平并不是处于较高的水平，因此该部分区域应在进一步提升整体发展水平的同时，提升区域的整体竞争力，与以郑州市为核心的区域产生谐振效应。第三，西部综合协调推进区有三个，包括三门峡市和洛阳市和济源市，虽然这些地区的综合协调水平较高，但其内部的发展水平、互动水平还有很多的提升空间，三者的差异水平也参差不齐，因此未来的重点应放在整体的协同和综合效应提升方面。第四，北部综合协调区包括六个，除了河南省的安阳市、鹤壁市、濮阳市外，还包括外围区的邯郸市、邢台市和聊城市。该区域的综合协调程度差异较小，说明该区域的整体联动效果较好。从子系统水平看，虽然发展水平和互动水平处于较高的等级，但差异水平多数处于较低水平，说明各方面发展的步伐和速度未处于合适的位置，导致区域内部发展不均衡。第五，东部综合协调区包括七个，具体为淮北市、宿州市、蚌埠市、亳州市、商丘市、周口市、菏泽市。该区域除蚌埠市处于较高的协调等级，其他大多数处于较低协调等级，整体提升的力度需要进一步加强。结合实际情况来看，这些地区的发展水平、差异水平和互动水平的协调度均不高，因此，在今后发展过程中应保持新型城镇化、乡村振兴的有序推进，提高发展水平的同时促进各元素间的融合，促进两者综合协调发展。第六，南部综合协调推进区包括南阳市、信阳市、驻马店市和阜阳市，综合协调指数普遍不高，发展水平、互动水平也相对较低，虽然差异水平处于较高水平，但各方面发展不均衡，导致区域内部发展协调水平较低。

（三）中原城市群新型城镇化、乡村振兴协调推进总体目标与任务

基于中原城市群“新型城镇化、乡村振兴”二者耦合协调发展的理论剖析，结合状态评价结果和现实原因分析，提出两者协调推进的总体目标和总任务。通过对两者协调发展的基本状态、耦合状态进行评价与分析，从时间和空间两个维度透视了中原城市群新型城镇化、乡村振兴推进的成效与问题，为实

现中原城市群“新型城镇化、乡村振兴”的协调同步发展的优化组织打下基础。

1. 总目标

党的十九大以来，我国所处的国际环境与国内环境发生了重大变化，新形势对我国经济社会发展提出了新的要求，全面推进经济建设、政治建设、文化建设、社会建设、生态文明建设，实现以人为本、全面协调可持续的科学发展，牢固树立创新、协调、绿色、开放、共享新发展理念，五位一体总体布局与新发展理念必须落实到中原城市群经济社会发展的实践中。中原城市群作为全国人口、粮食、农业的集中发展区，解决好新型城镇化和乡村振兴协调发展问题具有典型性和代表性。一是破除城乡二元结构，加快新型城镇化与乡村振兴进程，为全国同类地区建设创造经验；二是促进中原城市群加快发展，与建设社会主义现代化强国目标相适应；三是实现中原崛起，在完善国家区域经济空间布局的同时进一步辐射带动中西部地区发展。

2. 总任务

第一，持续提升新型城镇化对乡村振兴的引领作用。根据新型城镇化的内在要求，进一步提升城乡发展的整体水平，持续缩小城乡的差距水平，增强城乡互动的内在联系水平；进一步发挥宏观战略对城乡发展总体格局的引导，以新型城镇化与乡村振兴的协调推进为契机，加强乡村层面各项事业水平的提升，努力构建新型工农城乡关系，真正促进城乡、城市与产业、城市—区域的互动发展。一方面，要加强以郑州为中心的高城乡互动水平区的辐射带动作用，增强城镇化对乡村发展的带动效应；另一方面，要以提升经济发展低水平区的整体实力为基础，就地进行农村城镇化，提高本土城镇化的质量，进一步加快新型城镇化进程并提升新型城镇化的内在质量，在注重新型城乡体系结构优化的同时，不断提升新型城镇化的“骨架支撑”作用。

第二，提升乡村振兴对新型城镇化的基础支撑。一是在乡村战略规划的指导下，要进一步壮大乡镇企业的实力，提升工业发展对区域城镇化的带动力，提升村镇体系的内在聚合力，发挥城乡体系对区域经济社会协调法则的基础性支持作用。二是通过建立健全城乡融合发展体制机制和政策体系，统筹推进农村经济建设、政治建设、文化建设、社会建设、生态文明建设，加快推进乡村治理体系和治理能力现代化，最终按照乡村振兴的要求，建设宜居、宜业的生态型美丽乡村。三是，要进一步延伸农业产业化发展链条，拓展农业的生产、观光、服务、生态等多重功能，发展适合农业产业化发展的新型业态，培育“淘宝村”“淘宝镇”等农商产业联盟，支持和鼓励农民在农村这片沃土就业创业，将农村产业化体系与成熟的现代工业生产体系相匹配，形成城乡并驾齐驱、两翼齐飞的新动能，推动新型城镇化、乡村振兴耦合协调发展新格局。

第三，促进新型城镇化、乡村振兴耦合协调动力的形成，促进城市与乡村、城市与产业、城市与区域的共同发展。中原城市群新型城镇化、乡村振兴耦合协调推进，是巩固提升农村农业基础地位的现实需求，是建设现代城乡体系的内在要求，是实现经济、社会、文化、科技等方面协调发展的必然要求，是实现乡村产业振兴、人才振兴、文化振兴、生态振兴、组织振兴等全面振兴的基础。一方面，在实现乡村振兴中经济振兴的基础上，必须形成城乡人才、资金、技术、信息等要素的充分自由流动的新格局，彻底打破现存的城乡二元结构，实现新型城镇化、乡村振兴的共同发展；另一方面，在实现新型城镇化质量提升的过程中，要将乡村振兴与城乡现代化建设有机结合起来，推动乡村产业兴旺并释放农村活力，促进城乡融合发展，逐步实现农村农业现代化的战略目标，最终为中原城市群城乡统筹发展、乡村振兴提供一定的实践依据，同时为全国类似区域的城乡统筹发展、乡村振兴提供实践经验。

（四）“双略”的推进任务与重点

1. 新型城镇化及各子系统推进重点

由新型城镇化时序评价结果可知，河南省新型城镇化水平稳步推进，特别是 2013 年之后快速增长且 2016 年以来增长幅度进一步上升，这反映出近期新型城镇化战略推进成效明显。新型城镇化具体包括经济发展、城乡统筹、生态环境、生活质量与人口城镇化五个方面，从各分子系统看，首先，经济发展与生活质量增长趋势与整体变化趋势相一致，因此要继续保持经济增长速度与质量，保障新型城镇化内在质量的提升。其次，城乡统筹水平整体呈小幅度波动状态，在今后推进过程中需要加大力度改善城乡居民的收入差异，继续以城乡一体化为发展目标，建设现代城乡体系，进一步推进新型农业现代化，为新型城镇化推进提供城乡协同动力。再次，人口城镇化增长幅度不明显，今后要以人为中心进一步加大人口市民化进程，进一步实现城乡公共服务均等化。最后，生态环境水平呈现波动上升状态，虽稳步增长但总体水平较其他四个子系统偏低，因此在推进新型城镇化建设的同时必须注重资源环境承载力，走绿色环境友好发展道路。

2. 乡村振兴及各子系统推进重点

2007—2013 年乡村振兴水平呈现小幅度波动，2013 年之后保持稳定上升状态，这表明乡村振兴水平虽在前期表现出不稳定的迹象，但后期发展较好。首先，居民生活水平呈现持续上升的变化趋势，表明河南省以城带乡、工业反哺农业能力持续增强，农业农村全面发展水平有所提升。其次，农业发展水平保持稳定上升，表明河南省农业经济发展质量和效益很好，接下来需不断调整和优化农业产业结构，进而继续保持农业增长状态。最后，生态环境水平波动幅度较大，2012—2016 年与乡村振兴总发展水平呈现相反的趋势，这表明河南省在农业现代化进程中一定程度上对环境造成了破坏，因此今后在推进农村经济发展水平的同时，要注重对农村生态环境的保护，加强对农村面源污染的防治，完善农村环境的监测体系，增强农村居民对地区环境保护的认同感和责任感。

（五）“双略”的空间协调推进

根据中原城市群新型城镇化、乡村振兴耦合协调水平的空间分布格局，以市域尺度为单位将中原城市群划分为六个层次协调推进区：中部综合协调推进区、西北部综合协调推进区、西部综合协调推进区、北部综合协调推进区、东部综合协调推进区、南部综合协调推进区。

1. 中部综合协调推进区

中部综合协调推进区包括郑州市、开封市、焦作市、新乡市、许昌市、漯河市、平顶山市七个市域单元。一是依托省会郑州市加快中心城区及其城镇组团、中心镇及新型社区的一体化发展和融合，提升其国家中心城市、中原城市群的核心增长极等辐射带动力；二是郑州市要借助于向东发展的优势条件，积极推进郑汴的空间融合，发挥郑汴一体化各功能组团的互补优势，大力推进郑州大都市区建设；三是整合郑州大都市区内部乡村发展模式，完善郊区发展的各项规划编制和管理工作，促使城郊的融合、协调发展；四是黄河以北地区要充分结合中心城区、产业集聚区的空间辐射能力，就地进行农村城镇化，提高本土城镇化的质量。

2. 西北部综合协调推进区

西北部综合协调推进区包括长治市、晋城市、运城市三个市域单元。一是注重解决提高城乡之间的经济协调，减少城乡社会矛盾等方面的问题，争取促使城乡在基础设施、公共服务水平提高的同时帮助农民解决城乡收入差距、就业、教育公平、民生等方面的问题，提高各项建设的动态适应性，为新型城镇化的推进奠定基础。二是重点发展食品、纺织、煤化工等优势产业，建设特色资源产品生产加工基地。三是重点提升大宗农产品的产业化发展水平，全力拓展产品加工深度和资源利用深度，强化保障性基本农产品生产功能，建设成为乡村振兴与农业现代化协调发展的示范区。

3. 西部综合协调推进区

西部综合协调推进区包括洛阳市、三门峡市、济源市三个市城单元。该区域要有序推进人口土地城镇化进程，稳步提升新型城镇化质量，加大省际合作开发(黄河金三角)建设的力度，加快城乡体系建设，推进其与豫西南、豫南地区经济联动发展与区域一体化进程，逐步建立以区域中心城市为核心，中小城市为支点、特色(重点)小城镇为基点的现代城乡体系，优化第二、三产业的空间布局，加大建设资金、教育资金的投资力度，推动区域产业的跨越式发展。

4. 北部综合协调推进区推进措施

北部综合协调推进区邯郸市、邢台市、聊城市、安阳市、鹤壁市、濮阳市六个市域单元。第一，要进一步加强新型工业化的主导作用，建设现代化工业基地、特色农产品加工集聚区、农业产业化示范区、农畜产品生产供应保障区，加强工业现代化与农业产业化的有机衔接，提升乡村振兴中的产业兴旺支撑。第二，要进一步发挥北部山地丘陵区的生态优势，大力发展生态绿色农业，提升山区旅游业内在质量，建设农业田园体、现代农业示范区、共享式农业等，建设农业现代化与生态环境协调发展示范区。第三，要进一步发挥新型城镇化在促进城乡融合发展的作用，提高城乡之间的经济协调度，优化城乡关系并减少城乡社会矛盾，促进城乡基础设施、公共服务一体化水平的持续提升，提高各项建设的动态适应性，为新型城镇化与乡村振兴的协同推进奠定基础。

5. 东部综合协调推进区

东部综合协调推进区包括淮北市、宿州市、蚌埠市、亳州市、商丘市、周口市、菏泽市七个市域单元。该区域由中原城市群新型城镇化水平较低的城市组成，这些城市之间存在明显的边界效应。因此，在今后新型城镇化推进中，一方面要注意有序推进人口、土地城镇化进程，加快人口市民化进程与各项保障，另一方面要加大省际联动区的合作与交流，提升该区域的整体城镇化水平，从而为城乡一体化进程加快提供动力支撑。此外，要积极发展特色高效农业，大力发展蔬菜、花卉、水果、茶叶等特色作物并培育一批知名农业品牌，继续发展烟草、油料、棉花等大宗经济作物，加快发展茶叶、中药材、果蔬等特色产品，加快特色花卉品种的生产布局和基地化生产加工。

6. 南部综合协调推进区推进措施

南部综合协调推进区包括南阳市、信阳市、驻马店市、阜阳市四个市域单元。该区域一方面要保持稳定的增长率和变化率，降低资源开发的强度、提高资源的综合利用率，发展低碳经济、循环经济、绿色经济和生态经济，提升经济综合发展质量，满足城乡居民的各种发展需要；另一方面要充分利用各种优势资源，加强与中部核心区的互动，加快融入中原城市群大发展格局，拓展与周边省份的合作与交流，形成向内承接核心区辐射带动效应、向外承接周边省份的传递效应，形成中原城市群南部的对外开放高地。

第十章　中原城市群的三座名城与空间组织

21世纪以前，在中原城市群的空间组织方面，河南省一直秉承中心带动战略，以郑州为中心谋划城市—区域综合发展的空间格局，有力提升了中原地区核心区的竞争力。进入21世纪，伴随着中原城市群战略的正式提出，河南省在中心带动战略的基础上，提出了联动开封的郑汴核心增长极、联动洛阳的“双核”战略，即郑州为主核、洛阳为副核，不仅优化了中原城市群核心增长板块(传统九市)的空间组织模式，而且为参与国家城市群竞争提供了强大的内聚支撑。2021年以来，河南省联合推介郑州、开封、洛阳三市的旅游品牌，提出了沿黄“三座城、三百里、三千年”文化旅游带建设，着力打造具有中华文化标识、黄河流域文化特征的世界级文旅产品，力图让三座城市通过文化与旅游的融合的方式打造高质量发展的黄金旅游带。在中心带动战略的引领下，三座城无论从空间组织，还是从内聚串联，都得到了快速的成长和紧密的融合，为中原城市群核心区的轴带扩展、都市带建设提供了重要支撑，因此本章重点分析三座城的职能定位、内部组织与外部对接，从空间组织的视角提出未来建设的重点和具体的发展路径。

一、三座城的功能定位

(一)已有城市发展规划的定位

1. 郑州市

2010年国务院批复修订后的《郑州市城市总体规划(2010—2020年)》将郑州定位为河南省省会，国家历史文化名城，我国中部地区重要的中心城市，国家重要的综合交通枢纽；到2020年，郑州市中心城区城市人口控制在450万人以内，城市建设用地控制在400平方千米以内。可以发现，当时的定位缺乏国家格局中的长远地位，也未有世界级的表述，相对而言显得有些保守。

《郑州都市区总体规划(2012—2030年)》，将郑州的职能定位为国家中心城市、国际航空大都市、世界文化旅游名城、中原经济区核心增长区，实现“活力郑州、幸福都市”的建设目标。该定位，明显提升了郑州在全国中的战略定位和世界旅游方面的站位，也为中原经济区的建设提供了坚实支撑。

《郑州大都市区空间规划(2018—2035年)》指出，要进一步提升郑州的辐射带动能力和郑州大都市区的一体化水平，在现阶段空间范围的基础上，逐步与周边的城市衔接，加快形成网络化、组团式、集约型空间发展格局，引领带动中原城市群向具有国际影响力的国家级城市群迈进。该定位，加强了与周边城市的轴向对接，有利于发挥郑汴洛之间的组合效应和集聚优势，也为郑汴洛三座城的联动发展提供了战略引领。

2. 洛阳市

《国务院办公厅关于批准洛阳市城市总体规划的通知》(国办函〔2012〕73号)，也就是《洛阳市城市总体规划(2011—2020年)》。该规划明确提出了洛阳市的四大城市发展总体目标：一是实施中原经济区发展战略，融入区域、辐射豫西，建设省域副中心城市；二是发挥自身优势，携手周边地区，建设中部地区重要制造业基地；三是加强历史文化遗产保护与展示，传承华夏文化，建成国际著名旅游城市；四是合理组织自然和人工环境要素，建成中西部地区最佳人居环境城市。该战略定位提及了省域副中心城市建设，也提及了携手周边建设中部重要制造业的表述，为郑州、洛阳的联动发展提供了对接支撑作用。

《洛阳都市圈发展规划(2020—2035年)》指出，确立“三区一中心一枢纽”的战略定位，即黄河流域生态保护和高质量发展示范区、全国先进制造业发展引领区、文化保护传承弘扬核心区、全国重要综合交通枢纽、国际人文交往中心。同时，指出要构建“一核一带、三轴三圈”的发展格局，“一核”即洛阳中心城区；“一带”即黄河生态保护和高质量发展带；“三轴”即洛渑三科创文旅发展轴、洛济焦绿色转型发展轴和洛汝平开放合作发展轴；“三圈”即区域极核圈、产业紧密圈和“一河两山”生态圈(黄河、伏牛山、太行—王屋山)。可以发现，该定位既体现了全国的战略融入、黄河流域生态保护和高质量发展的轴带联动，也体现了内部都市圈的现代化建设，为以后的陇海发展轴产业带打造提供了发展支撑。

3. 开封市

《开封市城市总体规划(2011—2020年)》提出，把开封建设成为中原城市群重要的中心城市和富有中原文化特色的国际知名文化旅游城市，成为中原创新发展的试验区，传统城市复兴示范区。该定位虽然提出了城市建设的发展目标和旅游特色表述，但针对开封自身的发展诉求考虑较多，并未过多地考虑沿陇海轴发展的横向对接。

《开封市人民政府办公室关于印发开封市国土空间总体规划(2020—2035年)编制工作方案的通知》(汴政办〔2020〕28 号)明确指出，要贯彻生态文明、高质量发展理念，落实国家、省重大战略部署，以更高的站位、定位分析开封价值与作用，特别是黄河流域、中原城市群和郑州大都市区中的作用；坚持“以水定城”等原则，从建设宜居城市出发，进一步研究城市发展目标，合理确定城镇发展方向和用地规模，用地范围和界限。由此可知，在新一轮国土空间规划的编制方案引领下，开封市的站位、定位必将进一步提升，在郑汴洛、中原城市群、郑州大都市区中的作用也必将得到充分的发挥。

(二)已有区域发展规划的定位

1.《中原城市群总体发展规划纲要(2006—2020)》

该规划纲要对郑汴洛的城市定位如下：首先，郑州。河南省省会，中国历史文化名城，国际文化旅游城市，全国区域性中心城市，全国重要的现代物流中心，区域性金融中心，先进制造业基地和科技创新基地。其次，洛阳。中国历史文化名城，国际文化旅游城市，中原城市群副中心，先进制造业基地，科研开发中心和职业培训基地，中西部区域物流枢纽。最后，开封。中国历史文化名城，国际文化旅游城市，中原城市群纺织、食品、化工和医药工业基地，郑州都市圈重要功能区。

从文字表述看，与已有的城市总体规划定位类似，各自的城市职能和发展特色定义较多，而关于郑汴洛联动发展的表述相对较少。此外，在中原城市群空间发展的表述中提到了要重点建设郑汴洛城市工业走廊，具体内容如下：统筹考虑现有资源条件、城镇分布、产业发展、基础设施、生态环境等因素，按照整体规划、点轴结合、分层推进的思路，以郑州、洛阳两市作为产业、技术、资金、人才等要素高势能的辐射源，以开封、中牟、新密、荥阳、上街、巩义、偃师、伊川、吉利、孟津、新安、义马等 12 个沿线城市(区)为节点，依托重要交通通道，在开封至义马之间长约 300 千米、310 国道两侧宽约 30 千米范围内展开布局。可以说，这是关于“300 千米”的较早表述，也提出了相应的空间组织模式，这为后续的郑汴洛产业带建设奠定了基石。

2.《河南省城镇体系规划(2011—2020 年)》

该规划依托现代交通体系，提出采取“向心集聚、圈层组织、轴带辐射”的省域空间发展战略，在全省范围内构建以郑汴都市区为核心，沿主要交通通道联系外围城市的“圈层+放射”的空间结构，形成“一极、两圈、三层、两带四轴”的城市群网络。该规划主要依托已有的中原城市群规划，因此关于郑汴联动发展和轴带组织的内容较多，横向的郑汴洛分工定位和产业廊道建设并没有论证得非常充分。

3.《中原经济区规划(2012—2020年)》

该规划在打造核心发展区域方面指出，要提升郑州区域中心服务功能，支持郑汴新区加快发展，深入推进郑汴一体化，提升郑洛工业走廊产业和人口集聚水平；推动多层次高效便捷快速通道建设，促进郑州、开封、洛阳、平顶山、新乡、焦作、许昌、漯河、济源九市经济社会融合发展，形成高效率、高品质的组合型城市地区和中原经济区发展的核心区域，引领辐射带动整个区域发展。在沿陇海发展轴方面提出，要依托陆桥通道，增强三门峡、运城、洛阳、开封、商丘、淮北、宿州、菏泽等沿线城市支撑作用，形成贯通东中西部地区的先进制造业和城镇密集带。在该规划的战略定位和轴带组织方面，既提到了郑汴一体化，又提及了郑洛工业走廊，并且在沿陇海发展轴方面进行了全面的规划设计，这为郑洛西高质量发展合作带、黄河流域高质量发展带的提出奠定了基础。

4.《中原城市群发展规划》

该规划在郑州大都市区建设方面，提出要推动郑州与开封、新乡、焦作、许昌四市深度融合，建设现代化大都市区，进一步深化与洛阳、平顶山、漯河、济源等城市联动发展。在沿陇海发展轴方面提出，要发挥陆桥通道优势，提升郑州、洛阳、开封、三门峡“一带一路”建设重要节点城市功能，增强运城、商丘、淮北、宿州、菏泽等沿线节点城市经济人口承载能力，联合打造电子信息、汽车及零部件、装备制造、有色金属、生物医药、能源化工等产业集群，形成具有较强实力的先进制造业和城镇集聚带，强化对新亚欧大陆桥国际经济走廊的战略支撑作用。该规划中关于提升郑州、洛阳、开封的节点城市功能和联合产业集群的表述，也为郑汴洛产业带的进一步聚合发展提供了重要支撑。

(三)三座名城的未来定位

结合城市总体规划、区域发展规划与当下国土空间规划的编制的要求，本书提出未来郑汴洛城市发展的功能定位：

郑州——国家中心城市，黄河流域生态保护与高质量发展带的核心城市，国家新型城镇化重要示范城市，丝绸之路经济带重要节点城市，中原城市群核心城市，河南省省会，郑洛西高质量发展带核心城市，中国历史文化名城，国家文化旅游城市，全国现代化立体交通数据，全国重要的现代物流中心，全国区域性金融中心，全国先进制造业基地和科技创新基地。

洛阳——中西部重要的区域中心城市，黄河流域生态保护与高质量发展带的重要支撑城市，国家新型城镇化的重要示范城市，丝绸之路经济带重要节点城市，中原城市群副核心城市，郑洛西高质量发展带核心城市，中国历史文化名城，国家文化旅游城市，全国先进制造业基地，全国重要的科技开发中心和职业培训基地，中西部区域物流枢纽。

开封——黄河流域生态保护与高质量发展带的重要支撑城市，中国历史文化名城，国际文化旅游城市，大运河文化带重要的节点城市，中原城市群重要的区域性中心城市，河南省新兴副中心城市，中原城市群纺织、食品、化工和医药工业基地，郑州大都市区重要功能区。

二、郑汴洛内部的功能组织

郑汴洛地区位于我国京广、陇海铁路相交的中部“黄金大十字”的横向地带，并且郑汴洛发展轴是中原城市群经济联系强度最强的主动脉，具备强劲的发展动力和潜力，因此基于产业联系和空间组织进行郑汴洛的功能组织和高质量都市带建设，对促进中原城市群核心区竞争力的提升有着重要的意义。2006 年 11 月 19 日，郑开大道全面建成并正式通车，成为我国中西部地区首家开通的城际公交线路。随着郑开城际高速公路的全线通车、郑州轻轨以及沿线地带产业集聚区、农业示范区的发展，以及郑洛“双星”的聚力发展和现代化都市圈建设，位于河南省中部的郑州、开封和洛阳（郑汴洛）正在形成河南省经济快速增长的经济地带。在经济聚力发展、城市联合发展的基础上，依托郑汴洛中心城区进行都市连绵区（大都市带）建设，必然进一步提升陇海产业带的经济发展活力和中原城市群的综合竞争力（见图 10-1）。

（一）组织基础

1. 河南省核心首位城市——郑州

作为中原城市群地区发展的最大核心城市和建设的国家中心城市，郑州正努力打造全国重要的现代服务业、物流中心、金融中心和先进制造业基地、科技创新基地，在促进区域经济发展、中原崛起及中部崛起中具有重要的地位和作用。同时作为中原城市群地区重要的国内贸易平台、生产性服务业平台，其为郑汴洛城市走廊地区提供全方位、高层次的经济、社会和科技支持。因此，郑州的发展壮大，能有力地推进郑汴洛地区的一体化进程。

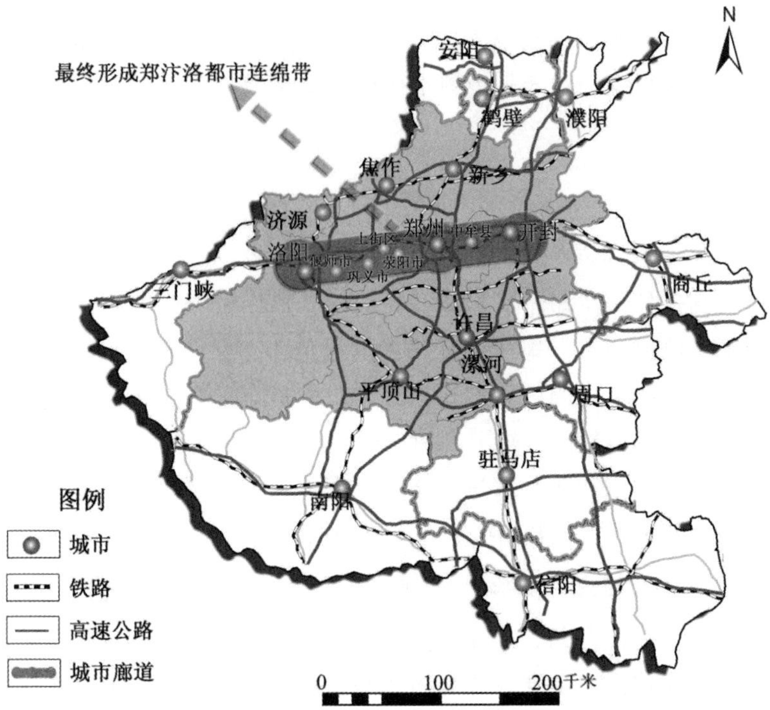

图 10-1　郑汴洛城市走廊的都市连绵区建设

2. 历史文化名城和现代化、生态型的新城——开封

开封的城市定位是中国历史文化名城和驰名海内外的旅游城市，有着丰富的旅游资源，旅游和服务业发达且有着广泛的经济社会效应。在郑汴洛一体化战略背景的影响下，开封应抓住时机和区位优势，发展城乡一体化示范区的高新、生态产业，新城、老城互补互进。在交通方面，形成郑汴同城一体、郑汴洛快速串联的交通格局；在产业合作方面，持续优化郑汴洛工业走廊(产业带)的空间布局，形成产业发展一体化格局；在社会公共资源共享方面，深入开展文化、教育等公共服务设施的共建共享，强化区域服务功能；在生态和环境保护方面，积极融入黄河流域生态保护与高质量发展的国家战略，使之逐步成为可持续发展的节约型现代化新城。

3. 河南省的副核心城市——洛阳

洛阳市作为黄河流域生态保护和高质量发展示范区、全国先进制造业发展引领区、文化保护传承弘扬核心区、全国重要综合交通枢纽、国际人文交往中心，其发展基础实力雄厚，新型工业化进程不断加快，对支撑郑汴的联体发展和核心区的综合实力提升意义重大。同时，在郑洛西高质量合作发展带的建设中占据重要位置，对促进黄河流域省际的协同和串联过渡意义重大。因此在洛阳副核心城市的建设支撑下，建设郑汴洛现代化大都市带，进而带动核心区的内聚组织，对未来中原地区产业集聚发展和产城融合发展具有重要的支撑作用。

（二）廊道支撑

1. 城际高速公路走廊基础

除连霍高速外，在郑汴洛走廊城市内部，郑汴城际高速已经建成并通车且同时畅通了物流通道。郑汴城际高速是绿色、环保、安全和大运量的客运通道，主要承担城市之间的旅游运输，禁止大货车运行，是郑汴城市之间联系的重要纽带。郑洛高速由郑上高速、310 国道和连霍高速组成，途径荥阳、郑州上街区、巩义市和偃师市进入洛阳，短途、长途客车往返频繁，城际交通联系方便，与郑开大道共同组成郑汴洛的城际高速公路的交通走廊。

2. 陇海铁路交通走廊基础

陇海铁路线途经开封、郑州、洛阳，加之其与京广线形成“黄金十字”，地理位置十分优越，来自全国各地的铁路物流到达郑州后，可以方便快速地转送到郑汴洛的各个地区。旅客在郑汴洛陇海线各个城市中搭乘火车，时间短、速度快，极为方便。

3. 高铁、城际通道的建设

伴随着郑徐、郑西高速铁路，郑开城际铁路的开通，郑汴之间可以快速实现交通串联，为客运、物流的快速分流提供了重要保障。同时，郑州作为全国综合性的高速铁路交通枢纽和“米”字形对外交流的中心，对建设内外开放高地和科技引智基地具有重要的意义。此外，郑汴洛高速铁路能有效地解决沿线城镇短途客流和洛阳、开封之间的直通客流，也相应缩短了开封到洛阳的行程时间，同时也缓解了其间的运输压力。

（三）组织模式

1. 核心城市的功能整合

郑州市应充分发挥其生产、服务平台和金融贸易平台功能，带动开封市和郑汴之间区域的金融、贸易和现代制造业的发展；开封应提供生产协作支持、市场区和服务支持以促进郑州经济、贸易的更快发展；洛阳应充分给予郑州资源、技术上的支持，以及建立市场信息共享机制，推动郑洛新国家自主创新示范区的联动发展，使郑洛产业带成为中原城市群经济社会发展的中坚力量。

2. 廊道之间的整合

第一，郑洛之间的“走廊城市”整合。郑洛之间主要包括高新技术开发区、荥阳组团、登封组团、上街区、巩义组团、偃师市组团板块。依托郑洛之间的高速铁路、陇海铁路、连霍高速、310 国道等廊道，按照点轴渐进逐渐成网的组织模式，以郑州、洛阳两个城市的产业、技术、资金、人才等要素为辐射源，以荥阳、登封、上街、巩义、偃师、伊川等城市(区)为支点，重点规划建设高新技术产业、先进制造业、汽车、铝工业产业基地，依托现有的产业布局发展相关的工业园区及特色产业集群，形成中原城市群最具活力的产业发展带。

郑州和洛阳是河南省、中原经济区、中原城市群的主、副核心，两城市之间交通、经济、社会等方面联系紧密。在 2000 年以前，由于核心城市的极化效应太强，所以两者之间的中小城市发育不完善，经济实力远低于核心城市，形成经济发展程度相对较弱的经济低谷。受近年来郑汴洛一体化进程的加快和未来的空间发展态势的影响，在郑洛之间的低谷城市将迅速成长，形成新的发展核心巩义市，出现新的走廊城市，并通过高速交通、通信走廊连接起来，从而形成共同发展的空间态势(见图 10-2)。

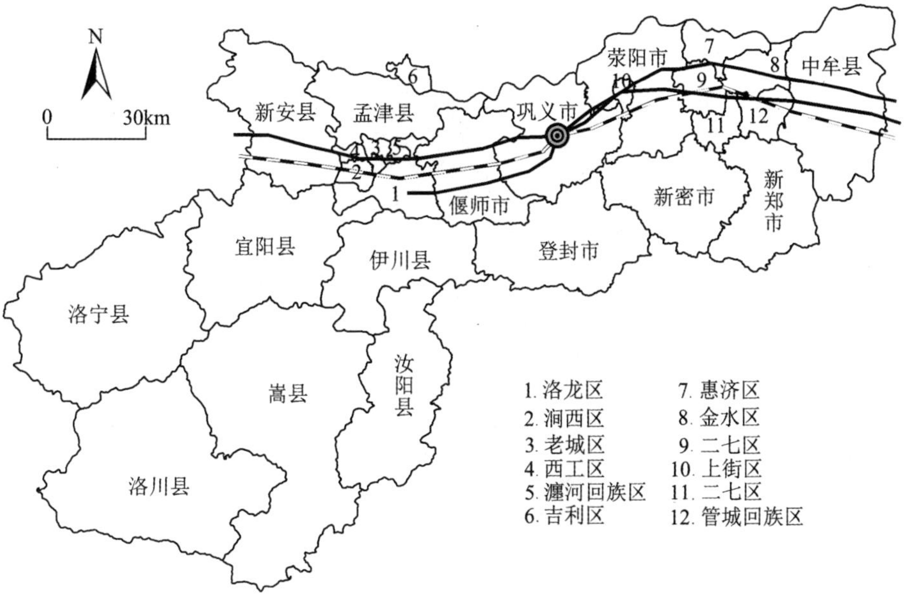

图 10-2　郑洛之间的“走廊”城市组织

第二，郑汴之间的“走廊城市”整合。在已有的郑汴新区、郑汴产业带规划中，郑汴之间有九个功能分区，包括郑东新区、经济技术开发区、航空港区、白沙组团、刘集组团、官渡组团、九龙组团、中牟组团和汴西组团。九大功能分区中，郑东新区的主导产业是金融、会展、物流、科研咨询、商务服务、房地产；经济技术开发区的主导产业是装备制造、汽车及零部件制造、电子信息、生物医药、新材料、新能源；航空港区的主导产业是布局临空产业、物流、食品加工、生物医药；白沙组团的主导产业是职业教育、商务服务、房地产；九龙组团的主导产业是物流服务、流通加工、汽车零部件及配件制造；刘集组团的主导产业是商务服务、科技研发，文体娱乐、房地产业；中牟组团的主导产业是汽车制造、机械制造、食品制造业；官渡组团的主导产业是农副产品加工、食品制造和农产品、食品专业物流；开封城乡一体化示范区的主导产业是空分产业、旅游、文体娱乐业。当然，伴随着郑州航空经济综合实验区建设的推进和影响力逐渐增强，郑汴之间功能分区的产业定位有所变化，但核心的主导产业没有发生实质性的变化(见图 10-3)。

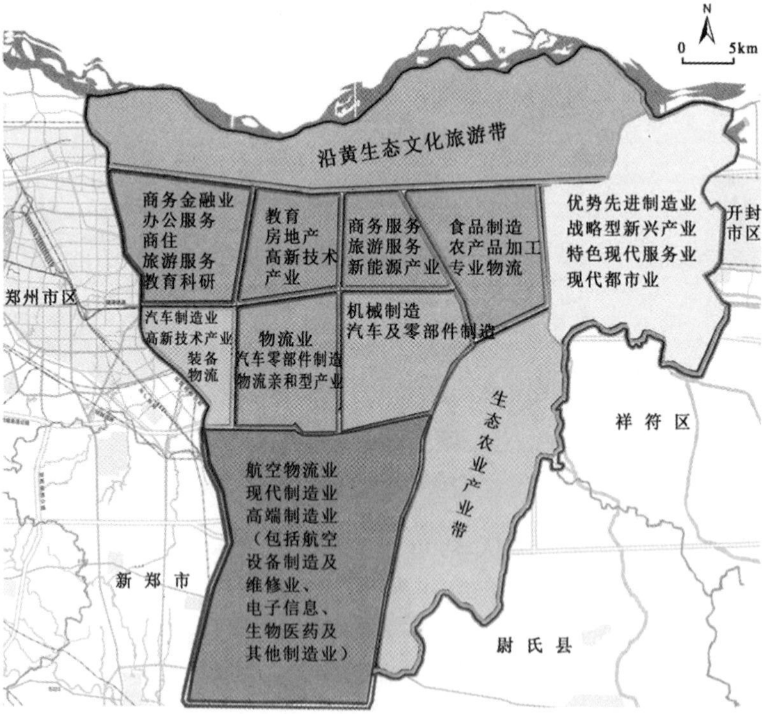

图 10-3 郑汴之间轴带组织与功能分区

在郑州和开封之间，过去由于缺乏快速的交通通道和受区位条件的限制，经济发展一直比较落后，成为郑州和开封地区的经济低谷地带，主要包括中牟县境内的沧浪、白沙、官渡、雁鸣湖和开封境内的刘集、杏花营。随着郑汴一体化带来的联体发展以及郑汴增长极的带动，这种格局已经发生了实质性的变化。在郑汴新区的功能布局规划中，农业科技观光示范园、高新技术园区等在这一地带连片布局，使得经济低谷带的发展带动科技的力量和现代化的活力，崭新出亮丽的新面貌。中牟县是郑州市唯一县级别的城镇，经济发展相对落后，是郑州现代化都市圈中的一支弱中心。因此，在郑汴走廊的城镇构建中，经济低谷地带的崛起可以按照“走廊城市”的第二种发展模式发展，实现板块之间群体发展的格局，与早期形成的核心城市一起构成“走廊城市”。例如，在郑汴之间营建郑汴产业带、物流园区和现代农业示范区的基础上，发挥官渡镇、杏花营镇等乡镇枢纽作用，形成“组团增长带”，必然会带动郑汴之间相对落后地带的共同发展。

（四）具体分区

聚焦现代化都市圈建设发展需求，结合郑州大都市区、洛阳都市圈、开封城市总体规划等相关规划、专项规划、产业规划以及相应的专题规划等内容。首先，根据郑汴洛依托的陇海发展轴与主要的南北向高速国道等分隔的情况，结合城市总规，对各个城市的功能分区、产业方向、城市职能等方面进行定位。其次，进一步综合考虑郑洛西高质量合作发展带、沿黄生态保护与高质量发展、大运河文化带、“一带一路”倡议以及国土空间规划要求的“三生空间”优化等内容，将郑汴洛产业发展带具体分为30个分区(见图10-4)。

第一，郑州段根据其城市的功能布局、产业组团、产业定位将其归为12个组团。一是城市综合服务区、提质增产功能区。该区域位于郑州市东北隅，其目前的产业主要是以集中式商业、服务业为主，现代农业为辅，未来重点发展以特色街区为主题的商业、服务业，综合发展现代化都市型农业。二是特色产业发展区、近郊都市农业区、城市功能配套。该区域位于郑州南部区域，其现在的功能结构主要是以大健康为主导，发展都市农业，构建产业与金融创新融合发展体系，未来主要发展仍以“健康”为核心，城市生活配套为保障，构建人、城、产融合的健康城市产业体系。三是沿黄生态旅游、近郊都市农业、城乡融合发展区。该区域位于郑州北部，其现在的产业主要是以生态为核心，发展养殖业、旅游业、餐饮业，生态工业，未来发展应在保证现有产业优势的基础上，打造以蔬菜批发为主的物流业，农副产品加工和都市工业。四是城市配套服务区、现代产业示范区、产城融合区。该区域位于中心城区西部，现在主要商贸、纺织服装及家具为主的商贸物流业和品牌服装

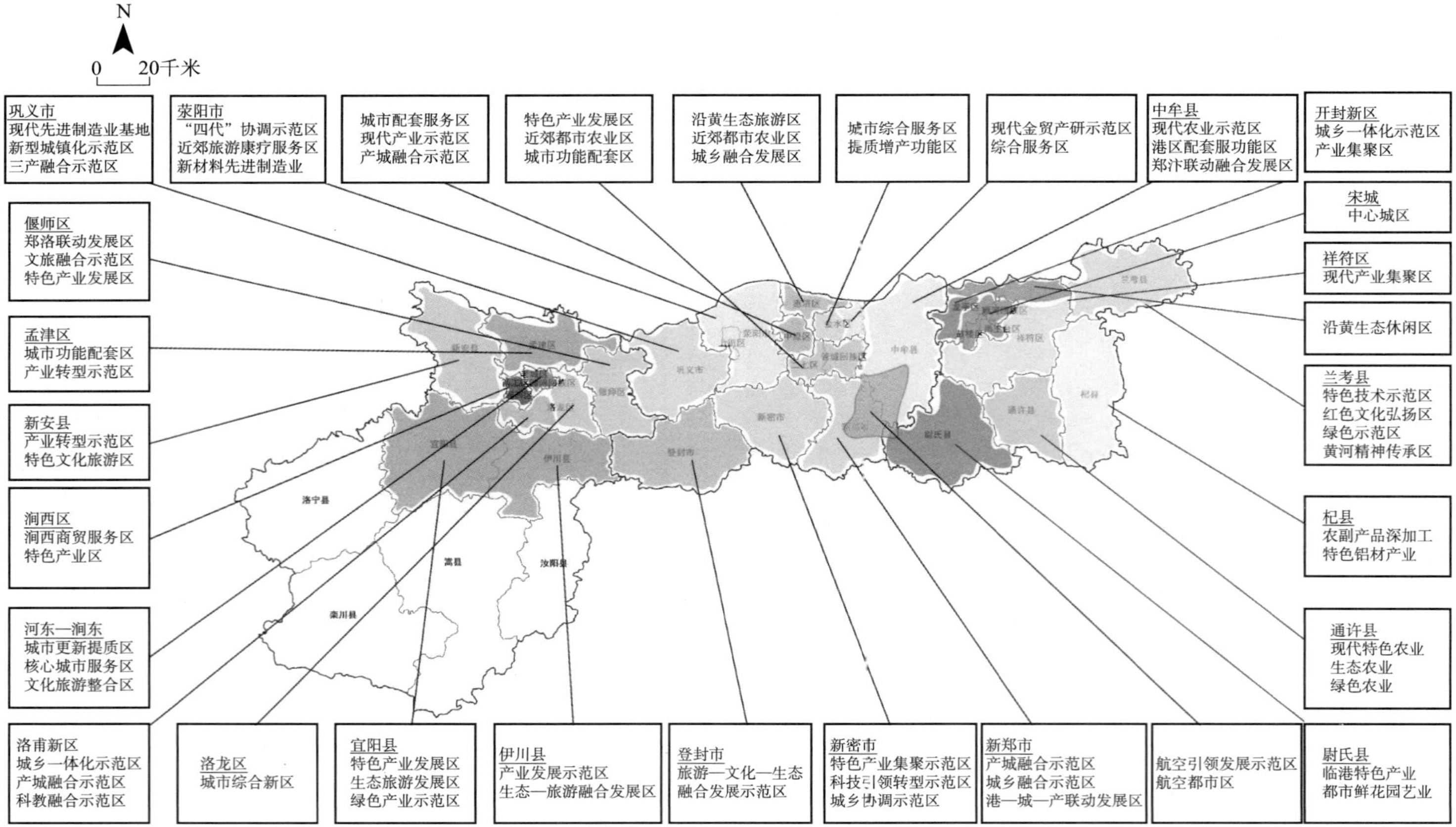

图10-4 郑汴洛产业发展带的轴带组织与功能分区

制造业，同时在CBD(中央商务区)地区建设包括商务、金融、保险等在内的现代产业体系，未来农业方面大力发展花卉苗木业，工业方面发展磨料磨具、机械制造、纺织印染，服务业方面依靠生活设施配套齐全优势大力发展商业、零售业，商贸物流业。五是现代金贸、产研示范、智慧服务区。该区主要位于中心城区东部。目前以现代服务、商贸物流、休闲商务为主大力发展经济，未来应快速投入新一代信息技术、生产性服务业、高端商贸业、文化旅游等多个领域，着力新兴产业、新基建领域、人工智能、5G(第五代移动通信技术)数字经济等高端前沿产业。六是航空引领发展示范区、航空都市区。该区域位于郑州市东南部，是以国际航空物流中心、航空经济为引领的现代产业基地，具体以航空物流业、高端制造业、现代服务业作为主导产业，未来不会改变其根本发展逻辑，建立航空都市区，发展现代物流、综合交通，以及相应的医疗、绿色休闲产业，其产业规模将决定郑州引资能力。七是产城融合示范区、城乡融合示范区、港城一体化联动发展区。该区域位于郑州市外围南部。当前在遵循工业化、城镇化发展规律的前提下，在产城联动的基础上大力发展先进制造业和现代服务业，带动中心商务区的商业发展，结合周边城镇发展商贸物流，集合临港重点发展食品、医药、电子信息、物流。未来应以北部产业集群发展商贸物流、旅游、居住产业、装备制造工业和都市农业，南部的临港产业集群发展食品、医药、新型建材产业、能源产业和都市农业，中部的生态产业集群发展农业体验，多类型融合旅游。八是“四化”协调示范区、新材料先进制造业、近郊旅游康复服务区。该区域位于临近中心城区西部。目前以铁路、高速公路发展综合交通业，集合中原城市群陇海发展轴发展先进制造业和新材料产业，医疗、综合服务业，文化旅游休闲；在未来一段时间内应以新材料、先进制造业和健康产业作为主要发展产业，综合发展旅游，交通，服务业。九是现代先进制造业基地、新型城镇化示范区、三产融合示范区。该区域位于郑州外围西北方向，当前应以降低资源重工业比重，巩固多元化农业地位，逐步发展服务业为主体的三产协调发展规划，协同铝制品加工，加强与装备制造业的产业互动；同时，重点发展外围的旅游业。未来逐步向着新型工业和先进制造业的方向发展，进一步加强工具铝加工，耐火材料、机械制造等产业的优势，大力吸引并着力发展新材料、电子信息、生物医药、都市型绿色工业等战略性新兴产业。十是旅游文化生态、融合发展示范区。该区域位于郑州市外围的西南方向，目前大力发展嵩山风景区一带的旅游业，以及生态体验业，促进了生态、文化旅游的有机融合。未来应继续保持现有的文化旅游、生态旅游，产业融合的优势，着力发展东西向的科技业，电子信息业，特色文化旅游业，发展中心园区、新材料、生物医药为主的现代工业，以文化旅游为主的现代服务业，以特色种植、养殖为主的现代都市农业。十一是特色产业集聚示范区、科技引领转型示范区、城乡协调示范区。该区域位于中心城区西南方向，当前作为郑州大都市区重要组团，应重点发展品牌服装、先进制造业、节能环保产业，辅以镇域产业的现代服务业，文化旅游业、都市高效农业，形成中心地区集聚的科技中心、商贸中心、商务金融。未来应在现有产业结构的基础上加强文创中心、服务中心、商务中心的产业推动作用，并在工业方面的高端装备制造，绿色材料迈进。十二是现代农业示范区、港区配套功能区、郑汴联体融合发展区。该区域位于郑汴发展轴之上，中心城区东部。当前初步形成以汽车产业、文化创意旅游产业、都市生态农业等为支撑的现代产业体系，结合文化和综合商贸服务业、商贸物流业、现代服务业、休闲旅游业。未来应以四大组团为产业支撑；县城组团的功能定位为县域行政文化服务中心，规划形成以行政办公、文化和综合商贸服务为主导的城市功能组团；汽车城组团的功能定位为中原经济区的汽车产业基地，规划形成以汽车制造业、商贸物流业及其配套服务功能为主导的城市功能组团；文创园组团为郑州国际文化创意产业园区发展的重要空间载体，功能定位为中原经济区文化创意中心和休闲旅游目的地，规划形成以时尚创意、文化休闲、商贸旅游服务功能为主导的城市功能组团；官渡组团为中牟县远期重要的战略发展空间，功能定位为郑汴区域重要的产业研发中心，规划形成以体育休闲、教育科研、高新技术产业为主导的城市功能组团。

第二，开封段根据其城市的功能布局、产业组团、产业定位，城市性质将其归为 8 个组团。一是宋城。该区域为开封市中心区域，当前以宋城古都文化为载体，大力发展文化旅游、商业，服务业。从发展规划看，该区域未来不会从根本上改变上其产业发展方向，仍以文化旅游，商业、商旅融合核心。二是城乡一体化示范区、产业集聚区。该区域位于开封市西部，当前以发展现代服务业、装备制造为重点，同时在该组团中西部片区发展以高新技术产业、先进制造业、现代服务业为基础的产业集聚区，以及东部的食品加工。未来应重点布局科技研发、现代制造业、农产品加工业、现代商贸和文化旅游服务业、金融、休闲娱乐、纺织服装加工。三是临港特色产业、都市观赏、园艺业区。该区域位于开封市西南方向，现在应以纺织服装、现代家居、健康医疗为主导产业，同时打造服务完善、景观优美的园艺业；以及结合郑州航空发展高端制造业，物流业。未来应在现有主导产业的基础上发展仓储物流和配套生活服务、纺织服装、农副产品加工业，核心发展思路是以现有园区产业聚集优势纵向延伸。四是现代特色农业、生态农业、绿色农业区。该区域位于开封市南部，当前应以农业为核心，发展特色农业、农产品深加工等产业。未来应围绕农副产品深加工、木材家居、智能制造主导产业形成新兴特色产业集群，以园区产业集聚发展物流业、电商。五是农副产品深加工、特色铝材产业区。该区域位于开封市东南部，当前产业发展主要以工业项目为主，以纺织、农副产品深加工、化工、机械制造为支柱产业，形成产业集群；同时兼顾商贸物流、文化休闲、公寓商住等第三产业的发展。未来应以集聚区的形式分区发展：综合产业园区，主要布局新材料、新能源产业；农副产品加工园区，主要布局各类粮食加工、食品加工；纺织、服装加工园区，主要布局纺织服装加工业；生活服务园区，主要发展商业、服务业；综合服务区，主要布局商业与金融；市场及物流园区，主要配置农产品配送中心，以及物流运输。六是东部现代产业转型集聚区。该区域位于开封中心城区东部，目前以农业为基础，建设农业生态庄园，发展生态旅游，农作物种植业、苗圃种植，食品加工，现代物流。未来应在不改变现有产业结构的基础上，还将建设豫东地区菊花名镇，发展菊花产业旅游，同时发展以冷链物流为主的综合性物流业，电商。七是兰考特色技术、红色文化、绿色示范区。该区域位于开封市东北部，当前以木材加工、家具制造、农副产品加工为主导产业，同时发展高新科技业、装备制造业、红色文化旅游业。未来应在中心区大力发展综合服务业、商务、商业、物流，外围组团发展文化旅游服务业、工业生产（木材加工、家具制造、农副产品加工）、现代物流，绿色休闲旅游业。八是沿黄生态旅游休闲区。该区域位于开封市北部，当前主要以创建花卉为核心的主导产业，建设都市农业区，打造现代化花卉产业链，发展渔业产业、花卉产业、生态产业等。未来应在依托现有生态资源优势基础上，以农村田园景观、农业生产活动和特色农产品为休闲吸引物，开发农业游、林果游、花卉游、渔业游、牧业游等不同特色的主题休闲活动以及农家乐。

第三，洛阳段根据其城市的功能布局、产业组团、产业定位，城市性质将其归为 10 个组团。一是商贸服务区、特色产业区。该区域位于洛阳中心城区西北方向，当前城市发展依托于工业、商贸服务业驱动，同时发展特色商业、休闲娱乐、工业物流、休闲文化产业。未来应继续以制造业为本，进行产业升级，发展先进制造业、新材料、智能装备特色产业，同时围绕新兴产业集聚打造全产业生态，发展现代服务、科技旅游，生态休闲；另外，要将工业文化与城市更新结合从而发展工业旅游、文化旅游。二是城乡一体化示范区、产城融合示范区、科教融合示范区。该区域位于洛阳中心城区西南部，当前洛南新区主要发展工业、商业、文化旅游、文化娱乐，以及教育科研产业，同时以工业、科技园区为主发展新材料、新能源、电子信息等高新技术产业和装备制造业。未来该区产业规划不会有太大变化，仍然以工业、商贸服务业为两大主线，同时加大高新技术产业的发展。三是城市更新提质区、核心城市服务区、文化旅游整合区。该区域位于洛阳中心城区北部，当前以文化、商业、旅游服务、以工业、物流、为主要功能的城市产业—生活综合片区，同时发展机械制造加工与现代物流业等。未来该区应在工业、物流、金融服务、商业服务、房地产、特色风情商业街，以及历史文化与旅游结合等方面进行重点产业规划发展。四是城市综合新区。该区域位于洛阳中心城区东南部，当前以工业、居住为主的城市综合新区，主要发展高新技术产业和无污染、高附加值的产业，同时发展现代服务业、高端智能制造业。未来该区域应以金融服务、科技创新、电子信息、文化旅游、乡村旅游和农业观光为主要产业。五是特色产业发展区、生态旅游、绿色农业示范区。该区域位于洛阳市西南部，目前主要以产业生态融合、城市宜居为主要定位，着力发展高端装备、新材料、食品药品“三大主导产业”，培育壮大航空航天、新能源、商贸物流“三大新兴产业”，大力发展高效农业、文化旅游“两大特色产业”。未来该区域发展不会改变当前“332”的产业发展结构，更多的应纵向延伸以及产业集聚发展，以保证其现有优势产业的升级、扩大。六是产业发展转型示范区、生态—旅游融合发展区。该区域位于洛阳市东南部，目前以四个分区形式发展，其中中部为产城融合、创新转型发展板块，东部为有机农业、观光农业、休闲旅游板块，西部为特色林果、养殖发展板块，南部为商贸物流板块。未来该区域应竭力打通与周边联系，在现有产业格局不变的情况下强化组团化发展思路，提升高新技术产业发展水平。七是郑洛联动发展示范区、文旅融合示范区、特色产业发展区。该区域位于洛阳市东部，目前以现代物流、电子商务作为对接中心城区的主要产业，同时发展文化旅游、先进装备制造业和新材料产业。未来该区域在保持整体格局不变的同时，重点发展现代物流和电子商务，中心区域重点发展现代服务业、制造业、科创业，先进装备制造业，外围村镇打造文化旅游、生态旅游、休闲观光。八是新型城镇化示范区、城乡一体化示范区。该区域位于洛阳与三门峡之间，当前主要有四大主导产业：煤炭、煤化工、装备制造、新能源新材料和电子信息，同时打造绿色高端能源化工、新材料、物流基地。未来该区域在保持新型工业化的发展格局不变的同时，辅以发展能源产业、金融电商业，同时打造特色品牌，促进产业升级。九是新型产业转型示范基地、特色文化旅游区。该区域位于洛阳市西部，目前是以先进装备制造业、新材料产业为主导的产业新城，同时发展河洛文化旅游。未来该区域应继续保持并壮大现有主导产业的优势，壮大西部发展文化休闲业、科教文创产业、健康养生产业；激活中部生产生活板块活力，同时围绕城市双修、提质增效为重点，打造现代服务业集聚区、山水生态宜居区；做强东部产业制造板块，承接产业转移，重点发展先进装备制造业、新材料产业及军民融合产业。十是城市功能配套区、产业转型示范区。该区域位于洛阳市北部，目前以工业为主导产业，中心区域以商贸、金融、机械加工、休闲娱乐、现代物流等产业为主，外围区尤其是乡村地区以特色产业、农业、旅游业为主。未来该区域农业方面应重点加快农业产业化，工业方面应重点强化矿产资源、能源电力、装备制造、化工、冶金等产业，现代服务业应大力发展现代物流业、商贸流通业，以及以文化为主体的旅游业、餐饮业、服务业。

第十一章 中原城市群的四方联动与跨区发展

区域协作既是促进本地与外地、内部与外部共同发展的联结保障，也是促进城市—区域综合发展板块变大变强的外联需求，因此基于省际边缘区的发展优势，寻求跨区的发展和协作，对促进河南省与周边省份的共同发展具有重要的现实意义。在已有的区际合作中，河南省西部与陕西省、山西省的合作密切，形成了黄河金三角示范区，很大程度上促进了中原城市群西部地区的晋陕豫交会区的联动发展；河南省东部基于交通交汇的区域优势，形成了淮海经济区，为豫鲁苏皖的区际合作提供了经济联合支撑；河南省北部依托晋豫鲁豫的区际合作优势，形成中原经济协作区，为后续的中原经济区、中原城市群战略形成奠定了坚实的基础；河南省南部地区的南阳、信阳，发挥天然地势和文化相融优势，形成了与武汉都市圈密切相连的过渡地带。因此，本章在分析已有的区域规划联动思路和战略基础上，加之四方联动与跨区发展的区际合作的未来趋势，为中原城市群区际合作提供发展重点和未来路径。

一、已有的规划支撑与相应分区

在已有的《河南省城镇体系规划(2011—2020 年)》，将河南省的空间分区分为中原城市群(传统九市)、豫北城镇发展区、豫东城镇发展区、豫南城镇发展区、豫西南城镇发展区、豫西城镇发展区六大分区(见图 11-1)。除中原城市群在核心区域外，其余五个分区均对区域的对外联系、功能定位等进行了表述。其一，豫北城镇发展区是联系京津冀城市群和晋冀鲁的门户和重要通道，是河南省重要的能源、原材料和粮食基地，未来的产业重点是钢铁、煤化工和石油化工产业密集区和电子信息产业集群。其二，豫东城镇发展区是河南东部的门户城市和承接东部产业转移的前沿地区，是全国重要的现代农业基地和以农副产品精深加工为主的加工制造业基地，是河南省重要的能源基地、劳务输出基地，未来的产业重点是纺织、食品等产业集群。其三，豫南城镇发展区是联系长江三角洲城市群和长江经济带的门户和承接东部产业转移的前沿地区，是全国重要的现代农业基地和以农副产品精深加工为主的加工制造业基地、畜牧产品基地，是河南省重要的劳务输出基地，未来产业发展的重点是新型纺织、生物医药、食品等产业集群。其四，豫西南城镇发展区是西部地区资源输出和联系长江三角洲城市群的重要通道和南水北调中线工程的水源地，是联系长江经济带、西南经济区的重要通道和门户，是河南省省重要的粮食、棉花、油料、中药材等优势农产品基地、文化和生态旅游区。其五，豫西城镇发展区是豫陕晋黄河金三角经济协作区的重要组成部分与西部地区资源输出的重要通道，是河南省重要的能源、煤化工、铝工业、有色金属和林果生产加工基地和生态文化旅游区，未来产业重点是食品、医药等产业集群。

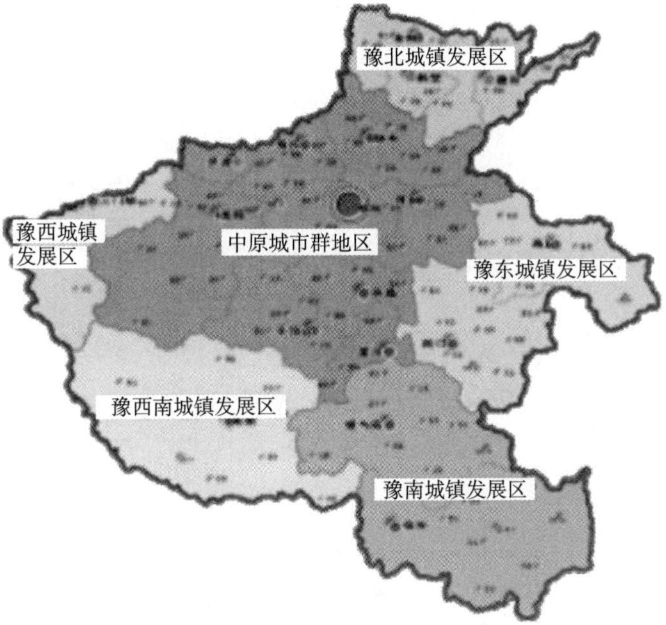

图 11-1　河南省城镇体系规划中的六区划分

《中原经济区规划(2012—2020 年)》在第三章空间布局的第三节“壮大南北两翼经济带”中的表述中，对南北方的对外联动与跨区发展提出了具体措施，即加强运输通道建设，提升晋冀鲁豫交界地区和淮河上中游地区城市发展水平，培育壮大沿邯(郸)长(治)—邯(郸)济(南)经济带和沿淮经济带(见图 11-2)，形成与“米”字形发展轴相衔接、促进中原经济区东西向开放合作的重要支撑。在北侧的沿邯长—邯济经济带打造方面指出，要依托邯长—邯济铁路、晋豫鲁大能力运输通道和青(岛)兰(州)高速，推动长治、邯郸、安阳、邢台、聊城等沿线工业城市振兴发展，形成支撑中原经济区北部省际交汇区域发展的经济带。在南侧的沿淮经济带建设方面指出，要依托淮河水运通道及沿淮路网通道，统筹淮河沿线资源开发，提升信阳、周口、驻马店、漯河、阜阳、亳州、淮北、宿州、蚌埠、淮南的产业集聚与城市发展水平，形成支撑中原经济区东南部区域发展的经济带。

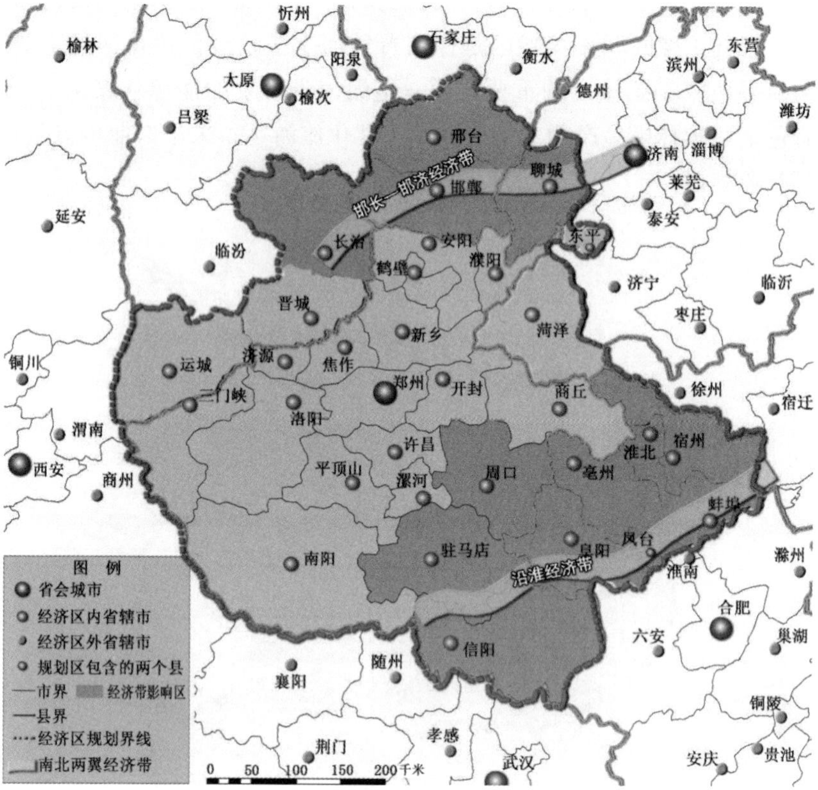

图 11-2　中原经济区规划中的两翼

《中原城市群发展规划》在第三章空间布局的第一节中提出构建“一核四轴四区”网络化空间格局，其中四区即四个城镇协同发展区（见图 11-3）。具体表述如下：要突破行政壁垒，创新体制机制，促进省际相邻城市合作联动，加快构建跨区域快速交通通道，优化产业分工协作，推动教育、科技、文化、生态等资源共享，培育北部跨区域协同发展示范区、东部承接产业转移示范区、西部转型创新发展示范区、南部高效生态经济示范区，打造城市群新的增长区域和开放空间。

通过分析河南省、中原经济区与中原城市群的联动发展战略可知，处于外围区的发展地带可以根据在河南省城市—区域系统的第三个圈层的区位不同，将其分为不同的片区逐一进行整合考虑。笔者在硕士学位论中也曾提出

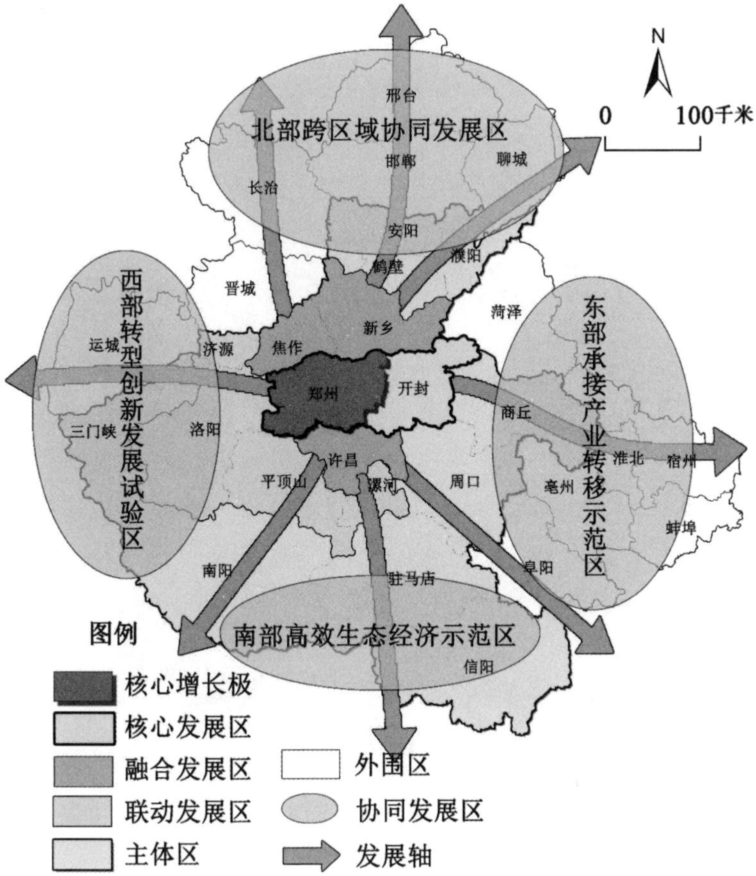

图 11-3　中原城市群规划中的四区

豫北区可根据安阳、濮阳、鹤壁的城市定位和区域发展条件，将其发展为豫北钢铁制造、机械加工、农产品加工、自然文化旅游为主的综合性发展片区；豫西区的三门峡，可考虑将其矿产资源开发、农副产品加工、林业果品业作为发展的重点，形成豫西农林产品加工片区；豫西南区的南阳可发展生态旅游、自然保护区旅游、文化旅游、玉石加工、矿产资源开发等项目，形成西南地区的综合发展片区；豫南地区的驻马店、信阳也可将生态旅游、文化旅游作为其发展重点，同时发展特色农产品、物流中转等项目，形成豫南发展片区；豫东的商丘、周口可发展高效农业、生态农业、文化旅游等项目，形成豫东发展片区。上述表述虽与重大的区域规划战略有所差距，但通过不同区域的逐个整合，突出地方特色，打造区域性中心城市，形成核心区、辐射带动区和“片区”，最终可以实现协同发展(见图 11-4)。

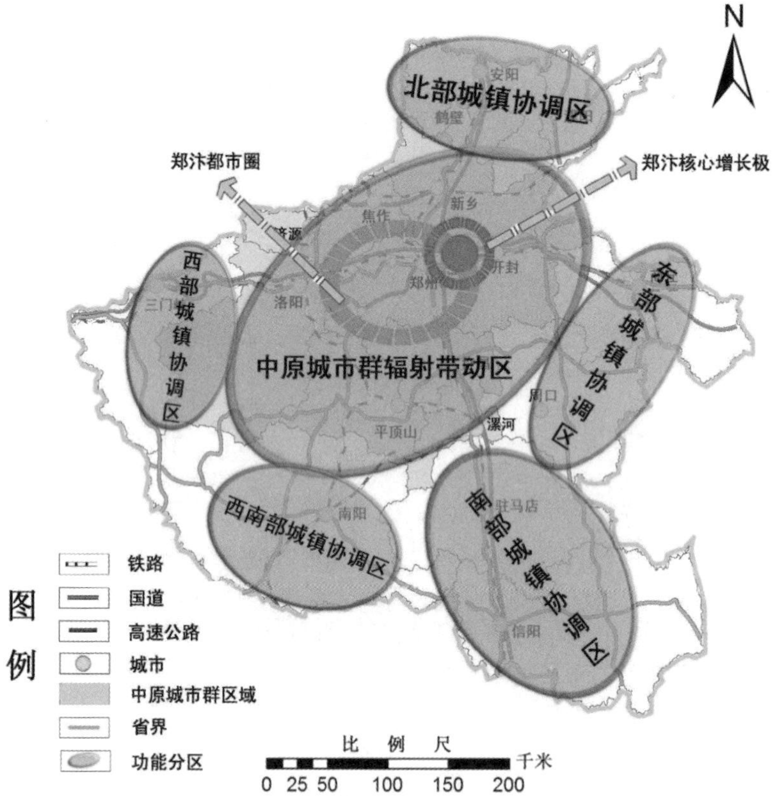

图 11-4 河南省城市—区域整合的五个片区

二、四方联动的区域与功能定位

根据河南省对外联系的片区划分和中原城市群发展规划的四区建设，结合黄河流域生态保护与高质量发展、中部崛起等重大战略的方向引领，参考相应的区际合作规划的文字表述，将四方联动的区域进行如下划分和功能定位：

第一，西部联动发展区。该区域包括山西省的运城市、临汾市，河南省的三门峡市和陕西省的渭南市，即黄河金三角示范区。该区域作为全国省际交界地区的协调发展示范区，应基于资源禀赋、产业基础和创新合作的良好条件，探索跨省交界地区合作发展高质量发展路径，实现区域合作水平和层次的新跨越，推动欠发达地区转型发展，打造中西部开放合作新高地，建设新的经济增长极，为促进区域互动合作发展和体制机制创新提供典型示范。通过规划建设，将该区域发展成为全国经济转型和省际合作创新的先行区，

"一带一路"倡议、黄河流域生态保护与高质量发展带上的重要功能区和连通要道，华夏历史文化旅游目的地，中西部地区特色农产品生产加工、能源原材料及装备制造业基地，内陆地区重要的区域物流中心，郑洛西高质量发展带的功能对接区。

第二，东部联动发展区。该区域包括河南省的开封市、商丘市、周口市，安徽省的阜阳市、亳州市、宿州、淮北、蚌埠，江苏省的徐州、宿迁、淮安、盐城、连云港，山东省的日照、临沂市、济南市莱芜区、泰安市、济宁市、枣庄市、菏泽市，即淮海经济区。该区域作为豫鲁皖苏区际合作的战略区，承担着国家南北经济的过渡、东西板块梯次渐进的板块组合经济区，应立足沿海，依托长三角城市群，发挥省际协同效应，努力打造成为亚欧大陆桥重要的经济转型区，"一带一路"沿线东侧的重要战略支撑区，全国重要的交通联结区、"四化"协调示范区，以及我国连接南北、沟通东西的重要经济增长极。

第三，北部联动发展区。该区域包括河南省的安阳市、鹤壁市、濮阳市、新乡市、焦作市、济源市，山西省的晋城市、长治市，河北省的邢台市、邯郸市，以及山东省的聊城市、菏泽市。该区域处于我国由东向西的技术梯度和由西向东的资源梯度交汇区，应着力发挥经济较发达地区和资源丰富地区的结合部的地理优势，进一步畅通省际经济协作的互联互通，发挥邯长—邯济经济带的辐射带动和区域串联作用，依托中原经济区在黄河北侧的板块内聚优势，努力打造全国经济转型的省际协作示范区、北方经济发展的高质量支撑带。

第四，南部联动发展区。该区域包括河南省的南阳市、驻马店市、信阳市，湖北省的十堰市、襄阳市、随州市、黄冈市、孝感市，经山川地理的天然串联，形成密不可分的自然—文化—生态融合区。该区域作为中原和荆楚文化的交汇区，应立足河南、湖北两省在中部崛起的联合力量，着力于资源共享、产业对接、市场共荣、文化共兴等理念，努力打造全国经济发展的产业转型升级示范区、自然—生态—文化融合发展示范区、南部经济融合发展示范区。

三、跨区发展的基础与战略重点

（一）西部联动发展区

1. 发展历程与发展基础

该区域由山西省的运城市、临汾市，河南省的三门峡市和陕西省的渭南市构成，形成了晋陕豫三省边缘“黄河金三角示范区”（见图 11-5）。黄河金三角示范区国土面积达 5.78 万平方千米，位于我国中、西部交界地带，区位优势独特，承东启西、连通南北，铁路线纵横交错、公路网四通八达，初步形成了综合立体交通网络和区域内 1 小时经济圈，在全国区域大局中具有重要的板块协同和区际过渡作用。因此，晋陕豫黄河金三角示范区地域相连、经济相融、文化相近、人缘相亲，具有区域合作的基础条件。同时，这一地区地处中西部结合带和欧亚大陆桥重要地段，是实施西部大开发战略和促进中部地区崛起战略的重要区域，在我国区域发展格局中具有非常强的经济串联作用。

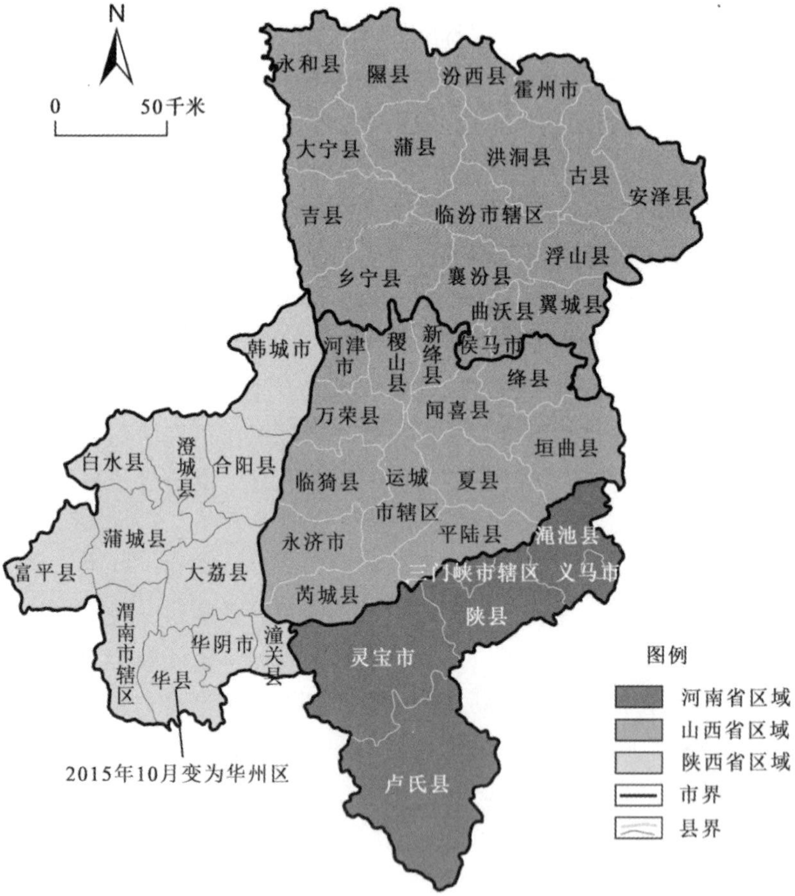

图 11-5 晋陕豫黄河金三角示范匀的组成和行政区划

从区域资源支撑方面看，铝、镁、钼、铜、黄金、芒硝等矿产资源储量较大，农业生产条件得天独厚，土地和水资源丰富，文化旅游资源富集。从产业发展基础看，苹果产量、浓缩果汁产能分别约占全国的 25% 和 75%，形成了以煤和煤化工、电力、有色金属等能源原材料生产，以及装备制造、农产品加工为主的产业体系。从区域合作的现实看，长期以来四个城市经济联系紧密，产业关联度高，特别是近年来着眼于促进区域协调发展，共建重大基础设施和产业基地，深化社会事业合作，区域合作机制初步建立，联动发展格局初步形成。然而，该区域的城市构成属于原来各自省域的边缘区，基本上属于欠发达地区，面临着资源枯竭和转型的发展瓶颈，肩负着振兴革命老区的重任，因此在这个区域开展区域合作也面临着诸多难题，需要国家根据区域特点出台针对性的政策。此外，四个城市分属于不同省份，在总体功能定位上不统一，同区不同政策的现象明显，导致在体制机制壁垒影响下产生区域发展的"洼地"。

为了实现区域经济的协作发展，三省四市基于区际合作的优势条件，30多年来，一直致力于突破行政区划界限，以及区际经济的合作共赢发展。1986年"晋陕豫黄河金三角经济协作区"成立以来，三省四市积极探索实践，加强交流合作，合作领域不断拓展，合作机制不断完善，合作水平不断提高，区域联动发展、一体化发展取得初步成效。2008年启动申报"区域协调发展综合试验区"，2009年列入国家《促进中部地区崛起规划》，2012年5月国家发展和改革委员会批准建立《晋陕豫黄河金三角承接产业转移示范区》，2014年4月国务院批准《晋陕豫黄河金三角区域合作规划》(发改地区〔2014〕742号)。在上述系列战略和规划的支持下，晋陕豫黄河金三角区域合作进入了国家战略层面。回顾历史可发现，该区域已经进行了很多实质性的产业合作，如联合建设的三门峡、风陵渡黄河公路大桥，联合打造黄河金三角精品旅游，建成无障碍旅游协作区，实现了运城和三门峡还实现了旅游年票一卡通等，这些基础设施建设和产业协作组织为对区域之间的合作发展打下了重要的基础。即便如此，该区域仍然面临着资源转型与整合、经济提质与增效、生态保护和环境提升等方面的发展困境，如《晋陕豫黄河金三角区域合作规划》所述存在四个方面的问题：产业低水平重复建设问题仍未解决，资源要素跨区域整合难度大；区域生态环境治理与保护任务艰巨，统筹协调比较困难；地区封锁和行政壁垒仍然存在，一体化发展障碍较多；区域合作缺乏制度规范，体制和机制亟待完善。

2. 区际合作的战略重点

根据《晋陕豫黄河金三角区域合作规划》的产业发展定位，结合当前新型城镇化、乡村振兴、经济高质量发展等方面的战略要求，未来的发展重点如下。

第一，农业合作发展的重点。按照乡村振兴的总要求，以农业现代化和农民共同富裕为发展理念，共建优势农产品生产加工基地，实施区域化布局、规模化种植、标准化生产、品牌化销售、公司化经营，培育壮大农产品加工龙头企业，鼓励和支持农民专业合作社发展，共同推进粮、果、菜、畜等优势农产品生产加工基地建设。一是在农业科技化方面，发挥科技助农的优势和区际果业联合会的协同优势，开展区域农业科技推广、交流和协作，促进农资连锁配送，加强农机跨区作业协调合作，促进区域内生产管理、技术研发、市场营销、协调服务等功能的一体化建设。二是在农业信息化方面，加强农产品质量安全和农业信息服务合作，制定实施农产品质量安全技术操作规程，加快建立区域间食用农产品产地准出和市场准入管理的衔接机制。同时，整合区域内各类农业信息资源，建立统一的农业信息交流平台，加快农业地理数据库建设，形成农业综合信息网络服务体系。

第二，工业合作发展的重点。以优势产业和骨干企业为龙头，培育壮大若干关联紧密、技术水平高、创新能力强的产业集群，延长产业链，提升产业层次，建设全国重要的有色金属深加工和现代装备制造业基地，共同培育战略性新兴产业。一是在建设有色金属深加工基地方面，应加强区域内优势资源的整合，推进三门峡与运城铝业、潼关与灵宝黄金等产业联盟、企业合作，支持运城、三门峡和渭南建设铝镁、黄金、钼及其他稀有金属深加工新型工业化示范基地，大力发展稀有金属深加工，提高产品附加值，加快产业升级。二是在合作发展装备制造业方面，应充分利用现有装备制造业产业基础和配套条件，加强分工协作，引进优质资本和先进技术，加快企业兼并重组和产品更新换代，提高基础零部件和配套产品的技术水平，重点发展精密量仪、重型载重汽车、改装汽车、汽车零部件、电子电气设备、精密铸造件、冶金重型装备和专用机械装备等产业，全面提升产业竞争力，建设中西部地区重要的装备制造业基地。三是在战略性新兴产业发展方面，应重点推进产学研结合，提升科技创新水平，合作构建产业发展平台，坚持引进和培育相结合，大力发展煤层气开发、物联网基础件、新材料、新能源、通用航空飞机配件、精密制造、生物医药和节能环保等产业。

第三，现代服务业合作发展的重点。充分发挥黄河金三角区位、资源和人文优势，推进旅游、文化、现代物流、金融和信息服务业的深度合作与提质增效，全面提升区域服务业发展水平。在旅游发展方面，应共同建设旅游基础设施，合力开拓旅游市场，联手整治旅游市场秩序，建设国内外重要旅游目的地。一是在文化产业方面，应充分挖掘根祖文化、黄河文化和民间艺术资源，打造“山、水、圣”文化品牌，促进旅游与文化产业融合发展，合力打造反映黄河金三角形象的文化作品。二是在区域物流中心构建方面，应依托综合交通运输网络和海关监管查验场，统筹规划物流园区、物流配送中心、特色商业区和专业市场，重点发展以智能交通、港站枢纽、多式联运为一体的运输体系，共同打造黄河金三角陆路口岸。三是在金融和信息服务业发展方面，应重点加快推进金融改革创新，积极引进国内外商业银行和金融机构，推动证券市场发展，积极利用期货市场，发展区域性产权交易市场，推动金融改革创新。

（二）东部联动发展区

1. 发展历程与发展基础

淮海经济区，包括豫鲁苏皖 20 个地级市和 2 个省直管县（兰考县和永城市），承南启北，北接齐鲁、南连江淮、东濒黄海、西临中原，背靠华中经济区（见图 11-6）。该区域地处大平原，交通优势突出，文化习俗相似性很多，地域经济社会联系密切，具备区域经济一体化发展的各种基础条件。

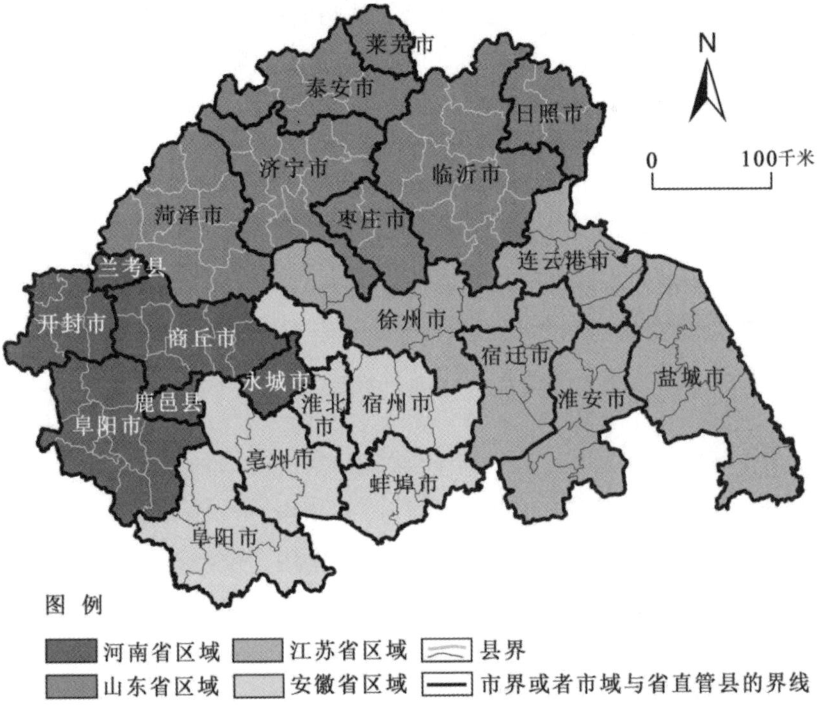

图 11-6　淮海经济区的组成和行政区划

1986年，在多方的努力下，成立和淮海经济区。自此之后，区域之间的经济联系进一步加强，文化交流进一步增强，为四省的区际合作奠定了很好的基础。经过多年的发展，区域经济一体化的进程不断加强，区域内部的核心城市之间的互动不断增加。淮海经济区核心区城市包括宿迁市、连云港市、宿州市、商丘市、济宁市、枣庄市、徐州市和淮北市。2010年5月7日，第一届淮海经济区核心区城市市长会议召开，标志着淮海经济区核心区一体化建设正式启动。核心区城市的八位市长联名签署了《关于加快淮海经济区核心区一体化建设的意见》，商讨并通过了《2010年淮海经济区核心区一体化建设重点工作方案》、《淮海经济区核心区一体化建设合作与发展协调机制（试行）》等相关文件。在该次会议上，淮海经济区核心区市长会议旨在加快淮海经济区核心区一体化建设，促进核心区形成资源要素优化配置、地区优势充分发挥的协调发展新格局，提升区域综合竞争力，争取早日将淮海经济区发展规划上升为国家战略。第一届淮海经济区核心区城市市长会议成为联动四省发展的重要平台，为后续的几届会议持续召开和区际实质性的合作发展奠定了很好基础。

2010年之后，淮海经济区上升为国家战略的提法获得多方认同，区域内各方积极呼吁、多方融入、建言献策以助力国家战略出台。2017年6月16日，《国务院关于徐州市城市总体规划的批复》（国函〔2017〕78号）印发，从中央层面正式确立了徐州市的国家历史文化名城、全国重要的综合性交通枢纽，以及淮海经济区中心城市地位。2018年11月，经国务院批准，《淮河生态经济带发展规划》正式印发，涵盖了淮海经济区的大部分地域单元。在该规划中，明确指出该区域要全方位拓展合作发展潜力和对外开放空间，积极融入"一带一路"建设、长江经济带发展，全面加强与周边区域的联动发展，促进东西双向开放、南北深度融合，加快培育合作竞争新优势，提升开放型经济水平。该规划中提出要构建"一带、三区、四轴、多点"的总体格局，其中三区包括东部海江河湖联动区、北部淮海经济区、中西部内陆崛起区。在北部淮海经济区（范围比原有的范围略小）表述中，就指出发挥连云港新亚欧大陆桥经济走廊东方起点和陆海交汇枢纽作用，推动淮海经济区协同发展。足见其在国家经济高质量发展、新型城镇化推进中横轴联系的协同作用之大。

2. 区际合作的战略重点

在今后的区际合作中，各区域应围绕各自的产业定位和区域优势，争取获得省际层的合作支持，加快建立跨省区域合作协调机制。在产业的区域合作方面，应继续深入推进重点领域产业对接，按照核心区一体化的构想，推动共建产业转移示范园区和产业创新平台，促进三产融合发展和特色产业的高质量发展，从而助力中西部合作发展先行区的建设。根据淮海经济区的区域基础、现状特点和《淮河生态经济带发展规划》的产业规划定位，未来其产业发展的重点如下。

第一，农业合作发展重点。以农业农村现代化为发展目标，围绕农业发展的结构调整、节约高效、绿色发展、科技助农、质量安全等问题，整合区域的资源优势，优化产业内部结构，延长产业链条，形成特色产业集群、农业示范基地和农业创新改革引领区。由于该区域形成涵盖苏鲁豫皖四省八市的200多位联盟成员的组织结构，汇聚了一大批科研院所、优势高校、推广单位和龙头企业等，所以该区域应重点建设成果创新与转化一体化联盟平台，围绕区域农业产业发展重大问题，在组织建设、联合攻关以及模式创新三个方面持续发力，强化农业科技创新体系、成果转化应用体系、科技创新服务体系、人才支撑体系建设，促进区域农业产业体系的共同建设和特色培育，建设国家新型农业现代化发展示范区。

第二，工业合作发展重点。在提升已有产业向“高、精、尖、细”发展的同时，探索资源型城市转型升级、老工业基地转型升级的有效途径，提升产业发展的集聚优势和集群链延伸，促进新旧动能转换和产业转型升级。一方面，加快实施创新驱动发展战略，加强分工协作，联手推进科技创新，着力培育新技术、新产业、新业态、新模式，推动产业跨界融合发展和军民融合发展，加快传统产业转型升级，壮大提升战略性新兴产业，培育一批先进制造业龙头企业和优势产业。另一方面，促进产城互动发展，实现产、城、人、文融合发展，完善城镇基础设施，充实城镇的现代化功能，增强公共服务供给能力，推进城乡基本公共服务一体化，全面提高城镇化水平和质量，努力在宜居宜业、城乡统筹发展方面探索新模式新路径。

第三，现代服务业合作发展重点。根据淮海经济区现代服务业中特色品牌、商贸物流、金融服务、科技创新、文化旅游等方面的战略定位，围绕打造淮海经济区服务业创新高地的目标深化改革，促进现代服务业的转型升级和高端化、集群化、精细化、复合化转变，充分挖掘信息化背景下数字化、虚拟化经济的活力，促进新产业、新业态、新模式的交叉融合，培育出现代服务业深层次发展的全新动能，形成新型的、特色化且符合本区特色的现代服务业发展的新局面。同时，发挥淮河水道和新亚欧大陆桥经济走廊纽带作用，促进现代服务业发展的基础设施对接、合作平台共建、基本公共服务共享，全面深化区域合作交流，引导资金技术向内陆腹地转移，营造与国内外市场接轨的制度环境，加快构建全方位、多层次、宽领域的开放合作的现代服务业新格局。

（三）北部联动发展区

1. 发展历程与发展基础

为区别与近期中原经济战略中的中原经济区范围和名称，所以将北部联动发展区称之为“中原经济协作区”。中原经济协作区由晋豫鲁冀的12个城市和一个省直管县组成，包括山西省的长治市、晋城市，河北省的邯郸市、邢台市，山东省的聊城市、菏泽市，河南省的新乡市、焦作市、济源市、濮阳市、鹤壁市、安阳市以及滑县（见图11-7）。

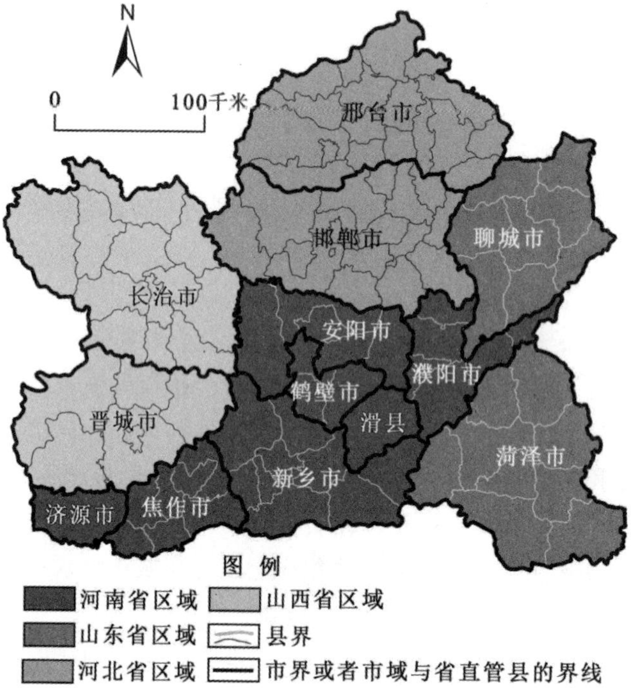

图11-7 中原经济协作区的组成和行政区划

中原经济协作区于1985年9月成立，由时任邯郸市市长白录堂和新乡市市长刘仲轩倡议，并协商中原13市联合成立的一个跨省经济区域。在平等自愿基础上几经风霜，与时俱进，在协作过程中不断发展强大。中原经济协作区的联络处是经济区的常设办事机构，机构办公地点设在邯郸市，负责处理各种日常事务和牵头筹备各种活动和会议，并制定了会议章程。按照会议指出的章程规定，各成员市市长均为经济区主席，执行方的市长为执行主席，执行主席为轮换制，每年一轮换，一年一市。时至今日，中原经济协作区已经成立30多年，为晋冀鲁豫地区的区际合作做出了重要贡献。2011—2012年中原经济区战略得到了国家的广泛认可和战略支持，使北部的重要经济协作区得到了更充分的保证，发展的脚步更加平稳。2015年11月27日，纪念中原经济协作区成立三十周年座谈会在邯郸召开，来自国家发展和改革委员会及四省十三个成员市的主要负责同志齐聚一堂，总结过去，谋划未来，为进一步地推动区际合作指明了方向。2020年在“十四五”规划和国土空间规划的引领下，内部的协作交流进一步加强，经济社会发展的内聚力进一步提升，极大地促进了黄河北侧区域的高质量发展。

从河南省黄河以北安阳市、鹤壁市、濮阳市、新乡市、焦作市和济源市的发展基础看，在自然条件上具有很多类似的地方，在区域振兴方面具有一致的追求目标，在经济社会发展方面来往密切，在经济格局中具有重要的区域优势。从自然条件看，该区域西依太行山，与山西省的长治交界，背靠冀南地区与河北省的邯郸市相邻，南面与郑州市、洛阳市、开封市隔河相望，东接中原经济区东北部的聊城市和菏泽市。同时，该区域是河南省重要的煤炭、水泥、花岗岩、钢铁生产基地，也是我国重要的粮棉生产区、小麦基地以及河南省的畜牧生产加工基地。在交通方面，京广铁路、京港高铁、南水北调中线纵贯南北，除濮阳地区交通区位优势有待进一步提升外，其余地市的地理交通位置相对优越。从区域经济格局看，豫北地区是中原经济区、京津冀协同发展区、山东蓝色经济区辐射影响的叠加区，只有将区域发展规划进一步实现，豫北地区的整体经济优势才能进一步呈现。综合上述的自然、经济、社会发展等方面的联系和未来经济格局，因此将黄河以北的这些区域划分为一个经济分区。

2. 区际合作的战略重点

随着中原经济区战略上升为国家战略，中原经济协作区在中原经济区的重要性日益凸显。由于中原经济协作区地处京津冀协同发展和中原经济区两大国家战略的结合点，有着接受双重辐射、多向拓展空间的独特优势，特别是对推动京津冀协同发展，有序疏解北京的非首都功能，因此该协作组织为推动各区域内部各市的合作发展带来了重大机遇。在未来发展中，该区域应抢抓京津冀协同发展、“一带一路”倡议、中原经济区及环渤海地区发展等国家战略机遇，立足各市现有基础，加强平台建设，通过合力推进基础设施的互联互通，合力推进旅游产业深度合作、消费市场共同培育，以及重大事项的联合跑办，进一步深化合作交流，扩大合作成效，不断开创中原经济协作区合作共赢、协同发展的新局面。根据中原经济协作区的区域基础、现状特点和《中原经济区规划(2012—2020年)》《中原城市群发展规划》的产业规划定位，未来其产业发展的重点如下。

第一，农业合作发展重点。根据乡村振兴的发展目标，结合农业现代化的发展要求，应着力推进豫北平原区的特色产业基地建设和特色产业集群建设，着力推进产业的规模化、产业化、科技化、品牌化建设，进一步加强高效农业示范点和专业村建设，提升城乡规划的编制水平和特色村镇的建设水平。一方面，在市场需求和品牌建设的“双重”牵引下，做大做强优势产业，带动农业提质增效和转型升级，实现农业的全面、可持续、健康发展；另一方面，在数字经济的引领下，积极融入电商产业链，通过专业化运作和特色产品打造，着力提升农产品的品质，布局建设特色电商产业集群，鼓励龙头企业发展精深加工和农村电商的个性化发展，助力农村电商扶贫攻坚和农业信息化建设。此外，按照城乡一体化、“三生”融合发展的理念，提升国土空间规划下的城乡一体化建设，完成县城、乡镇、乡村的现代城乡体系建设，建设特色农业示范区、工业园区、产业集聚区，实现以产促乡镇发展，解决当地的乡村工业化城镇化难题。

第二，工业合作发展重点。按照产业定位、结构升级、特色培育的理念，加快新型工业化建设，优化产业的空间布局，形成优势突出、特色鲜明、科技引领、潜力提升的现代工业体系。一是应在改造、提升传统产业的基础上，强化地区产业发展的轴带支撑，形成邯长—邯济的资源转型—装备制造—生物化工—新兴产业的发展轴，促进产业的转型升级和精深加工。二是在长治、安阳、邯郸、濮阳等中心城市的带领下，通过点轴互动和系统融入，改造提升冶金建材、装备制造、煤化工、食品加工、纺织服装等传统优势产业，积极培育新能源、电子信息、新材料等战略性新兴产业，推动产业结构调整和优化升级，促进资源型城市的跳跃转变和跨越发展，形成多元化的发展路径。三是积极推进该区域中心城市的一体化建设，发挥空间临近的联系优势，积极融入环渤海经济圈，并加强与河北省、山东省、山西省等城市的经济联系与合作。

第三，现代服务业合作发展重点。根据该区域的生态基底支撑、资源转型诉求、文旅融合诉求，在发展现代商贸业的基础上，积极寻求生态化服务方式和绿色化服务业，大力开发新兴的消费型产业链，促进产业转型升级和提高分工效率，重点发展现代物流、现代金融、商务服务、文化创意、研发设计、信息与软件服务等行业，加快发展服务外包产业，推动生产性服务业进一步细化专业分工，提升专业化水平。以数字经济、电商经济为融合点，提升个性化、高端化服务的智能化、精细化和品质化，深入挖掘与人民生活密切相关的旅游、文化、现代商贸、健康养老等新领域亮点，丰富生活服务业供给。此外，充分发挥中心商务区、特色商业街区各类服务业试点示范的引领带动作用，探索完善促进服务业加快发展的体制机制。

(四)南部联动发展区

1. 发展历程与发展基础

南阳、襄阳地处南襄盆地，主要由山脉围合而成，其东是桐柏山、大别山，其西是秦岭、大巴山，其北是秦岭山脉东端的伏牛山地，其南是大巴山脉的东端，气候适宜，水足壤肥，是一片适宜人生存和居住的地方。早在春秋战国时期，该区域就是连接中原和荆楚的必经之地，朝代几经更迭，该区域依然是由西安、洛阳经南阳、襄阳到江陵的交通要道。伴随着国家新型城镇化的推进，该区域的战略定位日益凸显，南襄盆地成为鄂豫陕渝川等省份交汇交流的重要区域，南阳、襄阳成为省际区域中心城市。2018 年 11 月，经国务院批准，《汉江生态经济带发展规划》正式印发，标志着鄂豫陕三省 17 市(林区)社会经济建设进入全新发展阶段。汉江生态经济带规划范围包括：河南省南阳市全境及洛阳市、三门峡市、驻马店市的部分地区，湖北省十堰市、神农架林区、襄阳市、荆门市、天门市、潜江市、仙桃市全境及随州市、孝感市、武汉市的部分地区，陕西省汉中市、安康市、商洛市全境。其中明确指出要发展壮大襄(阳)南(阳)城市组团，支持襄阳巩固湖北省域副中心城市地位，加快打造汉江流域中心城市和全国性综合交通枢纽，辐射带动周边区域发展。同时指出推动襄阳和南阳加快在基础设施、产业发展、公共服务、生态环保等方面一体化进程，合力打造城市圈。在上述国家战略的引领下，加上郑万高铁的通车，南襄一体化进程不断加快，形成多种交通运输方式合理布局、高效衔接、内捷外畅的现代交通支撑体系。

大别山串联下的革命老区信阳、黄冈和六安，不仅山脉相连，而且经济文化交流密切，可谓地缘相近、人文相亲，具备天然合作的合作基础。《国务院关于大力实施促进中部地区崛起战略的若干意见》(国发〔2012〕43 号)、《国务院关于大别山片区区域发展与扶贫攻坚规划(2011—2020 年)的批复》(国函〔2012〕215 号)等文件都明确指出要加快该区域的振兴发展，加大产业合作的力度与强度，推进区域经济的一体化，共同谱写大别山振兴发展新篇章。在上述战略的引领下，经过安徽、河南、湖北三省的联合努力，2015 年《国务院关于大别山革命老区振兴发展规划的批复》中明确指出，要大力弘扬革命老区精神，奋力攻坚克难，努力把欠发达的大别山革命老区建设成为科学发展示范区、全国重要的粮食和特色农产品生产加工基地、长江和淮河中下游地区重要的生态安全屏障、全国重要的旅游目的地。在战略规划的支撑下，黄冈、信阳、六安等陆续签订了《关于推进大别山革命老区振兴发展的战略合作协议》《关于推进大别山革命老区交通运输项目合作协议》《关于推进大别山革命老区旅游发展的合作协议》等协议，为区域经济的一体化建设和区域合作机制的建立提供了重要保障。上述协议明确指出该区域要打破行政区域界限，共同推进区域规划统筹对接工作、基础设施一体化建设、产业一体化发展、商贸市场一体化发展、社会事业一体化发展、生态建设和环境保护、扶贫攻坚事业七大重点领域的区域合作，为进一步的具体工作指明了方向。

2. 区际合作的战略重点

根据《汉江生态经济带发展规划》《大别山革命老区振兴发展规划》的产业发展定位，结合当前革命老区乡村振兴、经济高质量发展等方面的战略要求，未来的发展重点如下。

第一，农业合作发展重点。按照乡村振兴的总要求，继续实施提升粮食综合生产能力重大工程，推进中低产田和低丘岗地改造，加快高标准农田建设，建设黄淮海平原、南襄盆地优质专用小麦和优质玉米、水稻、大豆、杂粮产业带。一是挖掘农产品和山林资源优势，发展壮大特色农林产品加工，支持优质茶叶、药材、蚕桑、蔬菜、花木、林果、食用菌等特色农产品规模化发展，建设一批农业标准化示范区，培育具有、伏牛山、大别山等地理标志的农产品品牌，加快发展农产品加工业，引导企业向园区集聚。二是大力发展优质高效农业和特色林业建设，充分利用森林和林地空间资源，大力发展林下经济和森工产业，着力推进长江、淮河流域优质油菜产业带建设，重点发展“双低”油菜。三是加快发展现代畜牧业，推进畜禽标准化规模养殖场（小区）建设，高起点建设生猪、肉牛和禽类产业集聚区，完善动物疫病防控和良种繁育体系，建设优质安全畜禽产品生产基地。四是发展多种形式的适度规模经营，鼓励发展规模适度的农户家庭农场，鼓励工商资本到农村发展适合企业化经营的现代种养业。

第二，工业合作发展重点。以铁矿、碱矿、铜镍矿、钼矿等优势矿产为重点，坚持矿业开发与深加工相结合，提高矿产资源开发利用、精深加工和安全生产水平。一是适度开采利用大理石、钾长石、磷等矿产资源，提升对国家重大工业领域的支撑，做深做精特色矿业加工新品种。二是依托棉、麻、茧丝绸和石化腈纶等原料，壮大纺织服装产业，积极发展医用、汽车用、建筑和过滤材料等产业用纺织品，打造特色纺织业产业集群。三是深入挖掘玉石加工业的潜在产业链，深度融入电商经济发展模式，提升产业发展的精细化、品质化和国际化。四是培育发展汽车零部件产业，积极发展专用车辆，大力发展机械钢构、医药化工、建材、高效节能装备等产业集群。五是积极培育发展战略性新兴产业，建设高技术产业孵化基地，加大重大科技成果推广应用和产业化力度，增强科技创新能力，鼓励知名院校、科研机构、医疗机构设立院士工作站、博士后科研流动站。六是完善公共安全服务体系，支持在黄冈建设区域性公共检测技术服务平台和安全生产监管技术支撑中心示范基地，支持在特色中心城市建设国家非金属、调味品质检中心。

第三，现代服务业合作发展重点。本区具有发展自然生态、文化旅游、红色旅游方面的独特优势，因此应重点统筹协调旅游资源开发，合力打造山岳型、文旅型、革命老区型核心旅游品牌，把旅游业培育成为支柱产业，建设全国著名旅游目的地。在金融业方面，进一步优化金融生态环境，健全金融机构组织体系，完善金融市场和金融产品。在商贸流通业方面，进一步优化商业网点布局，促进商业设施适度集聚，推进商业集聚区建设。在物流业建设方面，要进一步加强物流基础设施和信息平台建设，培育综合性物流园区和专业化物流园区，积极发展配送中心和专业市场，加快电子商务服务体系建设。同时，支持黄冈、安庆等沿江城市港口物流中心建设，推动多式联运无缝对接；支持符合条件的县建设全国流通领域现代物流示范县。在新兴服务业方面，大力发展信息服务业，鼓励发展科技研发、工业设计、检验检测等高技术服务业，规范发展法律咨询、信用评估、广告会展、培训认证等商务服务业，培育发展健康服务业及相关支撑产业。

第十二章　中原城市群的五大动能与耦合协调

创新是引领经济社会发展的第一动力，对社会现代化建设有着关键的支撑作用；协调是促进经济社会各方面协同运转的重要保障，对处理发展中存在的问题和矛盾具有重要的平衡作用；绿色是经济社会发展的新理念和新诉求，对协同人地关系、促进高质量发展具有重要的价值观导引作用；开放是经济社会发展的外向性所需，对促进人口—资源—环境—发展系统的连通性和循环性具有重要的现实意义。共享是解决社会公平正义的必然选择，对促进人民福祉的共同提升具有重要的平衡作用。“创新、协调、绿色、开放、共享”新发展理念，作为引领经济社会可持续发展的主要动能，对促进人类社会命运共同体建立和人地系统向高级层面演化具有重要的时代引领价值。作为国家新型城镇化建设的重要地域承载区，中原城市群从“创新、协调、绿色、开放、共享”五大动能的视角出发，分析其“五维”耦合交织的状态，对推进区域的新型城镇化进程和高质量发展具有重要的现实和长远意义。因此，本章基于“五大理念”的概念内涵，从五个方面分别构建指标体系评价经济社会高质量发展的综合实力，进而通过耦合协调度模型分析动能发展的不均衡问题，从而为中原城市群的高质量发展提供理论与实践支撑。

一、可持续发展与五大理念

伴随着经济社会的快速发展，以及可持续发展观念的不断渗透，不同学者针对可持续发展展开了一系列的研究。国外对可持续发展的研究已相对成熟，从研究的空间主体看，主要包括城市、农村和企业三类（Smailes、J. Peter，1995；C. W. Pannell，2002；P. Taticchi、P. Carbone、V. Albino，2004；Ali-Toudert、L. Ji，2017）。从指标体系看，既有基于单一指标如人文发展指数（HDI）、国家（地区）财富等进行分析（G. Ranis、F. Stewart、E. Samman，2006），也有基于资源、经济、生态、环境、社会等方面构建复合指标体系进行综合分析（Y. J. Duan，2011；Y. Li、Z. Lei，J. Suo，2014；R. Rocio、S. Göran、O. N. Carmen，2019）。从评价方法看，既有基于传统分析方法如熵值法、耦合协调度模型的分析时间序列上的可持续发展水平（Y. Li、Y. Li、

Y. Zhou，et al，2012；T. Nyerges、M. Roderick、S. Prager，et al，2014），也有基于空间系列如空间分类、空间自相关、空间重心转移展开空间序列上的探讨（E. Khlobystov，2009；A. Boggia、G. Massei、E. Pace，et al，2018；Y. Yi、M. D. Fan，2019）。从研究区域看，涵盖全球、国家、地带等宏观尺度的研究居多（R. Y. M. Kangalawe，2010；R. Asomaniboateng，2011；D. Tilman、C. Tilman、J. Hill，et al，2011），基于微观尺度展开的分析较为少见。从影响因素看，逐渐由单一的因素探讨向综合因素方面转变（S. M. Lele，1991；R. Ciegis，D. Streimikiene，2015），且定性研究与定量评价结合的研究不断增多（Y. Jabareen，2008；H. Lu、Y. Wei、S. Yang，et al，2020）。对比而言，国内学者主要侧重于对理论及各项评价指标体系的完善，研究内容多侧重于生态足迹（陈春锋、王宏燕、肖笃宁等，2008）、环境保护（汪芳、王舜奕，2018）、城镇化进程（汤青、李扬、陈明星等，2018；马延吉、艾小平，2019）、策略研究（陆大道、樊杰，2012）或研究进展（方创琳、马海涛、王振波等，2014）等；研究方法强调时空结合（关伟，2007；赵传松、任建兰、陈延斌等，2018），侧重于空间因素的分析，也更加符合地理学的特点（刘晶、方创琳、何伦志等，2019；李恒吉、曲建升、庞家幸等，2020）。综上而言，尽管上述研究均取得一定的进展，为研究区域的可持续发展提供决策性依据，但不难发现，受研究内容多样、研究对象复杂、评价维度不一、指标体系覆盖不全面等因素影响，区域可持续发展的研究结果存在较大的差异，如何建立较为科学翔实的指标体系来研究区域的可持续发展水平成为目前研究的难点所在。

中国是全球最大的发展中国家，中原地区作为中国的典型“缩影区”，研究其可持续发展进程在当今世界具有一定的典型性及代表性。为聚焦当前中国发展中的关键问题，充分坚持中国特色社会主义，中国共产党第十八届中央委员会第五次全体会议提出了“五大发展理念”，也为研究区域的可持续发展指明方向并提供新的支撑点与着力点，充分体现了时代发展的新理念、新趋势、新特点。在新发展理念中，创新是引领可持续发展的第一动力，体现“激发创新创业活力”的重要性；协调是持续健康发展的内在要求，强调城乡协调、环境社会协调、“五化”协调发展的整体性；绿色是永续发展的必要条件，突出坚持节约和保护环境，建设资源节约型、环境友好型社会；开放是国家繁荣发展的必由之路，重在奉行互利共赢的开放战略，从而打造陆海内外联动、东西双向开放的全面新格局；共享是中国特色社会主义的本质要求，强调让全体人民有更多的获得感、幸福感和满足感，最终实现全体人民共同迈入全面小康社会(单平，2015)。可以看出，新发展理念相互依存，相互贯通，相互促进，相辅相成，是具有内在联系的集合体，体现着“四个全面”战略布局和“五位一体”总体布局的思想。因此，结合中国基本国情及全面建设社会主义现代化强国的奋斗目标，以及全球实现可持续发展的迫切性，基于新发展理念构建指标体系，量化研究中原城市群市域视角下可持续发展水平的空间分异状态，及时总结中原城市群在五大发展方面的短板与问题，以期不断提升中原城市群的高质量发展水平，实现中原崛起、河南振兴的发展目标，进而为实现中原城市群的城市—区域综合发展提供理论支撑和实践指导。

二、指标体系、数据来源与研究方法

(一)指标体系与数据来源

基于新发展理念的内涵、特征与意义，按照系统性、综合性、可持续性等原则，参考其他相关文献(江孝君、杨青山、刘鉴，2017；刘兆德、刘聪、刘强等，2017；吕拉昌、孙飞翔、黄茹，2018；田光辉、赵宏波、苗长虹，2018)，本研究基于“创新—协调—绿色—开放—共享”构建了综合指标体系(见表12-1)，从创新、绿色、开放、共享四个方面各选取六个指标代表，由于协调指标获取难度较大，所以选取四个指标代表。具体而言，选择科研支出占地方一般公共预算支出的比重、专利申请量/GDP、R&D人员、R&D内部经费支出、专利申请数、专利授权数反映创新水平；选择城乡常住居民人均可支配收入比、城乡居民人均消费支出比、第二、三产业增加值/GDP、“五化”协调度指数反映协调水平；选择市辖区建成区绿化覆盖面积、工业废水排放量工业二氧化硫排放量、工业烟(粉)尘排放量、污水处理厂集中处理率、生活垃圾无害化处理率反映绿色水平；选择社会消费品零售总额、当年实际使用外资金额、货物进口总额、货物出口总额、入境游客、国际旅游外汇收入反映开放水平；选择每万人在校大学生数、每百人公共图书馆藏量、每万人拥有医院床位、每万人拥有公共汽车、人均城市道路面积、农村常住居民人均可支配收入反映共享水平。在构建指标体系的基础上，运用均方差决策法计算各指标的权重，进而计算综合可持续发展水平。

表 12-1 指标体系构建

目标层	准则层	指标层	指标解释	性质
基于“五大理念”的区域综合发展水平	创新	科研支出占地方一般公共预算支出的比重(%)	创新环境	+
		专利申请量/GDP(个/万元)	创新环境	+
		R&D 人员(人)	创新资源	+
		R&D 内部经费支出(万元)	创新资源	+
		专利申请数(件)	创新产出	+
		专利授权数(件)	创新产出	+
	协调	城乡常住居民人均可支配收入比(%)	城乡协调	-
		城乡居民人均消费支出比(%)	城乡协调	-
		第二、三产业增加值/GDP(%)	产业协调	+
		“五化”协调度指数(无)	发展协调	+
	绿色	市辖区建成区绿化覆盖面积(公顷)	绿色生活	+
		工业废水排放量(万吨)	环境质量	-
		工业二氧化硫排放量(吨)	环境质量	-
		工业烟(粉)尘排放量(吨)	环境质量	-
		污水处理厂集中处理率(%)	环境治理	+
		生活垃圾无害化处理率(%)	环境治理	+
	开放	社会消费品零售总额(万元)	国内贸易	+
		当年实际使用外资金额(万美元)	国内贸易	+
		货物进口总额(万美元)	国外贸易	+
		货物出口总额(万美元)	国外贸易	+
		入境游客(人次)	旅游开放	+
		国际旅游外汇收入(万美元)	旅游开放	+
	共享	每万人在校大学生数(人)	文化发展	+
		每百人公共图书馆藏量(册)	文化发展	+
		每万人拥有医院床位(张)	公共服务	+
		每万人拥有公共汽车(辆)	公共服务	+
		人均城市道路面积(平方米)	生活质量	+
		农村常住居民人均可支配收入(元)	生活质量	+

资料来源：2018 年《中国城市统计年鉴》、各省统计年鉴、各市统计年鉴、国民经济和社会发展统计公报、政府工作报告等官方统计数据，部分数据通过相近年份进行推算获取，“五化”协调度指数引用中国地级及以上城市的测度结果(潘竟虎、胡艳兴、刘晓等，2016)。

（二）研究方法

1. 均方差决策法

均方差决策法是一种根据信息熵原理涉及的赋权方法，是客观赋权法的常用方法之一，主要依据数据本身的离散程度进行赋权。相比于层次分析法、主成分分析、熵权法等，该方法客观性较强，实用价值较高，能够有效避免人为因素带来的主观性和差异性，因此选用该方法对数据进行处理。其具体步骤如下：

第一步，对数据进行极差标准化处理，消除量纲和量级。其计算公式如下：

$$y_{ij}=(x_{ij}-min_j\{x_{ij}\})\div(max_j\{x_{ij}\}-min_j\{x_{ij}\}) \quad (12-1)$$

$$y_{ij}=(max_j\{x_{ij}\}-x_{ij})\div(max_j\{x_{ij}\}-min_j\{x_{ij}\}) \quad (12-2)$$

第二步，求变量的均值，其计算公式如下：

$$E(Q_i)=\frac{1}{n}\sum_{i=1}^{n}y_{ij} \quad (12-3)$$

第三步，求 Q_i 的均方差，其计算公式如下：

$$\sigma_{Q_i}=\sqrt{\sum_{i=1}^{n}[y_{ij}-E(Q_i)]}^{2} \quad (12-4)$$

第四步，求 Q_i 的权重，其计算公式如下：

$$w_j=\sigma_{Q_i}\div\sum_{i=1}^{n}\sigma_{Q_i} \quad (12-5)$$

第五步，通过线性加权回归模型计算综合评价值，其计算公式如下：

$$D_i(w)=\sum_{i=1}^{n}y_{ij}w_j \quad (12-6)$$

式中，$i=1, 2, 3, \cdots, n$（n 为研究单元个数）；$j=1, 2, 3, \cdots, m$（m 为指标个数）；y_{ij}为标准化后的数值；x_{ij}为第 i 个研究单元中的第 j 个指标值；$E(Q_i)$为各变量的均值；$\sigma(Q_i)$为均方差；w_j 为权重，D_i为各指标的权重。正向指标采用式（12-1），负向指标采用式（12-2）。

2. Natural Breaks（Jenks）分类法

该方法在前面已经论述，其能够通过统计数据的方差来衡量数据差异大小，不仅可以实现分类后组内差异最小、组间差异大的分类结果，而且可以明显地发现数据的断裂之处，从而较为科学地实现“物以类聚”和“自然”的断裂，因此本研究采用该方法分类以更清楚地分析基于新发展理念的中原城市群市域尺度下可持续发展水平的空间分异格局。

3. 探索性空间数据分析法

探索性空间数据分析方法是通过将数据进行可视化处理从而揭示各研究单元的空间集聚程度的一种方法。该方法的优势和探索目的在前文已经叙述过，这里不再展开。

4. 耦合协调度模型

耦合度模型来源与物理学中的容量耦合概念一词，原指两个系统之间的相互作用，现将该模型推广至创新、协调、绿色、开放、共享五个子系统之间的相互作用，其计算公式如下：

$$C_j=5\{(f_j\times g_j\times h_j\times s_j\times t_j)\div(f_j+g_j+h_j+s_j+t_j)^5\}^{\frac{1}{5}} \tag{12-7}$$

式中，C 代表耦合度，取值为[0，1]；f_j、g_j、h_j、s_j、t_j 代表第 j 个城市五个子系统的综合发展指数。参考已有文献，将耦合度 C 划分为四种类型：一是当 $C\in[0,\ 0.3]$ 时，复合系统处于低水平耦合作用阶段，其中当 $C=0$ 时，各子系统之间无关无序；二是当 $C\in(0.3,\ 0.5]$ 时，复合系统处于颉颃阶段；三是当 $C\in(0.5,\ 0.8]$ 时，复合系统处于磨合阶段并开始良性耦合；四是当 $C\in(0.8,\ 0.1]$ 时，复合系统处于高水平耦合作用阶段，其中当 $C=1$ 时，各系统达到良性共振耦合且趋于新的有序结构。

同时采用耦合协调度模型来更好地评价五大子系统在不同耦合作用强度下的配合、协同水平，其计算公式如下：

$$D=\sqrt{C\times T},\ T=\sqrt{(\alpha f_j\times\beta g_j\times\lambda h_j\times\mu s_j\times\gamma t_j)} \tag{12-8}$$

式中，D 代表耦合协调度，取值为[0，1]；C 为协调度；T 为五个子系统的综合协调指数；α、β、λ、μ、γ 为待定系数，本研究认为同等重要均取 0.2。分类方法与耦合度保持一致，将耦合协调度 D 划分为四种类型：一是当 $D\in[0,\ 0.3]$ 时，复合系统处于低水平耦合协调状态，其中当 $D=0$ 时，各子系统之间处于无序发展状态；二是当 $D\in(0.3,\ 0.5]$ 时，系统处于较低水平耦合协调状态；三是当 $D\in(0.5,\ 0.8]$ 时，系统处于中等水平耦合协调状态；四是当 $D\in(0.8,\ 0.1]$ 时，系统处于高水平耦合协调状态，其中当 $D=1$ 时，耦合协调水平达到极值，趋向于进行新一轮的耦合作用。

三、结果分析

（一）整体分异格局

基于上述理念及方法，运用 Arc GIS 软件的 Natural Breaks(Jenks)分为五类，从低到高分别是低值区、较低值区、中值区、较高值区、高值区，进而计算出基于新发展理念的中原城市群综合可持续发展水平，结果见图 12-1。

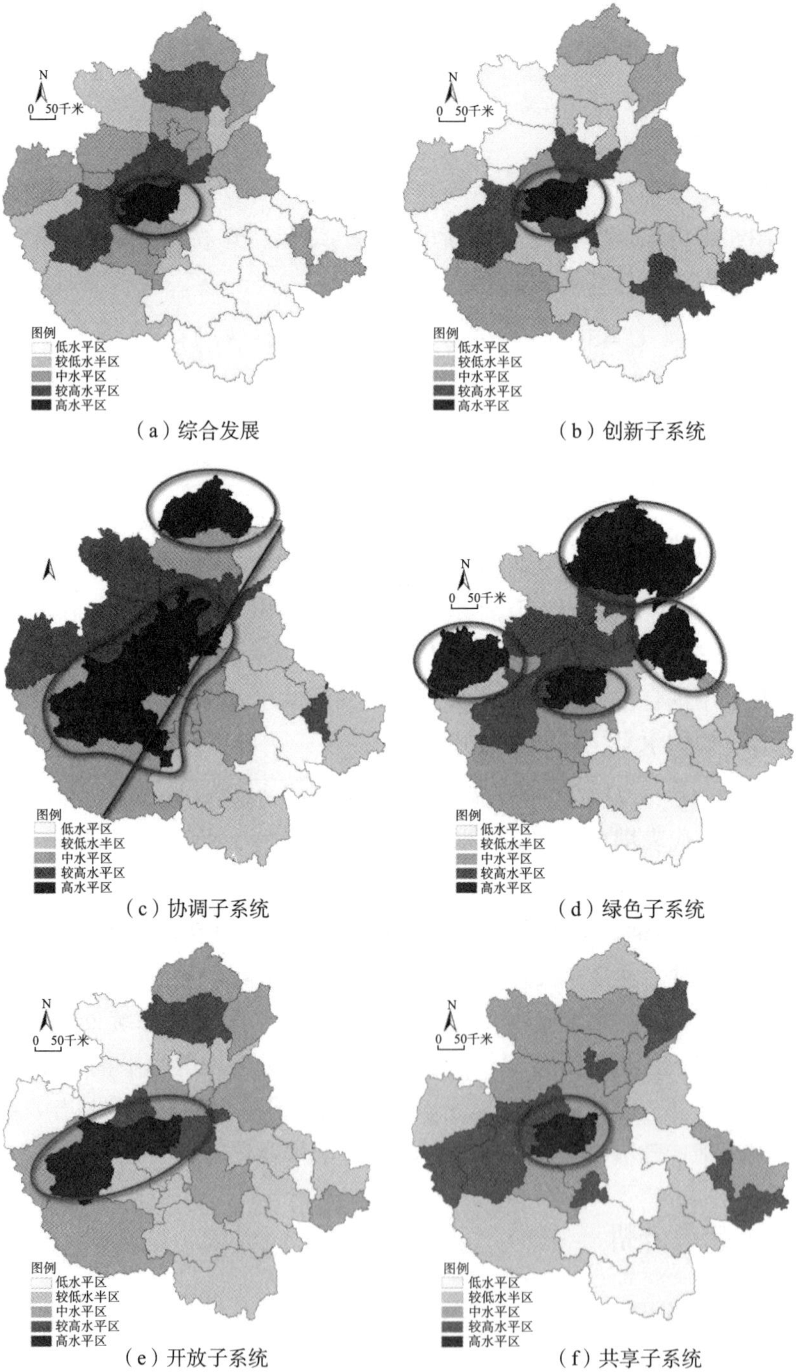

（a）综合发展　（b）创新子系统

（c）协调子系统　（d）绿色子系统

（e）开放子系统　（f）共享子系统

图 12-1　2017 年中原城市群“五大动能”的综合水平

首先，综合可持续发展水平的空间布局呈现较为明显的“西北—东南”分布格局，以郑州市为核心的中北部依然是区域的亮点。具体而言，郑州市的发展水平最高，与周边的洛阳市、新乡市、焦作市形成整个区域的集聚核心区；邯郸市作为北部的核心城市，成为外围区发展的高值区。在郑州市、洛阳市、新乡市、焦作市、邯郸市的引领下，与西北半壁的其他区域形成前三个等级的高值区，使得西北半壁的凸显优势更加明显。而在东南半壁，除了淮北市、蚌埠市处于中等水平区，其余地区多数为低、较低水平区，低值集聚连绵的态势明显。其次，从创新子系统看，西北半壁的引领优势有所减弱，但以郑州市、洛阳市、新乡市、许昌市为凸显的核心依然突显，体现核心发展区的综合实力，也体现出郑洛新国家自主创新示范区的带动作用。值得一说的是，创新子系统的较高水平区在东南半壁有所凸显，蚌埠市和阜阳市表现突出，体现出两市在创新示范区、平台搭建方面带来的发展优势。再次，从协调子系统看，西北半壁的突显优势得到进一步强化，以郑州市为核心的集聚区向外扩展并与周围大范围区域形成集聚连绵区，具体包括郑州市、洛阳市、新乡市、焦作市、鹤壁市、平顶山市等。由于外围区的邢台市、长治市、晋城市、运城市等也处于较高的等级，使得整个西北部的整体水平进一步强化，也就表现出更为明显的西北—东南分异格局。然后，从绿色子系统看，以郑州市为中心的引领优势明显弱化，而在北部、西北部、东北部的外围区表现突出，体现出外围区在绿色“基底”保护、经济转型方面发挥了较好的引领示范作用，也为西北半壁其他经济强市的转型之路提供了发展参考。最后，从开放和共享子系统看，两者虽然与整体上有所差异，但以郑州市为核心的集聚区和西北部整体较强的态势依然没有发生改变，体现出开放、共享是建立在经济发展、创新引领的基础之上。总体而言，由于中原地区采用的是中心带动战略逐步向外围推进的开放政策，形成优惠政策的梯度差异，所以使东南半壁与西北半壁尤其是经济实力高值区的对外开放水平形成了极大的落差。

（二）整体空间关联特征

为进一步探索中国市域尺度下综合发展水平的空间关联特征，运用 GeoDA 软件的空间自相关工具进行 Moran's I 指数及 P 值（$\leqslant 0.05$）的计算，并将局部空间自相关特征进行可视化析出，结果见图 12-2。

综合可持续发展水平和各个子系统水平在空间上存在高值、低值集聚的状态，不同的维度也表现出较大的差异。一是从综合可持续发展水平看，主要以显著 HH 区和显著 LL 区为主，其中显著 HH 区为郑州市、洛阳市和焦作

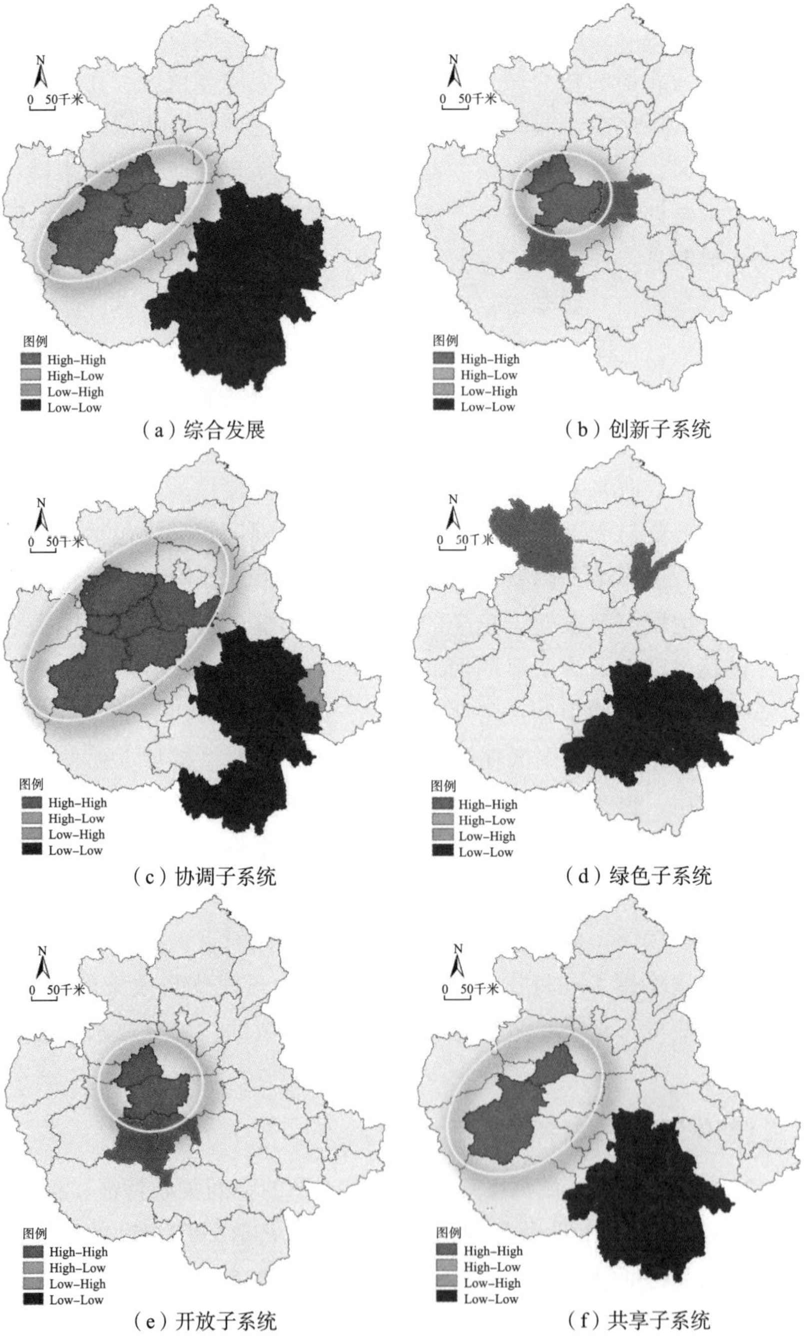

（a）综合发展　（b）创新子系统

（c）协调子系统　（d）绿色子系统

（e）开放子系统　（f）共享子系统

图 12-2　2017 年中原城市群“五大动能”综合水平的空间关联特征

市，与综合水平的空间分布高值区类似且集聚核心的正向联动效应明显；显著 LL 区包括商丘市、淮北市、周口市、亳州市、阜阳市、驻马店市和信阳市，在东南半壁形成大范围集聚区，产生了“低低”正向联动的“近墨者黑”效应。二是从创新子系统看，显著 LL 区仅有两个单元，分别是郑州市、焦作市，体现出两者在创新引领发展方面产生了较好的临近效应。显著 LH 区为开封市和平顶山市，体现出两者在与周边的竞合发展中处于劣势，亟须进一步提升创新水平赶超周边高值区。三是从协调子系统看，其空间集聚格局与综合发展水平类似，但局部区域有所强化或者弱化。强化的区域为以郑州市为核心的高值正向联动区，除了综合水平区的郑州市、洛阳市、焦作市外，强化联动了新乡市、济源市和晋城市区域，形成向西北延伸的显著 HH 区，体现出该区域在经济发展水平支撑下的正向联动效应。显著 LL 区较综合发展水平少一个驻马店市，基本态势没有改变，体现出东南部亟须进一步提升整体发展水平以改变低水平集聚的格局。四是从绿色子系统看，没有显著 HH 区、显著 HL 区，体现出优势发展区的空间集聚效应不强；显著 LL 区除个别单元有所减少外，依然大部分存在集聚效应，与整体和协调子系统类似。五是从开放子系统看，郑州市、焦作市处于显著 HH 区，体现出两者在空间上的正向集聚效应，也体现出两者在对外展示形象、联手外商投资方面取得的成效。六是从共享子系统看，显著 HH 区位于洛阳市和焦作市，体现出两者在城乡公共服务共享、基础设施共建等方面取得的成效；显著 LL 区依然集聚分布在东南部，与综合、协调子系统等表现类似，体现出东南部面临内部不同等级水平区所处发展阶段较低、局部地区发展落后等多重问题。

（三）内在耦合协调状态分析

根据上述耦合协调度模型计算五个子系统的耦合度，并运用 Arc GIS 软件进行空间可视化析出，将其类型区划分为高值区、较高值区、较低值区和低值区四种，结果见图 12-3。

由综合评价结果可知，各研究单元的耦合度保持在 0.42～0.99，区域耦合度极差较大。从其空间分布看，耦合度高值区主要分布在三个区域：一是以郑州市为核心向周边延伸，尤其是向西南部的南阳市延伸，形成高值集聚的大范围集聚区；二是东南部外围区的蚌埠市、阜阳市和亳州市组成的集聚区；三是东北部的聊城市，孤零地分布在外围。较高值区主要分布在高值区的外围，主要包括两个片区，一个是在西北部、北部形成连绵分布区，另一个在以郑州市为核心的大范围连绵区的西南方向集聚分布。较低值区主要包括长治市、运城市、漯河市、淮北市，主要是各子系统水平差异较大造成的

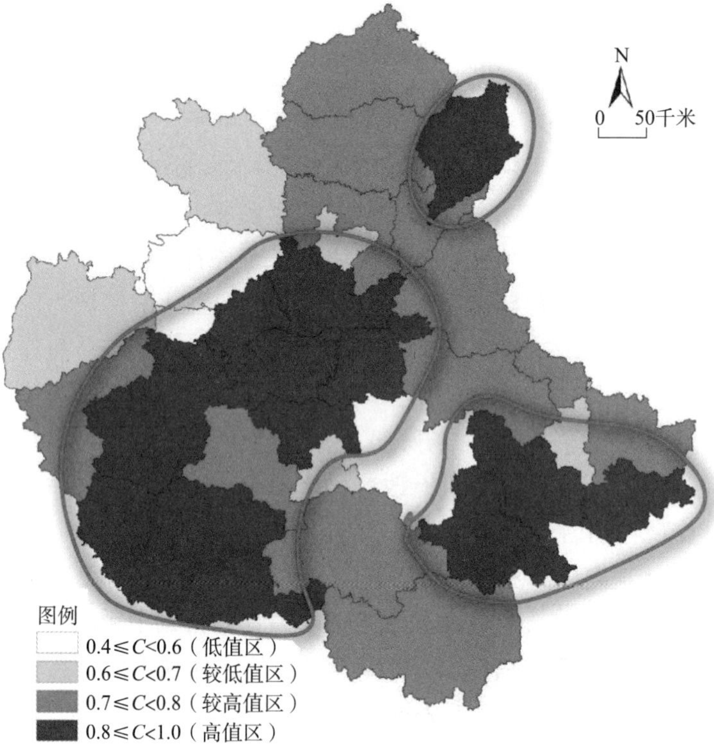

图 12-3 2017 年中原城市群“五大动能”的耦合度空间分异

耦合作用不均衡。低值区为晋城市、济源市和周口市，主要是有些子系统水平特别高，还有些子系统处于等层次水平，主要是五者耦合计算后差异较大的缘故。从各类型区城市的数目看，高耦合度城市占比为 36. 67%，中等水平的耦合度城市占比为 36. 67%，而较低、低耦合度水平的城市占比分别为 16. 67%、10%，反映出耦合度较高等级以上的城市占据的主导，显示出中原城市群“五大动能”整体上还是处于较好的耦合作用状态，也体现出近些年中原城市群在推进新型城镇化、新型工业化、新型农业现代化、科技化、信息化、绿色化、国际化等方面取得了一些较好的成绩。

综合判断“五大理念”引领下可持续发展水平是否耦合交织有序，除了要考虑五大子系统之间的相互作用强度及空间关联程度之外，还必须对其协调性进行分析，因此，进一步通过耦合协调度模型进行五大子系统之间的耦合协调度空间差异性方面的评价，结果见图 12-4。

由评价结果可知，五大子系统的耦合协调度空间布局与耦合度存在较大差异，而与综合发展水平的空间分异格局有些类似。具体而言，耦合协调度

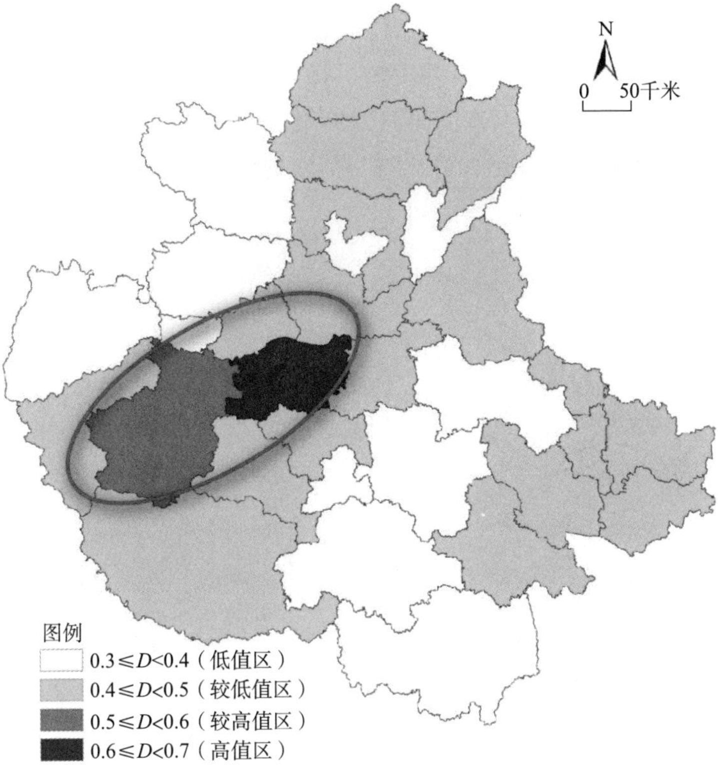

图 12-4　2017 年中原城市群"五大动能"的耦合协调度空间分异

的高值区仅有郑州市 1 个，成为"五大动能"交织耦合的最佳状态区，引领着整个中原地区的协调发展。较高值耦合协调区是洛阳市，紧邻郑州市分布，也是中原城市群的副核心城市，体现出"双星"交互影响的引领格局。不难发现，耦合协调度较低值水平区基本是综合发展水平的中等级别城市，虽然城市的综合发展水平不断提升，但子系统水平所处的等级差异大，即便该等级城市有较好的"表面"排名和实力，其"内在"经济社会发展的不同层次的交织协调状态需要仍进一步提升。耦合协调度的低值区主要分布在西北、东南部的外围区，这在一定程度上反映出随着各要素的不断发展，以郑州市为核心的高值区趋于一种良性的高度协调自组织、自调控的状态，而外围区尤其是东南部地区还处于一种自我发展、体系性缺乏组织的状态，也反映出整个中原城市群走向均衡一体化发展格局依然道阻且长。耦合协调度的低值区集聚呈现，一方面与其综合发展水平相对不高有关，另一方面这些落后区域在"扎堆"集聚时，由于"五大动能"的驱动力交织力量不强，所以产生了经济社会发展方面的各种问题和矛盾，暴露出这些低值区不仅要加强经济对整体发展的支撑，而且要重视不同“动能”的纵横交织，从而形成完整的“聚合力”来应对各方面发展的不平衡。

综合而言，尽管目前中原城市群一体化均衡发展进程较为缓慢，但创新—协调—绿色—开放—共享的协同发展激活了区域发展潜力，从而逐渐实现更为良好的协调持续发展，最终将努力实现中原地区城市—区域系统的可持续发展(见图 12-5)。

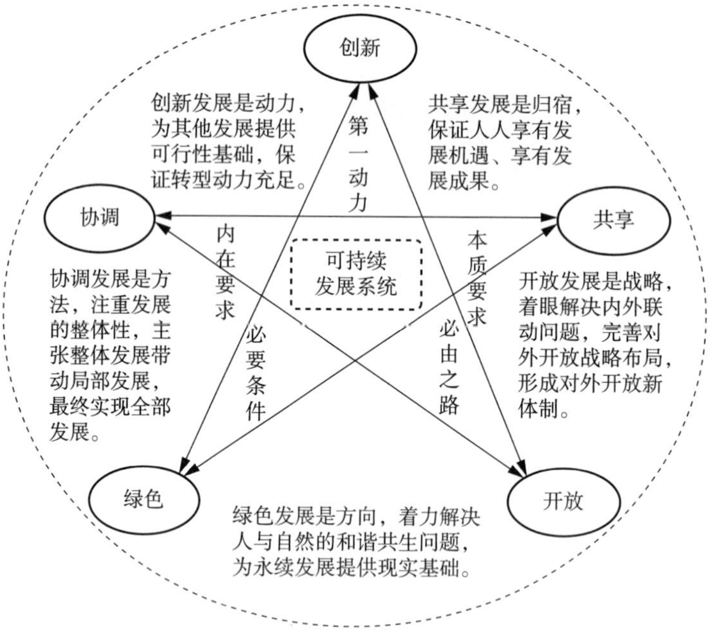

图 12-5　中原城市群“五大动能”的耦合交织

四、影响因素分析

建立指标体系进行综合评价的过程，就是将多个指标降维变为一个指标的过程，因此可以基于因子分析方法进行降维处理(徐建华，2014)。降维处理后，主成分的因子载荷能够很好地解释具体因子的影响大小及其综合影响，从而为解释综合得分的影响因素提供支撑。主成分因子载荷分析的基本原理就是将影响比较大载荷进行综合命名，以重新命名后的影响因子来解释对综合得分的影响。根据因子分析中的主成分分析方法要求，按照标准化处理指标、建立相关系数矩阵、计算特征值、分析贡献率、进行因子载荷分析等步骤，将 28 个变量带入 SPSS 软件进行分析。根据累计贡献率≥85%、KMO≥0.6 与 Bartlett 检验值<0.001 的提出主成分要求，分析主成分的因子载荷矩

阵，结果见表 12-2。

表 12-2 主成分的因子载荷矩阵

指标	F_1	F_2	F_3	F_4	F_5	F_6	F_7
科研支出占地方一般公共预算支出的比重(%)	0.550	-0.608	0.254	-0.027	0.040	0.190	-0.072
专利申请量/GDP(个/万元)	-0.313	0.262	0.404	0.593	-0.172	0.091	-0.209
R&D 人员(人)	0.395	-0.528	0.292	0.123	0.134	0.261	0.444
R&D 内部经费支出(万元)	-0.252	-0.060	-0.277	0.514	-0.318	0.083	0.494
专利申请数(件)	0.731	-0.493	0.010	-0.287	-0.009	0.018	-0.018
专利授权数(件)	0.932	0.008	0.027	-0.117	-0.233	-0.056	0.008
城乡常住居民人均可支配收入比(%)	0.841	-0.230	-0.102	0.053	0.013	-0.252	0.104
城乡居民人均消费支出比(%)	0.463	-0.114	-0.462	-0.108	0.276	-0.572	0.027
第二、三产业增加值/GDP(%)	0.886	-0.291	0.202	-0.045	-0.091	-0.110	0.034
“五化”协调度指数(无)	0.567	-0.544	0.319	-0.134	-0.130	-0.156	-0.121
市辖区建成区绿化覆盖面积(公顷)	0.927	0.272	-0.029	0.081	-0.026	-0.084	0.012
工业废水排放量(万吨)	0.578	0.020	0.312	-0.242	0.075	0.492	0.062
工业二氧化硫排放量(吨)	0.112	0.434	0.659	-0.012	0.391	-0.345	0.141
工业烟(粉)尘排放量(吨)	0.012	0.251	0.755	0.035	0.316	-0.292	0.313
污水处理厂集中处理率(%)	0.276	-0.446	0.162	0.223	0.437	0.142	-0.059
生活垃圾无害化处理率(%)	0.198	0.023	-0.285	-0.094	0.681	0.150	-0.369
社会消费品零售总额(万元)	0.804	0.471	0.066	0.137	-0.078	0.120	-0.020
当年实际使用外资金额(万美元)	0.892	-0.007	-0.221	0.288	-0.034	-0.102	-0.010
货物进口总额(万美元)	0.917	0.202	0.040	-0.169	-0.194	-0.075	-0.071
货物出口总额(万美元)	0.911	0.204	0.061	-0.185	-0.193	-0.088	-0.079
入境游客(人次)	0.574	-0.012	-0.083	0.666	0.140	0.139	-0.173
国际旅游外汇收入(万美元)	0.614	0.064	-0.008	0.674	0.212	-0.039	-0.099
每万人在校大学生数(人)	0.447	-0.108	-0.620	0.185	0.240	-0.099	0.316
每百人拥有公共图书馆藏量(册)	0.963	0.156	-0.011	0.036	-0.090	0.141	-0.002
每万人拥有医院床位(张)	0.937	0.162	0.047	0.059	0.034	0.171	-0.020
每万人拥有公共汽车(辆)	0.931	0.259	-0.098	-0.154	-0.076	0.020	0.040
人均城市道路面积(平方米)	0.950	0.247	-0.032	-0.068	-0.097	0.070	0.009
农村常住居民人均可支配收入(元)	0.155	0.486	-0.292	-0.385	0.356	0.404	0.297

由表 12-2 可知，第一主成分主要与专利授权数、人均城市道路面积、每万人拥有公共汽车、每万人拥有医院床位、每百人拥有公共图书馆藏量、货

物出口总额、货物进口总额、市辖区建成区绿化覆盖面积等指标密切相关，载荷达到了0.90以上；与城乡常住居民人均可支配收入比、社会消费品零售总额、当年实际使用外资金额也相关，达到了0.80以上。上述因子综合反映出创新引领下的经济社会带动作用，因此可将其命名为科技引领下的综合实力。第二主成分主要与农村常住居民人均可支配收入、社会消费品零售总额、每万人拥有公共汽车、人均城市道路面积等指标相关，可将其命名为公共服务共建共享水平。第三主成分主要与工业二氧化硫排放量、工业烟(粉)尘排放量、工业废水排放量、“五化”协调度指数有关，其载荷分别为0.659、0.755、0.312、0.319，可将其命名为生态绿色化发展水平。第四主成分主要与专利申请量/GDP、R&D内部经费支出相关，载荷分别达到0.593、0.514，可将其命名为科技创新引领水平。第五主成分主要与每万人在校大学生数和农村常住居民人均可支配收入有关，载荷分别达到0.240、0.356，可归于公共服务共建共享水平。第六主成分主要与工业废水排放量、R&D人员、科研支出占地方一般公共预算支出的比重相关，载荷分别达到0.492、0.261、0.190，主要反映科技创新水平。第七主成分主要与R&D内部经费支出、R&D人员，载荷分布为0.494、0.444，仍主要反映科技创新水平，所以可将第六、第七主成分归并为科技创新水平。因此，基于因子载荷矩阵的影响因素综合命名，本研究主要从以下四方面进行影响因素分析。

(一)科技创新驱动的内在动力支撑

由多个主成分反映出的因子载荷中专利申请量/GDP、专利授权数、R&D内部经费支出的影响较大可知，科技创新实力仍是中国发展的重要驱动力，印证了实现可持续发展必须把创新摆在中原城市群整体发展核心位置的客观实际。首先，从实际发展看，郑州着力提升其科技发展水平并引领国家自主创新示范区建设，使得创新引领下的经济发展动能更足，也使得中原城市群的中心带动战略彰显活力。目前，河南省着力推进创新驱动战略，打造创新发展强省，使得中原地区的整体创新实力有所提升，经济社会发展水平稳中向好，区域创新能力显著增强，区域创新格局不断得到优化。其次，从权重计算结果也可看，创新子系统的权重达0.2以上，高于其他子系统得分，表征科技创新驱动力对区域的可持续发展意义重大。最后，从空间布局看，虽然东南部创新实力相对比较薄弱，但中原地区的核心区的创新资源投入和科技成果转化依然呈现集聚发展的良好局面。不难理解，由于在中原经济区、中原城市群、郑洛新国家自主创新示范区的引导下，中部核心区城市出现快速发展，其发展依然对全局产生较强的辐射力，所以呈现局部突显的局面。然而，东南部区域依然缺乏科技创新的内在驱动力，加之地形的局限性、经济发展的活力缺失、人口集聚的内在支撑力不强等，导致其整体发展水平相对滞后，也从侧面印证了东南半壁区域可持续发展水平相对落后的客观事实。

（二）公共服务共建共享水平的基础支撑

人均道路面积、农村常住居民人均可支配收入、每万人在校大学生数、每万人拥有医院床位及每万人拥有公共汽车等指标的载荷都与基础设施共建、公共服务设施共享相关，这意味着基础设施共建能力和公共服务实施共享水平对区域的可持续发展水平起着不可替代的作用。从现实来看，公共服务供给是人民最关心最直接最现实的利益问题，对区域的可持续发展起着基础性支撑作用。提高公共服务共建能力和共享水平，有利于推进区域一体化进程，形成城乡协同发展、互利共赢的新局面。从目前来看，尽管区域内部公共服务共建共享取得积极成效，协同发展机制有效运转，区域内发展差距趋于缩小，但从空间布局可以清晰看出，高水平高层次的共建共享服务地区集中于郑州市、洛阳市、新乡市、焦作市及其向西北延伸的区域，而外围区尤其是东南部区域受发展基础、产业布局、区域位置等多重因素的影响，其公共服务设施共建水平、人均共享能力亟须提升。西南部区域大中小城市城乡基础设施一体化建设、城乡公共服务等相对滞后，也亟须进一步提升其共建共享水平。因此，在统筹一体化建设的局面下，亟须保证公共服务均衡发展水平的稳步提升，推动城镇公共服务逐步向乡村延伸，最终形成区域一体化、公共服务水平共享化逐渐趋于均衡的新格局。

（三）生态绿色化发展水平的活力支撑

由均方差决策法计算出绿色子系统权重接近 0.2 及相关指标载荷可知，“绿水青山”成为影响区域可持续发展水平的重要因子之一。从现实来看，当前中原城市群工业化和城镇化进程正处于加速阶段，其所导致的环境问题已经成为中原地区可持续发展的瓶颈。核心城市郑州市、洛阳市虽然在中原地区处于经济发展的较高阶段，但受工业集聚发展、产城综合布局等因素影响，其对周边的生态环境产生了一定影响，甚至出现了环境污染等方面的发展问题，因此需要在推进工业化、城镇化的进程中，协调其与周边发展、区域联动的绿色化发展矛盾，从而真正成为“五化”协调示范区。西北、南部、东南外围区虽然处在生态发展高级化阶段，绿色化水平也相对超前，但在现实发展中却面临着经济发展活力不强、提质增效能力不强等问题，需要形成生态支撑工业化、城镇化联动发展的路子。从上述绿色指标的载荷因子也可以看出，着力发展生态友好型产业，不断提高绿色化发展水平，逐步实现经济发展与生态环保的良性循环已经成为一项十分紧迫的重要任务。这不仅需要政府引导、市场响应，而且需要公众主动参与，同时要充分发挥生态绿色化发展水平的活力支撑作用，积极倡导勤俭节约、绿色低碳、文明健康的模式，建立协调联动的保障长效机制，不断有效提升生态绿色化发展水平，从而助推区域经济社会可持续发展。

（四）对外开放平台的载体支撑

由因子载荷计算出进出口贸易指标系数可知，对外开放平台的载体支撑作用是影响区域的可持续发展水平的因子之一。不难理解，中原城市群经济社会发展水平的高速提升是在开放条件下取得的，未来中原地区经济社会要想实现进一步的高质量发展也必须在更加开放条件下进行，实施更高层次的对外开放，推动形成全面开放新格局是中原城市群接下来部署的重点。从空间布局看，中部的核心城市郑州市以及北部的洛阳市、新乡市等城市作为中原城市群对外开放的“眼睛”，是中原地区实现高水平“引进来”与大规模“走出去”的“机会窗口”。该区域的核心区经济基础支撑好、开放经济思维活跃、国家宏观经济支持力度大，加之国家中心城市建设、跨境电商示范、航空都市区联通、创新示范区建设、自贸区打造、一体化区域等制度安排的环境影响，成为新时代开放型经济的重要特征。尽管中原地区有中原城市群、中原经济区、淮河生态经济带等国家战略的支撑，但受外围区尤其是东南部经济发展的客观区位条件较差、基础实力薄弱、地方文化的开放意识不强等决定性因素的影响，加之整体区域经济环境的束缚，使得其对外开放平台相对较少，整体开放水平相对滞后。东南部地区处于长三角城市群向中原城市群过渡地带，理应面对新形势，打造更多对外开放窗口，搭建好“联东启西”对外开放的桥梁，拓宽全面对外开放的路子，深化全国范围内的经济合作，充分发挥对外开放平台的重要载体作用，从而推动中原城市群区域经济的可持续健康发展。

五、小结

基于新发展理念新视角分析中原城市群综合可持续发展水平的空间分异格局及其影响因素，结果发现核心区的集聚效应明显并先周边延伸形成高值引领区，且整体分异格局呈现“梯度化”“等级化”特征，高—中—低值分界线基本上以河南省东北—西南方向的“胡焕庸”线，这对认知当前发展进程中短板辨识及问题总结具有积极意义。但需要指出的是，本章只是从截面数据构建指标体系，对全面认知中原城市群市域尺度下的可持续发展水平仅仅提供了一种视角，而获取相关的面板数据进行时序、空间相结合的研究，进而分析不同时段下中原城市群的可持续发展水平有待进一步跟进。在影响因素分析方面，由于新发展理念的指标体系本身覆盖面较广，其综合性、整体性较强，加之受限于数据的获取，仅仅从指标体系内部剖析了其影响因子的作用机制，全面深入地构建影响因子指标体系是接下来要努力的重点。此外，在今后的研究中，应细化不同分区、不同类型城市可持续发展水平空间分异格局，进而总结出微观尺度下可持续发展水平的类型区，同时对比不同视角下的空间组织模式，据此识别可持续发展的重点，提出区域梯度推进行方向。

第十三章　中原城市群的“六化”协调与整合推进

我们经常提及城镇化、工业化、农业现代化是实现社会主义现代化的三大战略支撑，也深知城镇化尤其是新型城镇化是引领经济高质量发展的核心力量，工业化是发展社会主义各项事业发展的核心支撑，农业现代化是促进人地系统和谐运转的基本保障。进入21世纪，中国在深入推进城镇化、工业化和农业现代化建设的同时，科技化与信息化的融入日益增强，加之以生态文明建设为主导的绿色化理念不断深入，现代化战略逐渐由“三化”演变为城镇化、工业化、农业现代化、信息化、科技化、绿色化“六化”。“六化”是一个极为复杂的协调发展系统，工业化和城镇化拉动经济、社会高速发展，农业现代化为工业化和城镇化提供粮食保障和发展基础，信息化和科技化助推城镇化、工业化、农业现代化高质量发展，绿色化为其他战略健康高效发展提供环境保障。作为现代建设的重要组成部分，“六化”只有在互动中做到同步和协调发展，才能加快促进城乡经济社会发展一体化新格局的形成。基于此，本章基于构建的城镇化—工业化—信息化—科技化—农业现代化—绿色化的“六化”评价指标体系，结合熵值赋权法和“发展—差异—互动”综合评价模型，分析中原城市群县域尺度下“六化”协调的空间格局并探讨不同类型区的影响因素，进而提出中原城市群“六化”协调的整合推进路径。

一、“六化”的现代化进程演进

1945年，毛泽东在《论联合政府》报告中论证了工业化道路，认为工业是推动中国城乡高速发展的重要手段，是人民福利和国家富强的强有力保障。1964年，随着中国工业现代化、农业现代化、国防现代化、科学技术现代化“四个现代化”战略的提出，工业化与农业现代化道路的论证得到进一步加强，“三化”协调发展国家战略意图开始显现。改革开放以来，工业化、城镇化对经济社会各项事业的拉动作用日益增强，农业现代化的基础支撑作用也日益重要，“三化”逐渐成为国家的现代化战略（丁志伟，2014）。信息化在加速助推现代化建设的同时，也成为保障国家安全的重要“利器”，“四化”同步在党的十八大报告中明确提出（胡锦涛，2012）。近期随着《关于加快推进生态文明建设的意见》等战略措施的实施，在绿色化价值导向的现代化建设背景下，城镇化、工业化、农业现代化、信息化、绿色化“五化”协调发展成为经济社会可持续发展内在要求。从2012年国家提出的创新驱动发展战略，至2016年中共中央、国务院印发《国家创新驱动发展战略纲要》，均阐释了科学技术的重要性，科技化成为加快推进中国现代化建设的重要支撑力量。当前，在科技化、信息化高速助推现代化建设的新时代背景下，在强调资源节约、环境保护，倡导循环经济等绿色化发展诉求下，在城镇化、工业化持续推进经济社会发展的时代要求下，走“六化”协调发展之路成为新形势下国家经济、社会发展的必然选择。

由于“三化”在21世纪之前的提法相对固定，国内学者对“三化”关系的论证相对统一，认为工业化起主导作用、城镇化起引领作用、农业现代化起基础支撑作用，三者唯有形成相互联系、相互促进的良性循环体系，才能充分拉动中国经济社会的全面发展（陈志峰、刘荣章、郑百龙等，2012；姜会明、王振华，2012；陈江龙、高金龙、卫云龙，2013；丁志伟、张改素、王发曾，2013）。在厘清三者关系的同时，国内众多学者对“三化”耦合、协调进行了定量化评价并进行空间分异研究（钱丽、陈忠卫、肖仁桥，2012；龚迎春、冯娟、罗静，2013；冯献，2014），进而提出“三化”协调发展的路径和对策（王发曾，2012；雒海潮、刘荣增，2013）。21世纪以来，学者一方面注重单“化”质量的评价（吴一洲、吴次芳、王琳等，2009；沈正平，2013；吴一洲、吴次芳、王琳等，2014；刘凯、任建兰、王成新，2016；赵昕、茶洪旺，2015；李咏华、马淇蔚、范雪怡，2017），同时城镇化、工业化“两化”协调（刘玉，2007）、“三化”协调更是研究的重点（丁志伟、张改素、王发曾等，2015）。随着2002年新型工业化战略的提出，关于新型工业化的评价不断增多。由于传统城镇化注重“体量”增长，忽视“内涵”质量的提升，所以中国特色城镇化、新型城镇化的提法和研究不断增多（岳文海，2013；王新越、宋飏、宋斐红等，2014；徐选国、杨君，2014；姚士谋、张平宇、余成等，2014；黄震方、陆林、苏勤等，2015；张引、杨庆媛、李闯等，2015；王建康、谷国锋、姚丽等，2016；张荣天、焦华富，2016；唐鸿、刘雨婧、麻学锋，2017），新型城镇化、新型工业化协调评价也随之增多（郭丽娟，2013；周兵、高君希、吕斐，2014；高志刚、华淑名，2015）。随着我国经济社会，以及新型工业化和新型城镇化不断发展的同时，农业现代化也亟须改变经营方式和实现规模化、机械化、产业化发展，为此，新型城镇化、新型工业化、新型农业现代化“三化”协调发展成为新的研究主题（梁斌，2013），相关的理论辨析与定量评价也不断出现。与此同时，人类开始从工业化时代向信息化科技化时代过渡，但同时期信息化、科技化融入其他“三化”的研究并不多见。2012 年“四化”同步发展上升为国家重要战略后，学者对于“四化”的研究不断增多，相应的定量评价也逐渐增多(冯献、崔凯，2013；潘竟虎、胡艳兴、刘晓等，2016)。在经济社会快速发展的同时，资源环境遭受了巨大压力，反作用于社会的发展和进步，生态环境成为日益瞩目的话题。2015 年绿色化发展理念提出后，习近平总书记又多次在重要讲话中提出“既要金山银山，也要绿水青山”“绿水青山就是金山银山”，“五化”协调发展的新格局、新理念逐渐出现(简新华、杨冕，2013)。近几年“五化”协调的定量研究已成为各界学者关注的热点，不同学者构建了“五化”综合协调评价体系，借助于不同的评价模型，评价了不同案例区“五化”协调发展状态(侯纯光、程钰、任建兰，2016；刘凯，2016；颜双波，2016；陈淑凤，2017；华淑名、高志刚，2017；江孝君、杨青山、刘鉴，2017；刘方媛、崔书瑞，2017；杨勇、李忠民，2017；杨勇、李忠民，2017；白雪、宋玉祥、浩飞龙，2018；王维、张涛、陈云，2018)。值得一提的是，相关学者对“五化”协调的定量评价进行梳理，对中国“五化”协调评价的缘起、演变、进展、反思进行了归纳，总结了不同评价方法的优点和缺点，为“五化”协调的进一步研究提供了重要支撑(丁志伟、张改素、王发曾等，2016；丁志伟，2017)。伴随着关于“化”研究的文献不断增多，为避免“挂一漏万”，本研究未进行举例式阐释。

总结而言，目前学术界关于“两化”“三化”的研究热度不减，“四化”研究不断增多，“五化”研究逐渐增多，“六化”研究并不多见。“五化”的研究范围多以分区、省域和市域，中微观尺度如县域、镇域的研究较少。中原城市群作为国家级城市群之一，在近些年发展较为突出，地理位置重要，发展潜力巨大，战略地位显著，其“三化”“四化”“五化”协调发展在中原经济区、中原城市群国家战略多次提及，并作为全国“三化”协调示范区进行规划建设。在科学技术作用的日益显著的新时代背景下，增强科技化对“五化”的内在支撑，对提升中原城市群的核心竞争力、助推传统农区振兴、促进中部地区崛起等具有非常重要的意义。基于此，本章以县域为研究尺度，构建“六化”评价指标体系，基于“发展—差异—互动”评价模型，评价中原城市群县域“六化”协调发展的状态，以期明晰各“化”发展差异与“六化”协调的空间格局，为中原地区“六化”的协调推进和空间格局的优化提供支撑。

二、“六化”协调评价的理念与方法

（一）评价理念

由于城镇化、工业化、农业现代化、信息化、科技化、绿色化的概念不断被拓展，甚至个别“化”的概念被泛化，所以在进行指标选择时，尽量选择反映其概念本质的代表性指标。考虑到县域尺度下指标获取的难度极大，本研究竭尽所能从每个“化”中选择八个代表性指标，具体见表 13-1。在城镇化方面，选择反映人口城镇化、土地城镇化和城乡居民人均经济社会发展水平提升的指标；在工业化方面，选择反映产业结构变化、非农产业比重、人均工业方面相关投入与产出指标等；在农业现代化方面，一方面考虑产业结构变化、人均农业产值的各项指标，另一方面从城乡一体化和农民经济社会发展水平方面选择指标；在信息化方面，一方面选择能反映产业结构变化的指标，另一方面从信息设施、信息手段、电子商务业发展、百度关注度等指标来反映“信息时代”的便捷性；在科技化方面，主要从高新产业、科技与研发以及最能体现科技含量的专利方面选择指标；在绿色化方面，主要基于“绿水青山”“蓝天白云”以及城镇绿水建设方面的指标选取。上述指标绝大部分是从《河南统计年鉴 2018》以及 2017 年各地市、县市年鉴中获取，部分指标是通过查阅大量县域统计公报、政府工作报告、国民经济与社会发展“十二五”“十三五”规划获取，小部分指标是通过走访、联系县级统计部分的工作人员获取的。值得说明的是，网商指数、网购指数是通过阿里巴巴发布的公报获取的，百度指数是通过百度搜索端获取的百度关注度指标。

表 13-1　“六化”指标体系

整体评价层	准则层	指标层	指标解释与指标性质
“六化”协调评价系统	城镇化系统	城镇化率	反映人口城镇化进程（正向）
		建成区人口/年末总人口	反映人口城镇化进程（正向）
		建成区面积/区域总面积	反映土地、空间城镇化（正向）
		人均 GDP	反映人均经济社会发展水平（正向）
		城镇居民人均可支配收入	反映人均经济社会发展水平（正向）
		人均城乡居民存款余额	反映人均经济社会发展水平（正向）
		人均社会销售品零售总额	反映人均经济社会发展水平（正向）
		人均公共财政收入	反映人均经济社会发展水平（正向）

续表

整体评价层	准则层	指标层	指标解释与指标性质
“六化”协调评价系统	工业化系统	工业增加值/GDP	反映产业结构变化(正向)
		第二产业增加值/GDP	反映产业结构变化(正向)
		非农产业增加值/GDP	反映非农产业比重(正向)
		第二、三产业从业人员/总人口	反映非农产业比重(正向)
		人均工业增加值	反映人均工业发展水平(正向)
		人均规模以上工业总产值	反映人均工业发展水平(正向)
		在岗职工平均工资	反映人均工业发展水平(正向)
		人均固定资产投资	反映人均工业发展水平(正向)
	农业现代化系统	第一产业增加值/GDP	反映产业结构变化(逆向)
		城乡收入比	反映城乡一体化(逆向)
		人均农业机械总动力	反映农业机械化(正向)
		人均粮食产量	反映人均农业产出(正向)
		人均农业增加值	反映人均农业产出(正向)
		人均第一产业增加值	反映人均农业产出(正向)
		乡村居民人均收入	反映人均农民收入(正向)
		人均农村用电量	反映农村社会发展水平(正向)
	信息化系统	第三产业增加值/GDP	反映产业结构变化(正向)
		第三产业从业人员/总人口	反映产业结构变化(正向)
		每万人拥有的固定电话户数	反映信息化设施、信息化手段(正向)
		每万人拥有的移动电话户数	反映信息化设施、信息化手段(正向)
		每万人拥有的互联网户数	反映信息化设施、信息化手段(正向)
		网商指数	反映电子商务业发展水平(正向)
		网购指数	反映电子商务业发展水平(正向)
		百度指数	反映大数据时代的关注状态(正向)
	科技化系统	高新技术产业增加值/工业增加值	反映高新产业的结构变化(正向)
		高新技术产业增加值/GDP	反映高新产业的结构变化(正向)
		高新技术产业增加值	反映高新产业发展水平(正向)
		人均高新技术产业增加值	反映高新产业发展水平(正向)
		R&D 经费支出/GDP	反映科技与研发水平(正向)
		人均 R&D 经费支出	反映科技与研发水平(正向)
		发明专利申请量	反映科技的竞争力水平(正向)
		发明专利授权量	反映科技的竞争力水平(正向)

续表

整体评价层	准则层	指标层	指标解释与指标性质
“六化”协调评价系统	绿色化系统	优良空气天数比例	反映“蓝天白云”的状态(正向)
		森林覆盖率	反映“青山绿水”的状态(正向)
		林木覆盖率	反映“青山绿水”的状态(正向)
		人均公园绿地面积	反映城镇绿色化建设状态(正向)
		建成区绿化覆盖率	反映城镇绿色化建设状态(正向)
		建成区绿地率	反映城镇绿色化建设状态(正向)
		城镇污水处理率	反映城镇绿色化治理的状态(正向)
		垃圾处理率	反映城镇绿色化治理的状态(正向)

(二)研究方法

1.“单化”评价方法

熵值赋权法是一种客观的赋权方法，主要是根据各项指标观测值所提供的信息量的大小来确定指标权数的方法，具体见第九章计算公式。

(1)指标熵值权重：

$$w_j = \frac{1 - e_j}{\sum_{i=1}^{n}(1 - e_j)} \tag{13-1}$$

式中：w_j 为第 j 项指标的熵权，e_j 为第 j 项指标的信息熵。

(2)城市“六化”发展指数：

$$c_i = \sum_{j=1}^{n}(w_j \times X_{ij}) \tag{13-2}$$

式中：c_i 为第 i 个县域单元“单化”系统发展得分，w_j 为第 j 项指标的熵权，X_{ij}为第 i 个县域单元第 j 项指标的标准化值。

2.“六化”协调发展的综合评价模型

根据前期对“五化”协调评价的定量研究梳理(丁志伟、张改素、王发曾等，2016)，本研究认为“六化”协调的内涵是指在一定的地域范围内，“六化”发展水平不断提升，“六化”之间的差异不断缩小，“六化”之间的相互依赖作用日益加深，“六化”在发展上关联互动和正向促进。根据对上述协调内涵的诠释，构建“发展—差异—互动”综合评价模型。如文献《中国工业化、城镇化、农业现代化、信息化、绿色化“五化”协调定量评价的进展与反思》(丁志伟、张改素、王发曾等，2016)所述，该方法考虑了发展状况、偏离理想状态的水平以及若干“化”之间的互动水平，能较全面反映协调水平，较其他耦合协调度、偏离理想值等方法更具优势。

三、结果分析

(一)“单化”水平的空间分异格局

根据“单化”评价方法，运用熵权法计算六个“单化”的综合发展水平，进而采用自然断裂点分类方法进行空间格局分析，结果见图 13-1。

1. 城镇化水平的空间分异格局

由城镇化的空间分异格局可知，高水平区主要由 10 个县域单元组成，主要为经济发达的县级市，包括巩义市、荥阳市、登封市、新密市、新郑市、武安市、茌平县、襄垣县、义马市与济源市。高水平区前 5 个县市分布在郑州市域范围，形成高水平集聚区，后 5 个县市如武安市、茌平县、襄垣县、义马市及济源市零散分布在全区的西北部和北部。较高水平区主要集中分布于中部高水平区附近，并与之形成大范围的高值集聚区，形成“人”字形分布格局，另有一部分较高水平分布区为东北部和南部的几个经济较发达的县市。中等水平区主要分布在“人”字形分布区的外围地区，并与高、较高水平区进一步形成更大范围的高值集中分布区。很显然，较低、低水平区除一部分县市分布在西南部和西部区域，其余大范围分布在“京广”线以东，形成大范围的低值连绵分布区。整体看来，全区西北部和中部的城镇化水平要高于南部、东南部的水平，豫南和皖北地区的城镇化水平明显偏低。

2. 工业化、科技化水平的空间分异格局

由工业化水平的空间分异格局可知，除个别县市在高、较高水平区有交替变动以及东北部的高水平区有所增加外，整体空间分布格局和城镇化类似，高水平区普遍位于郑洛行政管辖范围及周边地区，同样和较高水平区构成了“人”字形空间结构。较高水平区除一部分围绕高水平区分布之外，另一部分如濮阳县、范县、阳谷县和东阿县在东北部呈连续带状分布。由科技化水平的空间分异格局可知，高、较高水平区较工业化、城镇化分布范围明显有所缩减，但依然形成了以郑州市、洛阳市、焦作市等较为发达的县市为中心的高值集聚区。除未形成西北部的连绵分布区之外，科技化的高、较高水平区和工业化、城镇化水平的空间分布特征类似。科技化中等水平区基本上围绕在较高和高水平区附近，与城镇化、工业化分布特征亦有类似之处。低、较低水平区大范围主要分布在“京广”线以东区域，一部分集中分布在西南部，

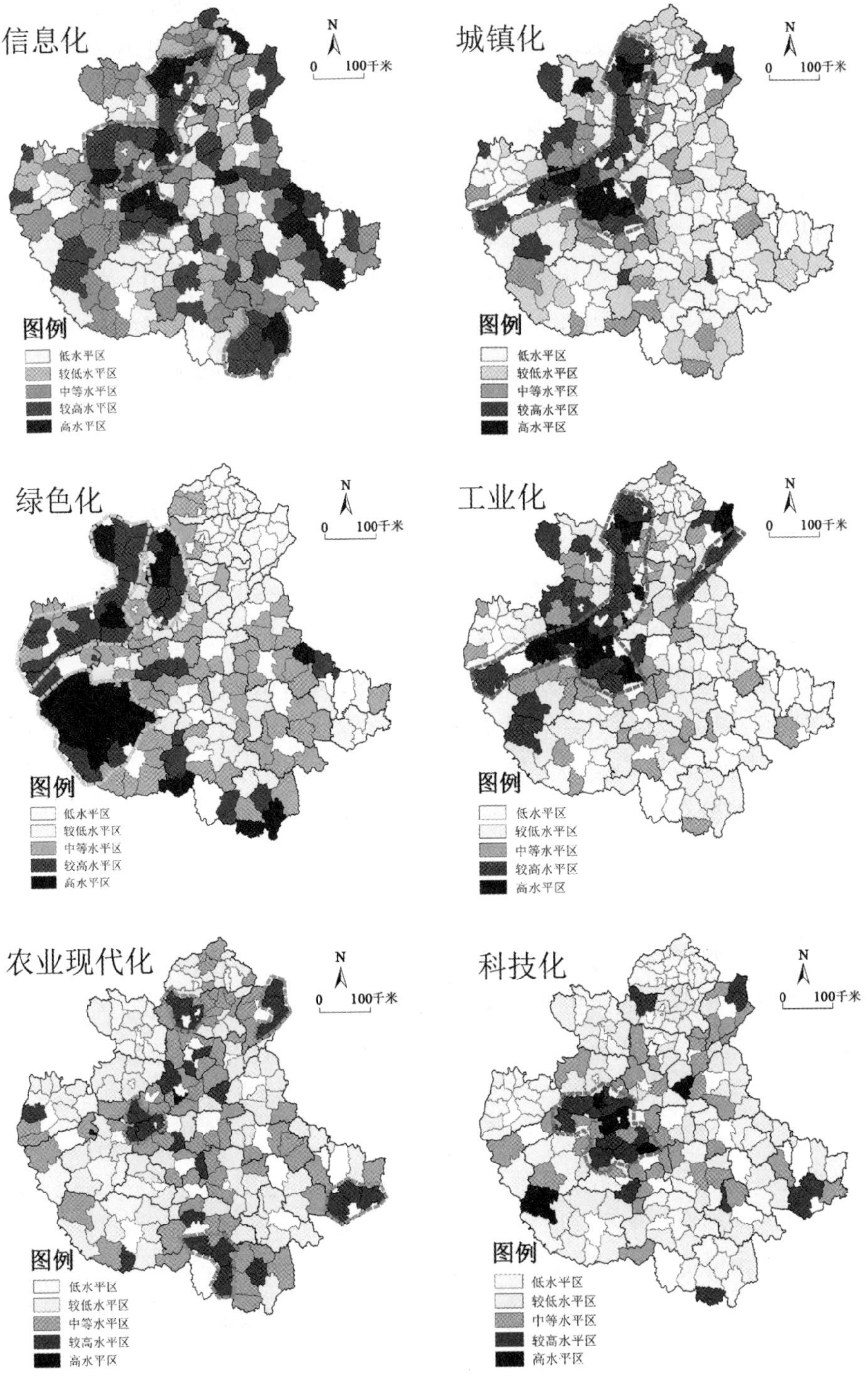

图 13-1　“单化”综合发展水平及其空间分类

还有个别零散分布在外围区。整体看来，工业化、科技化水平高水平区主要分布在中部，低水平区大范围分布在“京广”线以东，与城镇化水平分布特征相似。

3. 农业现代化水平的空间分异格局

由农业现代化水平的空间分异格局可知，高水平区仅包括两个县域单元，分别是新乡县和义马市，数量少且分布较分散。较高水平区主要呈现三五组团式分布，中部组团片区主要分布在郑州市、焦作市域范围内，南部组团分布的县市为遂平县、确山县、正阳县、罗山县等，东南部组团的县市为怀远县、固镇县和五河县，北部组团分布的县市为武安市、邯郸县、磁县，东北部组团分布的县市为高唐县、茌平县、东阿县和阳谷县。其余较高水平区零散分布，多为一些农业大县。中等水平区分布范围较广，沿着“京广”线呈明显的带状分布，其余分布在黄淮平原等平原地区，如驻马店市、信阳市、商丘市、蚌埠市等市域范围内的部分县市。不难发现，全区东部、东南部这些地区的县市农业地理环境优越，再加上农业的投入—出效益高、农业机械化便于作业，客观上促进了这些区域整体发展水平的稳步提升。较低、低水平区主要分布在西北、西南和东南三个片区，与城镇化、工业化、科技化的分布情况明显不同。总结而言，农业现代化整体分布呈现出中等、较低、低水平三种类型分布范围广，高、较高水平区分布范围小的特征。可以说，农业现代化的整体分布格局极其不平衡且局部差异较大，较城镇化、工业化、科技化差异化分布格局更加明显。

4. 信息化水平的空间分异格局

由信息化水平的空间分异格局可知，高水平区分布特征和城镇化、工业化及科技化有相似之处，主要是位于郑州市域及其周边并形成集中分布区，这显示出城镇化、工业化、科技化为信息化提供了较好的基础支撑。此外，还有一部分高水平县市位于皖西北区域，这些县市本身的发展基础较好，在信息产业、信息资源和技术、信息教育和科技、信息基础设施和信息网络化方面的发展水平远远领先于其他地区，也形成了小范围的组团分布区。较高水平区基本围绕在高水平区周边分布，并与之形成更大范围的高水平分布区，如南部信阳市域大部分县市组成分布带和西北部外围区组成的狭长分布带。中等水平区及以上区域占据较大范围，低、较低水平区分布的范围相对较小，整体空间分布的不均衡状态明显。低、较低水平区集中分布在两个片区，一个是由社旗县、方城县、舞钢市等县市组成的西南部片区，另一个是由东明县、定陶县、鄄城县等县市构成的北部片状分布区，这些县市在信息产业发展方面较为落后，为信息化低水平区。整体来看，虽然各个片区均有五种类型水平区的分布且局部差异不大，但整体空间格局较城镇化、工业化及科技化差异显著。

5. 绿色化水平的空间分异格局

由绿色化水平的空间分异格局可知，高水平区主要分布在西北、西南部的太行山和大别山等外围的山区，其森林覆盖率高、林业资源丰富，是绿色化水平很高的“天然公园”。西南部的南阳、洛阳所管辖范围内的县市绿色化水平较高，形成高密度的绿化水平集聚区。高水平区还有小部分分布在信阳市域范围，信阳素有“江南北国、北国江南”之称，地处南北气候的过渡地带，地形地貌类型齐全，绿化面积也是逐年增加，具有争创全国绿化模范城市的巨大优势，生态环境质量高，整体绿色水平偏高。此外，“京广”线以东区域除安徽省西北部的砀山县和萧县分别处于高、较高水平区之外，其余均位于中等水平区及以下，这也显示出自然基底对绿色化水平的空间分异状态影响很大。北部外围区的邢台市、聊城市是以重工业为核心产业的城市，其大气污染严重，环境质量急需得到改善，整体绿化水平受到影响，处于大范围的低水平分布区。皖北的部分地区虽处在平原地区，但是绿化程度较西南部山区相比偏低，绿色化水平持续提升的压力依然不小。整体分布规律很明显，呈现“西高东低、南高北低”的分布特征，北部外围区和东北部的绿色化水平普遍偏低。

（二）“发展—差异—互动”协调水平的空间分异格局

根据构建的“发展—差异—互动”的综合协调水平的评价方法，带入“单化”的综合发展水平进行计算，其“发展—差异—互动”及其综合协调水平的空间分异格局见图 13-2。

1. 发展水平的空间分异格局

由发展水平的空间分异格局可知，其与城镇化、工业化及科技化相似，高、较高水平区在西北部形成“人”字形结构，突出体现了在评价综合水平时，城镇化、工业化以及科技化水平占据主导地位。“人”字形分布区域的城镇化、工业化、科技化水平很高，所以发展水平的高值区也形成了同样的分布格局。具体分析来看，义马市、沁阳市、孟州市和高唐县除了信息化、绿色化水平处于中等分布区外，城镇化、工业化、农业现代化、科技化四个方面均处于较高水平区及以上，综合之后处于高水平区；济源市和长葛市虽然农业现代化、绿色化水平相对不高，但城镇化、工业化、信息化及科技化四个方面均

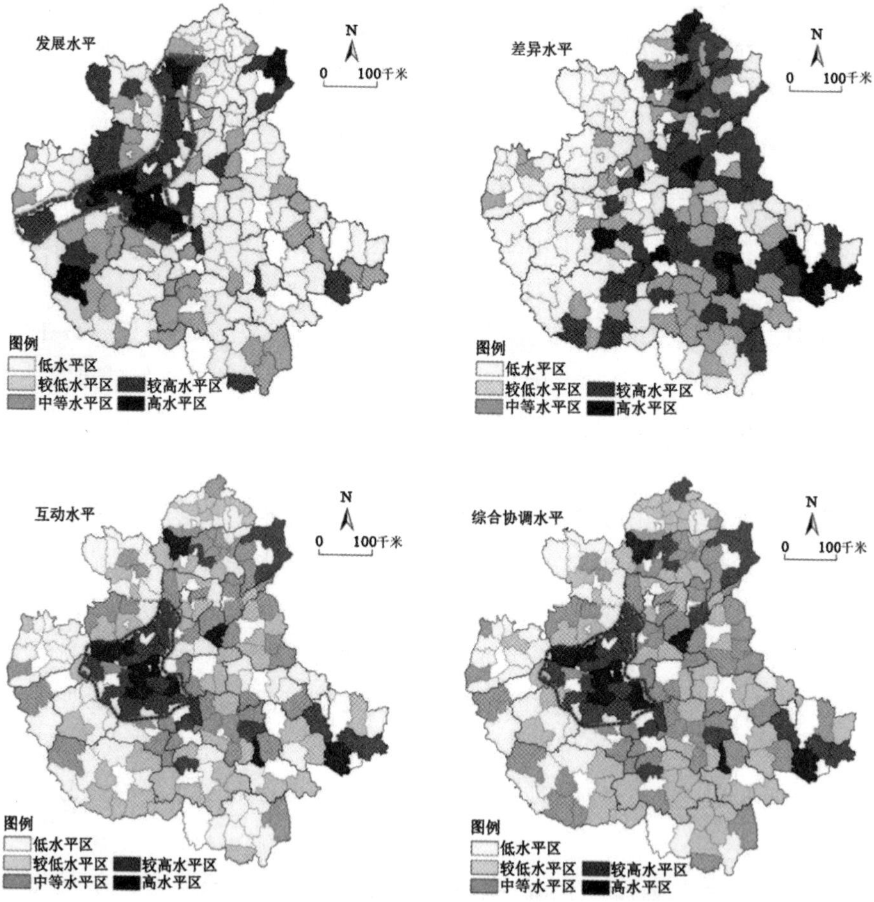

图 13-2 “六化”发展水平、差异水平、互动水平与综合协调水平的空间分异格局

位于较高水平区及以上，因而整体实力很强。巩义市、荥阳市、新郑市和武安市除绿色化水平偏低以外，在城镇化、工业化、农业现代化、信息化和科技化五个方面都处于较高水平及以上，综合之后位于高水平区。中等水平区集中分布在西南部和南部，加上南部、东南、北部大范围分布有较多的低、较低水平区，因而全区中等以下分布区均有成片发展的态势。究其原因，主要体现在这些区域的城镇化、工业化、科技化、农业现代化普遍不高且对整体的影响大，绿色化水平虽然较高但对整体的综合意义不大。发展水平的整体分布格局主要表现出“西北高、东南低”的特征，地区差异显著。

2. 差异水平的空间分异格局

由差异水平的空间分异格局可知，其分布状态与六个“单化”水平、综合水平及互动水平的空间分布格局差异较大，呈现出与城镇化、工业化的“人”

字形分布相异的空间结构特征。究其原因，在“京广”线以东农业现代化水平相对较高的区域，虽然加快了在工业化、城镇化方面的发展步伐，但是提升幅度相对较小，且科技化、绿色化水平普遍不高，整体实力不强，所以这些区域“单化”之间的差异水平较小，发展步伐相对协调统一。虽然单化之间的发展很均衡，但仍有待进一步提高，突出反映了这些地区急需得到各个方面的完善和提高，以促进该地区的长远发展。相反，“京广”线以西的地区单化之间的差异水平很大，具体分析可知，郑州市域及其周围县市在城镇化、工业化、科技化及信息化方面的发展水平高，在农业现代化、绿色化方面发展水平却较低；南阳市域范围内的县市在绿色化和信息化方面的发展水平较高，在其余方面的发展水平普遍偏低，所以说这些地区的单化水平之间存在着较大的差异，表现为低、较低水平区。整体实力较高、高水平的县市，需要在城镇化进程不断加快、工业化水平不断提升、科技化和信息化迅猛发展的同时，注重农业现代化和环境质量的提高，打造发展均衡、生态和谐、科技进步的实力强市。

3. 互动水平的空间分异格局

由互动水平的空间分异格局可知，其高、较高水平区较城镇化、工业化以及综合水平的空间分布范围有所缩减，核心区域主要分布在以郑州、洛阳、焦作、济源所管辖的范围并形成高水平集聚区，这些县市的城镇化、工业化、农业现代化、信息化、绿色化及科技化“六化”互动、互联、互补作用显著，对促进区域的长远发展发挥着重要作用。此外，武安市、长垣县和界首市可连成一线，形成空间的等差分布，处于互动水平的高水平区。这些县市在不断推进新型城镇化的同时，加快工业化的进程，并且兼顾科技进步、信息发达、绿色环保和农业现代化的进步，共同促进整个地区的和谐共进、协调发展。互动水平较高的区域还包括蚌埠市域的小部分地区以及东北部的组团分布区，其中怀远县在科技化、信息化以及农业现代化方面均处于较高水平区，城镇化、工业化和绿色化水平相近且普遍位于较低水平区，“六化”之间的协调耦合作用显著，互动水平较高。总体而言，高、较高水平区分布的范围较小，其他三种类型的区域占据绝对主导并形成了大范围连绵分布区，主要分布在全区的南部、西南、东部和北部。这些区域的“六化”互动水平不高，主要体现在其科技化、信息化、农业现代化以及绿色化水平跟不上城镇化、工业化的步伐，“六化”之间协调共进的作用不明显，不利于地区的长远发展。

4. 综合协调水平的空间分异格局

由综合协调水平的空间分异格局可知，高、较高水平区较城镇化、工业化及综合水平的分布范围有所缩减，与科技化、互动水平的分布特征类似，主要分布在以郑州市区位核心的一片区域。究其原因，虽然这些区域的差异水平对综合协调水平有影响，但是所起的作用很小，所以综合协调水平与互动水平的分布特征极其相似。

高水平区由 11 个县域单元组成，包括武安市、长垣县、济源市、沁阳市、巩义市、荥阳市、登封市、新郑市、长葛市、界首市、怀远县，其综合协调水平很高，地域系统“六化”的互动、和谐和综合发展水平高，有利于地区经济、社会、科技、信息等各方面的协调进步与可持续发展。较高水平区的分布范围较小，主要集中分布于中部高水平区的周围。虽然低水平分布范围小，但中等、较低水平区分布范围广，三种类型的区域占据全区的绝大部分，呈现连续成片的发展态势。不难发现，全区的综合协调水平地区差异明显，呈现中西部高、其他范围普遍较低的特征。综合协调水平是“六化”相互作用、相互联合和相互影响所表现出来的耦合状态，因此高水平区必须呈现大部分“化”的水平高且带动力强的“化”引领作用显著。济源市、巩义市、荥阳市、新郑市、武安市在城镇化、工业化、信息化、科技化等占据主导作用的单“化”水平方面皆居于高、较高水平区，在新型城镇化、新型工业化的引领下，基本实现了城镇与城镇、城镇与工业、城镇与区域、城镇与乡村以及经济—社会—资源环境的良性耦合，促进了区域间要素的合理配置，实现了经济、社会、文化、环境等效益和效应的高度和谐。而综合协调水平低的城镇，其单“化”水平之间的差异较大，较难实现单“化”之间的协调发展，从而造成地区整体综合协调水平偏低。

（三）“发展—互动—差异”协调水平的空间关联格局

利用 Geo-DA 软件中空间自相关分析工具，计算“六化”协调的空间关联状况，Moran 散点图和空间 Lisa 集聚图的分布结果见图 13-3、图 13-4。

1. 发展水平的空间关联特征

由计算结果 Moran's I 值为 0. 4274 可知，县域尺度下发展水平的集聚现象比较明显。由图 13-3 可知，发展水平的 HH 区的个数为 45 个、HL 区为 25 个、LH 区为 27 个、LL 区个数为 100 个。单从个数来看，近一半的地区位于 LL 区，这意味着低值的正向关联效应明显，距离相近的事物更加相似，“近墨者黑”的集聚效应明显。

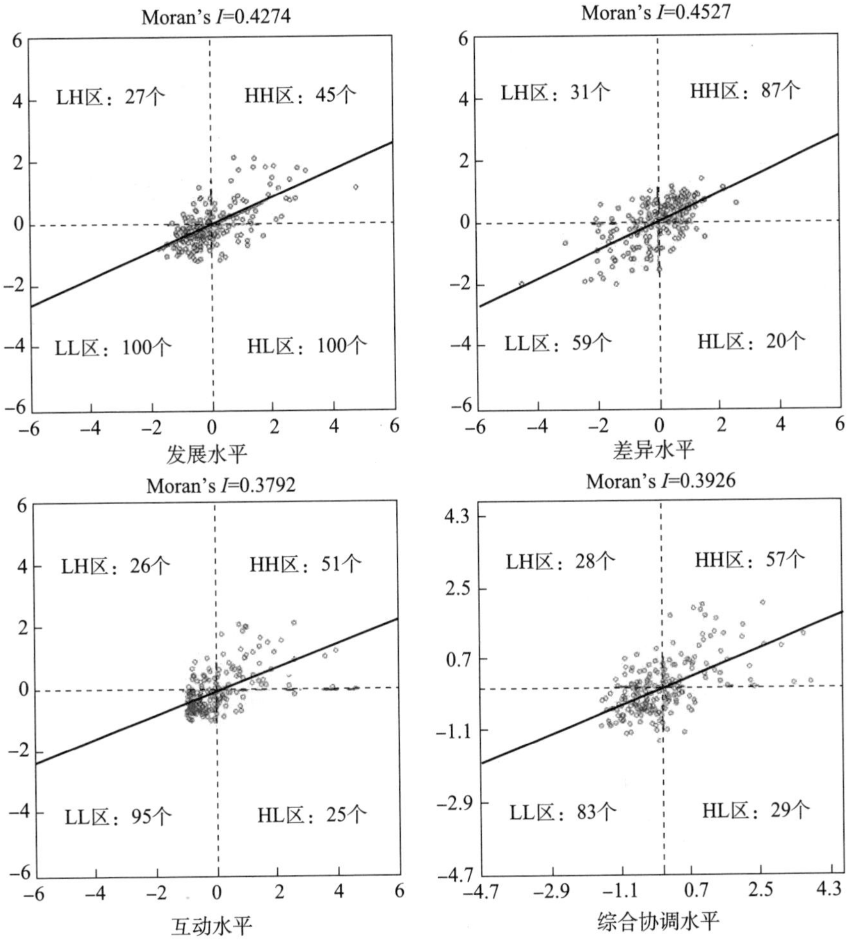

图 13-3　“六化”发展水平、差异水平、互动水平与综合协调水平的 Moran's *I*

进一步地，利用 Geo-DA 软件中 Univariate-LISA 模块分析中原城市群各县域尺度下发展水平的 Lisa 值，并且在 *Z* 检验的基础上($p\leqslant0.05$)绘制集聚分布图。由图 13-4 可知，显著 HH 区大部分集中分布在郑州市域，另有茌平县、东阿县分布在东北部区域。显著 HL 区和显著 LH 区个数不多均为两个，分别为河津市、清河县与卢氏县、泽州县。显著 LL 区主要分布在北部且呈连绵分布，另有几个县域单元零散分布在中部和中南部地区。结合图 13-3 中 Moran's *I* 可知，高、较高水平区在中西部出现正向空间关联并形成显著 HH 区，形成快速发展区，表明位于显著 HH 区的县域单元正向效应明显，对周边地区产生积极的带动作用。发展水平的低值区在北部出现正向关联并形成显著 LL 区，一方面表明该类型区域自身水平提升较慢，另一方面表明该类型

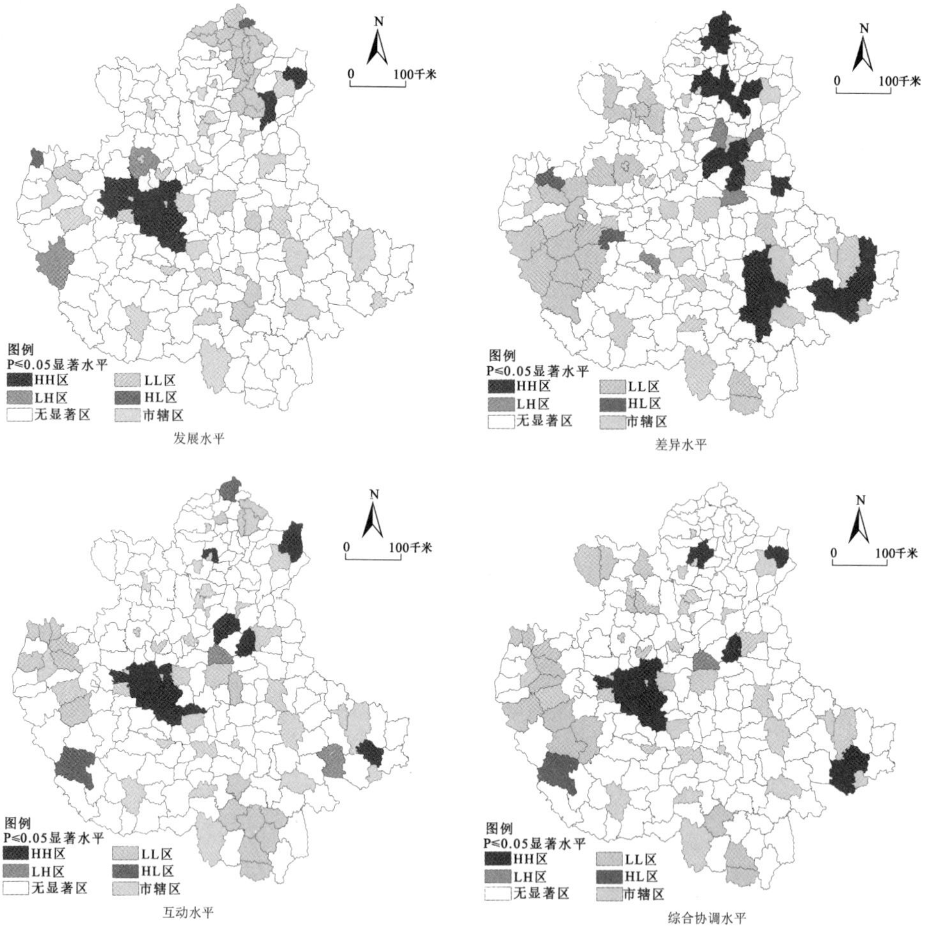

图 13-4 “六化”发展水平、差异水平、互动水平与综合协调水平的局部 Lisa 集聚

区域周边分布的也是 LL 区，没有可以支撑其进一步发展的环境。总体来说，全区一方面需加大对低水平区政策环境的支撑，另一方面需培育新的增长极点，带动该类型区域的共同发展。

2. 差异水平的空间关联特征

由图 13-3 中差异水平的 Moran's *I* 值为 0.4527 可知，县域尺度下“六化”差异水平的集聚现象同样明显。具体看来，HH 区的个数为 87 个、HL 区为 20 个、LH 区为 31 个、LL 区为 59 个。仅从个数而言，超过 2/5 的地区位于 HH 区，这表明高值的正向关联效应明显，“近朱者赤”的集聚分布状态明显；近 1/3 的地区位于 LL 区，意味着低值的正向关联效应也比较明显。

由图 13-4 可知，显著 HH 区呈三五组团式片区分布，主要分布在北部、中北部和东南部地区。结合图 13-3 可以看出，高、较高水平区呈正向关联并在京广线以东形成显著 HH 区，对其周边的县域单元起到了正向带动作用，空间关联效果明显。该区域县域单元在“六化”水平之间的差异较小，但是“单化”水平普遍不高，因此，各县域单元均须提高各方面的实力，同时保持单化之间的和谐发展、共同进步。显著 HL 区由闻喜县和伊川县两个县域单元组成，分布在 LL 区附近，表明这两个县域单元周边的高水平区具有极化效应，闻喜县、伊川县能够借助周围地区的各种效应提升自身的实力，但是极化效应明显不强。陕县、内黄县、范县和兰考县位于显著 LH 区，其中陕县、内黄县和范县围绕在中北部的显著 HH 区周边分布，表明该区域的差异水平出现相异的空间关联效应，形成高值集聚的塌陷区。显著 LL 区集中分布在京广线以西的地区，以南阳和洛阳的市域范围为主，同时也是差异水平的低水平区分布范围。究其原因，该区域的单化水平差异较大，主要表现在绿色化、信息化和工业化方面的发展水平较高，但是城镇化、科技化及农业现代化水平较低，所以差异水平表现为低值集聚区。这一方面表明该区域单化水平差异大，发展不均衡较为落后，另一方面表明该区域周边也是 LL 区，没有供其发展的优良环境。因此，在今后的发展中，该区域须进一步缩小“单化”的发展水平差距，不断提升自身的发展实力，同时要注重培育新的增长极点，带动该类型区域的共同发展。

3. *互动水平的空间关联特征*

由图 13-3 中互动水平的 Moran's *I* 值为 0. 3792 可知，县域尺度下“六化”互动水平的集聚现象明显。具体看来，HH 区的个数为 51 个、HL 区为 25 个、LH 区为 26 个、LL 区为 95 个。仅从个数而言，近 1/2 的地区位于 LL 区，表明了低值的正向关联效应显著，低值的集聚效应很明显。

由图 13-4 可知，显著 HH 区集中分布在郑州市域及其周边。对比可知，这些区域也是互动水平的高、较高水平区的集聚区，说明这些区域在中部产生正向关联效应并形成显著 HH 区，形成发展水平高、发展速度快、联动效应佳的高值分布区。显著 HL 区仅由宁晋县和西峡县两个县域单元组成，其互动水平虽处于中等水平区，但对周边县域单元起到了一定的极化效应。显著 LH 区由蒙城县和封丘县组成，分布在 HH 区的周边，说明高水平区对周围的较低、低水平区起到一定的正向促进作用，产生较好的空间正向关联作用。显著 LL 区呈三五组团式分布，分别位于北部、西部和南部，另有个别县域单元零散分布。表明这些地区的县域单元在互动水平上出现了显著滞后集聚区，不仅本身在单化互动方面的水平较低，而且周围没有可以供其向上发展的环境，所以普遍存在着集体滞后的分布状态。因而全区一方面需加大对高水平区周边城市的投入，另一方面要加大对低水平区政策环境及发展条件的支持。

4. 综合协调水平的空间关联特征

由图 13-3 中综合协调水平的 Moran's *I* 值为 0.3926 可知，县域尺度下综合协调水平的集聚现象明显。具体看来，HH 区的个数为 57 个、HL 区为 29 个、LH 区为 28 个、LL 区为 83 个。仅从个数而言，LL 区的数量依然最多，表明了低值的正向关联效应显著，低值的集聚效应很明显。

由图 13-4 可知，显著 HH 区主要分布在郑州市域及其周边地区。不难发现，这些区域也是综合协调水平的高、较高水平区的集聚区，说明高值集聚区在中部地区出现正向关联并产生“近朱者赤”的效应，形成发展水平高、发展速度快、联动效应佳的高值分布区。另有六个显著 HH 区零散分布在北部、中部和东南部地区，正向空间联动效应不明显。显著 HL 区只有西峡县，其综合协调水平位于较高水平区，表明其对周边县域单元起到了一定的极化效应。显著 LH 区也只有封丘县一个县域单元，形成高水平区周边的塌陷区，未能从周边地区汲取成长的“养分”。显著 LL 区一部分在西部呈断断续续的带状分布区，还有个别县域单元零散分布在西北和南部地区，表明这些地区的县域单元在综合协调水平上出现了显著滞后集聚区。该类型区域本身综合协调水平处于低值区，且周围仍分布着低值区，没有高水平区的引领和促进作用，所以普遍存在着集体滞后的分布状态。

四、不同类型区的形成原因与推进重点

基于构建的“发展—差异—互动”模型，从“单化”发展水平和“六化”的发展、差异、互动水平出发，结合中原城市群县域“六化”发展的现实情况，进行如下总结分析。

（一）高水平区的形成原因与推进重点

综上所述，综合协调高水平区的大部分县域单元集中于郑州市域及周围区域，其余为经济发达的县级市如济源市、武安市、界首市、怀远县。究其原因，这些县域单元的城镇化、工业化、信息化和科技化等占据主导作用的单“化”水平均处于高、较高水平区，虽然农业现代化水平不高或者绿色化发展状况不容乐观，但凭借强劲的经济社会发展实力和政策优势，调控能力强，能够将各“化”产生正向带动影响并不断克服发展的问题，所以综合发展水平较高。例如郑州市域的县域单元作为省会城市的辐射“阵营”，集聚着各种资

金、资源、科技、政策等优势，在郑州核心城市的带领下产生“涓滴”影响，使这些县市“六化”的互动水平、综合水平也处于高、较高水平区，尽管差异水平较低，但是对综合协调水平的影响很小。因此，在今后发展中，要加大高水平县域单元自身在城镇化、工业化、信息化、科技化、农业现代化及绿色化方面的实力，坚持不以牺牲农业和粮食、生态与环境为代价的原则；建立以高品质的现代农业、现代工业和现代服务业为主导的现代产业体系；构建现代城乡体系，统筹推进大中小城市、小城镇及新型社区建设，充分发挥各级别城镇的独特优势和角色分工，形成层次分明、结构合理、功能互补、协调发展的现代城镇体系，从而达到“六化”协调发展、互促共进的目的。

（二）较高水平区的形成原因与推进重点

较高水平区的分布范围较小，主要集中分布于中部高水平区的周围，其形成原因与高水平区有类似之处。一方面，较高水平区在城镇化、工业化、信息化和科技化方面处于较高、高水平区，且“单化”之间的互动共进水平也较高，所以整体来看综合协调水平略低于高协调水平区；另一方面，位于较高水平区的县域单元分布在高水平区周边，得益于高水平区的辐射带动作用，其各方面的发展速度虽不及省会城市附近的高水平区县域单元快，但明显优于其他县域单元。较高水平区县域单元的差异水平较大，主要表现为农业现代化、绿色化水平相较其他“化”差异略大，且农业现代化、绿色化跟不上工业化、城镇化、信息化和科技化的步伐。由于城镇化、工业化、信息化与科技化水平占据了主导作用且产生较好的互促共进效应，所以整体综合协调水平相对较高，地区整体发展相对和谐。在今后发展中，该类型区要进一步发挥新型城镇化的“引领”作用，通过加强规划统筹、产城统筹、区域统筹、管理统筹等途径，在信息化和科技化的推动下，实现资源节约、环境友好、生态优化的新型城镇化道路。具体而言，要进一步提升新型城镇化的牵引力，提升科技对产业的支撑力，发挥好工业化的提质增效作用；进一步增强城市的主导职能和综合功能，提升城市的承载力和应对各种风险的韧性；进一步提升城乡统筹的力度，加快基础设施的共建共享的一体化步伐，形成城乡一体、区域联动的空间优化配置；进一步减少城镇化、工业化带来的不利环境影响，提升经济转型的生态化、绿色化，走资源节约、环境友好的新型区域一体化路子。

（三）中等水平区的形成原因与推进重点

中等水平区分布范围较广，其“单化”水平参差不齐，发展、互动水平不是很高，差异化水平相对中等。对比发现，中等水平区绝大多数县域单元的工业化、科技化水平位于中等水平区，大部分县域单元的城镇化和信息化水平处于中等、中等偏上，而绿色化、农业化水平大部分单元处于中等偏下或者较低水平区。这些县域单元在“六化”的互动中起主要作用的是工业化、科技化、城镇化和信息化，虽然“单化”水平所处的层级不一，但是“单化”之间的互动协调能力较强，因此整体综合协调处于中等水平。中等协调水平区的县域单元在农业现代化、绿色化方面明显是“软肋”，加上城镇化、工业化、科技化、信息化水平等方面的支撑不够，因此“六化”协调发展的整体互动水平亟须进一步提升。综合而言，在今后发展中，要持续发挥城镇化对农业现代化的重要引擎作用，利用新型城镇化推动工业优化升级，把绿色化的理念融入工业化、信息化、科技化、城镇化、农业现代化的建设中，强化信息化对工业化和农业现代化的贯穿与引导作用，努力实现中原城市群特色的“信息化、科技化与绿色化为范式的工农业融合集聚发展的现代先进城镇化”。

（四）较低、低水平区的形成原因与推进重点

较低水平区分布范围也相对较广，主要集中在南部呈片区分布；其城镇化、工业化、科技化水平处于较低水平区，信息化水平相对较好处于中等及以上水平区，农业现代化、绿色化较多位于中等水平区，“单化”之间的水平差异较大，不利于地区的和谐发展、协调共进。综合“发展—差异—互动”方面的情况看，该类型区县域单元的发展水平、互动水平均较低，差异水平处于中等及其以上水平区但对整体的贡献不大，因而综合协调水平较低，整体“六化”耦合的效应欠佳。因此，该类型区一方面要提高“单化”水平和综合发展实力，缩小“单化”之间的差异，从而为整体联动发展打好基础；另一方面要在维持好各自区域“自然基底”的前提下，争取和周边较高水平的县域单元实现有机互动，提高自身发展环境，使较低水平区的综合水平得到更协调的发展。

低水平区分布范围很小，主要集中于西部和西南少部分片区。从“单化”水平来看，该类型区的城镇化、工业化、科技化和农业现代化水平处于较低、低水平区，绿色化水平反而很高，信息化水平相对前“四化”较高。在低水平的耦合互动中，“单化”之间的差距值较低，并且其互动提升的效率也很低，从而造成地区整体综合协调水平偏低。此外，低水平区又表现为显著 LL 区，其周围没有可以提供向上发展的环境，导致整体水平严重偏低，不利于整个地区的和谐进步与长期发展。综合上面的分析，未来该类型区域一方面需持续加大对低水平区资金、技术等方面的支持，不断提升低水平区的实力及正

向带动作用，使其能够产生“自我循环”的良性路径锁定效应；另一方面也要加大对低水平区政策环境及发展条件的支持，通过政策引领和示范区建设，使其具有改变自身劣势的环境保障。

五、小结

通过建立指标体系进行中原城市群县域“六化”的定量评价和空间格局分析，进而对各类型区的形成原因和推进重点分析，主要有以下发现。

第一，“单化”水平存在明显的等级性和差异性。具体而言，城镇化和工业化水平的空间分布格局相似，主要表现为高水平区普遍位于郑州、洛阳所管辖的范围及其周边县市，与较高水平区构成了“人”字形空间结构；科技化、信息化高水平区较工业化、城镇化范围明显有所缩减，但是依然形成了以郑州、洛阳、焦作等为中心的高值集聚区。农业现代化水平的整体分布格局极其不平衡且局部差异较大；绿色化水平整体呈现“西高东低、南高北低”的分布特征。

第二，“六化”发展水平主要受城镇化、工业化及科技化影响。从空间格局图就可以发现，综合水平与城镇化、工业化及科技化相似，突出体现了城镇化、工业化以及科技化水平占据主导地位。“六化”互动水平、综合协调水平的高、较高水平区较城镇化、工业化及综合水平的分布范围有所缩减，与科技化、互动水平的分布特征类似，主要分布在以郑州市区为核心的一片区域。“六化”差异水平则呈现出与发展水平、互动水平相异的空间分布格局。

第三，“六化”同质性单元的集聚效应较为明显。从空间关联图可知，“六化”的发展、差异、互动水平以及综合协调水平的空间集聚现象均比较显著，其中发展、互动和综合协调水平的空间关联现象相似，均表现为高、较高水平区在中部地区出现正向关联并形成显著 HH 区，形成发展水平高、发展速度快、联动效应佳的高值分布区。差异水平的空间关联状况则表现为与发展、互动水平不同的格局，显著 HH 区呈三五组团式分布在全区的北部、中北部和东南部地区，显著 LL 区连绵分布在西北和西南地区。

目前，研究仍存在着很多不足，受制于县域指标获取的难度，“六化”指标体系中的“单化”仅仅选取了代表性的八个指标，指标体系在其他尺度评价时可进一步优化。对“六化”综合协调水平进行评价时，运用了“发展—差异—互动”模型，此方法考虑了发展状况、偏离理想状态的水平及“单化”之间的互动水平，能够较为全面地反映研究区域的协调水平，较耦合度模型、耦合协调度等方法更为综合，是一种较为全面的评价手段。然而，“发展—差异—互动”水平的整个计算过程和换算较为复杂，后续如果通过计算机编程设计可能会减轻运算负担，这也是今后需要进一步改进的地方。在进行影响因素分析时，采用定性和现实结合的方法进行分析，限于手段的局限性，定量分析方法后续可进一步提上日程。整体研究结果较为符合实际，但是仍存在很多问题，也缺乏更为有效、更具针对性的推进建议，进行典型案例区的调研可在今后工作中深入推进。

第十四章　中原城市群的七大支撑与持续建设

在上升为国家战略后，中原城市群成为我国第七大国家规划建设的城市群，对促进中西部地区核心增长极的培育和空间格局优化有着重要的现实意义。然而，中原地区经济发展的基础不厚、转型升级的动力不强，中原城市群依然面临着区域整体对国家经济的贡献不够、中心城市辐射带动能力不强、不同分区发展实力差异较大、城乡融合动力不够、乡村振兴存在多重压力、城市群整合任务繁重、区域协调机制须进一步加强等诸多问题，因此，有必要从提升中原城市群整体实力视角出发，寻求未来持续建设的重要支撑和具体路径，进一步提升中原城市群在全国格局中的地位和作用，从而走出一条具有中原特色、高质高效、全面振兴的现代化发展之路。基于此，本章结合《中原城市群发展规划》进行内容解读，同时结合已有的研究成果，提出中原城市群持续建设之路。

一、《中原城市群发展规划》体现的发展理念和已有战略

（一）一条主线，人地协调

人地关系是人文经济学科研究的主线，各种发展的不协调与失衡都是人地关系不和谐的体现，因此在黄河沿岸地区的未来发展中，人地协调这条主线应成为一个重要原则（李小建、许家伟、任星等，2012）。恩格斯说过，我们不要过分陶醉于我们人类对自然界的胜利，因为每一次这样的胜利，自然界都对我们进行报复（恩格斯，1971），因此，若要实现经济社会的全面发展，人类就必须重视自然界的价值，在发展的过程中保护自然环境、协调与自然界的关系，唯有如此，才能实现人口—资源—环境—发展之间的协调。《中原城市群发展规划》在第一章第三节重要意义中明确指出："推进中原城市群发展，对于加快促进中部地区崛起、推进新型城镇化建设、拓展我国经济发展新空间具有重要战略意义，有利于发挥中原地区人口和市场规模优势，优化资源要素配置，培育形成我国经济增长新引擎；有利于优化城镇和人口空间布局，保障农业安全和生态安全，为人口密集的传统农区加快新型城镇化建设探索经验；有利于提升内陆地区对外开放水平，构建全方位开放新格局，

为‘一带一路’建设提供内陆腹地战略支撑；有利于优化区域发展空间格局，推动经济增长空间由东向西梯次拓展，促进东中西协调发展。”从上述表达可知，前两个“有利于”是基于人口、资源环境支撑的经济增长和城镇化建设的和谐发展理念，体现了人地协调发展的“主线”思维；后两个“有利于”明确提出了“优化区域空间格局”“促进东中西协调发展”，更直接表达了协调的规划建设理念。就规划建设意义而言，中原城市群是基于人地和谐的理念，推动中原农区资源约束下、生态保护下的城镇化建设、农村振兴，实现中原城市群全方位高质量发展的最终目标。上述的协调、持续、高质量等理念既是习近平总书记“人与自然是个生命共同体”“我们应该追求人与自然和谐”等战略思想的体现，也是协调人地关系主线的体现，因此，在今后的发展中，黄河流域的发展不能凌驾于自然之上，人类活动必须限制自己的行为边界，促使人地和谐相处（左其亭，2019）。

（二）两观论与“两山”论

历史唯物主义不仅强调了人类在物质生产实践中的作用，而且强调了人类在改造客观世界的同时也实现了自身价值，因此现阶段人类活动强调中原城市群资源环境约束下的高质量发展就是“物质生产实践是人根本生存方式的实现”的进一步论证。《中原城市群发展规划》的第一章规划背景的“章下言”就指出，中原城市群地处全国“两横三纵”城市化战略格局陆桥通道与京广通道交汇区域，极具发展潜力，当前正处于提质升级、加快崛起的关键阶段，具有在高起点上加快发展的优势和机遇，必须立足现有基础，紧紧抓住重大机遇，强化发展优势、补齐发展短板，实现持续健康发展，成为我国经济社会发展的重要战略支撑。上述表达中的“立足现有基础，紧紧抓住重大机遇，强化发展优势、补齐发展短板，实现持续健康发展”就是强调资源环境约束下、发展基础支撑下、认清优劣的客观现实下，从辩证的视角看待持续健康发展问题，是从系统性、整体性视角要求人与地、人与人、人与经济社会等协同发展。中原城市群规划建设多次提及的系统观、持续发展等理念，不仅是其“既要金山银山，也要绿水青山”“绿水青山就是金山银山”的“两山”论的体现，更是历史唯物主义和唯物辩证法中系统性、整体性的体现（杨莉、刘海燕，2019），其目的就是要在高质量的发展进程中实现人与自然的双赢发展。

（三）三个维度、“三生空间”与三大攻坚战

总结《中原城市群发展规划》的核心观点，可将其核心内容概括为生态、经济、文化三个维度，其中生态是基础支撑，经济是发展保障，文化是精神

纽带。也就是说，生态、经济、文化三个维度的有机协同、辩证统一支撑着中原城市群的共荣发展。在三个维度的支撑下，在国土空间规划逐步实施的局面下，生产、生活、生态三类空间的三大红线（城镇发展、生态保护、基本农田）的划定成为发展之需，也成为支撑国土空间优化的重要保障。《中原城市群发展规划》中多次强调推进国土空间的资源配置优化，加强生态环境同治共保，促进生产、生活、生态空间协同，实现绿色生态发展示范区等，都是“三生空间”优化的重要支撑，与当下国土空间规划大力推进也密切相关。要实现三个维度的协同发展、“三生空间”的科学划定，当前主要的抓手就是打赢防范化解重大风险、精准脱贫和污染防治三大攻坚战役，《中原城市群发展规划》从经济发展的稳定、乡村振兴与城乡协调、蓝天白云守护等方面共同发力，为经济社会的可持续发展提供当下的保障。

（四）四个全面

“四个全面”，即全面建设社会主义现代化国家、全面深化改革、全面依法治国、全面从严治党，是新一届中央领导集体治国理政总体框架，对党引领下的经济社会全面进步具有重要的现实意义。《中原城市群发展规划》在第二章第一节指导思想就明确指出，全面贯彻党的十八大和十八届三中、四中、五中、六中全会及中央城镇化工作会议、中央城市工作会议精神，深入贯彻习近平总书记系列重要讲话精神和治国理政新理念新思想新战略，认真落实党中央、国务院决策部署，统筹推进“五位一体”总体布局和协调推进“四个全面”战略布局。也就是说，中原城市群是在“四个全面”的战略布局支撑下开展的，因此中原城市群要全面推进社会主义现代化建设，要全面推进经济社会等多方面的深化改革，要在依法依规的框架下科学推进，要在党的引领下发挥好监督保障机制。在建设国家级城市群的发展目标下，《中原城市群发展规划》第十章第一节落实主体责任方面指出，河南省、河北省、山西省、安徽省、山东省人民政府是中原城市群建设的责任主体，要坚定不移贯彻党中央、国务院决策部署，合力推进中原城市群健康发展。要加强对本规划实施的组织领导，明确推进机构，落实工作责任，按照规划确定的发展目标和重点任务，制定实施方案和专项规划，做好与年度计划的衔接，确保规划目标任务落到实处。要进一步加大简政放权、放管结合、优化服务改革力度，充分发挥市场配置资源的决定性作用，有效引导社会资源，合理配置公共资源，保障规划有效实施。上述的表述就蕴含着中原城市群的规划建设必须在党中央的集中领导下，发挥社会主义制度集中力量办大事的优越性，实现5省30个市“一盘棋”“一张蓝图绘到底”的发展目标，这些都是持续推进全面从严治党、依法治国、深化改革的体现(习近平，2019)。在“四个全面”战略布局的引领下，中原城市群的战略方向、核心领域、关键环节更加清楚，区域发展的内部协调和外部监督机制将更加顺畅，也保障着整个城市群的现代化建设方向和实施重点。

(五)五位一体与五大理念

“五位一体”，即党的十八大报告提出的全面推进经济建设、政治建设、文化建设、社会建设、生态文明建设，实现以人为本、全面协调可持续的科学发展。“五位一体”就是要统筹经济、政治、文化、社会、生态等方面的全面、协调、可持续发展，是引领社会主义现代化的建设顶层目标，也就是实现人类的全面进步和人类命运共同建设。《中原城市群发展规划》在第二章第一节指导思想中明确指出了要统筹推进“五位一体”总体布局和协调推进“四个全面”战略布局，在上文“四个全面”中也陈述过了，表明中原城市群的最终目标也是要实现“五位一体”的发展目标，即全面发展、全面振兴的最终发展目标。

创新、协调、绿色、开放、共享五大理念是习近平总书记提出的推进经济高质量发展的新时代要求，是提升中国经济发展质量的理论灯塔(陈红，2019)。创新是引领经济社会发展的第一动力，而中原城市群除郑洛新国家创新示范区外，其余中心城市研发、创新能力不强，因此提升不同等级城市的创新水平是引领中原城市群经济社会高质量发展的核心任务。关于协调，无论是中原经济区、中原城市群，不仅强调“三化”协调发展的主题，也强调经济社会发展与资源环境的协调，更强调中原城市群内部机制的协调，从不同层面强调了协调发展的重要性。关于“绿水金山就是金山银山”“生态优先、绿色发展”的绿色发展理念在《中原城市群发展规划》中多次提及，如第二章第三节发展路径中提出的“生态宜居，推进生产生活绿色化发展”，均体现出生态绿色化、经济发展绿色化的诸多诉求。开放是时代发展的要求，是提升经济活力的内在支撑，因此，《中原城市群发展规划》多次强调打造内部开放高地的发展目标，并在第二章第二节的战略定位中提出“内陆地区双向开放新高地”的建设目标，充分显示出中原城市群外向型经济发展战略和对外开放的力度。改革是发展的动力，只有通过改革进行先行先试和探索创新，才能形成经济发展活力点和提出相关的管理方法，从而提升中原城市群的发展活力和创新动能。在《中原城市群发展规划》第二章第一节指导思想中明确指出，适应把握引领经济发展新常态，坚持以推进供给侧结构性改革为主线，服务“一带一路”建设、中部地区崛起和新型城镇化等国家重大战略，培育发展新动能。上述指导思想就是改革促发展的理念引领，只有积极参与黄河流域生态保护与高质量发展、“一带一路”建设等，才能真正提高对外开放水平，以开放促改革、促发展。与此同时，在改革的征程中，规划建设不仅强调各项事业的改革推进，而且强调加快体制机制创新，形成推进中原城市群经济社会高质量发展的强大合力。共享是惠及全域、全方位、多层次的人民共享，也是满足人民福祉、体现以人为本科学发展观的核心要求，因此，中原城市群建设要把保障和改善民生作为出发点和落脚点，加快提升中原城市群基本公共服务均等化水平，让5省30市人民更好地分享改革发展成果。

上述发展理念不仅是新时代经济发展的高质量发展要求，更是经济、政治、文化、社会、生态“五位一体”总体布局的体现，引领着社会主义现代化建设不断迈向新征程。

(六)六化协同，互动推进

21世纪初，城镇化、工业化、农业现代化作为社会现代化建设的三大战略，引领着中国经济社会的全面建设。伴随着城镇化的快速推进、工业化的转型升级、农业现代化的技术变革，新型工业化、新型城镇化和新型农业现代化相继提出，旨在解决发展中“城市快速扩张”“资源集约利用”“环境保护与消除污染”等问题(丁志伟、张改素、王发曾等，2016)。在新时代背景下，在信息化加速融入现代化的现实下，党的十八大报告提出了要促进工业化、信息化、城镇化、农业现代化同步发展的现代化战略。近期，科技化与信息化的融入日益增强，加之以生态文明建设为主导的绿色化理念不断深入，现代化战略逐渐由“三化”演变为城镇化、工业化、农业现代化、信息化、科技化、绿色化(丁志伟、张改素、王发曾等，2016)。在推进中原城市群规划建设的过程中，就是要推进“六化”协同，其中工业化和城镇化拉动经济、社会高速发展，农业现代化为工业化和城镇化提供粮食保障和发展基础，信息化、科技化助推城镇化、工业化、农业现代化高质量发展，绿色化为其他“化”的健康高效发展提供环境保障。“六化”协同作为黄河流域现代化建设的重要组成部分，只有在互动中做到同步和协调发展，才能加快促进城乡经济社会发展一体化新格局的形成。

(七)全面振兴，系统推进

如上所述，中原城市群规划建设涉及方方面面，经济社会高质量发展是一个系统复杂的工程，是一个全面振兴的顶层设计，因此在推进中原城市群的治理、开发、保护和发展等问题上，一定要立足长远的视角进行系统论证，中央、省区、市县要分工明确，针对具体的责任狠抓落实。正如《中原城市群发展规划》第十章组织实施方面，从落实主体责任、强化政策支持、完善机制体制、加强督促检查四个方面保障，明确各省市、各职能部门的分工和职能，在责任落实、政策实施、跨区域重大项目建设、资金投入、土地保障、体制创新等方面给予积极指导和支持。同时，要加强中原城市群在推进要素市场一体化建设、建立健全会商机制和工作推进机制、鼓励设立中原城市群协同发展投资基金等方面的协调机制，建立并完善流域整体的管理协调机制、组织体系和经济协调体系，推进中原城市群经济社会等方面协调运转的联合运作。

二、《中原城市群发展规划》体现出的现状问题和实施重点

（一）现状问题

根据《中原城市群发展规划》可知，该区域发展面临一些突出矛盾和问题：当前，我国经济继续由东向西梯度推进，东中西格局总体没有改变，但地区经济走势分化、南北差异加大现象比较突出，中原城市群所处中部地区比较典型；中心城市国际化程度低，国际门户枢纽功能和高端要素服务功能不足；城区人口百万以上的大城市数量不多，中小城市现代化水平不高；科技教育发展不均衡，自主创新能力总体不强，高素质、高层次人才短缺；资源环境约束加剧，部分城市雾霾天气、水资源短缺等问题较为突出；城市间一体化协调发展体制机制有待进一步完善。结合已有的研究成果和上述存在的问题，从以下方面进一步论证。

1. 经济发展的国家贡献不足

作为中西部重要的国家级城市群和新型城镇化推进板块，中原城市群理应成为国家生态环境质量提升和经济高质量发展的重要功能地域。然而，其范围涉及的农区占比多、经济基础薄弱、扶贫攻坚难度大，其经济发展质量相比东部的国家级城市群弱很多，对国家经济北方“半壁”的贡献不够。从前述的数字统计看，2018 年中原城市群对国家 GDP 增长的贡献率最低，仅为 7. 98%，而东部三大城市群（长三角、珠三角、京津冀）对国家 GDP 增长的贡献率均在 8. 5%以上，长江三角洲城市群更是高达 19. 84%。中原城市群第二产业生产总值对国家第二产业生产总值的贡献率为 8. 99%，与东部三大城市群相比，位列倒数第二。GDP 总量反映了区域经济总体实力，人均 GDP 则反映了区域经济发展的质量或效率。长江三角洲城市群人均 GDP 是国家人均

GDP 的 223.32%，京津冀城市群也占到国家平均水平的 130.76%，而中原城市群仅是 67.69%，并未超越国家人均 GDP 的平均水平。其他方面如固定资产投资、社会零售品销售总额等方面的情况在全国的占比类似，充分显示出中原城市群与其他发达城市群的差异。诺贝尔经济学奖获得者约瑟夫·斯蒂格利茨认为中国的城镇化和美国的高科技是引领 21 世纪经济发展的重要力量。从 2018 年中原城市群城镇化率 51.3%看，低于全国平均水平超过 8 个百分点，体现出城镇化拉动经济增长的动力不足。因此，从人口城镇化水平的进程看，中原城市群就地就近城镇化、产业结构转型等方面的“化”需要进一步加快。可以说，在我国经济新常态背景下，区域经济的发展差异在四大板块差异的基础上又出现了城市群发育的南北差异，区域经济高质量发展的压力进一步增加。

2. 上中下游发展差异很大

从 2018 年中原城市群各省辖市的城镇化率看，郑州市达到 73.4%、洛阳市为 57.6%、淮北市为 65.1%、济源市为 62.4%，位次相对较高，但除郑州市中国整体的 59.6%相差不多外，部分地区甚至落后于国家水平，反映出中原城市群整体的城镇化进程一般；而皖北经济实力一般的亳州市、宿州市、阜阳市，豫东豫南地区的商丘市、周口市、驻马店市等，城镇化率均在 45%以下，远低于中国整体水平，反映出这些区域的城镇化进程亟须进一步加快。从人均 GDP 质量看，仍以上述城市为例，郑州市达到 101349 元、洛阳市为 67707 元、淮北市 43962 元、济源市 87761 元，四个城市的内部差异还比较多，而淮北市则低于全国的 64644 元，可以看出内部发展质量的层次不一。而皖北的亳州市、宿州市、阜阳市，豫东豫南地区的商丘市、周口市、驻马店市等，人均 GDP 基本处于 35000 元以下，部分地区低于全国人均水平的一半，充分反映出这些地区的经济活力较低、经济实力较弱的客观事实。此外，如中原城市群还包括集中连片特殊困难县及国家扶贫开发工作重点县，更表明中原城市群有些地带发展水平滞后。可以说，中原城市群不同分区差异很大的原因有多种，除了地形地貌，还有发展基础薄弱、资源开发效益不高、人口城镇化进程缓慢、产业结构转型滞后等诸多因素，所以中原城市群经济社会高质量发展的进程中一定要正视发展中存在的客观问题，找到发展不平衡不充分的原因，逐步向高水平均衡的经济阶段转化，才是缩小地区内部差距的根本之道。

3. 中心城市带动能力亟待提升

根据 2018 年 11 月中国社会科学院郑州市人民政府郑州研究院、中国社科院城市与竞争力研究中心国家中心城市课题组发布国家中心城市指数，西安排名倒数第四，郑州排名倒数第一。而在该报告中，也仅仅将青岛、济南、兰州等作为潜在国家中心城市，充分显示出中原城市群中心城市在全国的经济地位和带动能力不是很强。从辐射带动看，中原城市群中心城市的辐射带动能力的空间分布较为不平衡，也主要是省会中心城市、经济发展强市带动为主且中上游地区中心城市的带动能力不强（王海江、苗长虹、乔旭宁，2017）。从空间联系看，中原城市群中心城市服务能力与空间经济联系之间呈现高度的空间耦合关系，即中心城市发展水平高的地区，其与周边城市的互动联系紧密且对外服务能力强，南部、东南部中心城市发展水平低的地区，其与周边城市的空间联系较差且对外服务能力不强。中心城市作为区域经济发展的“明星”和“核心”，只有提升其综合发展实力和对外服务能力，才能发挥其对区域经济的带动作用和经济网络串联作用，因此，中原城市群在当前乃至今后相当长的一段时间内，仍然需要进一步提升中心城市的发展质量和现代化服务能力，发挥其作为区域经济中心的涓滴和乘数效应，带动区域整体发展水平的提升。

4. 城乡融合发展的动力不够

作为城乡关系发展的高级阶段，城乡融合对城乡之间的经济互动、社会统筹、基础设施一体化建设、公共服务质量提升等要求诸多，是经历城乡对比、城乡二元、城乡统筹、城乡一体化后的新时代要求。而从中原城市群城乡关系的现状看，在经济发展水平较好的郑洛核心区域和传统九市区域，城乡之间的联动效应较好，一体化发展态势明显，城乡融合的效益初现；在经济发展水平不高的南部、东部、东南部地区，乡村发展的基础薄弱且振兴发展的投入极大，城乡关系虽有很大的好转但互动效率依然不高。单从城乡收入差距看，西南部局部地区的城乡收入比达到 2.5 倍以上，集聚连片分布态势明显且呈正向联动效应，即高城乡差距水平周边也是高城乡差距水平区。在南部、东南部城乡经济联动效应较差的局面下，城乡基础设施的一体化建设、城乡公共服务质量的共同提升难度进一步增加，因此城乡融合发展的内在动力进一步受阻，城乡融合发展之路缓慢而“笨重”。在新型城镇化与乡村振兴两大国家战略的引领下，城乡融合发展的政策力量得以进一步释放，城乡发展的外部环境也得到进一步改善，因此一定要在城乡一体化战略的引领下，提升中原城市群城乡融合的经济支撑力，进而带动社会保障、公共服务、多维统筹，使得中原城市群城乡融合的质量迈入新的阶段。

5. 乡村振兴面临多重压力

乡村兴则中原兴。由于中原地处传统农区，受地域文化、不同地貌类型的影响，经济社会发展的活力不足，加之承担着国家粮食安全和农业现代化的重任，所以形成了规模不等、形式多样、民俗不一的乡村聚落点。此外，中原城市群乡村发展面临着地貌环境制约、发展基础薄弱、市场活力受限、对外开放束缚等方面的困难，以及集中连片贫困区的制约，因此，中原城市群乡村振兴面临着多重压力。在产业兴旺方面，乡村不仅面临着乡镇规模实力的提升的现实问题，而且要考虑经济结构转型、第一、二、三产业联动等方面的长远规划；在生态宜居方面，乡村不仅面临着农村卫生设施改建、农业面源污染治理、区域生态环境保护等基本问题，而且要考虑居民生态环境保护意识的提升、“两山论”理念的贯彻、现代耕作方式的普及等方面持续的跟进；在乡村文明方面，不仅要贯彻落实乡村振兴的发展理念，而且要加强乡村文化传承、民俗保护、精神维系等内在力量，促使乡村内部的认同感、集体感增强；在治理有效方面，不仅要强化农村党建工作的引领，而且要从领导方式、组织模式、串联形式等方面进行改变，促进治理工作产生实实在在的惠农力量；在生活富裕方面，不仅要进一步解决制约乡村振兴的空心化、就业、医疗、卫生等现实问题，而且要进一步解决好“后小康社会”的发展问题，使得乡村居民的幸福感、安全感等进一步提升。

6. 城市群整合任务诸多

作为国家新型城镇化的重要推进单元，城市群承担着提升区域竞争力、促进城乡高效互动、城市—区域综合发展的重任，因此加强城市群整合成为时代发展的现实之需。中原城市群是国家规划的第七大城市群，但从全国“5+9+6”的城市群格局看，其整体竞争力不强，且属于区域性向全国性过渡的城市群，对提升中西部区域整体的竞争力明显乏力。从核心城市看，中原城市群核心城市综合实力不强，亟须进一步提升各方面发展实力以提高板块内核的集聚力；从产业发展看，不仅存在高新技术产业不足、科技创新贡献不够等问题，而且还面临着产业的结构性转型、高端化、信息化等经济全球化压力；从区际联动看，城市群多数局限于本地区、本省的带动发展，省际的联动、大谋划不足，亟须进一步提升板块之间外联力；从生态保护看，立足本地区的生态治理、环境保护工程零零总总，攻关大区域联合治理的重大工程不多；从空间整合看，围绕“中心带动”“轴带扩展”“圈层推进”的战略论证较多，省际的中心城市联合、发展板块联动不多；等等。由于城市群整合是涉及核心城市竞争力、产业发展、结构转型、空间优化、生态建设、平台支撑等方面的一体化整合，所以中原城市群整合一定要着力解决好协同问题，从多视角、多层次、多维度进行综合整合，避免“就一方面说一方面，就一地说一地”的局部思维，从而实现城市群内部耦合与外部联动的有机统一。

7. 区域协调机制尚需理顺

虽然中原地区是依托山水相依、地缘相近、文化同源等基础而形成了一片综合区域，但其管理则属于不同的政府部门、省区，因此在促进中原城市群共同开发、协同推进的路上，要加强省际、市际政府部门之间的协调与省份之间的联合，促进中原城市群在自然、经济、社会等方面的效益最大化。在促进生态保护和环境整治方面，虽然各省区、上下游地区都采取了不同措施，但受自然条件的变化、“域”情沟通不及时、治理措施不同步等情况的影响，中原城市群“三生空间”还需要进一步深入优化。在促进区域经济协调发展方面，虽然创建了经济协作区、联合发展区、经济促进会等组织，但缺乏强有力的行政干预，加之省份之间存在管辖方面的协调不畅，因此区域经济协同发展的集聚效应一直难以发挥。在省区之间的竞争方面，为了实现各自省份自然、旅游、文化、人才、科技等方面的资源优势，省区之间的竞争成为常态，往往丧失了很多“集合”资源优势，因此平衡好各方的利益并建立资源协同开发机制成为遏制地方恶性竞争的良方。在管理机制方面，由于国家层面的生态自然资源部、生态保护部、水利部等分管不同领域，而省区之间、市县之间又存在部分的权责不统一，所以建立协调管理的政府管理部门成为时代和发展之需。

（二）实施重点

基于中原城市群明确存在的问题，《中原城市群发展规划》指出要遵循城市群发展规律，推动空间结构升级，强化关键要素驱动支撑，以重点突破带动城市群加快发展，增强中原城市群整体竞争力辐射力影响力，并进一步在《中原城市群发展规划》第二章第三节提出了具体推进路径。

第一，核心带动，推进大都市区国际化发展。把支持郑州建设国家中心城市作为提升城市群竞争力的首要突破口，强化郑州对外开放门户功能，提升综合交通枢纽和现代物流中心功能，集聚高端产业，完善综合服务，推动与周边毗邻城市融合发展，形成带动周边、辐射全国、联通国际的核心区域。

第二，轴带导向，推进交通网络现代化发展。以京广、陇海等多种交通方式融合的主通道为支撑，构建“米”字形综合经济发展轴带，形成以郑州为中心，半小时、1 小时和 1.5 小时交通圈，加快推进高速铁路建设，完善普通铁路和高速公路网络，优化枢纽布局，推动各种交通方式高效衔接，形成跨区域多路径高品质的现代交通网络。

第三，生态宜居，推进生产生活绿色化发展。把建设优良生态环境作为城市群发展的基本保障，扩大生态空间，减少环境污染，发展低碳经济，建设优美和谐、林水相依的城市景观系统，增强生态承载力和服务功能，打造山清水秀、绿色宜居的美丽中原。

第四，创新驱动，推进产业集群高端化发展。把提升产业竞争力作为推动城市群发展的战略基点，瞄准科技和产业发展前沿，构建创新驱动型现代产业体系，推进创新链产业链深度融合，培育一批融入全球价值链创新型企业和产业集群，形成服务经济与智能制造“双轮驱动”、新动能培育与传统产业升级互促共进的发展格局。

第五，共建共享，推进城市群一体化协同发展。把深化城际分工合作作为推动城市群发展的重大任务，全面推进基础设施和公共服务对接共享，完善区域合作机制，协调处理好中心城市与其他城市、大城市与中小城市的关系，创新城乡统筹发展机制，全面提城镇化发展质量和水平。

从上述发展路径看，主要也是围绕打造“经济发展新增长极、重要的先进制造业和现代服务业基地、中西部地区创新创业先行区、内陆地区双向开放新高地、绿色生态发展示范区”战略定位和发展目标出发，与《中原城市群发展规划》第二章第一节的指导思想“培育发展新动能，推进基础设施互联互通，深化产业体系分工合作，加强生态环境同治共保，促进公共服务共建共享，推动城乡统筹协调发展，构建网络化、开放式、一体化的中原城市群发展新格局”契合，充分体现出总体目标、战略定位和具体路径环环相扣特点。

三、《中原城市群发展规划》体现出的七大支撑和推进路径

（一）解读《中原城市群发展规划》的七大支撑

从《中原城市群发展规划》的章节安排看，除了第一章的规划背景、第二章的总体要求和第十章的组织实施，中间的七个章节就是重要城市群规划建设的七个重点维度，即七大支撑。

1. 优化空间布局，形成一体化发展格局

从《中原城市群发展规划》第三章的空间布局看，其“章下言”明确指出要坚持核心带动、轴带发展、节点提升、对接周边，推动大中小城市和小城镇合理分工、功能互补、协同发展，促进城乡统筹发展，构建布局合理、集约

高效的城市群一体化发展格局。可以看出，该表达就是基于中心带动的发展战略，优化内部的城镇体系和轴带串联，促进与周边的外联对接，进而形成一体化的网络发展格局。

在优化空间的组织方面，《中原城市群发展规划》第三章第一节明确提出了要构建“一核四轴四区”网络化空间格局，即“一个郑州大都市区”“四条发展主轴”和“四个城镇协同发展区”，为空间组织的空间网络格局提供了发展支撑。第一，郑州是中原地区的核心增长极，承担着中心带动战略的发动机和源头，其竞争力提升影响着整个功能地域的崛起。这些年郑州着力推进与周边的一体化，推动郑州与开封、新乡、焦作、许昌四市深度融合，打造郑州大都市区，形成现代化都市圈，就是为了提升以郑州为中心的核心竞争力，正如“一核”所述，支持郑州建设国家中心城市，加快郑州航空港经济综合实验区、郑洛新国家自主创新示范区、河南自由贸易试验区和跨境电子商务综合试验区建设，强化物流及商贸中心、综合交通枢纽和中西部地区现代服务业中心、对外开放门户功能，全面增强国内辐射力、国内外资源整合力。第二，在发展轴带建设方面，正在“四轴”所述，依托沿陇海、沿京广、济南—郑州—重庆、太原—郑州—合肥发展轴四条主要的发展轴形成“米”字形综合交通网络，增强沿线城市辐射带动能力，促进大中小城市合理分工、联动发展，打造特色鲜明、布局合理的现代产业和城镇密集带，也是以郑州为中心的核心—外围式空间组织优化，旨在提升核心区的综合竞争力和现代化实力。第三，在“四区”建设方面，正如城镇协同发展区所述，要突破行政壁垒，创新体制机制，促进省际相邻城市合作联动，加快构建跨区域快速交通通道，优化产业分工协作，推动教育、科技、文化、生态等资源共享，培育北部跨区域协同发展示范区、东部承接产业转移示范区、西部转型创新发展示范区、南部高效生态经济示范区，打造城市群新的增长区域和开放空间。

此外，空间格局的优化、空间组织的实施离不开现代化城镇体系的支撑，因此在《中原城市群发展规划》第三章空间布局第二节明确提出要完善城市群城镇发展体系，推动郑州大都市区建设，发展壮大区域中心城市，建设重要节点城市，培育现代中小城市，发展特色小城镇。在上述城镇体系中，郑州大都市区建设已经进行系统论证，处于第二层次的区域中心城市就显得非常重要了，因此在该部分《中原城市群发展规划》指出，要以优化城市形态、提升现代服务功能为重点，有序推进新城区建设和老城区改造，推动中心城区产业高端化和功能现代化，增强引领区域发展的辐射带动能力。进一步提升洛阳副中心城市地位，支持长治、邯郸、聊城、安阳、蚌埠、阜阳、商丘、南阳等建设成为区域中心城市。推动基础条件好、发展潜力大的中心城市与周边县城组团式发展，形成 300 万人口以上的大型城市。

在建设重要节点城市方面，《中原城市群发展规划》明确指出支持三类城市的发展方向，即支持工业基础较好的漯河、济源等城市加快产业高端化发展，壮大城市规模和综合实力；支持周口、信阳、驻马店、菏泽、运城等传统农区城市在严格控制建设用地总量和开发边界的前提下，加快新型工业化城镇化步伐，大力发展制造业和服务业，加快人口集聚；支持平顶山、鹤壁、濮阳、三门峡、宿州、淮北、亳州、邢台、晋城等资源型城市加快培育接续产业，实现资源开发与城市建设协调发展。

在培育现代中小城市方面，《中原城市群发展规划》明确指出，要以县级城市为重点，加强产业和公共服务资源布局引导，提升基础设施和公共服务供给能力，吸引农业转移人口加快集聚。在发展特色小城镇方面，《中原城市群发展规划》指出，要把小城镇作为带动农村地区发展的支点和载体，重点选择区位条件优越、基础好、潜力大的小城镇，发展特色产业，传承传统文化，加强生态环境保护，完善市政基础设施和公共服务设施，打造一批具有特色优势的休闲旅游、商贸物流、电子信息产业、先进制造、民俗文化传承、科技教育等魅力小镇。

上述不同等级城镇体系城市的发展重点，为中城市城市群内部“骨架”的建立和体系的支撑打下了基础，也就为空间结构优化提供了内部凝聚力支撑。当下，中原地区现代化城市群打造的一个突出问题就是人口城镇化与人口市民化不匹配，导致很多居民享受不到应有的公共服务设施，体现不了以人为本的各项均等化获得，因此《中原城市群发展规划》在第三章空间布局第三节明确提出要推动人口分布与主体功能相适应，以加快新型城镇化步伐。该部分包括三个层次：一是有序推进农业转移人口市民化。控制农产品主产区开发强度，严格控制位于粮食生产核心区城镇的建设用地总量和开发边界。创新完善人口服务与管理制度，建立健全农业人口转移激励机制，以县城为重点推进城镇建设和非农产业发展，引导农村人口有序向城镇转移，推进符合条件的农业转移人口落户城镇，逐步降低农产品主产区人口密度。二是积极引导人口加快向重点开发区域集聚。在优化结构、提高效益、降低消耗、保护环境的基础上，增强重点开发区域产业集聚能力，提升城镇化核心地区综合功能，优化人居环境，推动人口和产业进一步向城镇集中。鼓励外来人口迁入和定居，推动郑州大都市区和“米”字形城镇产业发展轴带上的节点城市成为重点人口集聚地。三是务实推动重点生态功能区人口有序退出。以保护和修复生态环境、提供生态产品为首要任务，因地制宜发展资源环境可承载的适宜产业，严禁在生态保护红线范围内进行不符合主体功能定位的各类开发活动，引导超载人口逐步有序向城镇转移，降低重点生态功能区人口占总人口比重，减轻人口对生态环境的压力。

2. 强化创新驱动，形成区域创新体系

创新是经济社会发展的第一动力，因此应强化创新驱动，提升创新在全局发展的核心地位，形成创新的合力和动力，建立城市群的创新机制体制，进而提升中原城市群在全国的竞争力，打造国家创新网络枢纽。正如《中原城市群发展规划》第四章强化区域创新体系支撑的“章下言”所述，把创新摆在发展全局的核心位置，深入实施创新驱动发展战略，集聚创新资源，吸引创新人才，建立城市群区域协同创新体系，把中原城市群建成国家创新网络的重要枢纽。

《中原城市群发展规划》第四章第一节的标题为“优化区域创新格局”，从建设区域创新高地、加快区域创新联合体、资源共享服务平台建设三个维度进行了论述。第一，在建设区域创新高地方面，不仅提出要加快推进郑洛新国家自主创新示范区建设，加强科技资源整合集聚，开展体制机制创新和政策先行先试，而且进一步提出要加强郑汴创新的一体化发展，指出要统筹郑州东部、开封西部高校园区创新资源，建设郑汴“双创”走廊。此外，对东部的另一个创新高地芜湖和蚌埠的联动发展，提出要依托合芜蚌国家自主创新示范区，深入推进全面改革创新试点，提升蚌埠等皖北城市科技创新和战略性新兴产业集聚发展水平。第二，在加快区域创新联合体方面，一是指出要加快推进国家创新型城市建设，辐射带动周边区域创新发展，完善区域协同创新平台；二是鼓励城市间联合开展人才培养和科技攻关，加快创新成果区域间转化应用，共建一批产业合作与创新转化平台、科技创新园区，打造区域协同创新共同体。第三，在资源共享服务平台建设方面，指出要制定科技资源共享服务规则，相互开放国家和省级重点实验室、产品质量监督检验中心等平台，在农业生物基因库、农作物遗传改良、农产品质量安全等领域布局一批大科学装置和国家级研发基地（平台）。

《中原城市群发展规划》第四章第二节的标题为“完善创业创新环境”，从培育壮大创新主题、加强“双创”孵化体系建设、提升科技服务能力、推动科技与金融紧密结合、营造良好的人才发展环境五个维度进行了论证。具体而言，第一，在完善创业创新环境方面，一是提出了要加大对龙头企业的研发投入，围绕主营业务及产业链培育孵化创新团队和小微科技企业，支持高成长性的科技型中小微企业发展；二是指出要扩大高校教学科研自主权，优化重点实验室布局，加强协同创新中心建设，形成一批优势特色学科集群、高水平科技创新平台和中试转化基地。此外，该节对深化科研院所分类改革，集聚资本、人才、技术、政策等优势资源，营造良好的创业创新生态和政策环境等方面进行论证，旨在探索形成区域、企业创业创新扶持制度体系。第二，在加强“双创”孵化体系建设方面，指出要依托龙头企业、高校、科研院所建设一批专业化众创空间，支持创建一批小微企业创业创新基地示范城市。推广“孵化+创投”、创业导师等孵化模式，探索基于互联网的新型孵化方式，培育众创空间、科技企业孵化器等新型“双创”孵化载体。构建区域间孵化网络，促进孵化器跨区域协同发展。大力发展量多面广、规模适宜的创新载体，为小微科创企业提供多样化、多层次的成长空间。依托存量资源整合发展一批农民工返乡创业园。第三，在提升科技服务能力方面，指出要发展研发设计、成果转化、创业孵化、标准化服务、检验检测、知识产权、科技咨询等各类科技服务，推动共建一批创新服务联盟和协同创新服务机构，形成一批科技服务产业集群。推进国家技术转移郑州中心和国家专利审查协作河南中心建设，选择有条件的高校、科研机构建设专业化的技术转移机构和职业化人才队伍，构建城市群技术转移网络，支持建设科技成果转移转化示范区。鼓励有条件的地方采用创业券、创新券等方式为创业创新企业提供优质服务。第四，在推动科技与金融紧密结合方面，指出要鼓励社会资本发起设立创业投资基金和产业投资基金，培育天使投资人群体，加大对种子期、初创期“双创”企业的投入力度。按照国务院统一部署，积极争取银行业金融机构投贷联动试点，建立适合科技企业融资需求特点的金融服务模式，科学设置知识产权质押融资流程，鼓励银行、保险机构开展科技贷款、科技保险等产品和服务模式创新。支持开展专利保险试点。加快推进郑州科技和金融结合试点城市建设。第五，在营造良好的人才发展环境方面，指出要实施更加积极的创新人才激励和引进政策，开展国家级重点引智专项计划，引进一批国内外科技领军人才、高水平创新团队和优秀企业家。建立一批科技创新人才培养基地，重点培育一线创新人才、青年科技人才和技术技能人才。加快推进郑州航空港引智试验区和郑州高新区国家级高层次人才创新创业基地、国家技术转移郑州中心人才培养基地建设，建立海外人才离岸创新创业基地。加大人才培养力度。建立健全科研人员双向流动机制，完善人才评价和激励机制，激发人才创新活力和创业热情。

《中原城市群发展规划》第四章第三节的标题为“提升开放创新水平”，指出要完善国家、地方协同机制，推动国家科技资源在中原城市群布局，支持中科院在郑州建设产业技术创新和育成中心。一是加强与国内外一流科研院所和行业龙头企业的科技合作，共建分支机构、研发中心、产业研究院等研发或技术转移机构。鼓励区域内创新主体积极参与国际多边科技合作计划，推进国际创新园、国际联合研究中心、国际技术转移中心及示范型国际科技合作基地建设。二是鼓励优势企业建立海外研发中心，支持国际玉米小麦改良中心建设。三是支持有条件的高校、科研院所和企业在"一带一路"沿线国家建立科技园区、先进适用技术示范与推广基地、科技成果产业基地。四是探索通过互联网等新形式吸引海外高端人才参与本地项目研究，有效对接全球高端创新资源。五是深化军民融合创新，建设一批军民融合创新平台和产业园区，支持洛阳建设国家军民融合创新示范区。

3. 深化产业分工协作，构建现代产业体系

从产业转型升级和现代化的建设路径看，细化产业分工层次，提升产业门类的专业化程度，优化产业发展的内部结构与产业链组织，建设特色产业集群，是中原城市群现代化产业体系建设的关键。正如《中原城市群发展规划》第五章深化产业分工协作的"章下言"所述，突出新兴产业和新业态培育、传统产业转型升级、产业深度融合创新，有序承接产业转移，引导产业集群发展，构建优势互补、协作紧密、联动发展的现代产业体系。

《中原城市群发展规划》第五章第一节的核心是打造优势产业集群，从壮大先进制造业产业集群、培育战略性新兴产业集群、加快现代服务业、发展壮大现代农业集群等方面进行论证，几乎涵盖了所有的产业体系门类，对促进产业的改造、升级和转型具有重要的现代化意义。具体如下：第一，在壮大先进制造业集群方面，明确提出要落实《中国制造 2025》战略，以提高制造业基础能力和创新能力为重点，推进信息技术与制造技术深度融合，加强产业分工协作，促进产业链上下游深度合作，在电子信息、高端装备制造等领域推动新型工业化产业示范基地建设，努力打造具有国际竞争力的优势产业集群，在部分领域引领全国先进制造业发展。此外，还明确指出改造传统产业要加大钢铁、冶金、化工、建材、原材料等传统支柱产业的绿色改造升级和落后过剩产能淘汰力度，打造具有全球竞争力的精品原材料等产业基地。提出未来产业融入新技术的具体发展方向，一是推动大数据、互联网、云计算、物联网等新一代信息技术对传统制造企业的改造，加快产品和技术的升级换代；二是开展智能制造示范行动，在重点领域推进智能制造、大规模个性化定制、网络协同制造和服务型制造，建设一批智能工厂和数字化车间。

第二，在培育战略性新兴产业集群方面，指出要瞄准技术前沿，把握产业变革方向，充分发挥郑州、洛阳、新乡、南阳、蚌埠、聊城、邯郸、邢台、运城、长治等城市创新优势和国家高技术产业基地引领带动作用，加强统筹布局和分工协作，联合打造一批创新园区和战略性新兴产业基地，突破产业链关键技术，研究发展全产业链、全生命周期、全溯源链的计量测试技术，加快培育形成生物医药、先进材料、机器人、新能源、新能源汽车等产业集群。第三，在加快发展现代服务业方面，指出一是以促进产业转型升级和提高分工效率为导向，重点发展现代物流、现代金融、商务服务、研发设计、信息与软件服务等行业，加快发展服务外包产业，推动生产性服务业进一步细化专业分工，提升专业化水平；二是以提升便利化、精细化、品质化水平为导向，加快发展与人民生活密切相关的旅游、文化、现代商贸、健康养老等领域，丰富生活服务业供给。此外，还进一步指出要充分发挥各类服务业试点示范的引领带动作用，探索完善促进服务业加快发展的体制机制。第四，在发展壮大现代农业集群方面，除了进一步论证国家粮食战略安全外，重点从建设新型农业现代化先行区、现代农业科技示范区、特色农业示范园方面进行了论证。一是在新型农业现代化先行区方面指出，要加快转变农业发展方式，推进农村一、二、三产业融合发展，建设新型农业现代化先行区，合作构建优质奶业、小麦、瓜果、花生、专用玉米等一批优势农产品产业带，打造畜禽、花卉、苗木、水果、蔬菜、油料、水产等绿色高效农林产品生产基地。二是在现代农业示范区方面指出，支持建设中原现代农业科技示范区，培育壮大农业产业化龙头企业，延长农业产业链条，推进农产品生产、加工、物流、营销等一体化发展，打造一批全链条、高循环、高质量、高效益的现代农业产业化基地。三是在特色农业示范园方面指出，要发挥乡村特色优势，拓展农业多种功能，推进农业与旅游、教育、文化、健康养老等产业深度融合，发展观光休闲农业、创意农业、农业主题公园等新业态，打造一批设施完善、服务规范的都市生态农业园区和连绵区。

《中原城市群发展规划》第五章第二节的核心是高水平承接产业转移，指出要推进有条件的地区有力有序承接符合环保标准和市场需求的国内外先进产业转移，探索产业承接发展新模式、新路径，促进产业转型升级和产城融合发展，强化节能减排和环境保护，着力优化产业发展环境，培育新的经济增长点。建立健全产业转移推进对接机制，重点依托省级以上开发区、产业集聚区、海关特殊监管区域等载体，建设一批沿海产业转移的重点承接地，办好高水平的产业转移系列对接活动。创新承接产业转移方式，推行园区整体开发的集群引进模式。支持有条件的地区创建国家级承接产业转移示范区。

《中原城市群发展规划》第五章第三节的核心是完善产业协同机制，从加强统筹协调和政策引导、共建产业合作平台两个方面进行了论证。在加强统筹协调和政策引导方面，从产业分工合作机制、区域产业链上下游联动机制、大力推进市场化改革三个层次进行了论证，提出了具体推进路径，为产业协调机制的构建指明了方向。在共建产业合作平台方面，从一个“改造提升”、两个“支持”方面进行论证，即改造提升现有产业集聚区(园区)，形成区域专业化生产要素集聚高地。支持各地充分发挥各类产业发展载体在产业合作中的积极作用，创新合作模式，通过委托管理、投资合作等多种形式跨区域合作共建各类产业园区。支持毗邻城市成立园区合作联盟，建立常态化协作联动机制，共享项目信息，共同举办招商推介活动。

4. 加快基础设施建设，增强互联互通保障

现代化基础设施是促进城市—区域协同发展的物质工程设施保障和公共服务能力系统，对经济社会高质量发展具有重要的支撑保障作用。可以说，完善、健全、一体化的基础服务设施，对促进经济社会活动的高速运转、城市—区域空间结构布局的优化具有重要的现实意义，因此《中原城市群发展规划》第六章加快基础设施互联互通的“章下言”明确指出，协同推进交通、信息、能源、水利等基础设施建设，提升互联互通和现代化水平，推动形成布局合理、功能完善、衔接高效的基础设施网络，增强对城市群一体化发展的支撑保障能力。

学过或者说关注过城市规划、城市管理以及相关专业的师生、同仁，一定对基础设施的几个维度非常熟悉，例如道路交通、通信网络、给排水、电力电信、燃气热力、环卫、防震减灾等方面，因此，本章在进行基础设施分析论证时，也是遵循一般的论证逻辑，从建设现代综合交通系统、构建高效泛在的信息网络系统、完善现代能源支撑系统、强化水利支撑能力、健全城市基础设施系统几个维度进行了分析。

由于交通是经济发展的“先行官”，所以多数规划在基础设施论证方面都是以此开始，《中原城市群发展规划》第六章第一节也遵从先从运输通道、道路体系的视角出发，进而从完善城市—区域内外交通体系、核心区建设、对外联通方面着手，最后从大交通、智慧交通的视角进行更高层次的分析。第一，在畅通对外运输通道方面指出，一是加快推进郑州航空港经济综合实验区建设，提升郑州新郑国际机场区域枢纽功能，持续改进航空网络通达性，拓展加密国际航线，构建连接全球重要枢纽机场的空中通道；二是指出要依

托陆桥通道，向东拓展连接沿海港口群的铁路货运班列运输，向西加密开行至汉堡、卢森堡、法兰克福等欧洲主要城市的中欧班列(郑州)，形成连通欧亚的国际物流通道。第二，在构建综合运输网络方面指出，要依托国家铁路网、国家公路网、内河航运等重大项目建设，提升京广、陆桥通道功能，建成“米”字形高速铁路网，推进“四纵六横”货运干线铁路建设，有序推进支线和地方铁路建设，加强国道省际衔接路段建设。第三，在提升与周边区域的陆运联通水平方面指出，一是进一步优化城市群民航机场布局，规划建设一批支线机场和通用机场，加密与国内主要城市间的航线；二是加快推进淮河、沙颍河国家高等级航道建设，打通中原内陆地区直通华东地区的水运通道。第四，在完善城市群城际交通网络方面指出，要以核心区和省际相邻城市互联互通为重点，加快发展城际铁路，有序推进支线和地方铁路建设，推动高速公路多路连通，加快繁忙路段增线扩容，开展普通干线公路瓶颈路段和低等级路段升级改造，实施农村公路畅通安全工程，打造中心城市间、中心城市与周边中小城市、小城镇间的复合型快速通道，推动城市群交通网络化、一体化发展。第五，在核心区交通网畅通方面指出，要加快发展郑州城市轨道交通，建设连接周边组团的市域(郊)铁路，实施干线公路城区段外迁，布局货运专用通道，形成以轨道交通为骨干、城市快速路网为基础的都市区交通廊道。此外，要进一步做好城市轨道交通、城际铁路与国家铁路网的衔接，适度增加高速公路城市出入口数量和通行能力，规划建设衔接综合客运枢纽的大容量公交线路和停车换乘设施，确保都市区内外交通衔接顺畅。第六，在拓展综合交通枢纽功能方面指出，要按照“零距离换乘、无缝化衔接”要求，持续完善郑州站、郑州东站和郑州新郑国际机场三大枢纽场站功能，建成郑州南站等一批枢纽场站，加快航空港、铁路港、公路港三大物流园区建设，将郑州打造成为国际性枢纽城市。同时提出，要推动其他城市发展集多种交通方式于一体的综合客运枢纽、货运枢纽(物流园区)，建设洛阳全国性枢纽，阜阳、菏泽、商丘、南阳、安阳、许昌等区域性枢纽，以及蚌埠、聊城、邯郸、新乡、长治、三门峡、漯河、信阳、运城、邢台等地区性枢纽，形成布局合理、层级明晰、分工明确的现代综合交通枢纽体系。第七，在提升运输服务水平方面明确指出，要大力发展智慧交通，推进物联网、云计算、大数据等现代信息技术在交通运输领域的创新集成应用。鼓励城际客运公交化运营，推广“一票式”联程和跨城市“一卡通”服务，实现城际、城市、城乡客运协调发展。同时指出，要构建现代货运物流体系，发展“一单制”联运服务，拓展空铁联运、高铁快件运输等组织模式，推动交通物流融合高效发展。

《中原城市群发展规划》第六章第二节的核心是构建高效泛在的信息网络系统，主要从加强信息网络设施建设、推进新型资源与服务共享，完善网络安全保障体系三个方面进行智慧信息网络城市群论证。在加强信息网络设施建设方面，主要提出对网络设施的整体、全域、互联等方面的超前布局和功能提升，以推进城际骨干网、城域网升级改造和网络结构完善。同时提出，支持郑州、洛阳、邯郸等市开展5G网络建设试点，实现无线局域网主要公共场所全覆盖，打造"无线城市群"。在推进信息资源与服务共享方面，主要思路是基于国家大数据综合试验区建设，推进各类大数据带动创新应用和效益转化，进而协同推进智慧城市试点建设，建立统一标准，开放数据端口，建设一体化公共应用平台，打造智慧城市群。在完善网络安全保障体系方面指出，一是加强通信网络、重要信息系统和数据资源保护，增强信息基础设施可靠性，提高网络治理和信息安全保障水平；二是要加强智慧城市网络安全管理，建立健全城市群通信网络和信息安全应急体系衔接机制，促进网络信息应急安全事件处置规范化。

《中原城市群发展规划》第六章第三节的核心是完善现代能源支撑系统，包括增强能源有效供给能力和推进能源网络通道建设两个方面的具体措施。在增强能源有效供给能力方面指出，要大力推进能源供给侧结构性改革，推动能源革命，优化能源结构和布局，推广现代能源利用模式，建设清洁、低碳、安全、高效的能源供给体系。同时对煤炭产能过剩化解、煤层气开发和地下瓦斯抽采、页岩气资源开发、生物质能源开发、风电和光伏发电开发、地热能应用、石化产业链延伸等方面进行论证，为能源的高效利用提供的支撑。在推进能源网络通道建设方面从电力、油气、天然气、煤运四个层次进行了论证。在电力方面指出，要提升安全消纳疆电能力和省间电力交换能力，强化全国电力联网枢纽地位。在油气方面指出，要在加大海上原油管道运输能力建设，依托国家骨干输油管道和中原炼化基地，同步建设地方管网和储配设施，逐步建成以郑州、洛阳、菏泽(东明)为中心的油品输送网络。在天然气方面，要依托国家骨干天然气管线布局建设配套支线，提升西北天然气、沿海进口液化天然气、蒙西煤制天然气等输送引进能力，实现全部省辖市和部分重点县(市)双管道供气。

《中原城市群发展规划》第六章第四节的核心是强化水利支撑能力，包括提升水资源保障能力、提升城市防洪减灾能力、加强水生态保护和建设三个方面。第一，在提升水资源保障能力方面指出，要统筹推进骨干水源工程、水资源调配工程、应急备用水源工程、管网互联互通工程建设，加大城市再生水利用力度，提高城市饮水保障能力。稳妥推进跨流域引调水工程建设，提高水资源调配能力，推进城乡节水。加快推进重点灌区建设，继续推进大中型灌区续建配套节水改造，完善农田灌排体系。实施农村饮水安全巩固提升工程，提高农村供水保障水平。推进农业水价综合改革，提高农田水资源利用效率和效益。第二，在提升城市防洪减灾能力方面指出，要加快推进一批大中型水库、病险水库水闸除险加固和蓄滞洪区等工程建设，提高应对各种灾害和突发事件的能力。实施黄河、淮河及其主要支流综合治理工程，全面完成堤围达标加固。统筹流域、区域、城市水利治理标准与布局，完善雨情、汛情、旱情监测预报和发布共享机制，提高防洪减灾监测预警和应急能力。第三，在加强水生态保护和建设方面，要进一步加快推进国家级和省级水生态文明城市试点建设，系统规划城市河湖水系，推进城市水系生态修复和景观美化，促进城市水系和生态绿化融合发展。实施中心城区水系连通和大型水生态区保护示范工程，恢复城市河湖生态系统。

《中原城市群发展规划》第六章第五节的核心是健全城市基础设施系统，从市政公用设施、城市地下综合管廊、城市公共交通、海绵城市、城市排水防涝设施五个方面进行的论证。第一，在加强市政公用设施建设方面指出，要加快完善城市道路网络系统，有序推进公共停车设施和电动汽车充电设施建设，加快城市基础设施转型升级，提高建设质量、运营标准和管理水平。在城市供水设施建设与改造重点指出，要提升公共供水普及率，降低供水管网漏损率，支持在有条件的地区推进城市供水服务向农村延伸。第二，在加快城市地下综合管廊建设方面，主要从大中城市地下综合管廊系统建设，指出了不同层次城市的建设重点，同时指出了郑州市应加快地下综合管廊试点城市建设。在该部分，还重点指出要鼓励小城市有序推进既有地上城市电网、通信网络等架空线缆入廊改造，基本消除主要街道蜘蛛网式架空线缆问题。第三，在优先发展城市公共交通方面指出，要加快郑州、洛阳城市轨道交通建设，规划研究邯郸等城市轨道交通。鼓励人口 150 万以上的城市规划建设轻轨，发展现代有轨电车等大容量地面公共交通，完善步行、自行车等慢行交通系统，提高中心城市公交出行和绿色交通出行比重。第四，在海绵城市建设方面指出，要积极推行低影响开发模式，支持大中城市结合新城区开发和老城区棚户区改造、老旧小区有机更新，系统推进海绵城市建设与改造，推动小城市优先在新城区建设海绵型公园、绿地、广场和小区。第五，在加强城市排水防涝设施建设指出，要加快补齐城市排水防涝设施短板，构建以源头减排系统、排水管渠系统、排涝除险、超标应急系统为核心的城市排水防涝工程体系，全面达到国家规定的内涝防治标准。

5. 加强生态环境保护，促进区域共保共治

在生态文明战略的引领下，在“绿水青山就是金山银山”的绿色化理念影响下，在“生态优先、绿色发展”的时代要求下，加强生态环境保护，促进区域一体化的生态文明建设大局思想形成，已成为中国经济社会高质量发展的一个重要前提条件。因此在《中原城市群发展规划》第七章推进生态环境共保共治的“章下言”明确指出，要坚持绿色、低碳、可持续发展理念，把生态环境建设放在突出重要位置，建立健全跨区域生态文明建设联动机制，坚决打赢治理大气、水、土壤污染攻坚战，共创山青水净天蓝、人与自然和谐相融的生态宜居城市群。《中原城市群发展规划》第七章从共筑生态屏障、推进环境共治、绿色城市建设三个维度进行论证，不仅阐释了区域生态“基底”的重要性，而且提出了区域环境共治的具体措施，还从综合维度论证了城市—区域系统中核心区域绿色化的建设路径。

《中原城市群发展规划》第七章第一节包括构筑“三屏四廊”生态网络、建设重点生态区、加强生态修复保护三个方面，从区域整体、重点区建设、局部环节优化方面进行了发展重点论证。具体如下：第一，在共筑生态屏障方面，基于区域生态保护格局优化和生态网络搭建的理念，提出了建设以山区生态屏障、水系生态廊道、平原生态绿网为主体的“三屏四廊”生态保护格局，即依托太行山、伏牛山、桐柏—大别山建设三大山地生态屏障，建设南水北调中线工程、明清黄河故道、淮河、黄河等四条河流水系生态廊道。第二，在建设重点生态功能区方面指出，一是要强化生态建设协调联动机制，共同推进重点生态功能区建设，筑牢区域生态安全屏障；二是要实施黄土高原沟壑丘陵区、豫西山区、丹江口库区及上游地区、太行山区、大别山区等水土保持工程，强化自然保护区、风景名胜区、地质公园、森林公园、湿地公园保护和监管；三是共同推动太行山和豫南大别山水土保持功能区、豫西伏牛山生物多样性维护、桐柏山及丹江口水库水源涵养功能区、沿淮调蓄洪区生态保护区建设。第三，在加强生态修复保护方面指出，要加强淮河、黄河中下游、海河及其主要支流源头区、重点水源涵养区、各类自然保护区和生态脆弱地区的保护，积极推进重点河流湖泊生态环境修复试点，推动漳河等河水生态修复工程建设，推进滨河（湖）带的修复，实施重点河段水污染治理。实施新一轮退耕还林、还草，大力推进沿河沿湖、产业区和环境敏感型基础设施周边、生态脆弱区的林业草业生态建设，加强农田林网、滨河林带建设，着力提高森林草地覆盖率和森林质量。加快国家森林城市建设，适时启动县

级市(县)森林城市创建工作。开展水土流失、坡耕地及清洁型小流域、破损山体、采煤塌陷地和工矿废弃地、地下水超采区等综合整治，加强丘陵岗区、荒山等植被系统修复，减少水土流失。以“一控两减三基本”为目标，加强农业面源污染治理。促进地方探索建立横向生态补偿机制，加大区域生态环境建设投入力度。

《中原城市群发展规划》第七章第二节的核心是推进环节共治，主要从气、水、土三个方面进行了重点论证，具体如下：第一，在推进大气污染治理方面指出，要建立完善大气污染联防联控协作机制和合作平台，共享区域间大气污染监测数据，建立区域大气污染应急预警机制，编制城市空气质量限期达标规划，明确空气质量改善的时间表和路线图。同时，加强能源、交通、建筑等重点行业的大气污染治理，推进城市群内燃煤电厂、燃煤锅炉超低排放改造，加快石化、化工、工业涂装、包装印刷等行业挥发性有机物综合治理，加强噪声和光污染防治工作，加大餐饮油烟、扬尘和机动车污染综合整治力度，限制老旧车使用，确保空气质量优良天数明显增加。此外，加强碳排放权交易试点地区交流合作，积极开展碳排放交易。第二，在加强流域水污染治理方面指出，要加大区域内工业污染治理力度，加快建立水污染政策调控及利益协调机制和监测信息共享机制，协同开展区域内海河、淮河、黄河、长江流域和丹江口库区等水环境综合治理。重点解决流域源头污染，严控江河源头、饮用水源保护区及其上游区域开发建设，强化跨省市断面水质统一管理，提高骨干河道水质，强化中小河道和城市黑臭水体治理力度。通过截污、扩容、升级等措施完善城乡污水处理系统，加强雨污分流、清污分流、污水管网改造与建设，提高污水收集处理效率。推动跨区域间的污泥处置与资源化利用，加强跨省(市)界环境污染纠纷协调，建立环境污染赔偿机制。强化水环境质量目标管理，提高流域水环境监管能力。第三，在推动土壤污染防治方面指出，要以农用地和重点行业用地为重点，开展土壤污染状况详查。加强土壤环境质量监测网络建设。实施农用地分类管理，保障农业生产环境安全。实施建设用地准入制度，明确管理要求，落实监管责任，防范人居环境风险。强化未污染土壤保护，严控新增土壤污染。加强污染源监管，加大对危险废物非法倾倒的打击力度，推进危险废物处置能力建设，做好土壤和地下水污染预防工作。有序开展土壤和地下水环境治理与修复，实施土壤和地下水治理与修复工程。

《中原城市群发展规划》第七章第三节的核心是建设绿色城市，从提高城市资源利用效率、发展城市循环经济、推动城市绿色低碳发展三个方面进行发展路径论证。第一，在提高城市资源利用效率方面指出，要合作开展节能减排共性关键技术及成套装备研发生产，共同组织实施重点节能技术改造项目，实现区域内煤炭等能源清洁高效利用。实施水资源消耗总量和强度双控，推行水效领跑者制度，推广高效节水技术产品和节水器具，提高水资源计量器具配备率，建设节水型城市。加强规划和重大项目布局水资源论证，落实以水定城、以水定产，明确用水总量控制指标、水功能区划限制纳污指标。开展城市绿色造林和改造实施余热暖民工程。严格土地用途管制，推进城镇低效用地再开发和工矿废弃地复垦利用，鼓励开发利用城市地下空间。第二，在发展城市循环经济方面指出，要实施循环发展引领计划，重点打造有色金属、煤炭、非金属矿、再生资源等领域循环产业链，积极创建国家循环经济示范区，推进"城市矿产"示范基地建设。支持鹤壁、洛阳、新乡等国家循环经济示范市(县)建设。大力发展再制造产业，推动再生资源回收利用体系建设，逐步推行城市垃圾分类回收处理，加快形成跨区域再生资源回收网络，加强城市低值废弃物资源化利用，创建一批资源循环利用基地。推动污水处理再生利用，将再生水纳入区域水资源统一配置。第三，在推动城市绿色低碳发展方面，要强化碳排放总量控制，有效控制电力、钢铁、建材、化工等重点行业碳排放。强化碳汇能力建设，提升绿地、湿地等固碳水平。提高建筑节能标准，推广绿色建筑和建材，推进城市老旧小区节能宜居及绿色化改造。加强公共建筑节能管理，提升能源利用效率，因地制宜推广太阳能、浅层地热能等可再生能源。大力发展装配式建筑。积极应对和主动适应气候变化，倡导居民生活方式低碳化，鼓励绿色出行、绿色消费。支持低碳城市、低碳社区、低碳产业园区和低碳城(镇)建设。

6. 强化公共服务保障，促进服务共建共享

科教文化、医疗服务、社会保障服务提升是促进人民获得感、安全感、满意感、幸福感提升的重要保障，因此加快城乡公共服务设施的一体化建设，促进公共服务设施的共建共享，对促进中原地区建设具有重要的现实意义，也更突出地体现了以人为本的价值理念导向。正如《中原城市群发展规划》第八章促进公共服务共建共享的"章下言"所述，牢固树立以人民为中心的发展思想，弘扬中原文化，提升人民健康水平和人口素质，强化社会保障和社会治理，增强公共服务有效供给能力，推进制度对接和协同配合，全面提升城市群公共服务共享水平。

《中原城市群发展规划》第八章第一节是从"文化"设施和文化事业发展的视角切入，标题为"推动文化繁荣发展"，符合当前文化事业发展的主旋律。

从具体构成看，该章节包括加强历史文化遗产保护传承、构建中原文化传播平台、加强公共文化合作共享三个方面，具体如下：第一，在加强历史文化遗产保护传承方面，主要有三点，一是发挥好中原城市群地域相近、文脉相亲的优势，联合开展跨界重大遗产保护，推进区域文化遗产连片成线保护利用。二是传承好优秀民族民俗文化，发展戏曲艺术，振兴传统工艺，打造一批非物质文化遗产和品牌，增强地域文化融合和认同。三是加强历史文化名城名镇名村、街区及传统村落保护，整合人文自然资源，推动历史风貌和文化元素融入现代城市，提升区域品质和文化氛围，建成华夏历史文明创新区域。第二，在构建中原文化传播平台方面，主要从文化挖掘、文化开放和文化开发三个层次阐述。一是在文化挖掘层次，要紧紧围绕兼容并蓄、刚柔相济、革故鼎新、生生不息的中原文化精髓，深度挖掘儒家文化、道家文化、中华姓氏、关公文化、功夫文化、中医药文化等历史文化资源，共同组织好国家级文化交流活动，加强民间文化交流。二是在文化开放层次，要全面提升中原文化的国际化和开放性，全方位开展国际文化交流合作，增强中原文化品牌国际影响力，重塑中原文化魅力。三是在文化开发层次，推动出版传媒企业开展合作交流，加强各类对外传播平台建设，拓展中原文化传播渠道。第三，在加强公共文化合作共享方面，主要从体系、设施、机制和活动四个层次进行了推动路径论证。一是深入推进现代公共文化服务体系建设，共建一批服务项目，建设全面覆盖、互联互通的公共文化设施网络，提高基本公共文化服务标准化、均等化水平。二是加快推进广播电视户户通，加强中央广播电视节目无线数字化覆盖，完善应急广播体系。完善提升城市博物馆、图书馆、文化馆等大型文化设施功能，深入推进公共文化设施免费开放，鼓励文化单位联合举办公益性文化活动。三是建立政府购买服务、惠民工程、体育赛事、文化市场合作机制，形成城市群全方位、宽领域、多层次文化交流合作的良好局面。四是共同开展全民阅读系列活动，建设实体书店、农家书屋、城乡阅报栏（屏）、社区阅读中心等，打造“书香中原”品牌。

《中原城市群发展规划》第八章第二节从“医疗服务”方面切入，论证了全域、全民、全方位联手打造健康中原的发展目标，重点从医疗体系、医疗体制、全民健康三个维度对医疗卫生事业的高质量发展进行了发展路径支撑，具体如下：第一，在健全医疗卫生服务体系方面，要优化医疗卫生机构布局，促进医疗资源跨区域和向基层流动，促进市级综合医院、紧缺型专科医院、县级医院和基层医疗卫生机构的全方位建设，鼓励发展区域医疗联合体。依托现有机构，引进国内优质医疗资源或大型医疗企业集团，建设阜外华中心血管病医院等区域性医疗中心。支持大型医院跨区域统筹设置分支机构，实现区域优质医疗资源共享。加强区域医疗机构合作和人才联合培养，开展疑难疾病联合攻关和重大疾病联合会诊。推动中医药振兴发展，努力实现中医药健康养生文化的创造性转化、创新性发展。持续健全具有中国特色的口岸公共卫生体系，强化法律制度、科学技术、人才队伍保障，努力维护区域公众健康安全。第二，在联合推进医药卫生体制改革方面指出，加强跨区域协同合作，着力推进基本医疗卫生制度建设，努力在分级诊疗制度、现代医院管理制度、全民医保制度、药品供应保障制度、综合监管制度等基本医疗卫生制度改革方面走在全国前列。推进落实住院医师规范化培训制度，以全科医生为重点，加强基层医疗卫生人才队伍建设。加快推进社会办医，引导社会资本直接兴建医疗机构或规范有序参与公立医院改制等，形成投资主体多元化、投资方式多样化的办医格局。第三，在提升全民健康水平方面指出，不断完善制度、扩展服务、提高质量，让广大人民群众享有公平可及、系统连续的预防、治疗、康复、健康促进等健康服务。要加快推进区域人口健康信息平台建设，实现各级医疗服务、医疗保障、公共卫生服务信息共享和业务协同，推动“互联网+医疗健康”发展。鼓励联建或跨市共建医疗、养生、保健、康复、休闲相结合的医疗健康服务小镇（区）。广泛开展全面健身活动，推动公共体育设施免费或低收费开放，支持开展区域性体育赛事。推进健康城市健康村镇建设，加大城乡人居环境治理力度，建设健康、宜居、美丽环境，引导居民养成健康生活方式，形成有利于健康的社会文化。

《中原城市群发展规划》第八章第三节从“教育强省”维度出发，标题为“共建人力资源高地”，从提升教育发展质量和共享水平、联合培养高素质技能人才、建设一体化的人力资源市场三个方面对教育事业的高质量发展进行了论证，具体如下：第一，在提升教育发展质量和共享水平方面指出，要加快完善现代教育体系，全面提高教育质量，推进多种形式的教育合作。加强城市群高校与国内外知名院校交流合作，支持建设高水平中外合作大学，鼓励举办中外合作办学机构。实施一流大学和一流学科建设，支持若干高校和学科进入国内一流行列。做大做强职业教育，鼓励中心城市围绕产业集聚区（园区）建设需求，重点建设产教融合、开放共享的职业教育园区，打造若干个区域性技术技能人才培养培训基地、特色职业教育基地和职业教育集团。鼓励中小学校利用数字教育资源，探索“互联网+教育”新模式，扩大优质教育覆盖面，保障农业转移人口随迁子女平等就学。第二，在联合培养高素质技能人才方面指出，要深入推进全民技能振兴工程，建立覆盖城市群全体劳动者的终身职业技能培训制度，共建一批职业技能培训基地。实施新生代农民工职业技能提升计划，强化实用型、技能型人才开发，推进普工向技工转型。建立健全技能培训与区域产业发展对接机制，支持开展跨区域技能培训项目。推广工学结合、校企合作的培养模式，推行现代学徒制、企业新型学徒制。加强技师、高级技师联合培养，造就一批高技能领军人才和“大国工匠”。第三，在建设一体化的人力资源市场方面指出，要加快实施户籍制度和居住证制度改革，消除城乡区域间户籍壁垒，促进人力资源合理流动和有效配置。推进中国（中原）人力资源服务产业园区建设，拓展区域内人力资源交流合作，完善公共就业服务体系、人才服务体系，推动公共就业信息服务平台建设，实现区域人力资源信息共享和资质互认。加强城市群内人才制度衔接，健全人才柔性流动机制。

《中原城市群发展规划》第八章第四节从“社会保障”维度出发，标题为“推动社会保障联动”，从完善社会保障体系、创新社会治理两个方面进行了论证，具体如下：第一，完善社会保障体系。实施全民参保登记计划，提高灵活就业人员、农民工等群体参加职工社会保险比例，基本实现区域内法定人员全覆盖。加快推进基本医保异地就医结算，实现跨省异地安置退休人员住院医疗费用直接结算。加强区域养老保险、老年福利等方面制度对接，进一步简化养老保险跨区域转移接续等手续，逐步实现工伤保险省级统筹。积极开展社会救助转型治理，建立跨省域社会救助信息系统。支持社会福利和慈善事业发展。第二，创新社会治理。建设法治政府，实现政府活动全面纳入法治轨道，促进政府治理和社会调节、居民自治良性互动。联合开展社会信用体系建设行动，依托全国统一的信用信息共享交换平台，促进信用信息互通、互认和互用。强化平安城市建设，突出抓好公共安全、生产安全、交通安全等重点领域综合治理，有力保障人民群众生命和财产安全。加强应急管理合作，共建食品药品安全防控网络，完善突发公共卫生事件联防联控机制，提升防灾减灾应急、突发事件预警、应急处置和安全生产保障能力。建立健全社会治安综合治理和打防管控联动机制，推动社会治理由单个城市向城市群协同治理转变，形成全覆盖的社会管理和服务网络。

7. 提高对内对外开放，促进全面水平提升

促进区域开放水平的提升，有利于资源在更大范围的优化配置，有利于城市职能体系的产业层次优化，有利于促进城市—区域系统的协调运转，加快提升中原城市群的对外开放水平，对实现中原城市群的竞争实力提升和全国地位提高有重要的现实意义。因此，《中原城市群发展规划》第九章全面提

升对内对外开放水平的“章下言”明确指出，实施更加积极主动的开放战略，坚持引进来和走出去并重，营造法治化国际化便利化营商环境，大力发展内陆开放型经济，深化国内外区域合作，构建全方位开放发展新格局，打造具有全球影响力的内陆开放合作示范区。

《中原城市群发展规划》第九章第一节从融入“一带一路”建设出发，提出了建设内陆开放高地的发展路径，具体如下：一是全面融入推进“一带一路”建设战略，以陆桥通道为主轴，依托国家铁路和公路主通道，串联中原城市群中心城市，加强与沿线城市和沿海港口群的联系，形成连接“一带一路”的东西双向战略通道。二是完善以郑州新郑国际机场为核心的国际航线网络，打造空中丝绸之路重要节点。三是积极参与新亚欧大陆桥、中蒙俄、中国—中亚—西亚等国际经济合作走廊建设，深化与沿线国家在农业、装备制造、能源资源、现代物流、服务外包、经贸、科技、旅游、文化、公共卫生等领域合作，促进产业有序转移与承接，支持在郑州等城市共建中德高端装备产业园区，鼓励有条件的企业与沿线国家有关地区共建互建经贸产业园区，促进产业集聚发展。四是支持郑州等城市建设航空港、国际陆港，加强内陆口岸与沿海、沿边口岸通关合作，开展跨境电子商务服务试点。五是培育壮大外贸主体，打造一批具有国际影响力的外贸龙头企业。加强物流枢纽设施建设，强化货源支撑，完善运输组织，推进中欧班列(郑州)健康有序发展。

《中原城市群发展规划》第九章第二节从对外开放平台建设方面出发，提出不同合作平台建设的路径，具体包括三个方面：第一，高水平建设对外开放战略平台。推进河南、安徽自由贸易试验区建设，加快中国(郑州)跨境电子商务综合试验区建设，建设跨境电子商务商品物流分拨中心，打造完整的跨境电子商务产业链和生态圈。加快推进郑州中国服务外包示范城市建设，引进国内外知名企业，承接国际服务业产业转移。积极承办国际性会议(展)，共建中原城市群联合招商和商贸合作平台。提高河南国际投资贸易洽谈会、中国国际徽商大会、郑州产业转移系列对接活动等既有大型活动知名度。支持各城市组团参加各类国家级、国际性经贸交流活动，鼓励龙头企业合作开拓国际市场。第二，提升航空港对外开放门户功能。加快推动郑州机场形成覆盖全球、通达各洲的国际客货运航线网络，迈进世界级主要货运枢纽行列。探索发展高铁货运，研究开展空铁联运试点。加快推进航空港、铁路港、公路港、海港“四港联动”发展，打造海陆空多式联运的国际货运格局。做大做强航空物流、高端制造业、现代服务业，建设飞机维修中心，打造全球重要的智能终端研发生产基地。合规审慎扩大金融租赁、融资租赁等业务规模，建设全球性产品交易展示中心和国内进出口货物集散中心。支持具备条件的机场因地制宜发展临空经济。第三，推动口岸和特殊监管区域建设。支持城市群进一步完善口岸布局，提升口岸功能，构建全方位口岸开放体系，打造集综合加工、商贸流通、现代物流、文化旅游等于一体的口岸经济，加强口岸检验检疫核心能力建设，确保口岸公共卫生安全。加快海关特殊监管区域和保税监管场所建设，支持符合条件的地区设立综合保税区和保税物流中心。推动海关特殊监管区域整合优化，积极支持城市群海关特殊监管区域开展促进贸易多元化试点，实施区内货物按状态分类监管。支持郑州航空口岸开展免签、境外旅客购物离境退税，适时申请设立口岸进境免税店。进一步改进口岸通关服务，依托电子口岸平台推进省域单一窗口建设，加快口岸信息互换、监管互认、执法互助通关改革，提升跨地区通关便利化水平。

《中原城市群发展规划》第九章第三节从区域合作和空间拓展的视角，提出了深入区域合作交流的措施，具体如下：一是充分发挥中原城市群战略腹地效应，深化与京津冀和国内其他地区的合作，积极融入重大国家战略。二是加强与长三角、珠三角地区合作，引导沿海地区资金、技术向中原城市群转移。三是积极开展与东北等老工业基地合作交流，共同探索以国有企业改革为重点的体制机制创新，推动资源型城市转型。四是拓展与长江中游、成渝、关中平原等城市群的交流合作，积极开展旅游、物流、金融、会展等领域联动协作，实现共赢发展。五是支持三门峡、运城深化晋陕豫黄河金三角区域合作。六是支持鼓励安阳、聊城、邢台、邯郸在推动京津冀与中原城市群联动发展中发挥更大作用。七是积极支持淮河生态经济带、汉江生态经济带、大别山革命老区等开展区域合作。

（二）《中原城市群发展规划》的战略要义

贯彻落实《中原城市群发展规划》的发展理念和具体要求，遵循人地协调论、城市—区域综合发展理论、主体功能区规划论、系统理论、可持续发展理论等理论内核，按照“一条主线，人地和谐”、“两观论与两山论”、“三个维度、三生空间与三大攻坚战”、“四个全面”、“五位一体和五大理念”、“六化协同，互动推进”、“全面振兴，系统推进”七大发展理念，走一条国土开发与优化、生态保护与优化、资源整合与集聚、经济高效与转型、文化保护与传承、旅游开发与协同、城乡统筹与融合、城市群整合与协同、因地制宜与地域特色、五省联动与共治、系统推进的道路，实现中原城市群的高质量发展。结合上述的发展理念和上文中的发展路径剖析，同时结合中原城市群现状问题和发展支撑，提出本书对《中原城市群发展规划》的战略要义解读，如下。

1. 强化创新驱动战略，提升经济社会高质量发展的动能支撑

当下，创新作为引领经济社会发展的第一动力，对促进中原城市群综合实力提升和高质量发展意义重大，因此强化创新驱动，加强研发对企业创新、城市创新和区域创新的贡献，构建创新发展的产学研支撑体系，发挥创新对经济社会发展活力释放的保障机制，形成创新支撑产业转型、城市提质、区域协同的系统发展模式，从而打造以创新人才为支撑、以创新企业为动力、以创新产业为保障的现代化创新城市群。在空间格局优化方面，如《中原城市群发展规划》表述那样，要发挥好郑洛新国家自主创新示范区的创新极带动作用，提升各级中心城市的创新实力，形成等级层次合理、创新功能互补的创新体系，从而提升中原城市群整体的创新实力，提升其在国家级城市群中的地位和作用，尤其是在中西部地区和黄河中下游地区的辐射带动作用。从创新的教育深层次认知看，创新的本质是人才，因此要加大高等教育对人才培养的支撑，加大财政对创新人才的支持力度，加大创新研发在企业价值、产业链、城市带动方面的贡献，从而形成具有创新活力、创新竞争力的现代化城市群。

2. 持续推进人地协调，构建经济发展与生态和谐的现代化格局

牢牢抓住人地和谐的发展主线，发挥区域经济学、人文—经济地理学、城乡规划学等学科在人地系统优化方面的优势，促进人地关系向良性的耦合协调方向转化，促进中原城市群地域系统功能优势的最大程度发挥。针对中原城市群整体、不同地区的人—地协调状态进行定量评价，根据不同维度存在的问题进行有针对性改进，提出具体的整改路径和发展措施。根据“人”“地”各自的优势，宜“人”占主导的多发挥“人”系统的技术优势，宜“地”占优势的多发挥“地”的自然反馈作用，使两者之间的交互作用达到效益最佳，不必过分地强调某一方的重要性。针对特殊类型的“人—地”系统，发挥地理预测模型、经济优化模型、复杂网络模型的优势进行预测、分析和调控，使模型的计算结果定时、定量地反馈于系统的演进和优化。总之，持续推进人地协调发展，构建经济高效、社会统筹、生态和谐、环境共治的现代化格局，促进中原城市群在资源、生态、经济、社会、文化、科技等方面的全面振兴和综合发展。

3. 建设现代经济体系，推动第一、二、三产业联动发展

作为支撑中原城市群崛起的核心力量，经济高质量发展对支撑中原城市

群整体的振兴意义重大，因此未来应重点提升经济发展的内在质量，建设现代化经济体系，为流域发展提供强劲的动力支撑。2018 年 4 月 28 日，习近平总书记在湖北考察时指出经济的高质量发展是体现在新理念上的发展，是从“有没有”向“好不好”转变的经济发展，是持续推动供给侧改革并在“破”“立”两个方面同时发力的发展。同时指出，高质量的经济发展要加快传统产业的改造和升级，加快发展新兴产业，增强经济新动能，使中国质量与中国速度一样享誉世界。因此，在实现经济发展“好”“优”的转变过程中，一定要推动工业化、城镇化、信息化、科技化与产业结构转型相适应，建立优化传统产业、夯实支柱产业、做强新兴产业的现代化产业链条，融入经济全球化的产业链、商品链、价值链、网络链，不断探索产业联动的新模式，实现第一、二、三产业的联动发展。此外，在经济高质量的发展进程上，要紧密结合黄河流域生态保护与高质量发展的战略契机，着力发挥黄河流域的特色产业优势，打好地域特色、文化资源、生态景观等“黄河牌”，实现软要素、软资源的经济支撑，巩固好中原城市群经济发展的内在底蕴。

4. 加快中心城市建设，形成中心城市—都市区(圈)—城市群的联动格局

当今城市、区域的竞争已经从“单枪匹马”向“兵团化作业”转变，因此基于中心城市，建设现代化都市区(圈)，提升城市群综合竞争力，成为新时代城市—区域系统竞争的新逻辑。由于中原城市群中心城市的内在实力、外在环境、发展潜力较东部发达城市群区域存在一定的差距，所以中心城市一定要发挥地域特色和后发优势，稳步提升自身竞争力，融入国家发展大格局，为带动区域整体发展注入新动力、新能量。在国家中心城市建设方面，进一步提升郑州国家中心城市的综合实力尤其是金融、科技与国际化实力，提升其文化、金融、科技等方面的国家化功能，确保其地位和实力不被轻易替换。从现代化都市区建设方面，着力提升郑州大都市区的规划建设进程，促进空间格局的进一步优化组织，提升内部的城乡互动性、通勤联系性、产业集聚性、社会融通性、科技支撑性、文化共同性，实现中心城市与都市区(圈)的有机联动。在城市群方面，充分发挥国家级规划城市群的政策红利和增长板块的带动优势，着力城市群内部的整合和区际联动发展，形成中心城市—都市区(圈)—城市群由内向外的三维聚合，实现新型城镇化快速发展区的集聚、高效发展。

5. 推进六化协调发展，促进城市与区域、城市与产业、城市与乡村共荣发展

国家现代化战略从最初的城镇化、工业化、农业现代化，到党的十八大提出融合信息化的“四化同步”，再到近期融入生态保护的绿色化、重视科技

进步的科技化，已经变化为“六化”协调。根据现代化战略内在耦合协调的主要内容，可从城市—区域综合发展理论中城市、乡村、产业、区域两两耦合交织的维度提出经济高质量发展的路径。第一，在城乡融合发展方面，一是缩小城乡收入差距，提升城乡内在互动的效率，促进城乡共同发展；二是促进城乡基础设施的一体化建设，促进城乡公共服务均等化，提升城乡居民的获得感、满意度和幸福指数；三是着力城乡结构的优化，提升以城带乡、工业反哺农业的能力，建立新型城乡工农关系。第二，在产城融合发展方面，一是要强化城镇的集聚力、产业的聚合力、人口的承载力，形成就业—居住—休憩—娱乐—安享的一体化产城互动系统，真正做到以城促产、以产兴城；二是提升产业集聚区、产业新城、高新技术开发区等城市综合体的多维服务功能，提升产城融合发展的内在动力。第三，在城市—区域综合发展方面，依托“中心城市—都市区—城市群”耦合系统，形成“增长极—增长板块—辐射带动区”三级带动系统，促进区域内部之间的联动发展；加强城市群之间的协调和攻坚，提升省际边缘区的对接与整合，形成高质量发展的板块发展共同体。第四，在乡村—区域协调发展方面，根据美丽乡村建设理念，优化乡村生态环境和卫生设施，建设山水田林湖草系统；根据法治乡村建设理念，加强基层党建工作，推行现代化治理体系，形成人人遵法、人人信法、人人监督的现代化法制体系；根据和谐乡村理念，建立邻里互助、尊老敬贤、谦让有序、友亲和善的信任机制和约定俗成体系，形成我爱我家、我爱我村、我为村自豪的价值认同；加强文化宣传，提升文化认同，传承乡风民俗，提升内在修养，形成乡村居民的“内在共同体”理念；做好脱贫后的共同发展工作，建立产业帮扶机制和失业解决机制，实现村域内“人—地—业”的全面振兴发展。第五，在乡村与产业的融合方面，一是以供给侧改革的需求出发，促进乡镇企业、乡村产业的转型发展；二是要加强特色产业基地、专业村、电子商务业村建设，提升乡村产业化、专业化、市场化的结构性转型，形成新时代的产业示范区、先导区、引领点。第六，在产业—区域耦合发展方面，一是建设现代化产业体系，促进农业现代化、工业高端化、服务业精细化与个性化，实现区域内产业优势的发挥和内在结构优化；二是结合经济综合区划的规划引领，优化产业集聚区、产业示范区、科技园区等的空间布局，实现现代化产业综合体集而有力、串而有线。

6. 建立区域联动机制，推进区域的系统治理

在政府部门联动机制方面，要建立顶层管理机制，落实各部门、各环节职责，确保制定的目标在底层能够深入落实。如《中原城市群发展规划》所述，

河南省、河北省、山西省、安徽省、山东省人民政府是中原城市群建设的责任主体，要坚定不移贯彻党中央、国务院决策部署，合力推进中原城市群健康发展。要加强对本规划实施的组织领导，明确推进机构，落实工作责任，按照规划确定的发展目标和重点任务，制定实施方案和专项规划，做好与年度计划的衔接，确保规划目标任务落到实处。因此，在推进区域联动机制建立方面，要进一步加大简政放权、放管结合、优化服务改革力度，充分发挥市场配置资源的决定性作用，有效引导社会资源，合理配置公共资源，保障规划有效实施。同时，针对区域重大的环境和生态问题，要完善流域管理、组织体系，完善跨区域管理、协调和落实机制，加强区域内水生态环境保护修复联合防治、联合执法，确保城市群重大生态环境问题能够得到有效的解决。

7. 推进"四轴四区"建设，建设区域命运共同体

按照《中原城市群发展规划》的空间格局要求，除了一直强调要打造郑州大都市区的核心区外，要进一步强化沿陇海发展主轴、沿京广发展主轴、济南—郑州—重庆发展轴、太原—郑州—合肥发展轴的建设，形成主轴与主产业匹配的轴—产互动关系，打造以郑州为中心，以四条主轴为辐射的"四面八方"格局。在区域协调发展方面，东部承接产业专业示范区一定要依托人口、土地、资源等优势，承接对当地总体实力提升、产业链优势打造、人口市民化进程加快的产业，同时避免对当地造成环境污染，走绿色高效、集群联动的产业高质量发展之路；西部转型示范区一定要结合当地的已有产业链，进行延链强链或者转链换链，形成资源转型的典范或者跨越式发展的样板；北部跨区域协同发展示范区，要进一步促进豫北和冀南的联动发展，推动传统优势产业的改造升级，优化产业分工协作，形成省际产业转型升级和跨越式发展的示范区；南部高效生态经济示范区，应在维护好生态环境本底特色的基础上，推动绿色化产业建设和特色三产融合产业集群建设，形成生态支撑、提质转型、绿色发展的现代化发展模式，打造南部区域经济的新增长极。

四、结语

中原地区作为中国经济社会发展的"缩影区"和历史长河演进的"缩略版"，除了要增强其经济社会发展实力外，更重要的是要提升其文化影响和对外形象，因为中原城市群的崛起对支撑中华民族的伟大复兴、凸显中国文化魅力、展示国际形象具有重要的精神文化力量，可谓中原兴则中华兴。此外，在强调中原城市群乃至黄河流域生态保护与高质量发展的今天，推动中原文

化的传承，加强文脉的维系，对凝聚中华儿女的内在认同、集体价值意义重大，因此中原地区在推进中原城市群经济社会高质量发展的同时，应更加重视将文化“悠且长”地发扬光大。然而，中原城市群的全面发展涉及自然、经济、文化、科技等方面，是一个系统工程，因此未来的高质量发展之路必然充满挑战、坎坷，这就需要中原儿女投入更多的力量为中华巨龙的腾飞贡献力量。值得说明的是，本章重点在解析、诠释中原城市群建设的支撑保障和推动路径时，引用了大量的《中原城市群发展规划》，未进行深入层次的理论思考、逻辑思辨和定量分析，仅仅属于战略思考类的道路论证，缺乏系统、深入的实践性论证，因此希望看到本章的读者能够提出更为精细化的理论设计、逻辑论证和定量解答，从而为中原地区更加出彩的建设贡献更多力量。

第十五章　中原城市群的八轴串联与圈层组织

在进行城镇体系空间组织和区域空间格局优化时，城市研究者、城乡规划从业者经常会采用轴带串联的方法进行组织，由于轴带是依托重要的交通通信通道而形成的“经脉”，对促进区域经济的资源配置优化、产业空间组织、城市—区域综合发展具有重要的现实意义。城市“点”的等级、外部功能对轴带的形成具有重要的作用，因此“点—轴”是轴带组织常用的方式，也是促进中心—外围联动发展的常用模式。“点—轴”理论最早由波兰学者提出，他主要注重“点—轴”的互动关系解析和互动模式建设，但未从区域整体视角或者系统视角进行全面论证。我国人文地理学大家陆大道院士基于“点—轴”的组织关系，结合中国经济社会发展的具体区域发展模式，从系统视角提出了“点—轴”系统理论，为国土空间格局优化和生产力提升提出了区域发展的新模式。在已有的研究中，国内外学者对点轴的组织方式提出了很多具体模式，如双核、金三角、星座型等，为城乡规划的空间组织模式选择提供了支撑。而在众多“点—轴”组织的模式中，选择强有力的发展轴并明确空间圈层拓展的方向是重点内容，因为其对促进城市与区域、产业与城市、城市与乡村的有机串联具有重要的支撑作用。因此，本章基于轴带组织的基本理论，客观分析中原城市群的主要发展轴及空间组织模式，以期为支撑中原城市群内部的高效联动和一体化发展提供帮助。

一、基础理论支撑

（一）“点—轴”开发理论

如前文所述，该理论是区域开发、规划建设最常采用的理论，对构建现代城镇体系、促进区域资源开发、带动地区生产力释放具有重要的现实意义。“点”就是重要的交通通道交汇而形成的人口、土地集中开发的区域，即城镇集聚区。这些城镇集聚区借助于交通的优势、人口的集聚和土地的增值，形成了区域增长的中心，进而发展成为中心城市。由于交通轴的等级不同，所以不同“点”对周边地区的吸引程度、串联程度以及辐射带动程度不一，形成的对外扩散方式和轴带组织模式也就不同。“轴”最初主要是指一些线状的基础设施通道，不仅包括道路体系，而且包括电力电信、给排水、供电燃气等，近期主要指串联区域发展的重要交通轴，如高速铁路、高速公路等。在轴的串联，以及城市“点”的辐射扩散下，依托轴往往形成重要的产业带，进而形成廊道经济模式，串联不同等级城市“点”的发展，最终形成近域“点—轴”系统。在传统的“点—轴”系统中，往往依托重要的交通通道如铁路、公路等形成地方经济发展的中心（陆大道，1995）。而在现代化高速交通的影响下，很多城市是依托城市“点”对外规划建设形成的新的发展轴带，以增强对外联系的程度，从而促进资源的合理配置和“流”空间的组织方向，成为新时代经济组织的形式。在传统和现代两种不同的组织方式下，既可以依托已有的轴带进行重大培育和潜力开发，提升城市的综合影响力；也可以基于规划建设的发展轴，提升对外联系的紧密度，搭建城市发展的新功能、新路径。无论是传统或现代城镇体系建设，在确定好轴带发展的方向和级别后，一定要匹配好轴带与城镇的等级、轴带扩展的方向和产业重点、开发的近域重点与远期设想，进一步形成适应地域发展模式、具有等级层次机构的“点—轴”系统，从而带动整个功能地域的全面发展。

（二）轴带选择理论

1. 依托资源带、水系

在传统的资源型城市发展路径中，多数是基于丰富的矿产资源（煤、铁）等，形成经济发展的活力增长点，依托资源带对外开放，从而带动产业的对外联系和区域经济的振兴发展。在已有的产业联动带中，除了矿产资源带外，水资源的支撑也是经济发展的重要动力源，因此依托矿产、土地、水资源形成的组合带既成为经济带，又成为区域经济发展的重点，还成为区域高质量发展的重要支撑。此外，重要的水系往往是联动两个区域发展的天然廊道并成为经济、社会、文化等方面纽带，因此依托重要的水系，如淮河生态经济带、黄河流域高质量发展支撑带等，对加强区域之间“面”域层次的串联具有重要的现实意义，也为打造区域发展共同体提供了重要支撑。

2. 依托经济带、经济走廊

经济带、经济走廊主要依托实力强劲的两个中心城市之间的工业区、产业走廊串联而形成，是现代化都市区（圈）重要的近域联系通道。在现实中，如果两个城市的经济实力都比较强且有相向发展的趋势，那么城市之间就会通过规划建设形成外围的经济扩展区，进而依托产业、城镇、线状交通运输通道形成基础设施通达、集约式发展的经济带或者经济走廊，成为经济活动、产业组织、人口集聚的活力区和一体化组织区。因此很多学者提出要基于重要的交通轴打造15分钟通勤圈，形成城乡联动的都市区组织模式，进而打造走廊城市或者一体化产业带，促进相连城市的“带”状集约化发展。

3. 依托高铁等交通轴

在传统的城市崛起和增长极打造中，往往依托普通铁路、高速公路、大江大河沿线通道等，连接城市之间的经济、社会、文化网络，进而形成经济增长地带和产业发展廊道，对促进区域核心区的协调发展具有重大意义。自2008年8月1日开通京津城际高速铁路起，中国区域经济的发展格局逐渐由传统的普通铁路、高速铁路等交通串联转变为快速交通体系的区域新增长极，这表现出，“谁占据了高铁发展的先机和高等级，谁就拥有了发展的新动能和新契机”。在新时代背景下，已有的“四横四纵”高铁网络体系已经满足不了现代化快捷交通体系建设和立体化交通网络打造的需要，因此“八横八纵”的高铁布局已经在2016年国家的《中长期铁路网规划》(2016—2030)中谋划，为中国的现代化建设提供了重要的轴带串联和“流”空间优化支撑。在该规划中也明确了以郑州为中心的“米”字形放射支撑，为中原地区的中心—外围组织提供了现代化“经脉”支撑，也为中原地区与外界的谐振发展提供了“振翅高翔”的羽翼。

4. 依托农业现代化带

农业现代化是新型工业化、新型城镇化的重要支撑和保障，因为只有有了充足的原材料、粮食、基本供给品支撑，才能促进城市的壮大和工业集聚区建设。在新型城镇化和乡村振兴的“双略”驱动下，自然条件优越、建设用地条件好、产业支撑的交通廊道等级高，就有利于形成工业和大规模城市建设的优先发展区和重点发展地带。在豫东平原和东南部的外围平坦区域，地势开阔、地形坡度小、无地震和断裂带，农业现代化示范区往往是在优质的地理环境条件和便捷的交通廊道支撑基础上形成，平原区和一些大型工业区的城镇要想实现高质量发展，必须优先考虑地形条件和优质交通廊道，因为这些区域是经济活动最能够发挥功效的地方，轴带与区域的互动效果也容易达到高级的状态。

（三）圈层结构理论

圈层结构，就是以中心城市或者一片中心区为支撑，向外逐渐有规律变化而形成的一片功能地域。该理论最早可追溯至约翰·杜能的农业区位论，其将城市向外围的环绕型分布概括为自由农业区、林业区、轮作农业区、谷草农业区、三圃区和畜牧业区（李小建，2018）。20世纪20年代，芝加哥学派的欧尼斯特·伯吉斯根据城市内部的土地结构特征，按照同心圆将其划分为中心商务区、过渡区、工人阶级住宅区、中间阶层住宅区、高级或通勤人士住宅区，呈现中心—外围的环状分布（赵荣、王恩涌、张小林等，2006）。20世纪50年代以后，又有学者陆续提出了基于中心城市向外拓展的圈层结构模式，如狄更生、木内信藏等提出的城市地域分异的三地带学说，即中心地域、城市的周边地域和市郊边缘的广阔腹地（崔功豪、魏清泉、刘科伟等，2018）。我国的学者基于国家战略和地方发展的诉求，在已有的圈层基础上，又提出了基于交通联系、通勤联系和经济联系的圈层式结构，为推进经济发展核心区的中心—外围式拓展提供了支撑（刘承良、余瑞林、熊剑平等，2007；吴晓薇，2013；郑德高、朱郁郁、陈阳等，2017）。一方面，城市功能地域是由中心向外围拓展，在用地性质、建筑密度、建筑样式、经济活动、社会联系、设施布局等方面不同，因而会依据功能不同和组合布局形成不同的分区；另一方面，在城市—区域层面，核心城市通过轴带串联和对外辐射带动，形成以重要交通发展轴的扩散式结构。因此，在中原城市群规划建设中，以郑州为中心，以“米”字形对外开放的发展轴为支撑，形成空间上的中心—外围结果，对提升核心区的对外影响力和辐射带动力具有重要的现实意义。

（四）点—轴—圈组织理论

在进行空间规划组织方面，除了要重视城市“点”实力的提升和对外的辐射，还要依托一定的行政管理手段对周边的地区进行干涉和引导，从而促进城市“点”沿着重要的交通轴有序流动和合理组织，进而带动整个功能地域的提升。在早期的城市—区域组织中，“点”的功能作用较强，按照重要的发展轴向外拓展就可以形成以“点”为核心的功能地域；在中期的城市—区域组织中，“轴”的作用进一步凸显，几个中心城市通过重要交通轴的串联就形成了具有紧密联系、城乡一体化、功能互补的城市综合体；在成熟期的城市—区域组织中，“点”实力的提升和“轴带”组织的带动力得到了全面的提升，区域之间的联系得到了全面的畅通，城市与城市、城市与乡村、城市与区域形成兴衰与共的命运共同体，也就建立了点—轴—圈的系统模式（崔功豪、魏清泉、刘科伟等，2018）。值得一说的是，很多时候注重内、中、外“圈”向外的扩散和辐射，而缺乏对核心层、中间层、外围层等“层”域的内部地域发展模式组织，这导致地域组织的内部集聚力没有得到全面释放，从而失去了中心—外围的动力提升与“圈层”式扩散，因此，强化不同“层”域的内部组织，提升“圈”“层”融合的系统联动模式，是促进城市—区域系统功能发挥的重要途径。“点—轴—圈”系统的演化过程见图 15-1。

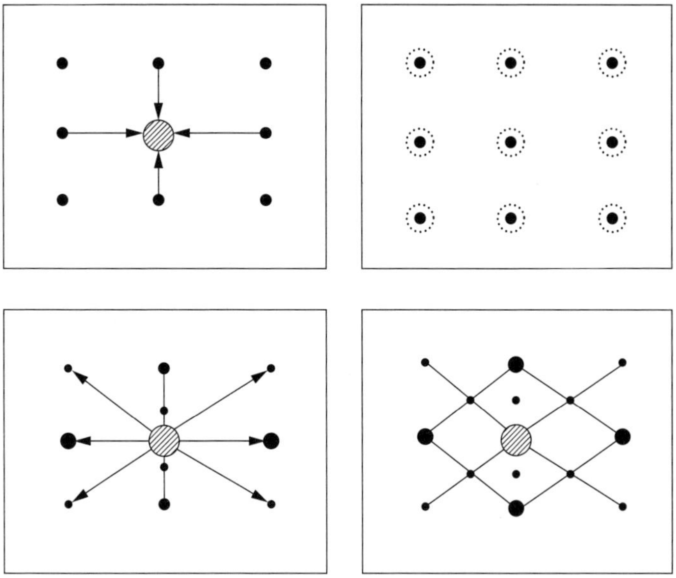

图 15-1　“点—轴—圈”系统的演化过程

二、中原城市群的八大轴带支撑

中原是国家的“心脏”地区，交通地理区位优势明显，承东启西、连南通北，存在着多重交通方式串联和过渡，是国家的立体化交通的综合枢纽区域。上述“地利”优势的叠加，使得中原地区成为国家中西部重要的增长板块、黄河流域生态保护与高质量发展的重要支撑区。正如《中原城市群发展规划》所述，中原城市群地处全国“两横三纵”城市化战略格局陆桥通道与京广通道交汇区域对于加快促进中部地区崛起、推进新型城镇化建设、拓展我国经济发展新空间具有重要战略意义。利用 Arc GIS 10.0 中的 Buffer Analysis 对中原经济区国道、铁路和高速公路分别作 10 千米的缓冲区，然后对三种缓冲区中的城镇数量进行统计分析（表 15-1）。由表 15-1 可知，231 个城镇中，位于国道、铁路和高速公路 10 千米缓冲区的城镇个数分别为 119、137 和 149 个，占比分别为 51.52%、59.31%和 64.50%；其主体区河南省 126 个城镇中，位于三类交通干线 10 千米缓冲区的城镇个数分别为 77 个、78 个和 93 个，占比分别为 33.33%、33.77%和 40.26%。由此可见，中原城市群城镇的空间分布具有较为明显的交通指向性。从区位条件讲，京广铁路、陇海铁路以及沿线重要的国道、高速公路和省道形成以郑州为中心的“黄金大十字”地带，深刻影响着中原地区沿两大轴带进行“点—轴”发展。加之“米”字形重要交通干道的支撑，中原城市群已形成八个重要的产业发展轴带(见图 15-2)，成为现代城镇体系空间整合的重要廊道。

表 15-1　中原经济区交通干线 10 千米缓冲区内的城镇数量统计

区域	国道		铁路		高速公路	
	个数	占全区比例/%	个数	占全区比例/%	个数	占全区比例/%
主体区	77	33.33	78	33.77	93	40.26
冀南地区	12	5.19	12	5.19	15	6.49
晋东南地区	11	4.76	23	9.96	19	8.23
鲁西南地区	9	3.90	12	5.19	10	4.33
皖北地区	10	4.33	12	5.19	12	5.19
共计	119	51.52	137	59.31	149	64.50

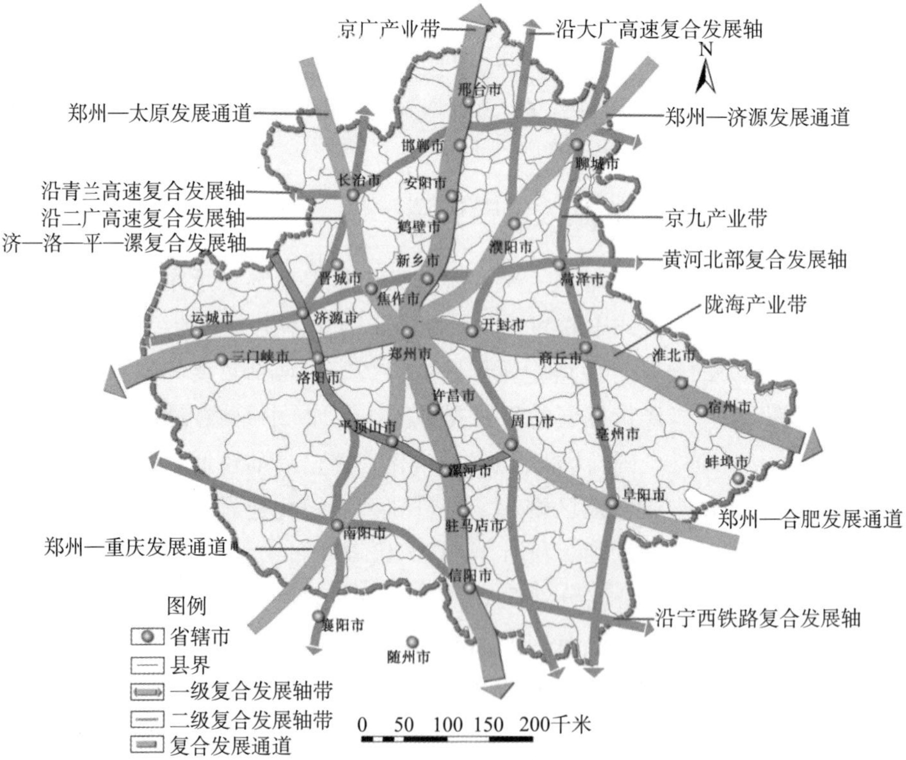

图 15-2　中原城市群的八条主要发展轴带

(一) 陇海发展轴带

陇海发展轴带主要有郑徐—郑西高铁、陇海铁路、连霍高速等交通方式叠加而成，既是中原城市群东西向发展的主动脉，也是河南省经济联系最强的核心发展轴，因此在主轴带动沿线经济发展方面具有重要的现实意义。伴随着“一带一路”倡议、黄河流域生态保护与高质量发展等重大决策的布局，陇海发展轴带成为中原地区融入世界、横贯东西的重要廊道，也就成为产业组织的重要功能带。在已有的规划中，除了提及郑汴洛工业走廊(产业带)、商郑发展轴外，还有联动外部的郑西、郑洛西、郑徐发展轴等，为支撑中原地区的横向拓展、轴带联动发挥了重要作用。值得一说的是，陇海发展轴带作为新型城镇化的国家战略北方主轴，依然面临着人口城市化、传统制造业升级、战略性新兴产业打造等问题，因此，提升陇海发展主轴的经济支撑力和重要节点城市功能，打造现代化产业集群和城镇密集区，对支撑亚欧大陆桥战略走廊价值具有重要的现实意义。正如《中原城市群发展规划》所述，发挥陆桥通道优势，提升郑州、洛阳、开封、三门峡“一带一路”建设重要节点城市功能，增强运城、商丘、淮北、宿州、菏泽等沿线节点城市经济人口承载能力，联合打造电子信息、汽车及零部件、装备制造、有色金属、生物医药、能源化工等产业集群，形成具有较强实力的先进制造业和城镇集聚带，强化对新亚欧大陆桥国际经济走廊的战略支撑作用。

(二) 京广发展轴带

京广发展轴带作为中原地区南北发展的主动脉，对促进内部的产业组织和连通外部的产业协作具有重要的意义，因为京广发展轴带是国家最早建设的南北向大动脉，在促进全国的现代化建设和生产力布局方面具有长远战略上的意义，使很多中原地区的城市如郑州、驻马店等得到了“速生”的成长，甚至被称为“火车拉出来的城市”。在现代化高铁通道的支撑下，叠加已有的京广铁路、京港澳高速、107 国道等，形成支撑南北经济蓬勃发展的产业带，促进了中原城市群与京津冀、武汉地区的跨区域联动。在北部发展方面郑州到安阳的发展轴具有很强的产业协作关系，在高新技术产业共同发展、制造业提质增效、资源型产业转型等方面具有共同的诉求，加上这些区域本身经济发展的支撑较好，因而豫北地区成为中原地区经济发展的一片高地。此外，由于中原经济区战略在北部与邯郸、邢台具有很好的产业合作关系，也是传统中原经济协作组织的地域共同体，所以从郑州到邯郸的南北通道形成了中原地区北部经济的主要支撑轴。而郑州到漯河的发展轴带，由于郑许一体化的推进和许平漯工业集聚区支撑，使该区域的发展潜力得到进一步释放，成为中部经济支撑的重要保障。驻马店到信阳这段发展轴，地区优势产业的支撑度不够高以及城市现代化的活力不强，使得拥有现代化高速铁路的南部发展轴的核心产业带支撑力不强，现代化产业集群优势不明显。此外，由于部分区域处于大别山革命老区，依然面临着振兴经济、统筹乡村、强化设施等问题，所以与湖北北部地区的一体化发展仍需进一步加快。总之，沿京广发展轴带依然要以郑州为中心，以重要的现代化高铁新城为支撑点，提升对南部经济的辐射带动，强化高端产业链的打造和高新技术产业的发展实力，从而形成支撑南部跨越式发展的现代化城镇密集区。正如《中原城市群发展规划》所述，依托京广通道，发挥郑州的辐射带动作用，提升邢台、邯郸、安阳、鹤壁、新乡、许昌、漯河、驻马店、信阳等城市集聚能力，引导食品加工、高端装备制造、生物医药、精品钢铁、电子信息、节能环保、现代家居等产业加快集聚，打造沟通南北的城镇产业密集带，密切与京津冀、长江中游城市群等的联系。

（三）东北—西南发展轴带

东北—西南发展轴带主要以郑州到济南、郑州到重庆两个高铁发展轴为支撑，进而形成重要的现代化产业带，以支撑中原地区联系山东、重庆的东北、西南两翼。由于该发展轴是规划建设的发展轴，主要依托高铁廊道经济和高铁新城组团，所以其现代化轴带组织是基于城市发展诉求和地方经济利益，借助于现代化规划建设的力量而形成，对释放未来的经济活力和构建新时代快速经济圈具有重要的意义。郑济高铁作为国家《中长期铁路网规划》中“八纵八横”高速铁路网的区域连接线，不仅是中原地区“米”字形高速铁路网络战略的重要组成部分，也是山东“三横三纵”综合运输通道的组成部分，因此其规划建设完成后，对连通鲁豫的经济协作，打造以郑州都市圈、濮阳城市圈、济南都市圈的郑济高质量带具有重要的意义。郑万高铁，也就是郑渝高铁，是连接郑州和重庆的一条快速通道，陆续完成了阶段性通车任务，对促进中原城市群与成渝城市群的对接和跨区域协作具有重要的现实意义。虽有山水相隔，亦有地形阻挡，但自古两者就有经济社会往来通道相连，使得南阳和重庆有很好的地缘连接和文化交流，产生了一定程度上的紧密联系。伴随着郑渝高铁的有序建设，河南和重庆之间的山水阻隔将变得更加“接地气”，朝去夕返式“坐着火车去吃重庆火锅”“乘着高铁去河南看夜宴”即将成为现实。由于东北—西南的轴带是规划建设引领出来的，很多产业的组织安排、落地建设、集群发展发展尚处于谋划建设之中，所以连通式的一体化区域组织和产业协作链仍需进一步深入打造，产业空间布局与对外协同也需要整合优化。正如《中原城市群发展规划》所述，济南—郑州—重庆发展轴，应依托郑(州)济(南)、郑(州)万(州)高速铁路建设，加速形成综合运输通道，强化聊城、濮阳、平顶山、南阳等节点城市和沿线中小城市支撑作用，培育发展装备制造、能源化工、特色轻工等产业，形成对接成渝城市群、沟通山东半岛城市群的城镇发展带。

(四)西北—东南发展轴带

西北—东南发展轴带主要以郑州到太原、郑州到合肥两个高铁发展轴为支撑，进而形成现代化产业带，以支撑中原地区联系山西、安徽的西北、东南两翼。坐过高铁的人可能知道，2020 年 12 月以前从郑州到太原需要绕行石家庄才能到达目的地，走了三角形的两边，而没有郑州与太原之间的"直线"。郑太高铁的规划建设，是落实 2016 年《中长期铁路网规划》的重要举措，联动中原地区"米"字形高铁西北方向重要的一翼。2020 年 12 月 12 日，郑太高速铁路焦太段开通运营，串联焦作、晋城、长治、晋中等地，标志着郑太高速铁路全线建成通车，对加强中原城市群晋南与豫西的交流具有划时代的意义。郑合高铁是连接中原、江淮和长三角城市群的重要通道，是中原地区"米"字形对外开放战略的重要组成部分，对提升中原地区的战略交通枢纽地位具有重要意义。而由于西北、东南方向的产业基础不同，"一翼"是晋南资源转型产业支撑的工矿企业集聚区，另"一翼"是皖北、豫东产业承接的蓄力发展区，两者在产业链延长、制造业转型、产业绿色发展的重点明显不同，因此西北区应发挥山西省资源转型实验区的试点优势，着力资源型城市产业的延链强链，提升经济发展的绿色 GDP 含量，走可持续、轻型化、绿色化的产业转型之路；东南区应注重装备制造业、战略性新兴产业、特色农业产业集群的打造和构建，走新型工业化、新型农业现代化相协调的现代化产业发展之路。正如《中原城市群发展规划》所述，太原—郑州—合肥发展轴的发展路径，要加快郑(州)合(肥)、郑(州)太(原)高速铁路、跨区域高速公路和城际快速通道建设，推动长治、晋城、焦作、济源、周口、阜阳、蚌埠等城市扩容提质，加快装备制造、纺织服装、食品加工、生物医药、汽车及零部件等产业集聚发展，构建连接长江三角洲城市群、山西中部城市群的城镇和产业集聚带。

(五)京九发展轴带

京九发展轴带是依托京广铁路而形成的联动山东、河南、安徽的重要发展轴，对促进商丘铁路枢纽地位的提升具有重要的现实意义。然而，京九铁路线所经过的中原城市群部分，大多是经济发展的欠发达地区，虽有一些地级市为一级站点，但多数经历的县、县级市为三、四级站，对当地经济的促进作用不大，没有形成很好的轴带互动关系。伴随着京港高铁作为国家2016年《中长期铁路网规划》的重要组成部分，承担着贯通京津冀、中原、长江中游、华东地区安徽、珠三角等城市群的重要过渡作用，中原城市群东部尤其是商丘的战略地位进一步凸显。鉴于京九发展轴带的重要串通作用以及联动南北的协作意义，所以围绕其打造经济协作带的战略构想不断被提出，特别是大京九经济协作带的成立，为促进城市之间的产业对接、信息交流、商品展销、经贸洽谈、招商引资等提供了合作机会和发展机遇，使内部的凝聚力得到了加强，区域组织的整体优势有所提升。在今后的发展中，东北区的发展应加强以濮阳为中心的鲁豫联动，促进石油化工产业的精准定位和合理分工，提升传统产业的续接潜力，着力发展战略性新兴产业，打造农业现代化的高质量产业集群，激发农村电商经济的时代活力，从而实现东北区发展活力的释放和区域协作水平的全面提升；东南区的发展应进一步发挥豫东、皖北城镇密集区的产城融合特色，提升淮北、蚌埠作为科技引领区的驱动作用，促进资源型城市转型升级和跨越式发展，培育特色农业集群，提升产业承接的营商环境和基础支撑，从而为实现中原、皖北、长三角城市群的区际联动发展提供发展环境和承接平台支撑。

（六）济—洛—平发展轴带

说到中原城市群西侧南北向的发展轴，多数人可能会想到焦柳铁路，认为其是河南省一条重要的交通大动脉。很多人对焦柳铁路的认识存在误区，多停留在初高中地理的课本上，认为就是一条连通河南省焦作市与广西柳州市的铁路，是国家“三横五纵”干路线的一条重要发展轴。然而，焦柳铁路在中原城市群地区仅仅是一条货运通道，从焦作枢纽月山编组站引出，跨越一系列山脉、河流之后进入南阳盆地，而后穿越荆襄地区进入江汉平原，再经过一番穿山越岭进入广西柳州市。不可否认，焦柳线对促进南部经济的畅通、中原与南部诸省的货运往来具有重要的现实意义，对促进中原地区的矿产资源开发、商品交换、山区贫困带振兴具有重要意义，对促进南北经济的均衡发展具有重要的战略意义。而在中原城市群西部经济的开发中，应注重济源—洛阳—平顶山发展的轴的开发与打造，进而向漯河、南阳延伸，形成一条重要的纵轴。因为该条发展轴不仅是促进区域联系的交通轴，而且是人口集聚、资源开发、工业布局叠加的复合轴，对促进特色产业集群的形成和复合产业带建设具有重要的作用。由于目前该产业发展带没有形成系统的发展模式，主要是通过能源重化工基地和农副产品加工聚集区建设支撑区际之间的协同，所以谋划大型的产业协作区还需要进一步的规划论证。早在2006年《中原城市群总体发展规划纲要(2006—2020)》就做过一些表述，在积极培育洛—平—漯产业发展带方面，要以原材料工业和重化工业为主，以洛阳—南京高速公路、省道、焦枝线中段、孟宝铁路为依托，重点布局能源、煤化工、钢铁、盐化工、建材等产业，向西南连接辐射南阳等豫西南地区，向东连接辐射周口等豫东地区。因此，该发展轴应重点布局特色产业集群，加强与焦柳发展轴带、郑万发展轴带的交叉串联和复合培育，形成分工明确、职能互补、产业对接、区域联动发展的新格局，进而带动该区域与湖北荆襄一带、城市群东南部的区际联动，支撑其中原城市群南北向的二级发展主轴。

(七)北部发展横轴

在中原城市群的北部有两条主要的发展轴，一条是促进区际联动的邯长—邯济发展轴，即沿青兰高速、邯长—邯济铁路和晋豫鲁大能力运输通道组合的复合发展轴；另一条是黄河以北的以新—焦—济发展轴为支撑的高质量发展带，呼应黄河流域生态保护与高质量发展战略，即黄河北部复合发展轴。由于北部的发展轴与陇海产业发展轴带叠加，分析其对促进区际联动的作用需要耦合交织，所以其东西向的战略意义和过渡作用不再赘述。而北部沿青兰高速的发展轴，是一条横贯东西的区域联系轴，对促进中原城市群北部的联动具有重要的意义，因此以邯长—邯济发展轴为支撑，推动长治、邯郸、安阳、邢台、聊城等沿线工业城市振兴发展，从而形成支撑中原经济区北部省际交会区域发展的经济带。在省际协作方面，要促进冀南、晋南、豫北、鲁西的一体化建设，探索区域合作的示范区模式和一体化组织的共建，重点发展先进装备制造、现代物流等产业，探索跨区域产业合作、利益共享、创新协作、绿色发展与生态保护、投融资体制改革创新等新机制，形成与南北向交通轴相衔接的东西向开发发展格局。

(八)南部发展横轴

在中原城市群南部的交通轴方面，主要是依托宁西铁路、沪陕高速以及淮河而形成的东西向横轴，为支撑南部地区的经济发展和区域协调提供了重要保障。然而，南部地区受地形限制作用明显，加上地区经济发展的水平相对不高，所以城市发展的整体水平及现代化的进程远不如中部、北部地区。在已有的产业支撑方面，除了一些核心企业支撑的制造业、化工业、装备制造业外，很多是基于地方资源形成的传统产业链和产业集聚区，战略性新兴产业的支撑力度不足，新型城镇化与新型工业化对农业现代化的牵引力不够，“三化”协调的步伐仍需进一步加快。因此，该区域在今后发展中，一方面要基于重要的城市节点进行产城融合区打造，另一方面要依托宁西发展轴带、淮河水运通道及沿淮的高速公路、国道，统筹中原城市群南部地区资源开发和产业协作，提升信阳、周口、驻马店、漯河、阜阳、亳州、淮北、宿州、蚌埠、淮南的产业集聚与城镇密度区谐振运转，形成支撑中原城市群南部发展的现代化经济带。

三、中原城市群的“点—圈—层”组织

（一）“点”组织

根据中原城市群30省辖市的综合实力和前面的各项评价结果，结合城市所在的地理位置和未来发展潜力，参照城市—区域空间组织的相关原则，可以按照如下方式进行“点”等级层次的构建（见图15-3）：第一，郑州无论从基础规模实力，还是综合发展实力，抑或是从可持续发展水平、“六化”协同看，都稳居第一，因此可将郑州作为中原城市群空间组织的核心城市，以增长极实施中心带动战略辐射带动外围区的发展。第二，综合考虑基础规模实力、综合发展实力的级别分类，可将洛阳、邯郸作为第二等级城市，是中原城市群空间布置的西部、北部的区域性中心城市。而在全区的东部、南部地区内，城市基础规模实力、综合发展实力基本属于排名后三级的城市，这种城市布局势必影响经济区东部、南部的发展。信阳与商丘分别位于中原城市群的东、南大门，既是交界区域重要的经济、交通、文化中心，也是富有特色的产业集聚地。因此，可重点提升商丘、信阳的综合发展实力使其成为区域中心城市，以平衡整个城市群第二等级城市的空间分布。第三，遵循空间组织的均衡性原则，并征询相关专家学者意见，可将安阳、晋城、南阳、淮北作为第三等级城市，承担区域次中心城市的功能定位并分担区域中心城市的部分空间组织功能。第四，剩余21个省辖市组成第四等级城市，作为促进各自市域经济发展的地区中心城市，带动区内县级市、县城和特殊功能区等一体化发展，培育整体竞争优势。第五，201个县（含县级市）可作为第五等级城市，应着力提高其承接上级中心城市辐射能力和带动农村发展能力，使其成为统筹城乡一体化发展的地方性中心城市。

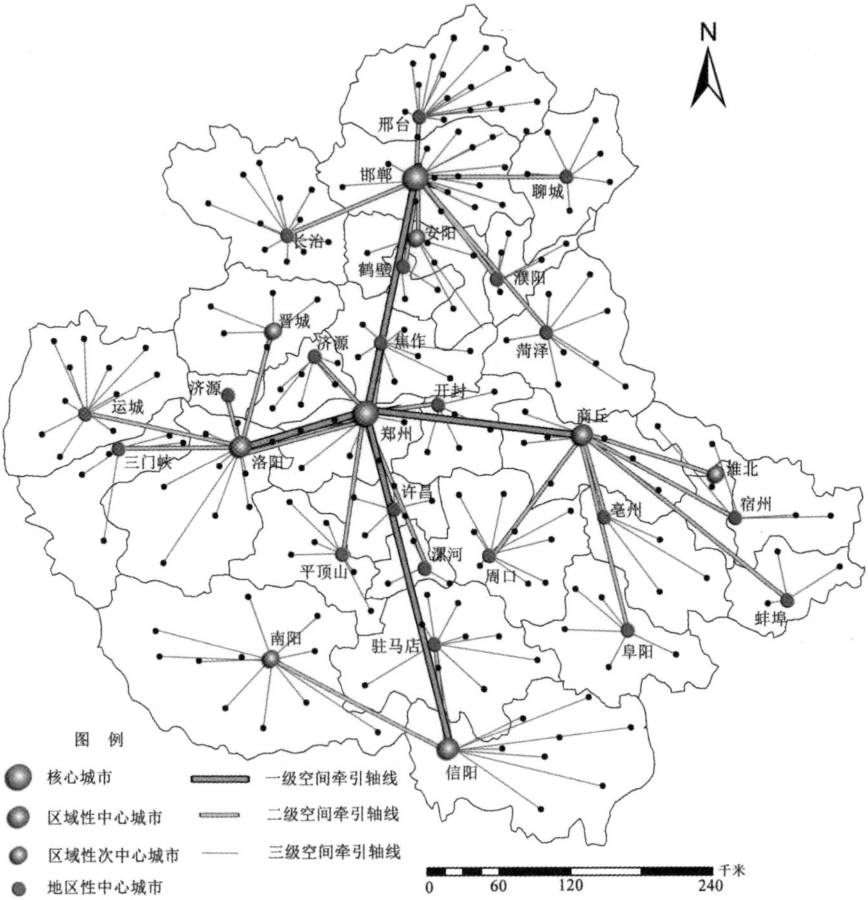

图 15-3　中原城市群的“点”层次组织

（二）“圈”组织

从中原城市群的中心—外围构成看，以郑州为核心，50 千米半径内，分布着荥阳、新密、新郑等 6 个城镇；50～100 千米范围内，分布着开封、新乡、焦作等 26 个城镇；100～150 千米范围内，分布着洛阳、平顶山、鹤壁等 35 个城镇；150～200 千米范围内，分布着安阳、周口、长治等 44 个城镇；中原经济区现代城镇体系以郑州为中心向外逐层展开，具有圈层式空间布局的特征（见图 15-4）。这种特征有利于核心城市扩散效应的发挥和各城市之间功能的分工与协调，是城镇体系空间组织的重要圈层基础。结合中原地区的圈层布局结构、2009 年河南省“一极两圈三层”战略、2012 年，《中原经济区规划（2012—2020 年）》的“一核四轴两带”、2016 年河南省“十三五”规划的“构筑‘一极三圈八轴带’发展格局”战略、2016 年《中原城市群发展规划》“一核四轴四区”网络化空间格局、2021 年河南省“十四五”规划提出的“主副引领、两圈带动、三区协同、多点支撑”的高质量发展动力系统和空间格局，中原城市群内部可形成以郑州市为中心的“四圈层”结构，分别是核心圈层、紧密联系圈层、辐射带动圈层、外围协作圈层(见图 15-5)。核心圈层为郑汴一体化地区，紧密联系圈层包括中原城市群 9 城市地区，辐射带动圈层包括中原经济区主体的河南省其他 9 个城市，外围协作圈层则包括紧邻主体区的周边省份 12 个城市。

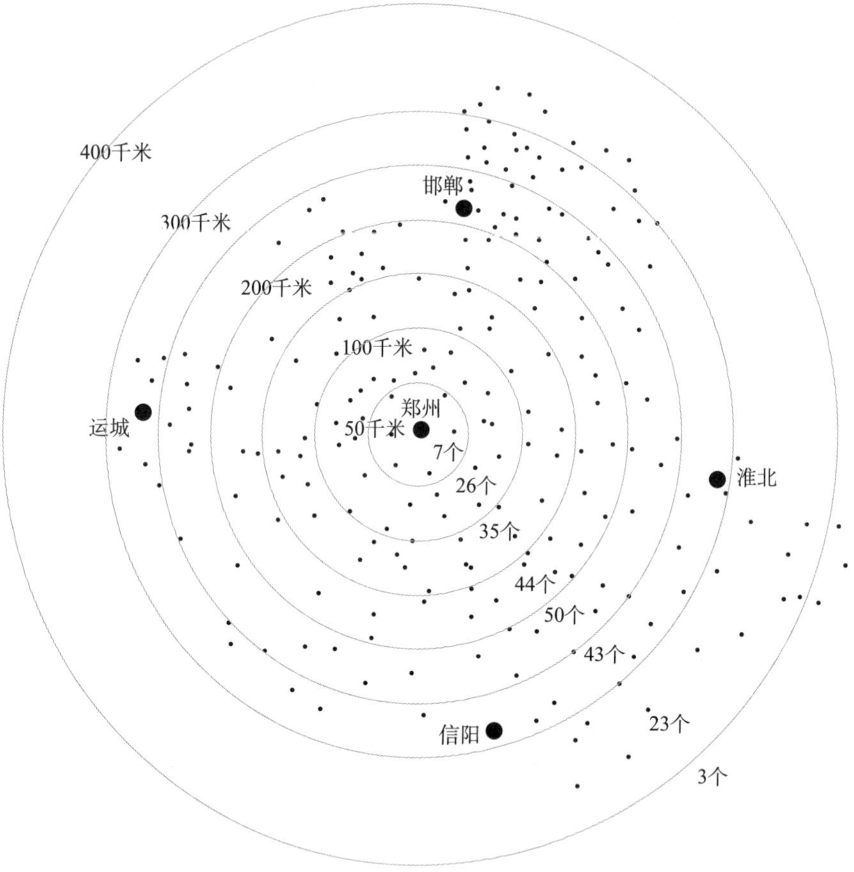

图 15-4 中原城市群的中心—外围式的“圈”结构

1. 核心圈

以郑州为中心构筑现代化都市圈，旨在促进郑州与开封、许昌、新乡、焦作等地区的一体化，形成现代化都市连绵区。在今后的组织，一方面要重

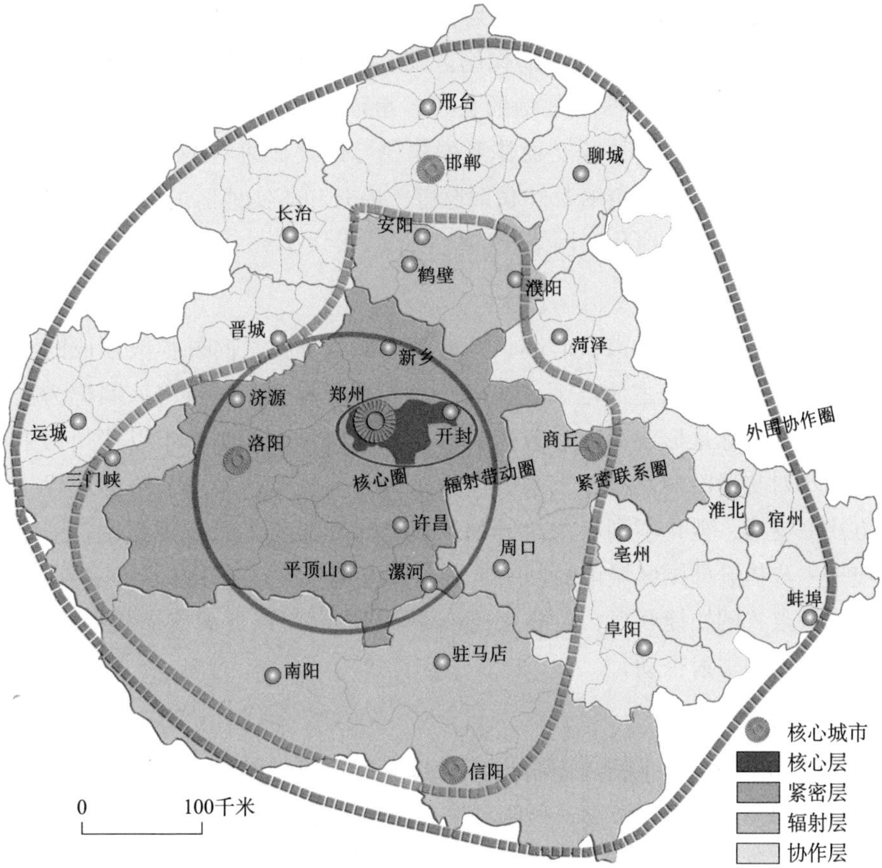

图 15-5 中原城市群的"圈""层"组织

视郑州市内部自身组团的优化，形成产城融合、土地高效、生态宜居、绿色幸福、智慧创新、功能互补国家中心城市，提升对周边地区的辐射带动作用和涓滴效应，从而夯实其在全国战略体系的枢纽职能地位；另一方面要强化与北侧新乡、焦作的一体化发展，提升快速交通对其的交通圈、通勤圈支撑，同时发挥高新技术产业在该区域的驱动作用，提升产业之间的协作和共振发展，从而实现都市区内部的跨河发展后的功能对接。此外，要进一步强化郑州与开封的连体发展，依托郑汴产业带、科创走廊、产学研合作带等，提升东部产业协作的支撑力和综合竞争力，从而为郑州航空港经济综合实验区建设提供更强的区域环境支撑。

2. 紧密联系圈

紧密联系圈主要是指以郑州核心城市为支撑，以郑州大都市区为牵引，以传统中原城市群九市为地域范围的一个圈层。在已有的规划和提法中，将该圈称为紧密联系圈，未来发展的目标是中原都市连绵区。虽然该圈位于以郑州为中心 30~45 分钟交通圈的作用范围，但是部分地区经济发展水平受地形作用的限制，存在一些不发达的县市，全面网络化的发展格局尚未形成。因此该圈应进一步加快快速交通体系的构建、优化交通网络化交通设施的串联，畅通部分欠发达县市的对外联系通道，提升和落实地区的综合发展质量，最终形成板块化、快捷化、网络化的核心增长板块。

3. 辐射带动圈

辐射带动圈主要是以核心圈、紧密联系圈为支撑，向外扩散形成的一个圈，主要涵盖河南省主体范围。在已有的规划和提法中，也将该圈称为主体圈，未来的目标是形成河南省各区域的一体化协作。该圈处于以郑州为中心 1~1.5 小时交通圈的范围，未来的重点是以高速铁路、高速公路等现代化交通方式为支撑，强化不同板块之间的产业协作和城镇体系职能强度，因此该圈应进一步提升外围区城市的发展实力，推进其与核心城市郑州的多方联动，建立点—点式的快捷联系、功能互补和对话机制，最终形成支撑紧密联系圈、联动核心圈的辐射带动。

4. 外围协作圈

外围协作圈主要是指河南省以外的地域所形成的圈，是主体区对外合作或者协作而形成的一个范围。该圈处于以郑州为中心的 1.5~2 个小时交通圈的范围，主要承担协调省际交通、强化省际合作、共建区际协同区等功能，对支撑河南省与外部省区的合作、交流具有重要的现实意义。因此，该圈应注重外围区的产业合作机制构建、城市职能外向营造、门户枢纽对接、人文经济对接、文化科技交流等，从而提升省际的连通性、合作性和亲密性。

（三）“层”组织

1. 核心层

核心层对应着核心圈的地域承载区，是现代化郑州都市圈的郑州大都市区。郑州大都市区是中西部重要的新型城镇化、城市群承载区，必须全面提升其综合竞争力，才能支撑郑州地区的国家中心城市建设和世界级都市区规划建设。正如《郑州大都市区空间规划（2017—2035 年）》所述，郑州大都市区是以郑州为核心，包括郑州市域、开封、新乡、焦作、许昌四市中心城区和巩义市、武陟县、原阳县、新乡县、尉氏县、长葛市、平原城乡一体化示范区，国土总面积约 1.59 万平方千米，占全省面积的 9.6%，集聚了全省近 20%的人口和超过 30%的经济总量，既是中原城市群中经济实力最强、发展速度最快的区域，也是新亚欧大陆桥经济走廊上最具发展活力的区域。在城市—区域综合机制方面，核心层的土地密度效益提升和城市功能发挥，直接影响着板块的综合实力提升和对外竞争力发挥，进而影响其在空间上的战略定位，因此核心层要按照“三生空间”优化的原则，提升郑州与周边城市的互动水平，实现经济、社会、文化、科技等方面的共建共荣，形成富有竞争力和可持续发展能力的空间结构，从而形成现代化、智慧化、国际化大都市区，在引领中原城市群中原经济区建设、支撑中部地区崛起、服务黄河流域生态保护与高质量发展带、融入全国发展大局中发挥更大作用。

2. 紧密联系层

紧密联系层对应紧密联系圈的中原城市群传统九市区域，是以郑州都市区为支撑向外扩展而形成的一个圈层。中原城市群以郑州为中心，包括洛阳、开封、新乡、焦作、许昌、平顶山、漯河、济源共9个省辖（管）市，14个县级市、33个县、340个建制镇。从新型城镇化的空间布局和区域经济发展的现状情况看，在中西部地区，该区域以郑州为圆心是人口最密集、经济实力较强、工业化进程较快、城镇化水平较高、交通区位优势突出的一个城镇密集区。然而，与全国同类区相比，该区域的整体竞争力普遍不高，中心城市向外围拓展的影响力有待进一步增强，因此该区域未来的一个重点，就是要强化核心层与紧密联系层的互动，加强以郑州为中心的力量传导和功能对接，壮大优势产业的影响力，提升落后县市的城镇化进程，创新发展机制，优化空间布局，提升城市功能，进而促进圈层内部城市之间的协调发展，增强“层”的竞争力、辐射力和发展活力，将该区域建成中原城市群未来的都市一体化连绵区，或者叫中原都市区，形成中西部地区经济发展的重要增长极，从而带动中原城市群整体实力的提升。

3. 辐射带动层

辐射带动层对应着辐射带动圈，其实质上是以郑州为核心、以紧密联系层为支撑的、几乎涵盖河南省全境的一个圈层。由于郑州市、郑州大都市区尚不足以将空间影响范围拓展到河南省全境，所以该圈层范围要比河南省的范围小一些。除西北部、北部的圈层支撑力度大一些，地域经济的活力强一些外，南部、东南部、东北部等区域均存在经济支撑力不强，创新发展的活力不足，转型升级的高效发展动能不足等问题，因此，在未来的发展中，作为外围的支撑层，该圈层应发挥河南省主体区的牵头和策动作用，加快外围区的城市现代化实力提升，加快促进新型城镇化进程并提升与农业现代化、农业信息化、农业集群化的多维联动，提升城乡发展的融合力和产城融合的互动力，使河南省的外围区贡献更多的支撑价值，从而助力河南振兴、中原崛起。

4. 外围协作层

外围协作层对应着主体区之外的四个发展板块，包括晋南、冀南、鲁西南、皖西北等，是主体区向外拓展、地缘相近、经济往来密切、人文相通的协作区。在区域协作的历史进程中，就有中原经济协作区、鲁豫皖经济协作区、淮海经济区、淮河生态经济带等区域协作组织，为推进河南省与山西省、河北省、山东省、安徽省的合作发展奠定了重要的基础。在今后发展中，要在产业组织基础上，完善省际联动发展的机制，打造一体化高质量发展的合作交流平台，促进区域协作区的共同发展、共同繁荣。在具体的执行方面，应建立中原城市群五省政府高层协调机制和市长联席会议制度，针对重大发展问题进行统筹管理，强化在促进区域合作中的统筹、协调、指导和服务职能。

四、小结

构建中原城市群"点—轴—圈"系统的空间组织模式，就是要建立一种等级合理、布局均衡的空间结构，进而有利于中心带动战略的实施和助力以郑州为核心的畅通集聚与对外辐射扩散。随着新型城镇化与乡村振兴"双略"的不断推进，中原城市群城镇、城乡之间的互动联系变得更为密切，现代区都市区、城镇体系的空间载体结构也有待进一步组织优化。本章从新型城镇化空间组织的"中心带动、圈层推进、轴带组织"的理论逻辑出发，提出"八轴带、四圈层"的模式选择，较好地诠释了中原城市群今后空间整合导向，可为中原城市群的空间结构优化提供空间组织依据。然而，城市群的空间组织不仅要与城市体系的其他三大结构进行统一整合，还需要综合考虑产业布局、基础设施建设、生态环境建设和社会管理建设，因此，未来要进一步分析城镇体系与产业空间布局的对接，尤其是与"三生空间"的协同，进一步分析政府主导下区域规划的推进模式和区域合作的机制建设，保障空间结构优化下各项基础设施跟进、城市体系职能转型、城乡一体化联动和区域共荣发展，从而助力中原地区内聚力提升和外联度加强，谱写中原地区现代化建设新格局更加绚丽的篇章。

第十六章　中原城市群的“九龙”拱卫与十大分区

中原城市群的紧密联系圈、紧密联系层不仅是河南省传统的经济发展强力增长区，而且是中原地区人口最密集、交通一体化程度高、城乡联动性强、经济发展实力雄厚的板块增长区，对促进中原崛起、河南振兴具有重要的现实意义。该区域是中原城市群早期的主要组成区和核心增长区，包括郑汴洛、新焦济、许平漯九个城市组成，像“九龙”一样拱卫着核心区的建设，支撑着京广、陇海两大发展轴带的结节区发展，是中原大都市向未来连绵发展的承载区，是融入“一带一路”倡议、黄河流域生态保护与高质量发展的重要支撑区，是承接新型城镇化快速推进、乡村振兴顺利实施的示范区，因此有必要分析该区域的基本情况、发展现状和未来目标，以明确中原城市群核心区竞争力提升的方向和实施路径。在明晰核心增长区的发展路径外，还需要进一步深入认识不同分区的发展现状和未来重点，以支撑核心区的建设和外围区的协作。基于此，本章在剖析核心区的建设情况外，又进一步按照功能分区的原则，剖析了十大分区的发展特点和未来潜力，以支撑中原城市群的内部板块间的优化组织，增强其整体竞争力、辐射力和发展活力，以更加坚固的内部结构迎接新一轮的国家经济区域板块竞争。

一、“九龙”拱卫与发展重点

(一)“九龙”的基本情况

如“章下言”所述，“九龙”拱卫区就是河南省经济发展的核心增长区，该区域地处河南省中部(见图 16-1)，位于北纬 33°08′~36°02′、东经 111°08′~115°15′之间。地跨黄河、淮河、海河和长江四大流域，占省内全流域的比重分别为 65.1%、32.1%、52.5%和 2.5%，主要为黄淮经济影响区，是华夏文明的核心区。该区域以河南省会郑州为核心，包括洛阳、开封、新乡、焦作、许昌、平顶山、漯河、济源在内的 9 个省辖(管)市，下辖巩义、荥阳、新密、新郑、登封、偃师、舞钢、汝州、卫辉、辉县、沁阳、孟州、禹州、长葛等 14 个县级市，共 23 个城市，包含 34 个县，374 个建制镇(见表 16-1)。国土总面积为 5.14 万平方千米，2018 年末总人口规模为 4383.73 万，分别占中原城市群的26.77%和18.48%，人口密度达583人/平方千米。该区域是河南省、中原城市群经济发展水平最高和城市最为集中的地区，2018年的GDP和财政收入分别占中原城市群的40.25%和45.17%，人均GDP和人均财政收入分别为62655元和4825元，远高于全区的平均水平43726元和3420元，人口城镇化率为57.12%，城镇人均可支配收入达到32817元。该区域有较为发达的工业基础，是全省有色金属、能源电力、机械制造、食品和纺织工业重要生产基地，像“九龙”一样拱卫着核心区的茁壮成长。城市相互之间空间距离较近，与郑州大都市区紧密联合在一起，是以郑州为中心的30~45分钟经济圈。

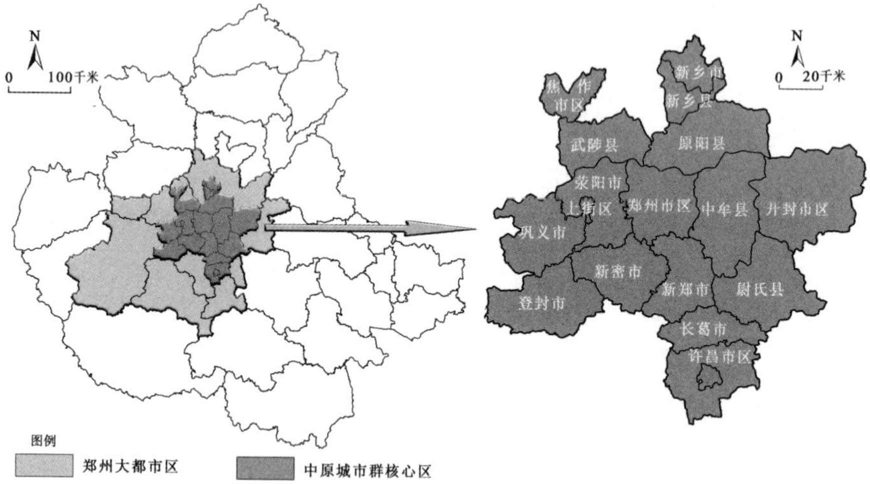

图16-1 中原城市群“九龙”拱卫区、郑州大都市区空间分布图

表16-1 “九龙”拱卫区的行政区划

省辖(管)市	市辖区、县级市、县	区、县级市、县个数
郑州	中原区、二七区、管城区、金水区、上街区、惠济区、巩义市、荥阳市、新郑市、登封市、新密市、中牟县	6区、5市、1县
洛阳	老城区、西工区、瀍河区、涧西区、吉利区、洛龙区、偃师市、孟津县、新安县、栾川县、嵩县、汝阳县、宜阳县、洛宁县、伊川县	6区、1市、8县
开封	龙亭区、顺河区、鼓楼区、南关区、郊区、杞县、开封县、尉氏县、通许县、兰考县	5区、5县
新乡	红旗区、卫滨区、凤泉区、牧野区、卫辉市、辉县市、新乡县、获嘉县、原阳县、延津县、封丘县、长垣县	4区、2市、6县
焦作	解放区、中站区、马村区、山阳区、沁阳市、孟州市、修武县、博爱县、武陟县、温县	4区、2市、4县

续表

省辖(管)市	市辖区、县级市、县	区、县级市、县个数
平顶山	新华区、卫东区、湛河区、石龙区、汝州市、舞钢市、宝丰县、叶县、郏县、鲁山县	4 区、2 市、4 县
许昌	魏都区、禹州市、长葛市、许昌县、鄢陵县、襄城县	1 区 2 市 3 县
漯河	源汇区、舞阳县、临颍县、郾城县	1 区、3 县
济源		1 市

该区域作为内聚郑州大都市区的核心力量，既外联辐射圈、协作圈的重要扩散区，也是中原城市群的核心增长板块以及城镇化水平最高的区域，城镇密集地分布于各种交通组成的经济联系密切的发展轴带之上，已经初步形成了网络化发展基础(见图 16-2)。具体而言，以京广、陇海等国家级铁路和京港澳、连霍高速等交织组成了网络化发展的主动脉；以连通新乡—焦作—济源、济源—洛阳—平顶山—漯河的铁路、高速公路以及通信网道形成网络化发展的二级网脉；以连通开封—原阳—辉县—焦作—沁阳—孟州—孟津、开封—尉氏—许昌—平顶山、巩义—登封—禹州—许昌、郑州—新密—登封—洛阳等高速公路、省道为基础形成网路化发展的三级网脉；以其他较低

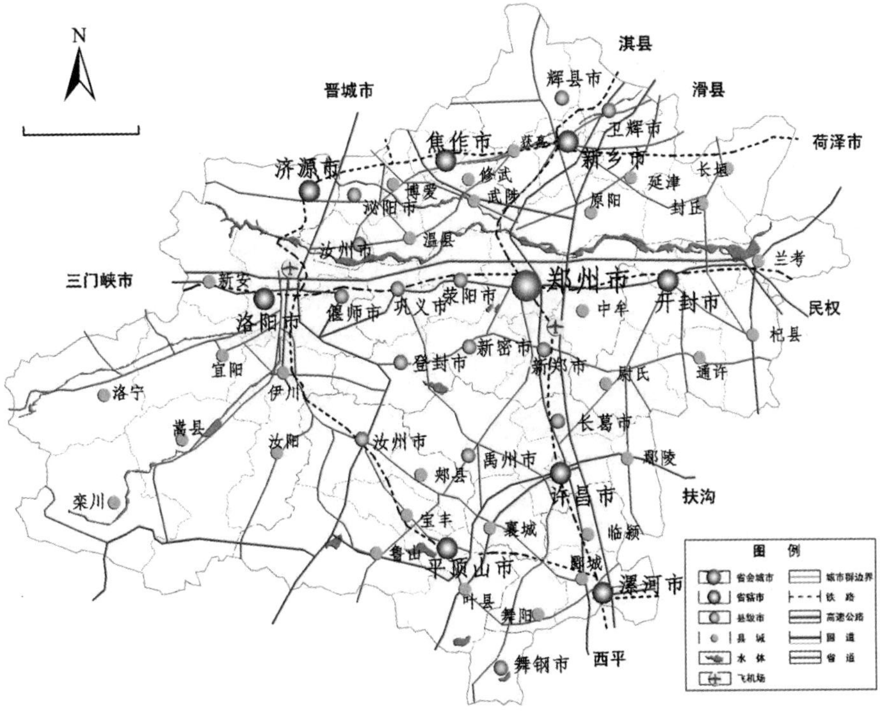

图 16-2 “九龙”拱卫区的交通现状图

等级的公路、通信网道形成网络化发展的四级网脉。主动脉是城镇联系最密切和经济联系强度最大的两个轴带，已形成了郑汴洛、京广、新焦济和洛平漯四大产业发展带，同时成为中原城市群产业发展最为集聚的发展轴线。在二级、三级网脉的支撑下，以郑州为中心100千米范围内形成了城镇密集区，已初见城市群网络化发展态势。不过，当前中原城市群网络化发展尚处于初级阶段，尤其是东南部、西南部地区，二级、三级网络支脉还不够发达，城镇网络密度相对较小，导致中原城市群整体网络功能有所降低。

由核心板块的网络化组织基础分析可知，必须要加强"九龙"拱卫区东南部、西南部的轴带建设，促进整个城市群形成等级合理、网脉畅通的全域网络化格局(见图16-3)。因此，在今后的交通网络建设中须作好以下三个方面：首先，要强化郑州的核心地位，提升洛阳的副核心地位，发展壮大其他节点城镇，形成以郑州为中心的新乡、焦作、洛阳、许昌以及济源的"六星联动"，进而形成"郑州大都市区"。其次，要对核心城市外的其他七市进行高标准规划建设，重点加强城市的经济职能及区域联系，从提高整个城市群的功能和区域影响力出发，明确职能分工和发展重点。最后，应着重通过职能分工，体现城市群的整体化和开放性，通过洛阳带动豫西的发展，通过开封带动豫东的发展，通过新乡、焦作、许昌、平顶山、漯河带动和影响城市周边其他区域的发展，努力实现中原城市群的网络式发展。

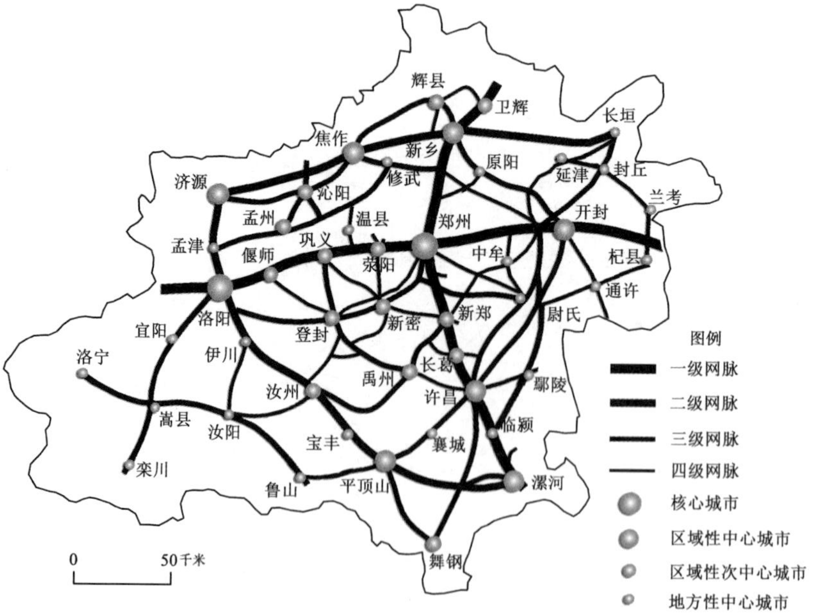

图16-3 核心板块的网络化组织

（二）“九龙”的发展定位

国家住房和城乡建设部相关数据统计显示，2020 年核心城市郑州市中心城区人口规模为 670 万，排全国第 12 位，跻身特大型城市之列，成为全国重要的中心城市；洛阳市中心城区人口规模在 350 万~400 万，是实力与规模融为一体化的副核心城市。根据各市现有基础、发展态势以及在中原城市群发展中承担的主要任务，在充分分析各市“十四五”规划、政府工作报告基础上，提出九市的功能定位，以促进各市合理分工、发挥优势、形成合力、协调发展。

郑州，国家中心城市，黄河流域生态保护与高质量发展带的核心城市，国家新型城镇化重要示范城市，丝绸之路经济带重要节点城市，中原城市群核心城市，河南省省会，郑洛西高质量发展带核心城市，中国历史文化名城，国家文化旅游城市，全国现代化立体交通数据，全国重要的现代物流中心，全国区域性金融中心，全国先进制造业基地和科技创新基地。

洛阳，中西部重要的区域中心城市，黄河流域生态保护与高质量发展带的重要支撑城市，国家新型城镇化的重要示范城市，丝绸之路经济带重要节点城市，中原城市群副核心城市，郑洛西高质量发展带核心城市，中国历史文化名城，国家文化旅游城市，全国先进制造业基地，全国重要的科技开发中心和职业培训基地，中西部区域物流枢纽。

开封，黄河流域生态保护与高质量发展带的重要支撑城市，中国历史文化名城，国际文化旅游城市，大运河文化带重要的节点城市，中原城市群重要的区域性中心城市，河南省新兴副中心城市，中原城市群纺织、食品、化工和医药工业基地，郑州大都市区重要功能区。

新乡，中国土地整治和城乡规划建设示范区，中国农业现代化示范引领区，中原城市群高新技术产业、汽车零部件、轻纺和医药工业基地，中原城市群职业技术培训基地，河南北部区域物流中心。

许昌，三国文化名城，中原城市群高新技术产业、轻工、食品、电力装备制造业基地，特色高效农业示范基地和生态观光区。

焦作，中国资源转型城市引领区，中国山水文化名城，国际旅游名城，中原城市群能源、原材料、重化工、汽车零部件制造基地。

平顶山，中国中部重化工城，中原城市群重化工、能源、原材料、电子装备制造业基地。

漯河，中国食品城，中原城市群轻工业基地，生态农业示范基地，河南省南部区域物流中心。

济源，中国北方生态旅游城市，循环经济和绿色发展引领区，中原城市群能源基地和原材料基地。

（三）“九龙”的轴带组织

根据国家“十四五”重点规划发展的产业带布局，结合《中原经济区规划（2012—2020）》《中原城市群发展规划》关于产业带的空间组织方式，参考2006年的《中原城市群总体发展纲要（2006—2020）》（见图16-4）、2007年《中原城市群整合研究》（见图16-5），在立足现有交通基础、统筹考虑未来产业发展潜力的基础上，提出核心增长区的产业布局是：以重要的交通干线为纽带，以现代城镇体系为载体，整合区域资源，加强分工和协作，积极推动优势产业向基地化方向发展，推动传统产业和劳动密集型产业向集群化方向发展，促进高新技术产业向园区化方向发展；通过产业基地化、集群化和园区化发展，带动城市空间布局和城市外围空间形态的变化，努力培育形成四大产业发展带。

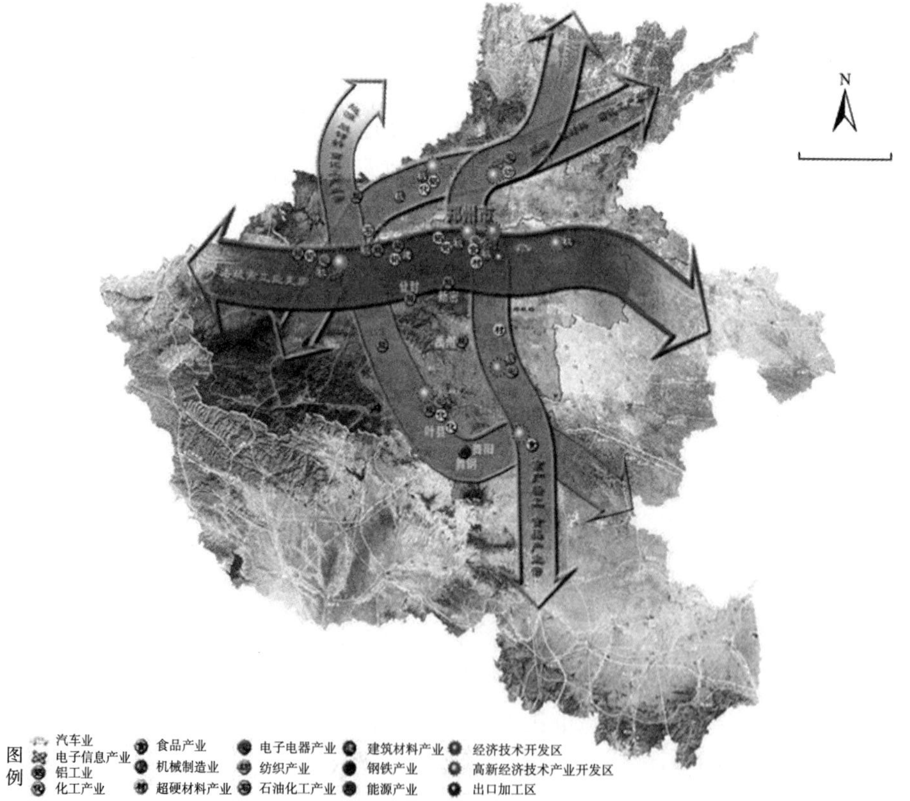

图16-4 “九龙”拱卫区的四大轴带

资料来源：中原城市群总体发展规划编制组制，2005年7月。

1. 郑汴洛产业带

在加快郑汴、郑洛一体化的基础上，进一步深化建设郑汴洛城市工业走廊，最终形成郑汴洛都市带，从而支撑核心增长区的动力提升。在郑汴洛产业带的未来建设中，要统筹现有资源条件、城镇分布、产业发展、基础设施、生态环境等因素，按照中心带动、点轴互动、圈层推进的思路，以郑州、洛阳两市作为产业、技术、资金、人才等要素高势能的辐射源，以开封、中牟、新密、荥阳、上街、巩义、偃师、伊川、吉利、孟津、新安、义马等12个沿线城镇为节点支撑，依托高速铁路、高速公路等现代化交通通道，在开封至义马之间长约300千米、310国道两侧宽约30千米范围内展开布局。该区域应重点规划建设高新技术、先进制造业、汽车、铝工业、化工产业、装备制造等产业和中牟汽车零部件等产业园区及特色产业集群，形成横贯中原城市群东西部，呼应长三角城市群及山东半岛，辐射大西北，发挥承东启西作用的城市连绵带与产业密集区。同时，积极推动郑汴洛城市工业走廊向三门峡、商丘方向辐射，助推郑洛西高质量发展带和陇海产业带建设。

2. 新郑漯产业带

基于京广高速铁路、高速公路、国道等发展轴，推动轴带交汇区的城市功能提升和产业组织细化，形成新—郑—漯产业发展带。在新郑漯产业带的未来建设中，应以轻纺、高新技术、食品产业为主，依托现代化交通通道，在新乡至漯河南北长约250千米、107国道两侧宽约30千米范围内展开布局，形成特色产业支撑带和现代化城镇密集区。该区域未来重点布局电子电器、生物医药、新型材料、化纤纺织、电力装备、超硬材料、食品、汽车零部件等产业，进一步深入推进高新技术、食品、现代制造、化纤纺织等产业基地建设并形成特色产业集群，辐射带动鹤壁、安阳、濮阳等豫北地区和驻马店、信阳等豫南地区，形成纵贯中原城市群南北、呼应京津冀和珠三角城市群及武汉都市圈的产业高质量发展带。

3. 新焦济产业带

基于黄河北部的重要交通轴串联，发挥黄河流域生态保护和高质量发展带的支撑作用，发展壮大新—焦—济产业发展带。该产业发展带规划建设应以能源、原材料工业、重化工业和现代化农业产业集群为主，在新乡至济源东西长约120千米，省道309线和南太行旅游公路之间展开布局。该区域重点规划建设高新科技、特色制造、新型化工、汽车零部件、生物医药等产业基地，进而形成特色产业园及特色产业集群，连接辐射晋城等晋东南地区，形成横亘中原城市群北部区域，呼应京津冀和山东半岛城市群，辐射西部地区的产业密集区。

4. 洛平漯产业带

虽然该产业发展带目前还比较薄弱，但从长远看，通过加快能源重化工基地的转型升级、传统产业的升级与转型、农副产品加工聚集区建设，积极培育煤化工、盐化工、建材等产业集群，有望成长为中原城市群又一重要的产业密集区。如八大轴带支撑所述，该产业带未来建设的重点应以洛阳—南京高速公路、省道、焦枝线中段、孟宝铁路为依托，通过核心城市洛阳、平顶山、漯河的辐射带动和牵引提升，以现有的先进装备制造、煤化工、新材料、智能制造、食品加工等产业为支撑，形成从西北到东南方向具有重大发展潜能的产业发展带。虽然原来该产业发展带以原材料工业和重化工业为支撑，但近年来该产业带逐渐向资源转型、精深加工、生物科技、电子信息、医药等新型产业链推进，为该区域的传统产业升级、特色产业打造、战略性新兴产业崛起提供了支撑。在上述产业的支撑下，将洛平漯产业带发展成为现代化工业支撑带和城镇密集区，进一步发挥其过渡和承转作用，从而连接辐射南阳等豫西南地区，以及连接辐射周口等豫东地区。

二、十大分区与发展重点

（一）划分依据

城市—区域系统的功能组织，就是根据城市之间相互作用的客观规律，结合城市之间自然、经济、社会等方面联系程度，在客观认知不同区域发展的有利条件和制约因素下，形成合理的产业结构和具有特色的专业化部门，以有利于整体经济优势的发挥和区域系统整体功能的实现。在传统的河南省分区中，主要将其划分为豫东、豫中、豫西、豫南、豫北五个自然分区，以黄河和东西南北进行功能划分，其中豫东包括开封市、商丘市、周口市三个城市，豫中包括郑州市、平顶山市、许昌市、漯河市四个城市，豫西主要是洛阳市、三门峡市两个城市，豫南包括南阳市、驻马店市、信阳市三个城市，豫北包括安阳市、新乡市、焦作市、濮阳市、鹤壁市以及济源市六个城市。考虑到郑州大都市区的空间影响范围、郑汴与黄河以北城市的“五星联动”以及中心带动战略的需求，将郑州市、开封市、新乡市、焦作市、济源市划分为一个分区，称之为中原核心功能区。考虑到许昌市、平顶山市和漯河市是中原城市群中部传统的“金三角”地区和功能上互补的区域，将其划分为一个分区，称之为中部振兴崛起区。考虑到西部洛阳市、三门峡市在自然分区上的基础支撑和产业振兴、城市转型方面的目标一致性，同时考虑郑洛西高质量带在该区域的过渡性，将其划分为一个分区，称之为西部转型创新发展示范区。考虑到东部商丘市、周口市都属于豫东平原，在自然地理条件、经济发展基础、社会来往程度等方面的一致性，将其划分一个分区，称之为中东部振兴崛起区。考虑到安阳市、鹤壁市、濮阳市在豫北的产业定位、对外联系和功能互补，以及三市的对外协作功能，将其划分为一个分区，称之为豫北振兴崛起区。考虑到南阳市、驻马店市、信阳市在地貌条件、发展基础、城市功能等方面的一致性，以及中原城市群在南部的生态保护和经济绿色发展定位，将其划分为一个分区，称之为南部高效生态经济示范区。考到外围区地理环境的类似性、经济发展方向的一致性、城市发展的共同目标等，同时考虑到外围区管理的高效性和协同性，仍将分属于不同的省份的地区划分为同一个分区，分别命名为西北部综合协调区、北部综合协调区、东北部综合协调区和东部综合协调区。具体见表 16-2、图 16-5。

表 16-2　中原城市群十大分区城市划分

十大分区	包含城市
中原核心功能区	郑州、开封、新乡、焦作、济源
中部振兴崛起区	许昌、平顶山、漯河
西部转型创新发展示范区	洛阳、三门峡
中东部振兴崛起区	商丘、周口
豫北振兴崛起区	安阳、鹤壁、濮阳
南部高效生态经济示范区	南阳、驻马店、信阳
西北部综合协调区	长治、晋城、运城
东部综合协调区	淮北、宿州、亳州、蚌埠、阜阳
东北部综合协调区	聊城、菏泽
北部综合协调区	邯郸、邢台

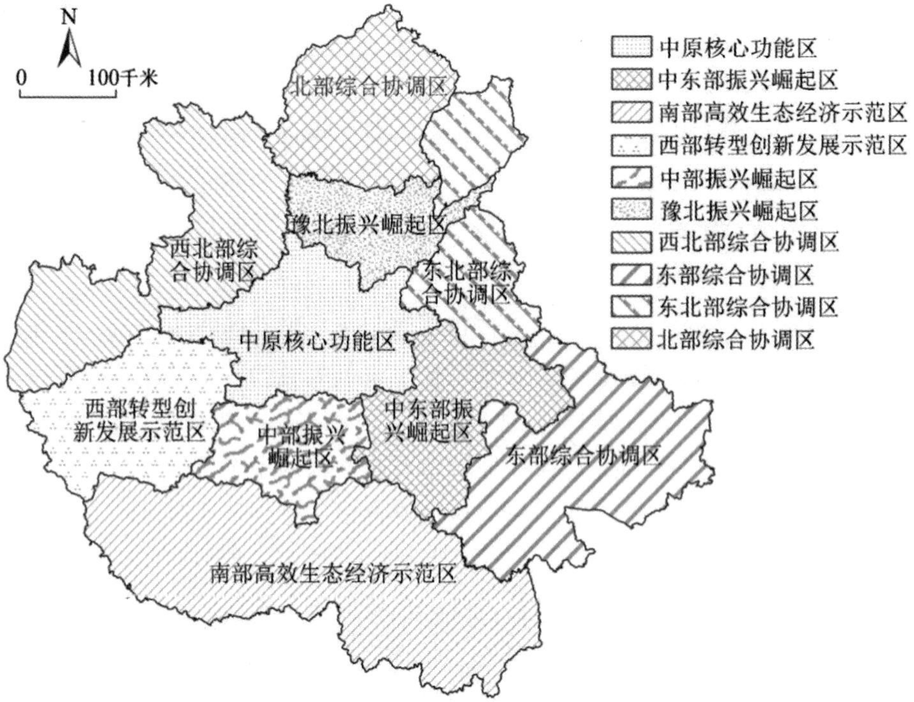

图 16-5 “九龙拱卫区”的十大分区

（二）基本情况

1. 中原核心功能区

截至2018年底，中原核心功能区面积约20436平方千米，包括19个市辖区、25个县（县级市），见表16-3、图16-6。截至2018年底，该区域年末常住人口达到2481.8万人，常住人口城镇化率为59.5%，国民生产总值达到18631.7亿元，人均国民生产总值达到75071.9元，三次产业结构比重为6.1∶50.4∶43.5，一般公共预算收入达1661.0亿元，全社会固定资产投资额为14665.8亿元，社会消费品零售总额达到7238.5亿元。

表 16-3 中原核心功能区的行政区划

地级市	市辖区	县（县级市）
郑州	二七区、管城回族区、中原区、惠济区、金水区、上街区	中牟县、新郑市、新密市、荥阳市、登封市、巩义市
开封	龙亭区、顺河回族区、鼓楼区、禹王台区、祥符区	杞县、通许县、尉氏县、兰考县

续表

地级市	市辖区	县(县级市)
新乡	红旗区、卫滨区、凤泉区、牧野区	新乡县、获嘉县、原阳县、延津县、封丘县、长垣市、卫辉市、辉县市
焦作	解放区、中站区、马村区、山阳区	武修县、博爱县、武陟县、温县、沁阳县、孟州市
济源		济源市

图 16-6　中原核心功能区的行政区划

中原核心功能区的西部、西北部以山地为主，东部以平原为主，能源、矿产资源比较丰富。该区域属于温带季风气候，春季风多干燥，夏季炎热多雨，秋季天高气爽，冬季寒冷干燥，四季分明。该区域是中原城市群经济核心地区，目前已形成煤、电、铝、汽车、食品工业、电力装备、烟草为支柱，电子信息、新材料、生物化工、医药、纺织、机械、能源、建材等各具特色的工业体系。其中郑州市拥有煤炭、铝矾土、铁、水泥灰石、耐火黏土、熔剂灰石、陶瓷黏土、石英砂、油石等矿产资源，是全国重要的机械、轻纺和有色冶金工业基地，在汽车、铝、食品、纺织方面具有明显优势，形成了多部门、综合性的工业体系；开封市工业门类逐渐完善，高中压阀门、空分设备、仪表、精细化工、制药、毛纺等一批骨干企业在全省占据了重要位置；新乡市近年来重点发展制冷、生物与新医药、电池及新型电池材料、特色装备制造、煤化工、汽车及零部件等六大战略支撑产业；焦作市在成功塑造“焦作现象”后，工业的整体性和层次性不断提升，现已形成了以能源、机械、化工、冶金、建材工业为主，食品、轻纺、医药等工业部门综合发展的工业行业结构；济源市是全国重要的铅锌深加工基地和电力能源基地、中西部地区重要的矿用电器生产基地和煤化工基地、河南省重要的盐化工和特种装制造基地，产业结构层次高，人均经济效益水平名列前茅。

2. 中部振兴崛起区

截至2018年底，中部振兴崛起区国土面积约15759平方千米，包括3个地级市、9个市辖区、12个县(县级市)，见表16-4、图16-7。截至2018年底，该区域年末常住人口达到1213万人，常住人口城镇化率为53.0%，国民生产总值达到6747.7亿元，人均国民生产总值达到55626.3元，三次产业结构比重为7.2∶55.1∶37.6，公共财政预算收入达到408.9亿元，全社会固定资产投资额为6250.2亿元，社会零售品销售总额达到2336.8亿元。

表16-4　中部振兴崛起区的行政区划

地级市	市辖区	县(县级市)
许昌	魏都区、建安区	襄城县、鄢陵县、禹州市、长葛市
平顶山	新华区、卫东区、湛河区、石龙区	宝丰县、叶县、鲁山县、郏县、汝州市、舞钢市
漯河	郾城区、源汇区、召陵区	临颍县、舞阳县

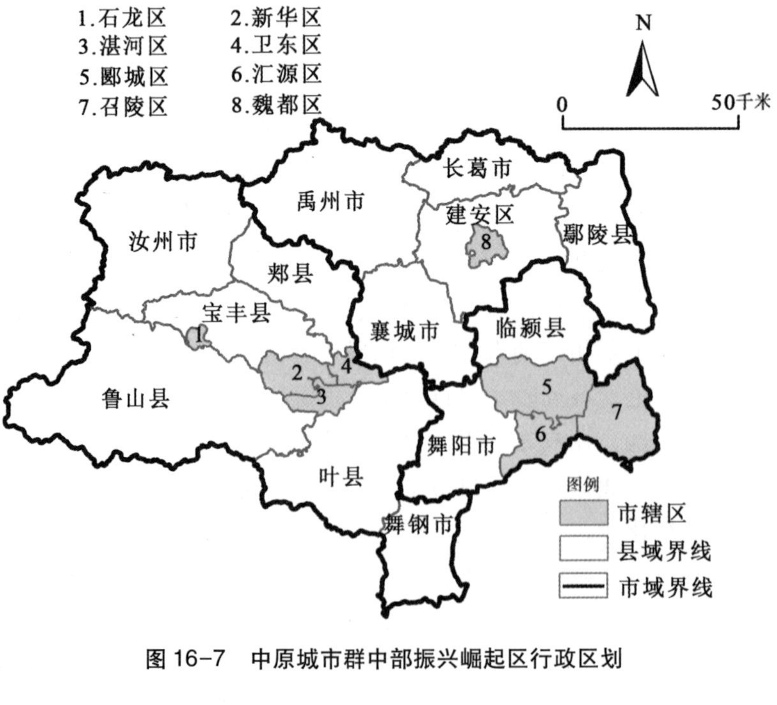

图16-7　中原城市群中部振兴崛起区行政区划

该区域西部为山区，东部为平原，中间为过渡地区，矿产资源比较丰富，能源也比较充足，具备发展工业的基础优势。该地区属于暖温带向北亚热带过渡地带，气候温和，热量丰富，雨热同期，四季分明。在许昌、漯河、平顶山3个城市组成的“三角形”空间结构中，许昌市不但是中原城市群、河南省南北发展轴带的重要节点城市，还是轻工制造业重要基地和历史文化旅游中心；漯河市是河南省南部商贸物流中心，在全国轻工业生产、食品产业、高效农业方面具有很强的优势；平顶山市矿产资源丰富，转型发展步伐加快，是全国重要的能源原材料基地、历史文化和自然旅游基地。三个城市按照“三角形”的模式进行整合，具有一体化发展和集聚优势，最终形成中原城市—区域系统中部地域重要的“金三角”，与洛阳相连形成了西南侧的洛—平—漯产业轴；区域依托原材料工业和重化工工业，以姚孟、平煤、舞钢、神马、平盐等骨干企业为支撑，形成了具有区域特色的能源、煤化工、钢铁、盐化工、建材等产业。

3. 西部转型创新发展示范区

截至2018年底，西部转型创新发展示范区国土面积约25539平方千米，包括2个地级市、8个市辖区、13个县(县级市)，见表16-5、图16-8。截至2018年底，该区域年末常住人口达到916.1万人，常住人口城镇化率为60.0%，国民生产总值达到5932.5亿元，人均国民生产总值达到64755.4元，三次产业结构比重为6.5∶49.8∶43.7，公共财政预算收入达到462.9亿元，全社会固定资产投资额为7207.5亿元，社会零售品销售总额达到2688.7亿元。

表16-5 西部转型创新发展示范区的行政区划

地级市	市辖区	县(县级市)
洛阳	老城区、西工区、瀍河回族区、涧西区、吉利区、洛龙区	孟津县、新安县、栾川县、嵩县、汝阳县、宜阳县、洛宁县、伊川县、偃师市
三门峡	湖滨区、陕州区	渑池县、卢氏县、义马市、灵宝市

西部转型创新发展示范区北隔黄河与新焦济相望，西与陕西省相连，南与南襄盆地的南阳市相依，东连郑汴区域，地表起伏较大，山地丘陵面积大、矿产资源丰富，能源充足，具备发展工业生产的内在优势。该区域地处暖温带向北亚热带过渡地带，气候温和，热量丰富，降水适中，发展农业的水热条件较好；矿产资源丰富、能源充足，用水方便，交通便利，发展工业的基础优势好，因而工业经济相对发达，在河南省占据重要的地位。1949年中华人民共和国成立之后，伴随着国家的重点投资和资源开发，该区域成为河南

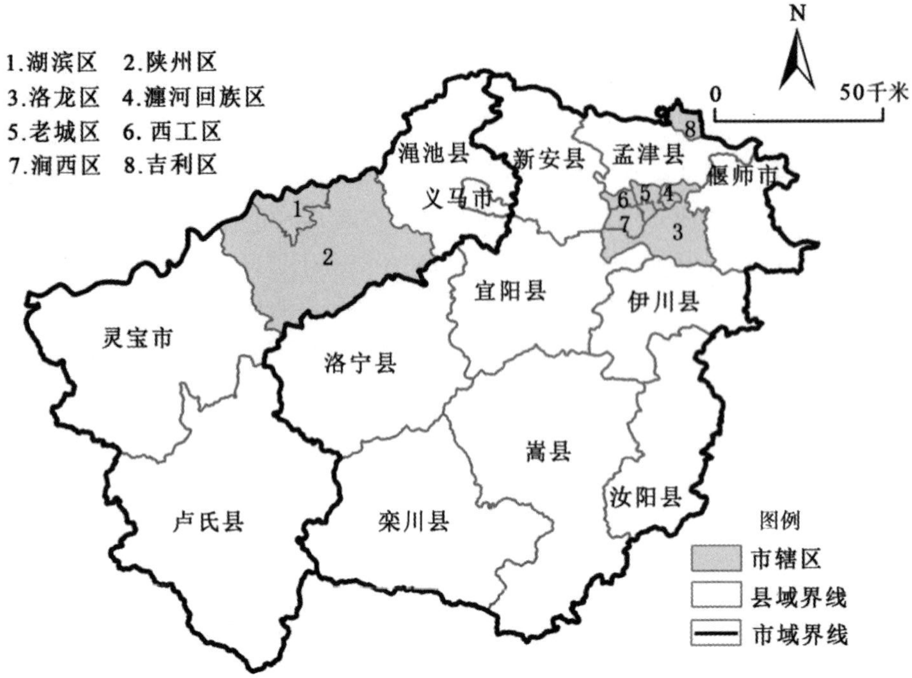

图 16-8 中原城市群西部转型创新发展示范区行政区划

省工业比较发达的地区。改革开放之后，该区域的经济活力得到进一步的激发，经济发展的水平上升到一个新的层次中。近期，伴随着资源优势的进一步开发与整合，该区域在河南省工业格局的地位更加突出，已形成以电力能源、机械电子、石油化工、冶金建材和轻纺食品等为支撑的主导产业，也逐渐形成门类齐全、实力雄厚、布局合理的工业体系。

4. 中东部振兴崛起区

截至 2018 年底，中部振兴崛起区国土面积约 22663 千米，包括 2 个地级市、3 个市辖区、16 个县(县级市)，见表 16-6、图 16-9。截至 2018 年底，该区域年末常住人口达到 1600.3 万人，常住人口城镇化率为 43.1%，国民生产总值达到 5599.1 亿元，人均国民生产总值达到 34987.7 元，三次产业结构比重为 16.3 ∶ 43.2 ∶ 40.5，公共财政预算收入达到 283.0 亿元，全社会固定资产投资额为 4729.1 亿元，社会零售品销售总额达到 2444.1 亿元。

表 16-6　中东部振兴崛起区的行政区划

地级市	市辖区	县(县级市)
商丘	梁园区、睢阳区	虞城县、民权县、宁陵县、睢县、夏邑县、柘城县、永城县
周口	川汇区	扶沟县、西华县、商水县、太康县、鹿邑县、郸城县、淮阳区、沈丘县、项城县

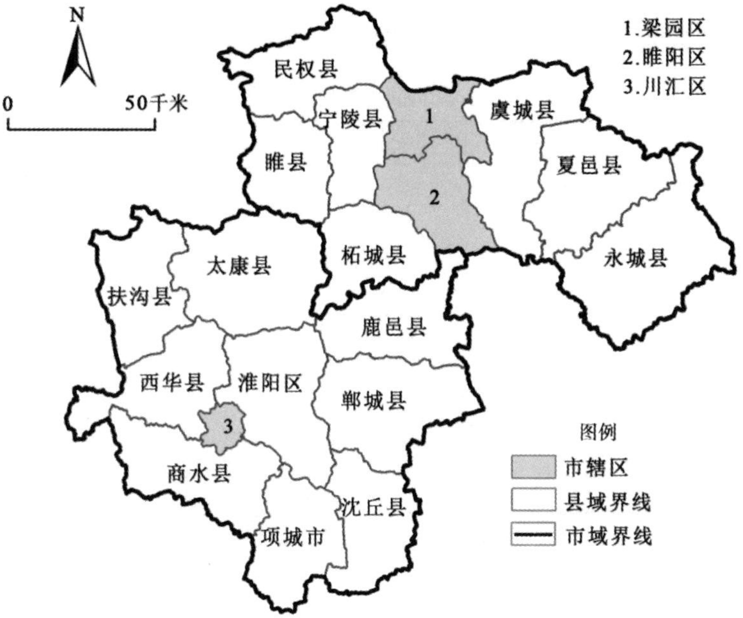

图 16-9　中原城市群中东部振兴崛起区行政区划

中部振兴崛起区位于河南省的东部，西接郑汴区域，北临新焦济东部，南连豫南区域，东与安徽省西北部接壤。全区属于黄淮平原，地势平坦，气候温暖，农业发达，是中原地区的农业商品粮基地。陇海铁路、京九铁路、济广高速、商周高速等从境内穿过，郑徐高铁于 2016 年 9 月通车，区域的交通优势不断增强。由于商周地区是我国古文化的发源地之一，所以该区域的文化旅游资源比较丰富。商丘被誉为“最具文化底蕴历史文化名城”，拥有通济渠商丘古城南关段、通济渠商丘夏邑段两处世界文化遗产，享有“三商之源・华商之都”、“两宋龙潜之地”之称。周口是伏羲故都、老子故里，境内有著名的太昊陵、平粮台古城址等古迹，有“华夏先驱、九州圣迹”的美誉。该区域是河南的能源原材料基地和新兴工业基地，汽车制造、生物医药、能源加工、制冷装备、体育器材、新型材料、金刚石、现代物流、纺织服装等产业集群逐步形成并做大做强，成为区域发展的重要支柱产业。

5. 豫北振兴崛起区

截至 2018 年底，豫北振兴崛起区国土面积约 13783 平方千米，包括 3 个地级市、8 个市辖区、12 个县(县级市)，见表 16-7、图 16-10。截至 2018 年底，该区域年末常住人口达到 1041.3 万人，常住人口城镇化率为 52.4%，国民生产总值达到 4505.7 亿元，人均国民生产总值达到 43271.2 元，三次产业结构比重为 8.3∶53.4∶38.3，公共财政预算收入达到 310.3 亿元，全社会固定资产投资额为 4510.4 亿元，社会零售品销售总额达到 1739.7 亿元。

表 16-7　豫北振兴崛起区的行政区划

地级市	市辖区	县(县级市)
安阳	殷都区、北关区、龙安区、文峰区	安阳县、汤阴县、内黄县、滑县、林州市
鹤壁	鹤山区、山城区、淇滨区	淇县、浚县
濮阳	华龙区	清丰区、南乐县、范县、台前县、濮阳县

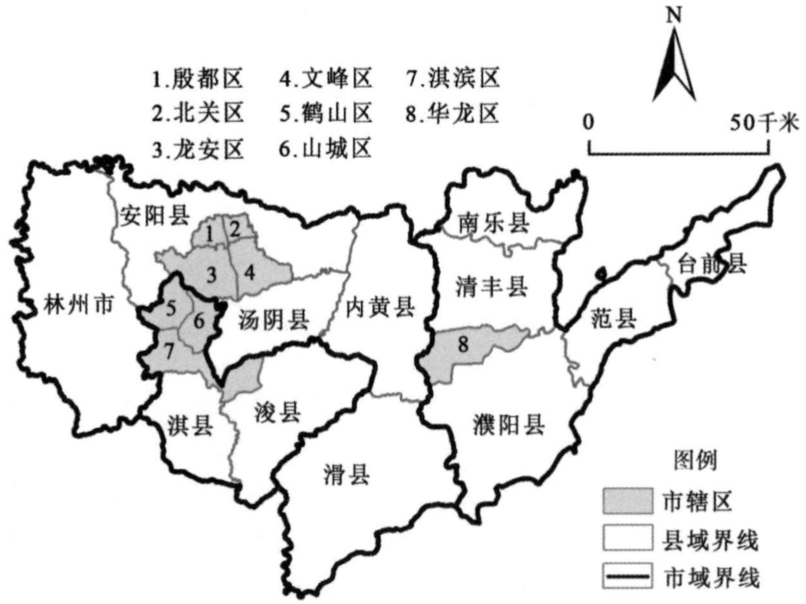

图 16-10　中原城市群豫北振兴崛起区行政区划

豫北振兴崛起区位于河南省最北部，地处山西、河北、河南、山东四省交汇处。该区域地表形态复杂多样，山地、丘陵、平原等地貌类型兼具，能源、矿产资源丰富。该区域的气候类型属于温带季风气候，春季风多干燥，夏季炎热多雨，秋季天高气爽，冬季寒冷干燥，春、秋相对较短，降水季节分配很不均匀。该区是河南省的重工业基地，工业基础较好，工业部门齐全，工业结构较为合理，产业科技含量较高，具有较强的产品配套能力，已经初步形成冶金、电子、煤炭、石油、化工、电力、轻工、食品、建材、机械、纺织、医药等工业体系。其中安阳钢铁有限公司是河南省最大的钢铁生产基地、国有特大型钢铁联合企业；安彩集团是国家重点高新技术产业。鹤壁4个产业集聚区及3个特色产业集聚区和3个特色产业园区的现代化学工业、食品、汽车零部件、金属镁、数码电子等产业被列入河南省十大产业振兴规划，是中国中部地区重要的现代化工基地、镁加工基地和食品产业集群。濮阳重点打造石油产业链，以石油化工为龙头，以煤化工、盐化工为两翼，以精细化工、化工新材料、高端化工制品为发展方向，着力培育新能源、新材料、节能环保等战略性新兴产业，工业体系逐步完善。

6. 南部高效生态经济示范区

截至2018年底，南部高效生态经济示范区国土面积约60608平方千米，包括3个地级市、5个市辖区、28个县(县级市)，见表16-8、图16-11。截至2018年底，该区域年末常住人口达到2352.4万人，常住人口城镇化率为45.63%，国民生产总值达到8520.3亿元，人均国民生产总值达到36219.1元，三次产业结构比重为17.0：39.3：43.7，公共财政预算收入达到431.8亿元，全社会固定资产投资额为8850.5亿元，社会零售品销售总额达到4147.7亿元。

表16-8　南部高效生态经济示范区的行政区划

地级市	市辖区	县(县级市)
驻马店市	驿城区	确山县、泌阳县、遂平县、西平县、上蔡县、汝南县、平舆县、新蔡县、正阳县
信阳市	浉河区、平桥区	息县、淮滨县、潢川县、光山县、固始县、商城县、罗山县、新县
南阳	卧龙区、宛城区	南召县、方城县、西峡县、镇平县、内乡县、淅川县、社旗县、唐河县、新野县、桐柏县、邓州市

南部高效生态经济示范区地处我国第二、第三阶梯的交接地带，地貌类型自西向东由山地逐步过渡到平原，具有山地、丘陵、盆地、平原等地貌类型。全区的气候、地貌、水文等自然条件复杂，加之农业开发历史悠久，在该区域不仅能种植许多泛区域性的作物，也有种类繁多的地带性作物，农业生产的广度拓展空间很大。该区域是河南省水资源丰富的地区，加之降水丰沛、河流众多，因而不仅能满足区内的各种作物用水，还可以满足其他地区的一些生产生活用水。南水北调工程的中线工程的水源就来自该部分的丹江

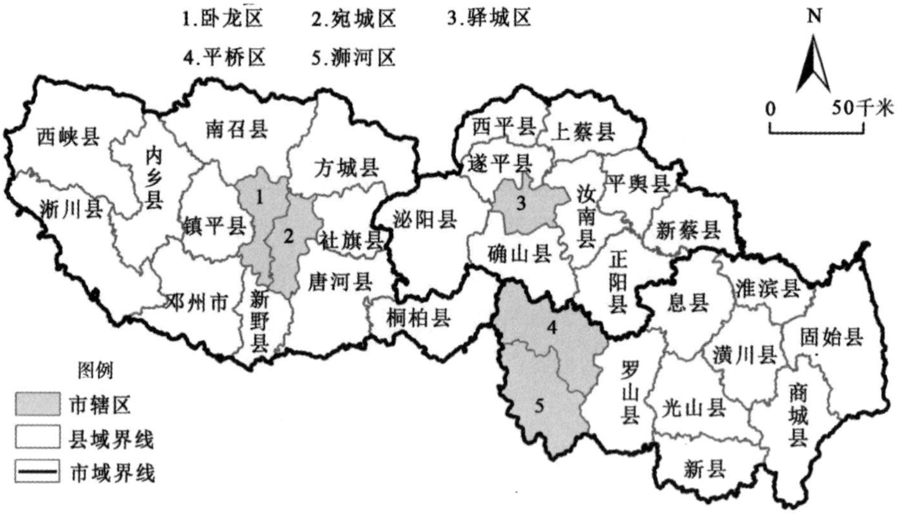

图 16-11 中原城市群南部高效生态经济示范区行政区划

口水库。该区域开发历史悠久，农业技术水平比较高，生产方式比较先进，种植业的集约化程度较高，同时自然和人文旅游资源非常丰富，在自然方面拥有世界生物圈保护区、国家级避暑胜地鸡公山、国家级森林公园南湾湖等全国知名景点，在人文方面拥有“科圣”“医圣”“智圣”“商圣”四圣等文化旅游资源。

7. 西北部综合协调区

截至 2018 年底，西北部综合协调区国土面积约 37456 平方千米，包括 3 个地级市、6 个市辖区、25 个县(县级市)，见表 16-9、图 16-12。截至 2018 年底，该区域年末常住人口达到 1117.1 万人，常住人口城镇化率为 54.7%，国民生产总值达到 4507.1 亿元，人均国民生产总值达到 40346.8 元，三次产业结构比重为 7.5∶48.0∶44.5，公共财政预算收入达到 356.7 亿元，全社会固定资产投资额为 1690 亿元，社会零售品销售总额达到 1909.8 亿元。

表 16-9 西北部综合协调区的行政区划

地级市	市辖区	县(县级市)
长治	潞州区、上党区、屯留区、潞城区	襄垣县、平顺县、黎城县、壶关县、长子县、武乡县、沁县、沁源县
晋城	城区	沁水县、阳城县、陵川县、泽川县、高平市
运城	盐湖区	临猗县、万荣县、闻喜县、稷山县、新绛县、绛县、垣曲县、夏县、平陆县、芮城县、永济市、河津市

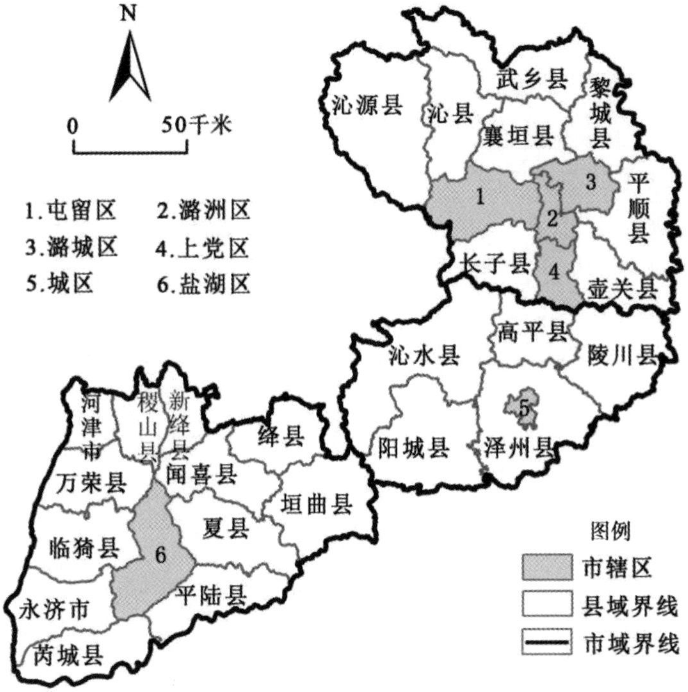

图 16-12　中原城市群西北部综合协调区行政区划

西北部综合协调区地处山西省东南部，地形包含山地、丘陵、平川、盆地，属于太行山向黄土高原的过渡地带，地形地貌比较复杂。该区历史悠久，文化遗产丰厚，是华夏文明的发祥地之一；农业生产条件得天独厚，土壤肥沃，目前已形成粮、果、菜、畜等主导产业和循环产业链条；区域内矿产资源丰富，地上地下，宝藏遍布，尤以地下宝藏之多称冠全国。境内已发现的矿藏有 20 余种，在各种矿藏中，煤、铁储量最大。该区承担着对接太原城市圈的功能，对中原城市群向西北部延伸具有重要的过渡作用。在中原经济区、中原城市群规划方面，都将三个城市作为西北部的重要组成区域，成为向西北方向拓展的重要“一翼”。

8. 东部综合协调区

截至 2018 年底，东部协调区国土面积约 36629 平方千米，包括 5 个地级市、12 个市辖区、16 个县(县级市)，见表 16-10、图 16-13。截至 2018 年底，该区域年末常住人口达到 2477.2 万人，常住人口城镇化率为 49.9%，国民生产总值达到 8632.5 亿元，人均国民生产总值达到 34848.1 元，三次产业结构比重为 13.6 ∶ 43.4 ∶ 43.0，公共财政预算收入达到 633.7 亿元，全社会固定资产投资额为8206.2亿元，社会零售品销售总额达到3254.5亿元。

表16-10 东部综合协调区的行政区划

地级市	市辖区	县(县级市)
淮北	象山区、杜集区、烈山区	濉溪县
亳州	谯城区	涡阳县、蒙城县、利辛县
宿州	埇桥区	砀山县、萧县、灵璧县、泗县
蚌埠	龙子湖区、蚌山区、禹会区、淮上区	固镇县、五河县、怀远县
阜阳	颍泉区、颍东区、颍州区	界首市、太和县、颍上县、临泉县、阜南县

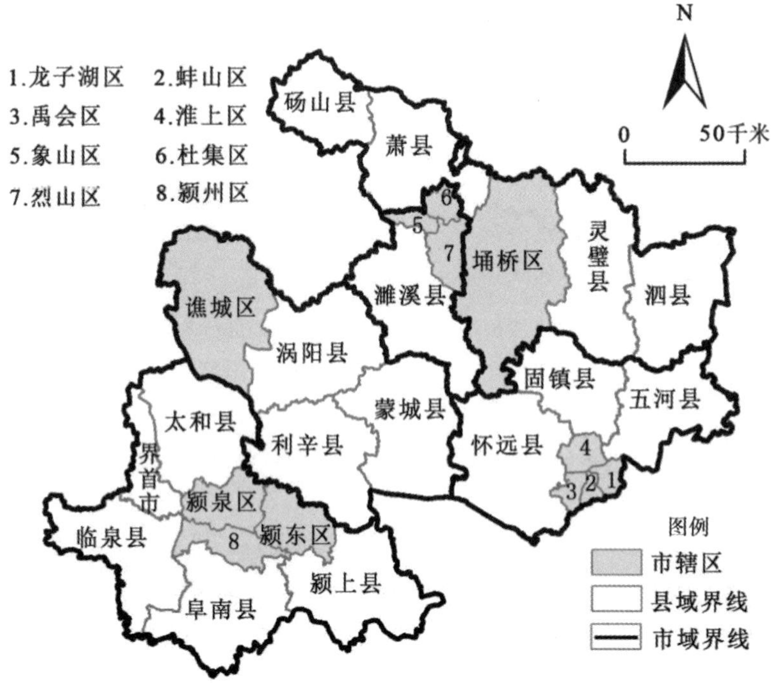

图16-13 中原城市群东部综合协调区行政区划

东部综合协调区东靠江苏，南接皖南，西连河南，北望山东。地势以平原为主，拥有广袤的淮北平原，处在南下北上、东进西出的战略要地。该区域煤炭资源丰富，古有谚云“走千走万，不如淮河两岸”之说。该区域盛产小麦、水稻、油菜、玉米、棉花、水果、中药材等，是全国重要的能源、粮棉生产基地和水果主产区，建有全国最大的中药材专业交易市场；劳动力数量多、成本低；工业基础优势好，城镇之间的经济社会发展来往密切，文化认同感较强，本身就是典型的综合经济发展类型区。

9. 东北部综合协调区

截至2018年底，东北部综合协调区国土面积约20953平方千米，包括2个地级市、3个市辖区、14个县(县级市)，见表16-11、图16-14。截至2018年底，该区域年末常住人口达到1484.0万人，常住人口城镇化率为51.0%，国民生产总值达到6230.9亿元，人均国民生产总值达到41988.8元，三次产业结构比重为9.8∶50.0∶40.2，公共财政预算收入达到400.3亿元，全社会固定资产投资额为3793.3亿元，社会零售品销售总额达到3142.7亿元。

表16-11　东北部综合协调区的行政区划

地级市	市辖区	县(县级市)
聊城	东昌府区	阳谷县、莘县、茌平县、东阿县、冠县、高唐县、临清县
菏泽	牡丹区、定陶区	曹县、单县、成武县、巨野县、郓城县、鄄城县、东明县

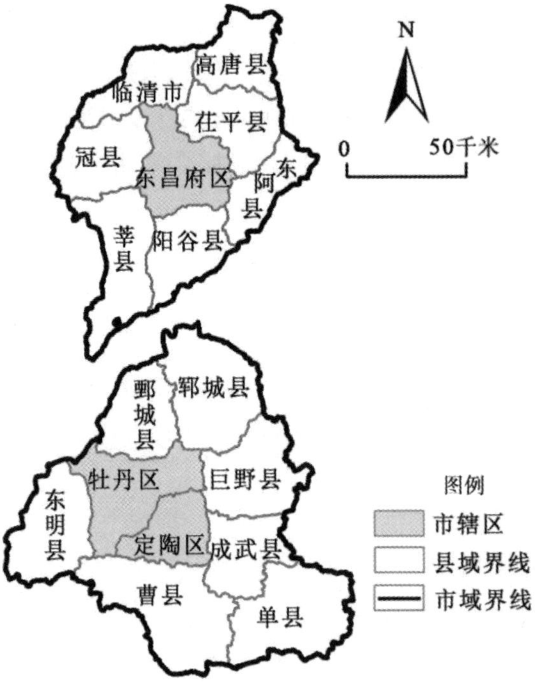

图16-14　中原城市群东北部综合协调区行政区划

东北部综合协调区地处山东省西南部，地形地势属于黄河冲积平原，地势平坦，土层深厚；全区属温带季风气候，夏热冬冷，四季分明，全年光照充足，热量丰富，雨热同期。这一区域是大运河文化带核心区域，农业生产条件得天独厚，是国家重要商品粮生产基地和粮油主产区。该区产业基础较好，现已形成以电力、机械、化工、医药、食品、纺织、林产品加工为主，门类比较齐全、配套协作能力较强的工业体系。该区基础设施完善，聊城境内已有邯济、京九两条铁路，成“十”字形结构，目前有济聊馆、青银、青兰、德上、高东、高邢、莘南等七条高速公路，实现了县县通高速。横跨东西的郑济高铁已经开工，纵贯南北的雄商高铁即将开工建设；京九铁路与新亚欧大陆桥在菏泽呈“十”字交汇，“105”“106”“220”“327”四条国道在境内通过，已建成通车的日兰高速、济广高速、德商高速、菏东高速、德上高速巨单段、枣菏高速菏泽段，正在建设的阳新高速、德单高速东阿至郓城段、郓鄄高速形成“米”字形的陆路交通大枢纽。

10. 北部综合协调区

截至 2018 年底，西北部综合协调区国土面积约 24400 平方千米，包括 2 个地级市、8 个市辖区、29 个县(县级市)，见表 16-12、图 16-15。截至 2018 年底，该区域年末常住人口达到 1690.25 万人，常住人口城镇化率为 54.9%，国民生产总值达到 5206.8 亿元，人均国民生产总值达到 30804.9 元，三次产业结构比重为 10.7：42.9：46.4，公共财政预算收入达到 392.4 亿元，全社会固定资产投资额为 6537.8 亿元，社会零售品销售总额达到 2834.9 亿元。

表 16-12　北部综合协调区的行政区划

地级市	市辖区	县(县级市)
邯郸	邯山区、丛台区、复兴区、峰峰矿区、肥乡区、永年区	临漳县、成安县、大名县、涉嫌、磁县、邱县、鸡泽县、广平县、馆陶县、魏县、曲周县、武安市
邢台	襄都区、信都区	信都区、临城县、内丘县、柏乡县、隆尧县、任泽区、南和区、宁晋县、巨鹿县、新河县、广宗县、平乡县、威县、清河县、临西县、南宫市、沙河市

北部综合协调区地处河北省南部，境内地势高低悬殊，西高东低，自西而东山地、丘陵、平原阶梯排列，以平原为主；区内气候四季分明，春季风多干旱，夏季炎热多雨，秋季温和凉爽，冬季寒冷干燥。邯郸、邢台两市建城历史均超过三千年，其中邯郸曾作为战国时期赵国的国度，而邢台则是殷商、西周等时期的古都。该区蕴藏种类繁多的矿产资源，是河北省重要的煤炭钢铁基地，其中邯郸市被誉为现代“钢城”、“煤都”，拥有丰富的“两黑”(煤、铁)资源，煤炭和铁矿石储量分别达到 40 亿吨和 4.8 亿吨；邢台市已发现的矿产有 46 种(其中燃料矿产 2 种，金属矿产 8 种，非金属矿产 34 种，水

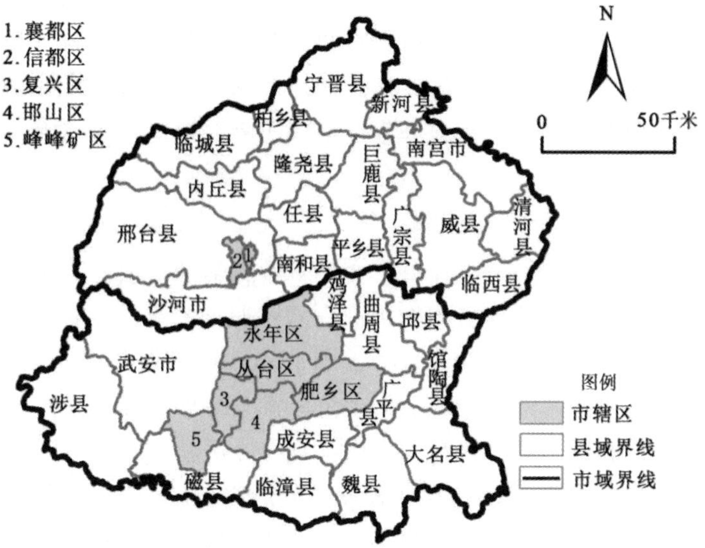

图 16-15　中原城市群北部综合协调区行政区划

汽矿产 2 种)。煤、铁、岩盐、蓝晶石等在全省占有重要地位，矿产地以中小型为主，大型矿产地较少。

(三)发展重点

1. 中部核心功能区

中部核心功能区不仅是中原城市群、河南省、经济发展的发动机和增长极，更是带动中原经济区主体区、外围区和协作区的辐射源头。该区域的中心城市距离临近，经济联系密切，因此可充分借助这一优势，利用郑州核心增长极的辐射效应与科技、人才、信息、金融等优势条件，迅速提升城市发展的优势产业、主导产业。同时加强新密、新郑、巩义、登封、荥阳等县级市、县城与都市核心区的经济联系，走网络型发展模式，最终形成以郑州为核心，连接整个中部核心功能区的综合性网络区域，从而促进该区在经济增长和推动新型城镇化的辐射带动作用。

2. 中部振兴崛起区

中部振兴崛起区城市功能分工明确，在空间上呈明显的三角形结构，应按照成长三角城市群的模式进行整合，做到一体化发展，形成中原城市群南部区域重要的"金三角"。该区拥有我国重要的粮食生产基地，食品工业发达，应进一步围绕延长农业产业链条下功夫；此外，该区域交通发达，可进一步提升物流商贸业。未来，该区应该向中原城市群地域系统内部高级别的商业贸易和餐饮业服务中心发展，同时做好资源型地域的产品升级与换代，延长其产业链条；建设中原城市群、河南省乃至全国具有重要影响力的食品工业基地和轻工业生产基地，还要加速新产品的开发，并提高这些行业的技术含量，注重相应行业链条的连接与延长，特别注意资源型产业后续产品的开发与研制工作。

3. 西部转型创新发展示范区

西部转型创新发展示范区在自然条件具有较强的类似性，在经济发展方面具有很多的一致性。该地域系统内部自然资源种类多、蕴藏量大，科技力量雄厚，具有良好的工业发展基础，并且将承担中原城市群的制造业基地、能源和原材料加工业基地的重任，未来可以重点发展石油加工及炼焦业、电力、热力的生产和供应业等行业，进而提高行业的技术含量。同时该区的市辖区及其周边地区的经济综合水平较高，但南部山区的经济发展相对落后，未来经济发展需整合山区资源优势、促进产业结构优化、加快区域经济协调发展。

4. 中东部振兴崛起区

中部振兴崛起区综合地理区划上属于豫东地区，地处华北平原南部，农业生产效率较高，是河南省重要的粮食生产区。该区域是河南的能源原材料基地和新兴工业基地，汽车制造、生物医药、能源加工、制冷装备、体育器材、新型材料、金刚石、现代物流、纺织服装等产业集群逐步形成并做大做强，成为区域发展的重要支柱产业。然而，该区域的工业支撑不够，农业和第三产的发展水平相对不高，因此未来应在发展农业产业的基础上提升整个区域的经济综合发水平、产业结构层次，并强化新型工业化、城镇化的发展。

5. 豫北振兴崛起区

豫北振兴崛起区是河南省北部的门户区域，区域振兴方面具有一致的追求目标，在经济社会发展方面来往密切，在经济格局中占有重要的区域优势。豫北是河南省重要的煤炭、水泥、花岗岩、钢铁生产基地，也是我国重要的粮棉生产区、小麦基地以及省畜牧生产加工基地，未来应充分发挥制造业基础优势，以提升科技创新为手段，改造传统制造业，打造新型工业化区域。同时该区是中原经济区、京津冀协同发展区、山东蓝色经济区辐射影响的叠加区，未来发展应借助区位优势，坚持交通对接先行，加快与山东、河北的铁路、高速公路的对接，打造交通枢纽、物流节点、开放前沿于一体的交界区域。

6. 南部高效生态经济示范区

南部高效生态经济示范区是河南省重要的农业生产基地，虽然工业的基础优势不如豫西地区，但经过工业结构的调整和完善，已经形成了以机械电子、石油、化工、冶金建材、电力能源、卷烟、纺织、医药和食品加工为主的工业体系。由于该区域工业发展的资源优势没有很好地发挥，工业集聚的产业链条尚不完善，在空间分布上是河南省工业发展水平一个弱势区，近几年工业增长速度略低于全省平均水平，所以进一步拉大了与全省工业生产的差距。今后该区域应充分发挥农副产品优势、非金属矿产资源和劳动力资源等方面的优势，加快新型工业化、新型城镇化进程，加强区域之间的经济联系，发挥后发优势，使区域经济的整体协作水平得到进一步提升。

7. 西北部综合协调区

西北部综合协调区海拔较高，矿产资源和水资源丰富，能源原材料工业基础好，地处沁河、漳河中上游地区，环境压力小。该区承担着对接太原城市圈的功能，对中原城市群向西北部延伸具有重要的过渡作用，因此，该区要以四省交界区域合作发展为契机，充分发挥该区域的集聚辐射功能，推动区域融合发展，构建立体联网、内外连通、多式连通的综合交通体系；该区依托矿产资源尤其是煤炭资源发展，现阶段面临着资源转型、调整产业结构、改善区域生态环境等发展难题，未来要坚持把工业作为驱动全区产业转型的主引擎，不仅要进行传统展业转型升级，还要将新兴产业培育壮大，不断优化产业结构，提升产业层次。

8. 东部综合协调区

东部综合协调区，东靠江苏，南接皖南，西连河南，北望山东，处在南下北上、东进西出的战略要地。因此，该区应积极融入沿陇海发展主轴，构建太原—郑州—合肥发展轴，着力将该区打造为中原城市群连接长江三角洲城市群的产业集聚带。瞄准技术前沿和产业变革方向，统筹推进重大新兴产业基地、重大新兴产业工程，重点支持位于产业链核心环节，重点培养发展前景好、产业关联度高的新一代信息技术、智能装备、新能源汽车、现代中医药和高端医疗器械制造业，带动产业转型升级，打造若干在国内外具有重要影响力的战略性新兴产业集聚发展基地。

9. 东北部综合协调区

东北部综合协调区基本是传统农区，现阶段面临着加快农业现代化、促进“三化”协调、“四化”同步的共同任务。未来发展要以提高制造业基础和创新能力为重点，推动信息化与工业化深度融合，运用新一代信息技术对传统制造企业进行改造，提升有色金属、黑色金属、机械装备、能源化工、纺织、造纸、农副产品加工等传统产业，加快产品和技术换代。支持聊城建设世界级铜铝产业基地和全国重要的化工新材料产业基地、黄腐酸生产基地、精品钢球生产基地，支持菏泽建设全国重要的高端机电设备制造基地、高端化工产业基地和农副产品精深加工基地。

10. 北部综合协调区

北部综合协调区在经济发展上来往密切，城市之间的互动联系密切，具有联体发展的"天然"优势。由于两市小城镇在空间上分布上密集，加之城镇化水平不高、产业结构亟待转型等问题，面临着提升城镇发展综合实力的难题。未来要加快中心城区和城市组团发展，扩大城市规模，完善高质量城市功能，打造晋冀鲁豫四省交界的核心区域；搭建协同创新，充分利用京津创新资源，搭建协同创新平台，把转型作为加快发展的核心任务；培育新的经济增长动力，做强做优钢铁、装备制造、食品等传统产业，重点发展新材料、新能源、生物健康三大战略性新兴产业，将北部综合协调区建设成为产业结构合理、城乡融合发展、具有较强竞争力的区域中心。

第十七章　中原城市群的“十八罗汉”与“一百零八将”

河南省是中原城市群地域面积占比上的绝对主导区，也是策动中原经济区、中原城市群的主导区，因此可将河南省称为中原城市群的主体区。河南省常年为“人口大省”“农业大省”的帽子所累，虽然新型城镇化、新型工业化、农业现代化等战略的进程不断加快，其经济社会发展水平也在持续提升，但始终缺乏强有力的科技引领和产业支撑，导致其全国性的综合竞争力不强，经常被冠以“穷地界”之称。伴随着郑州上升为国家中心城市、中原城市群上升为国家战略规划，以及“国际郑”的国际化宣传、“唐宫夜宴”的网络化效应、“7・20河南暴雨”中居民行为表现的力量，河南省的整体形象得到了大幅改善。河南省包括18个省辖市(含济源)，被喻为支撑中原城市群主体区整体竞争力提升的“十八罗汉”，因此有必要对河南省18个城市可持续发展水平进行评价，从而了解各自优势和短板，为中原城市群综合竞争力的提升提供支撑。截至2019年，河南省的县、县级市一共有105个，其中22个县级市、83个县。虽然近年来一些市带县(许昌县、开封县)以及市区临近县由整县变区(淮阳县变淮阳区、陕县变陕州区)，但其还未完全变成市辖区，因此，本章仍以“108”这个数进行指代，以分析县域尺度下主体区内部的发展差异，从而为支撑河南振兴提供细化尺度下的应对方案。

一、河南省城市构成、管理体制和县域构成

(一)“18个省辖市”的城市构成

一直以来，河南省就有18个市的说法，并且在河南省人民政府或者其他渠道也是这样宣传的。然而，济源的情况比较特殊，其属于省直辖县级行政单位。在国家认可和官方统计中，一直将济源列为县级市或者省直管县市，就造成了很多认知上的误解和统计计算上“麻烦”，所以很多研究以河南省17个地级市进行分析，这也不为过。具体而言，河南省包括郑州、开封、洛阳、平顶山、安阳、鹤壁、新乡、焦作、濮阳、许昌、漯河、三门峡、南阳、商丘、信阳、周口、驻马店和济源，这在《河南统计年鉴》有明确列出。

郑汴洛。虽然洛阳是河南省、中原城市群的副核心城市，但在统计时河南省一直将第二位列为开封，这在很大程度上是开封曾是河南的省会，1954年省会由开封正式迁往郑州的缘故。从对外认知看，郑州作为国家建设的中心城市、省会城市，以及郑州在交通区位上的中转优势，普通民众对其认知度较高。开封作为八朝古都、历史文化名城、驰名海内外的旅游城市，很多民众是通过其旅游底蕴、文化资源、历史积淀熟识的，还有些是通过“清明上河园”“开封府”“宋文化”“武侠城”“小吃”等了解到的，而关于其曾经的省会身份、工业发展的支撑、省内的地位等多数人并不了解，显示出很多民众对开封的了解还停留在形象宣传的表面上，缺乏深层次的多维度客观认知。洛阳作为河南省的副核心城市，其经济社会综合竞争力仅次于郑州，加之“十三朝古都”“国色牡丹”“重工业基地”“特色旅游”“唐文化”等多维度形象的影响，洛阳的对外综合形象是多维度，也体现出其在省内的地位。近些年，随着郑洛新国家自主创新示范区、郑汴洛高质量发展带等国家战略的出台，加上郑汴洛黄金旅游发展轴的综合影响持续提升，使得洛阳的副核心地位得到进一步巩固，从而提升了其在海内外的综合影响力。

安鹤濮。豫北的安阳，凭借其甲骨文的世界影响，以及曹操墓出土方式的“悬疑”影响，使得其在已有《周易》的发源地、红旗渠精神的发祥地等旅游资源支撑下，文化旅游的综合影响在人们心中加深了印象。然而，随着已有传统优势工业“安钢”“安彩”等企业的发展势头逐渐消退，安阳的工业支撑力度明显下降，产业的影响已没有“往昔”的辉煌地位。虽然近年来安阳实施创新驱动、城镇化引领等多维发展战略，但对外印象中的工业转型、新产业挖掘、产业链打造等依然在民众中的感知力不强，仍需进一步提升新型工业化融入经济高效发展的力度，提升其产业在国内的综合影响。鹤壁由于其地域范围小，加之其经济的综合影响力不强，其对外的影响主要停留“封神榜中的朝歌”“海绵城市试点”“载人航天设备”“全国智慧城市基础设施与智能网联汽车协同发展试点”等重大新闻宣传方面，其历史文化资源、先进的电子工业、干净亮丽的环境等方面的“名片”效应还没有出色地的展示出去，所以未来的重点依然是放在新型城镇化引领下的经济高效发展、创新驱动发展、数字赋能发展等方面，使其在高质量富美鹤城建设上取得系统性、突破性、标志性成果，在中原更加出彩中展示出更多亮丽的对外形象名片。濮阳作为中原城市群对外斜插入齐鲁大地的“金刚腿”，其在冀鲁豫“三角形”的区位综合优势和边缘化效应并存，是机遇也是挑战。濮阳对外虽有很好的文化资源支撑如“中华第一龙”“颛顼遗都”“帝舜故里”等，也获得国际国内等诸多反映其“卫生、宜居、生态”的有分量的奖励，但其核心对外影响可能是“中原油田”“高铁论证”等方面的认知。近年来，濮阳着力推进新能源、新材料、新化工产业链等新型工业体系打造，聚焦高质量发展，持续推动转型升级，但其产业的支撑力、在全国产业链中的地位等有待进一步提升，也需要增强其在全球价值链、产业链中的融入度。

新焦济。黄河以北的新乡，既是郑洛新国家自主创新示范区的重要组成部分，又是豫北的重要中心城市和郑州大都市区的拓展区，近些年新乡在科技引领发展、产业支撑产城融合发展方面取得了一系列成绩，从而为其向高层次产业结构转化奠定了基础。然而，新乡的对外形象仍然停留在工业城市以及“八里沟”“宝泉”旅游宣传方面，其历史文化底蕴、平原省[①]省会、产业转型发展等方面城市形象并未在普通民众当中形成深入认知。近两年，新乡在新冠肺炎疫情下的卫生材料贡献、“7·20 河南暴雨”下的民心精神凝聚使其有了更好的舆论形象，期望其在新理念、新动能、新支撑的引领下，坚持“两个高质量”，朝着“六个新乡”的奋斗目标迈进，早日建成社会主义现代化新乡。焦作是郑州大都市区西北方向的支撑区、中原城市群和豫晋交界地区的区域性中心城市，是国家知识产权试点城市和国家新型工业化示范基地，在交通优势支撑下，经济社会发展质量稳步提升，工业、现代服务业水平等方面均有了大幅提升。近年来，焦作将云台山作为对外形象的名片，辅以山水旅游、历史文化、特色资源、生态环境等方面的支撑，第一、二、三产业联动发展取得一系列成绩，产城融合建设提升了城市的综合服务能力和地区整体竞争力。可以说，作为河南省“山水”转型的代表城市，焦作已经实现了由煤炭资源型城市向现代服务业尤其是旅游业的转型，在中原城市群中的地位持续提升。可以预见，依托优越的交通区域条件和资源禀赋支撑，在创新驱动、开放带动战略的引领下，焦作市产城融合的成效必将进一步释放，“创新焦作、富裕焦作、出彩焦作”的发展目标也将早日实现。济源作为从焦作分离出来的城市，因其独特的资源优势和产城融合发展的示范带动效应，经济社会发展水平走在河南省的前列，甚至在人均 GDP、效益方面位居河南省第一位。当前，作为晋豫陕连通区域的重要城市，济源不仅在王屋山等景区宣传上具有一定的知名度，而且近些年在经济社会全面发展方面获得国家产城融合示范区、国家卫生城市、全域旅游示范区、全国文明城市、国家园林城市、全国绿化模范城市、国家可持续发展实验区、中国人居环境范例奖、中国国际化营商环境建设示范市等一系列荣誉，为其下一步的高质量发展奠定

---

① 中华人民共和国原省级行政区名，现已撤销

了坚实的基础。可以预见，在经济高水平发展的支撑下，济源市将进一步践行“工业强市、旅游富民、产城融合、城乡一体”的发展理念，加快“产业转型、生态建设、乡村振兴、推进治理体系和治理能力现代化”，进一步释放发展的活力，谱写出中原更加绚丽的豫西篇章。

许平漯。作为临近郑州的重要城市群地区性中心城市，许昌不仅是“三国”争霸中汉魏历史文化名城，而且是京广线上重要的交通和物流枢纽城市。近些年在郑许一体化的建设下，成为郑州大都市区的重要组成部分，在促进产城融合、交通一体、区域协同、城乡统筹发展等方面取得了一系列成绩，提出了建设具有全国影响力、竞争力的“智造之都、宜居之城”发展目标。然而，其经济社会发展的综合竞争力不足，转型发展之路依然面临着创新驱动引领不够、战略性新兴产业比重不高，现代服务业发展滞后，新旧动能接续转换较慢等现实问题。因此，在许昌“六个高地”的引领下，着力提升其在创新引领、产城融合、经济转型、社会统筹、城乡联动等方面的经济社会效应，是未来许昌高质量发展的必然选择。平顶山是河南中部的转型升级城市，近些年在进行文化资源开发、旅游品牌塑造、工业创新发展等方面进行了积极探索，并取得了一系列成绩。虽然其作为资源型“底子”的城市，突破了己二腈、智慧矿山、生物医药、输电储能等技术瓶颈，攻克了制约尼龙新材料、碳基新材料、高端装备制造等产业发展的一系列问题，新型功能材料产业集群纳入国家战略性新兴产业集群发展工程，成为国家产业转型升级示范区和国家农业绿色发展先行区，但其核心发展动能的支撑力依然不强，创新能力、开放水平和产业层次仍需大幅提升。未来平顶山应进一步提升经济转型的深层次变革，提高创新对经济增长的贡献，加快生态绿色化生产方式的应用升级，促进产业结构突破性转变，实现城市名片由资源型的“黑煤矿城”向生态宜居的“绿色新城”的转变，实现城市发展的生态化、绿色化、轻型化转变。漯河是国家和中原地区的食品名城，在对外的形象上有着重要的显示度，充分体现了其在工业品牌上的优势地位。近些年，作为中原地区的区域性交通枢纽城市、现代商贸物流中心、生态宜居城市，漯河在工业发展方面全力提升能级，坚持“三链同构”，着力延伸粮食产业链，提升价值链，打造供应链，实现了产业集群的优质培育、传统工业的转型升级和专业园区细分建设，不仅取得了一系列成效，还获得了全省首批新型智慧城市试点市称号。然而，产业发展转型升级、城市绿化亮化建设、生态宜居城市打造、智慧城市建设等对外印象并没有太多体现，因此，漯河在未来应进一步提升新型工业化水平，坚持创新驱动、产城融合、城乡一体、协调发展、绿色示范、开放带动、共建共享的发展模式，完善产业生态、提升城市颜值、培育更多增长点、创造更优公共服务，现实主导产业的多维创新发展和现代服务业的高质量成长。

商周。商丘不仅是豫东地区的门户城市，更是豫鲁苏皖地区联动和交界区域的中心城市。近年来，伴随着高铁引领下的全国综合交通枢纽打造和经济社会发展水平提升，商丘市着力推进产业的升级转型和创新城市打造，城市改建和提质等工程不断深入，现代服务业水平不断提升，乡村振兴战略深入推进，商丘市城乡面貌焕然一新，其谋划的国家区域中心城市建设目标逐渐实现。然而，作为历史文化名城、中华文明的发祥地，商丘引人注意的还是其“商文化”和具有地域特色的“归德古城”，其产业发展的特色、城市竞争力等对外宣传名片在民众心中的印象依然不强。因此，未来商丘市应进一步提升创新驱动的活力，着力提升实体经济发展水平并构建具有主导产业和战略性新兴产业支撑的现代产业体系，提升城镇的综合承载力，形成新型城镇化与乡村振兴联动发展的新局面。周口是黄淮平原腹地的城市，经济社会发展水平在河南省处于相对不高的状态，加上市区范围较小，对整个管辖区的辐射带动作用不强，因此在豫东地区的综合影响力不强。普通民众对周口认知，多数停留在“伏羲故都、老子故里”等历史古迹的文化和旅游上，经济发展的质量表征、社会各项事业发展水平等对外的展示还没有引起足够的效果。此外，周口还存在产业层次不高、经济转型升级慢、新兴产业占比不高、产城融合不够等诸多问题，也缺乏有投资产出效果、重大项目支撑，因此未来的重点依然是现代产业体系的构建和优势产业集群的打造。伴随着淮阳县变成淮阳区，市区的面积有所提升，应进一步发挥中心城区的带动作用，提升城镇化质量和乡村振兴的支撑力，为周口市加速推进高质量跨越发展、打造全省新的经济增长极提供地区性中心城市支撑

驻信南。驻马店是豫南地区重要的地区性中心城市，其经济社会各项事业稳步提升，经济转型逐步实施，城乡基础设施建设水平不断提升，经济发展取得了一系列成效，带动了所辖区域发展质量的逐步提升。然而，地区基础发展支撑较弱、产业支撑的核心竞争力不强，加上中心城区的辐射带动力不足，因此驻马店整体的经济发展实力和综合竞争力在河南省处于相对不高的位次。虽然近些年驻马店着力构建现代产业体系，着力打造“千亿级”“百亿级”特色产业集群，着力提升创新水平和构建现代化产业链，但始终面临着发展基础薄弱、区域支撑力不强、产业结构层次较低、城乡联动步伐慢等现实问题，因此在未来的区域竞争力提升方面，要抓住中原城市群、大别山革命老区振兴、淮河生态经济带建设等战略的叠加效应，进一步聚焦经济强市、

文化旅游强市、开放强市等发展目标，提升城镇化的发展质量和城市—区域的综合组织，实现经济高质量发展的系统动力形成，加快城乡融合发展体制机制的建立，促使新型城镇化与农业农村现代化的耦合交织力进一步增强。信阳是中原城市群南部的门户城市和地区性中心城市，是南北、东西经济文化交流的重要连接通道，处于中原城市群、武汉城市圈、皖江城市带、淮河生态经济带等多个国家级经济增长板块结合部和京广、京九"两纵"经济带的腹地，对促进中原城市群的外部交流具有重要的整合作用。然而，受地区发展的基础实力、边界效应、区域联动机制等方面的影响，信阳的对外印象主要是山水特色、红色文化、林木资源、茶艺文化等，缺乏经济高质量发展的动力支撑和城市功能提升的地区竞争力支撑，导致城市可持续发展的综合潜力并不是很强。因此，在未来的发展中，信阳要进一步发挥创新的引领作用，提升经济发展的现代化新型产业支撑，提升经济生态化的"内在"效益，促进区域协同的综合效能激发，全力推进革命老区振兴，促进高质量发展势能加速汇聚，从而加快城乡发展的一体化和区域协调发展步伐，带动城市发展品质持续提升。南阳是豫西南的地区中心城市，与襄阳联系紧密，共处于南襄盆地的承载区，凭借"地广人多"的基础优势，经济社会发展水平稳步提升，在城市建设、文化开发、旅游宣传、生态建设等方面取得了一系列成效。然而，南阳给普通民众留下最多的印象还是南水北调工程的陶岔渠首、沿线美景，丰富的历史文化资源如"医圣""武圣"等，八百里伏牛的壮美生态等，但经济发展尤其是人均经济发展水平方面在河南省还是处于相对不高的状态。近些年，南阳在产业结构优化、优势产业集群打造方面，加强了创新驱动的引领、战略性新兴产业的支撑、主导产业的塑造，着力打造了装备制作、绿色产业为支撑的千亿级产业集群，着实为地方经济高质量发展贡献了南阳力量。虽然南阳区域面积大、人口众多，但是经济社会发展的实力支撑还远不够拉动区域本身以及与湖北邻近区域的一体化发展，因此在未来的建设重点上，要进一步围绕省域副中心城市的建设目标，强化"5（创新高地、经济高地、开放高地、文化高地、生态高地）+1（幸福美好家园）"的发展理念，主动融入区域发展的新格局，为促进豫南地区谱写更加绚丽的篇章贡献力量。

三门峡。作为豫西的门户城市，三门峡是黄河流域生态保护与高质量发展带、"一带一路"倡议陆上经济带、国家新型城镇化北方横轴等的重要节点城市，在新时期抢抓机遇，强动力、促转型，实现了经济社会发展水平的稳步提升。而在对外的宣传印象上，三门峡留给多数普通民众的是"人门、神门、鬼门"的名称由来、三门峡水利枢纽工程和旖旎的自然风光。近年来，三门峡以黄河流域生态保护和高质量发展战略为统领，促进矿产型资源城市转型发展，促进优势产业的创业产业链延伸，推进“百千万亿”生态治理工程实施，统筹山水林田湖草沙综合治理，有力地促进了“三生空间”的优化和地方生产力水平的提升。由 2020 年三门峡的相关经济发展指标可知，高成长性制造业、高新技术产业、高技术产业增加值增的速分别达 13.7%、10.0%、7.3%，均高于规模以上工业增速，全社会研发投入强度达到 1.5%，保持了质效齐升的良好态势。然而，受资源城市的“底子”制约和经济社会转型的“路径”依赖影响，城乡发展虽然有力推进了城市能级提升、旧城提质改造、老区改造等，但城乡联动的效果依然不佳，新型城镇化与乡村振兴的耦合力依然不强。因此，在未来的发展中，三门峡应进一步贯彻其政府工作报告中提出的“十四五”规划的发展理念，以黄河流域生态保护和高质量发展战略为统领，以推动高质量发展为主题，以深化供给侧结构性改革为主线，以改革开放创新为根本动力，以满足人民日益增长的美好生活需要为根本目的，聚焦建强省际区域中心城市，统筹发展和安全，提升“五彩三门峡”“三地五中心”建设水平，加快建设现代化经济体系，服务构建新发展格局，以党建高质量推动发展高质量，加快市域社会治理现代化，确保全面建设社会主义现代化三门峡开好局、起好步。

(二)“18+10”的管理格局

从河南省以“市”冠名的城镇看，主要包括地级市和县级市两类。其中地级市为 17 个，如果将济源市也列入“副地级市”，也就是现在河南省各项统计的“18”个。再次强调下，济源市是省直管县级市，一般可将其称为“省辖市”，但其在实质上并不是地级市，这在相关的国家级、省级统计年鉴上有明确说明。除去济源市，河南省县级市包括 21 个，分别是郑州的巩义市、荥阳市、新密市、新郑市和登封市(5 个)；洛阳的偃师市(1 个)；平顶山的舞钢市和汝州市(2 个)；安阳的林州市(1 个)；新乡的卫辉市、辉县市和长垣市(3 个)；焦作的沁阳市和孟州市(2 个)；许昌的长葛市和禹州市(2 个)；三门峡的义马市和灵宝市(2 个)；南阳的邓州市(1 个)；商丘的永城市(1 个)；周口的项城市(1 个)。然而，从河南省的实际管理体制看，并不是“18+21”，而是“18+10”，这与河南省的省直管县体制改革密切相关。

从发展历程看，河南省的省直管体制改革经历了三个主要的阶段：第一个阶段是 2004—2005 年的初步探索阶段，先后赋予巩义、永城、项城、固始、邓州 5 个县(市)省辖市经济管理权限和部分社会管理权限，赋予新密等 30 个县(市)省辖市的部分经济管理权限。第二个阶段是 2006—2020 年的快速推进阶段，赋予中牟与巩义等 5 个县(市)相同的权限、新增栾川等 25 个县(市)享受与省辖市相同的经济管理权限和部分社会管理权限。第三个阶段是 2011 年以来的全面省直管阶段。2010 年，中央机构编制委员会办公室确定全国 8 个省(自治区)的 30 个县(市)进行省直管县体制改革试点，进一步为地方行政体制改革积累经验。2011 年 5 月，中共河南省委、河南省人民政府联合下发《关于印发河南省省直管县体制改革试点工作实施意见的通知》(豫发〔2011〕7 号)，开始在巩义市、兰考县、汝州市、滑县、长垣县、邓州市、永城市、固始县、鹿邑县、新蔡县等 10 个县(市)全面推行行政“省直管县”体制改革的试点工作。2013 年底，河南省委省政府出台了河南省深化省直管县体制改革实施意见(豫发〔2013〕12 号)，决定从 2014 年 1 月 1 日起，巩义等 10 个县(市)全面实行由省直接管理的体制。近年来，在市管辖和省直管县体制的管理下，河南省的各项统计逐渐转变为“18+10”的局面，具体可以看河南统计年鉴的各项统计，为探索新时代具有地域特色的省、市、县管理体制改革提供了支撑。

(三)“一百零八将”的县域经济构成

2014 年《国家新城镇化规划(2014—2020 年)》出台之时，河南的行政区划就包括 87 个县、21 个县级市，笔者经常对学生讲这个数字，以了解河南省县域单元的基本数量。2015 年以来，逐渐有县并入市区，使得河南省县域层次的个数发生了变化，截至 2019 年，河南省的行政区划包括 83 个县、22 县级市，也就是 105 个县级层次单元。其间，变化的单元主要是三门峡的陕县变化为陕州区，许昌的许昌县变为了建安区，周口的淮阳县变化为淮阳区，新乡的长垣县变化为长垣市。可以发现，变化主要是市带县变为了市辖区，而这些刚“升为”区的县依然多以农业为主，城镇化的进程并没有实质性的迅速落实，因此本章在进行县域经济评价时，依然以“108”个县域单元进行评价，以深入了解中原城市群县域尺度下经济发展水平的差异。而在已有的全国县域经济评价中，在全国排名靠前并没有几个，如第十二届全国县域经济与县域基本竞争力百强县(市)中仅有巩义、新郑、新密和永城。因此深入地研究中原城市群内部县域经济的差异，了解其空间结构的构成特点，有利于为地域空间结构的优化提供支撑。

二、河南省“十八罗汉”的可持续发展水平

(一)评价理念

关于城市可持续发展的评价指标体系众多，包括前面章节也有涉及，不

同的学者看法不一。考虑到指标体系的科学性、可比性、持续性和效度，本章节不再构建新的指标体系，采用《河南省城市可持续发展报告》中的指标体系。该指标体系由美国哥伦比亚大学地球研究院郭栋教授和河南大学中原发展研究院耿明斋教授提出，已持续开展多年。项目通过研究论证，提出一套涵盖经济、环境、社会和制度治理等多维度多层次的河南省可持续发展指标（见表 17-1、表 17-2、表 17-3 和表 17-4）。由于近几年的评价体系和结算结果差距不大，本章选择 2018 年城市得分排名和可持续水平的空间结构进行分析，以透视不同城市发展水平的差异。

表 17-1 环境类指标

一级指标	二级指标分类	二级指标	二级指标权重	三级指标权重	三级指标	三级指标性质
环境（28.71%）	消耗程度（环境污染）（15.49%）	淡水消耗	3.69%	1.845%	人均日生活用水量	负
				1.845%	规模以上工业企业取水总量	负
		固体废弃物产生	3.01%	1.520%	一般工业固体综合产生量	负
				1.520%	城市生活垃圾清运量	负
		能源消耗	4.35%	1.450%	万元 GDP 能耗	负
				1.450%	全社会用电量	负
				1.450%	城市居民天然气消耗量	负
		空气质量	4.41%	1.470%	烟（粉）尘排放量	负
				1.470%	二氧化硫排放量	负
				1.470%	氮氧化物排放量	负
	保护水平（环境保护）（11.76%）	治理投入	3.40%	1.700%	一般公共预算技能环保支出占总支出比	正
				1.700%	单位 GDP 能耗降低率的绝对值	正
		土地可持续利用	5.38%	2.690%	城市建成区绿化覆盖率	正
				2.690%	全市每平方公里产出的生产总值	正
		废水治理	2.98%	1.490%	单位 GDP 废水排放量	负
				1.490%	城市污水处理率	正

表 17-2　经济类指标

经济（25.46%）	增长潜能（15.79%）	产业结构合理	4.63%	2.315%	规上工业增加值占第三产业生产总值比重	正
				2.315%	第三产业占 GDP 比重	正
		经济增长潜能	7.10%	3.550%	每平方公里 15~64 常住人口数	正
				3.550%	全市研究与试验发展研究（R&D）人员占常住人口比重	正
		产业附加值水平	3.38%	1.690%	各市城镇单位从业人员平均工资	正
				1.690%	各市规模以上工业企业成本费用利润率	正
	存量水平（9.49%）	经济发展水平	5.49%	2.745%	人均产值	正
				2.745%	GDP 增长率	正
		存量水平	4.86%	2.430%	人均固定资产投资额	正
				2.430%	人均居民人民币储蓄存款余额	正

表 17-3　社会类指标

社会（26.96%）	服务类（6.46%）	交通运输	2.81%	1.405%	公路线路总长度	正
				1.405%	公路每公里运货量	正
		养老服务	1.68%	1.680%	养老保险覆盖率	正
		电信设施获取度	1.97%	1.970%	移动电话用户+国际互联网用户占常住人口比重	正
	文化类（5.82%）	文化设施（文化馆所）	4.05%	2.025%	健身场地设施数	正
				1.845%	公共图书馆个数	正
		文化规模（公共文化活动）	1.77%	0.885%	文化服务企业营收收入	正
				0.885%	国内旅游人次	正
	资源类（9.53%）	能源获取度	2.76%	1.380%	人均天然气供气量	正
				1.380%	城市人均用电量	正
		水源获取度	1.57%	1.570%	居民家庭用水占供水总量的占比	正
		教育获取度（教育）	2.74%	1.370%	普通高中在校学生数占常住人口数比重	正
				1.370%	人均教育经费	正
		卫生（卫生设施）	1.67%	1.670%	人均医院床位数量	正

续表

社会（26.96%）	保障类（7.16%）	安全	2.46%	0.820%	财政预算赤字	负
				0.820%	万人火灾事故数量	负
				0.820%	万人刑事案件数量	负
		贫困保障（贫困）	1.61%	1.610%	城市居民最低生活保障人数占城镇常住人口比重	正
		就业	1.64%	1.640%	城镇人口失业率	负
		住房保障	1.45%	0.725%	工资房价比	正
				0.725%	人均住房保障支出	正

表 17-4　治理类指标

治理（18.87%）	治理（18.87%）	透明度	4.39%	4.390%	人均政府信息依申请和主动公开数量	正
		政府效率	6.22%	3.110%	行政事务支出占 GDP 比重	负
				3.110%	各市实际利用外资占 GDP 比重	正
		制度公平	4.79%	2.395%	私营经济和个体经济从业人员占城镇从业人员比重	正
				2.395%	国企和私营企业平均工资差距	负
		公民参与度	3.87%	1.935%	常住人口人均申请政府信息公开数	正
				1.935%	万人工会受理职工举报件数	正

（二）评价方法

《河南省城市可持续发展报告（2019）》中采用的评价方法是主客观计算获得综合权重后，计算标准化的结果进行分析。究其原因，在主观确定指标权重外，数据本身方面存在的差异也在一定程度上反映某项指标对城市发展的意义。例如，某项指标保持相对稳定，则说明该指标内部差异较小对整体的贡献不是很大，但其是历史积累的结果。基于此，该报告在采用可持续发展指标主观赋权法的基础上，参照中国国际经济信息中心的研究方法，用数据排位标准差的方法确定指标权重。之后通过主观赋权法和排位标准差相结合的方法，确定各个指标的综合权重。

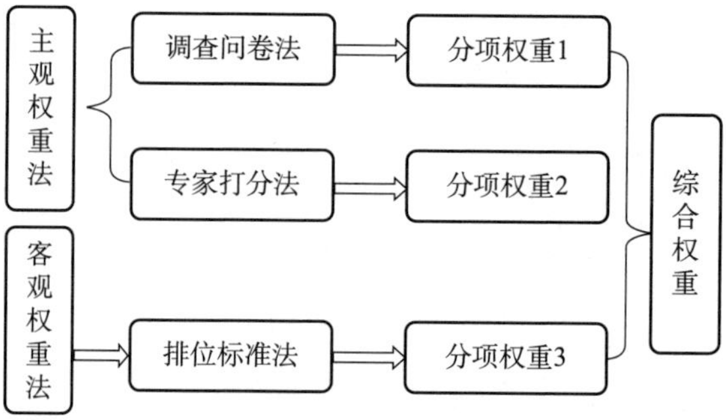

图 17-1　可持续发展指标权重方法示意

资料来源：《河南省城市可持续发展报告(2019)》。

(三)计算结果

1. 总体排名与空间格局

从计算结果看(见图 17-2)，郑州市排名第一，显示出综合实力在中原地区的核心影响力；排名第二、第三、第四的分别是许昌市、洛阳市和焦作市，围绕在郑州市周边，体现出核心区综合实力的强劲和构建郑州都市圈的重要性。进一步观察发现，省内中部、西北部的经济发展地区，综合发展水平也位居前列，与其他传统的资源型城市、工业型城市相比，拥有更好的经济社会发展支撑和环境保障。近些年，以郑州为核心河南省着手郑州大都市区、郑洛西高质量发展带的建设，带动了临近区域的整体实力提升，经济社会呈现较好的发展势头，为国家中心城市建设提供了有力保障。从现实情况看，西北部城市如洛阳、焦作、济源等虽然经济发展水平较高，但资源型依赖、环境影响承受压力一直存在，面临着较大的经济转型和环境治理问题；南部、东南部的城市受自身经济实力弱的影响较大，加之产业升级、创新发展的后劲不足，因而整体发展的综合实力不强，形成经济发展的低值连绵区，与已有的研究结论类似；北部的城市当前面临着水资源、土地资源的生态压力和缺乏可持续发展动力，也亟须进一步转型升级、培育绿色发展，提升经济社会发展的资源承载力。

2. 分维差异与形成原因

从环境维度看(见图 17-3)，排名前四分别是漯河市、鹤壁市、濮阳市和许昌市，虽然地域管辖范围不大，经济综合发展水平也并不是非常靠前，但这些城市重视城市绿色环境的营造、产业的绿色转型和整体的环境治理，加上经济发展可持续发展维度较好，因而环境治理较好。正如《河南省城市可持

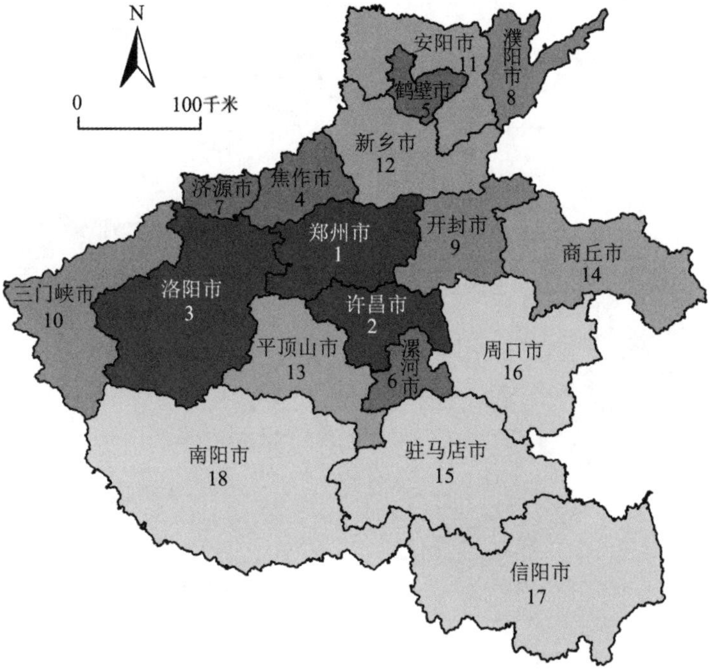

图 17-2 2018 年河南省城市可持续发展综合排名

续发展报告(2019)》所述，鹤壁市废气和生活垃圾排放量显著较低，环保支出占财政支出的比重也相对较高；漯河市产业以食品加工等轻工业为主，工业固体废弃物和废气排放量较少，生产对环境没有显著的负面影响；虽然濮阳市的烟尘级二氧化硫排放量较低，且得分较高，但人均日生活用水量显著过高；许昌市的废水排放总量较低，且在环保支出上投入较大。而排名处于后四位的分别是安阳市、平顶山市、郑州市、新乡市，这些城市经济发展实力较强，所依赖主导产业和支柱产业主要是一些重工业或者说资源型产业，环境治理虽有整体性改善，但牺牲了一部分环境效益，因而城镇化、工业化和绿色化的匹配度不高，环境维度的得分相对较低。亦如《河南省城市可持续发展报告(2019)》所述，安阳市的主要问题是生活用水耗费程度较高，并且企业生产耗能相对较高；平顶山市作为煤炭生产基地，过去大量开采煤矿，形成瓦斯气、煤矸石、尾矿池等工业废弃物，给环境保护带来了巨大压力；新乡市、郑州市有较多的产业园区，主要问题是废水排放和污水处理指标都较差，天然气用量和社会用电量也居高不下。

从经济维度看(见图 17-4)，郑州市、许昌市、洛阳市无疑是中原地区经济发展的高水平区，这些区域地理区位优势明显、产业转型快、工业和现代

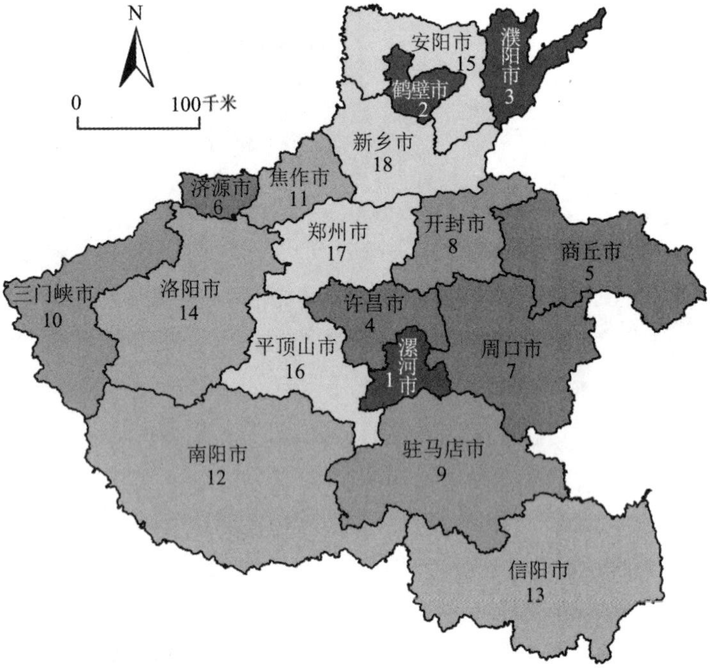

图 17-3　2018 年河南省城市环境可持续发展指数排名

服务业的支撑力强，加上新型城镇化、新型工业化的有序推进，因而经济发展的韧性和可持续均较强。正如《河南省城市可持续发展报告(2019)》所述，郑州市作为河南省省会，在经济转型升级方面走到了全省前列，增长潜能较高，而长期以来郑州作为河南省经济中心资本存量较高，为郑州市的经济发展奠定了良好的基础，其劳动人口密度、人力资本存量、城镇从业人员平均工资、第三产业产值占 GDP 比重、居民人民币储蓄存款余额等指标为其主要优势指标，显著高于其他城市。近年来许昌市制造业发展较好，整体效率较高，良好的营商环境为其民营企业的发展带来了契机。在现代工业转型持续向好和民营企业实力支撑的情况下，其经济增长的速率、规模以上工业增加值占第二产业生产总值比重均在全省层面占优，使得许昌市的经济发展质量走在了全省的前列。洛阳市作为河南省的副核心城市和重要的工业城市，装备制造、能源电力、石油化工、新材料、硅光伏及光电等五大支柱产业占规模以上工业总量的比重达到了 71.5%，新能源、节能环保、生物医药、电子信息等战略性新兴产业也是呈快速蓬兴之势。在创新引领的驱动下，洛阳市的 GDP 增长率、人力资本存量、城镇从业人员平均工资、第三产业产值占 GDP 比重等指标为其主要优势指标，显著高于其他城市。经济发展水平较弱的是周口市、驻马店市、南阳市和信阳市，与已有的东南部低值区连片分布结论类似。可以发现，这些区域的基础实力较弱、地理区位优势不明显、工业支撑力不强、现代农业转型力度不够，因此整体的经济发展实力不强。正如《河南省城市可持续发展报告(2019)》所述，驻马店市在居民人均固定资产投资、人均生产总值及城镇单位从业人员平均工资等指标方面处于劣势；南阳市地处河南省南部，农业产值比重高、多山地丘陵地貌、内部交通受限，缺乏科研机构支撑；信阳市弱势在于位置偏远，缺乏有效的产业支撑，规模以上工业企业增加值在第二产业产值当中占比较低，产业集聚度和规模化水平相对低。

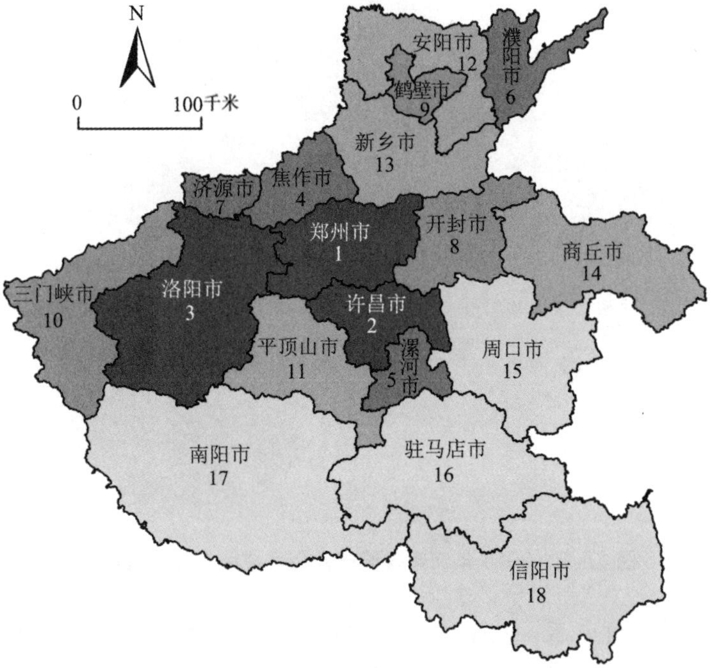

图 17-4　2018 年河南省城市经济可持续发展指数排名

从社会维度看(见图 17-5)，排名靠前的是郑州市、洛阳市和安阳市，这些城市在基础设施建设、公共服务建设、智慧化设施建设等方面均走在前列，体现出经济社会共同提升的良好局面。正如《河南省城市可持续发展报告(2019)》所述，郑州市的优势在于交通运输和养老服务，其作为全国的现代化立体交通枢纽，四通八达的交通线贯穿着郑州市整个城区，另外郑州市的养老保险覆盖率一直处于全省第一；洛阳市在文化类领域整体排名一直处于省内首位，体现出其文化、旅游等现代服务业在全省的引领作用；安阳市的电信设施获取度和能源获取度在全省范围内处于前列，尤其是 2018 年，其天然气平均人口的供应量全省第一。而从排名靠后的城市看，主要是濮阳市、鹤壁市和漯河市，这些城市的公共服务设施提升、文化类产业建设、资源类指标均值等相对不高。亦如《河南省城市可持续发展报告(2019)》所述，濮阳市服务类和文化类指标排名靠后；鹤壁市同样是文化类维度表现较差的城市，无论是健身场地设施还是图书馆的数量，都处于一个较低的水平；漯河市的服务类和资源类指标较为落后，其中人均天然气用气量指标是明显的短板。

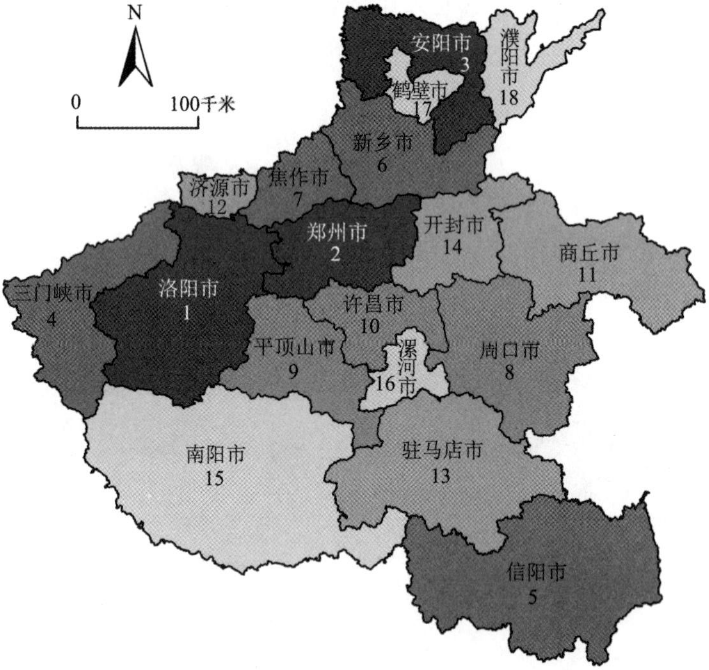

图 17-5　2018 年河南省城市社会可持续发展指数排名

从城市治理维度看(见图 17-6)，发展水平较高的是西部和北部的鹤壁市、焦作市和洛阳市，体现出三个城市在政府工作流程、重要信息公示、公民参与决策等方面工作做得较好，也体现出政府工作透明度、政府效率、制度公平程度，以及公民参与度都相对较高。从具体的指标看，鹤壁市、焦作市和洛阳市三个城市在信息公开数量占常住人口比重、行政事务支出占 GDP 比重和实际利用外资占 GDP 比重相对较高。正如《河南省城市可持续发展报告(2019)》所述，鹤壁市的优势体现在政府工作效率方面，实际利用外资占 GDP 比重显著高于其他城市；焦作市的行政事务支出占 GDP 的比重，以及工会受理职工举报件数也相对较高，说明焦作市有较高的政府效率和公民参与度；洛阳市的透明度、政府效率，以及公民参与度在省内处于领先地位。而表现较差的是南部、东部的驻马店市、南阳市、商丘市和周口市，呈连绵分布的态势。正如《河南省城市可持续发展报告(2019)》所述，南阳市、驻马店市的透明度以及政府效率处于较低水平，具体为信息公开数量占常住人口比重、实际利用外资占GDP比重较低；商丘市除制度公平指标之外其余指标表现较差，为信息公开占常住人口比重、行政事务支出占GDP比重、实际利用外资占GDP比重、申请事项人数占常住人口比重、工会受职工举报件数等指标靠后；周口市的透明度和公民参与度处于全省最低水平，其中，信息公开数量占常住人口比重、申请信息公开人数占常住人口比重、工会受理职工举报件数得分均落后于全省平均水平。

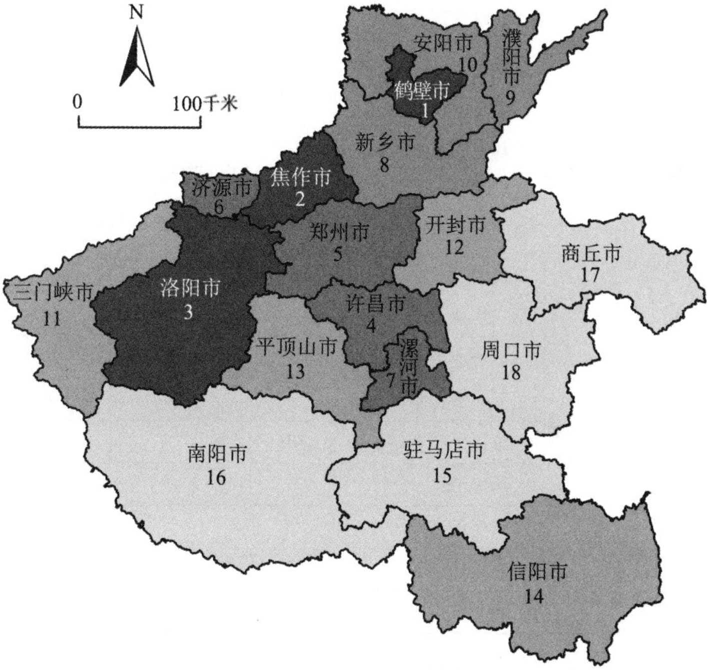

图17-6　2018年河南省城市治理可持续发展指数排名

三、河南省“一百零八将”的经济综合发展水平

(一)评价理念

关于县域经济评价的指标体系较多，也有相对成熟的全国县域经济排行榜，如工信部赛迪顾问县域经济研究中心发布的《2021中国县域经济百强研究报告》，由中国社会科学院财经战略研究院发布的《中国县域经济发展报告(2020)》，中郡研究所发布的《2020县域经济与县域发展报告》等。考虑到河南省县域经济的特点，结合上述相关研究成果的指标选择依据，同时考虑到

数据的可获取性，本节重点基于经济高质量发展的视角，分别从经济总量、经济速度、经济结构与经济质量 4 个方面选取 18 个指标，构建河南省县域经济的综合评价指标体系(见表 17-5)。

表 17-5 河南省直管县与非直管县经济发展综合评价指标体系

目标层	准则层	指标层	单位	权重
经济综合发展评价	经济总量	GDP 总量	万元	0.0790
		全社会固定资产投资总额	万元	0.0286
		社会消费品零售总额	万元	0.0250
		公共财政预算收入	万元	0.0790
		规模以上工业增加值	万元	0.0386
	经济速度	GDP 增长率	%	0.0668
		全社会固定资产投资额增长率	%	0.0767
		社会消费品零售额增长率	%	0.0430
		公共财政预算收入增长率	%	0.0308
		规模以上工业增加值增长率	%	0.0326
	经济结构	第二产业占 GDP 的比重	%	0.1033
		第三产业占 GDP 的比重	%	0.0731
		从业人数比重	%	0.0269
		规模以上工业增加值占 GDP 的比重	%	0.0467
	经济质量	人均 GDP	元	0.0863
		城镇居民人均可支配收入	元	0.0610
		农民人均纯收入	元	0.0513
		财政收入占 GDP 比重	%	0.0513

(二)权重确定

指标权重是经济指标在整个综合评价体系中重要性所占的比重。指标能够反映评价对象的经济状况，由于每个指标的重要性程度不同，确定指标的权重成为构建科学合理的经济发展评价指标体系的重要组成部分。常用的指标权重确定方法包括德尔菲法、层次分析法、主成分分析法、熵权法等，层次分析法是将与决策相关的元素分解成目标、准则、方案等层次，在此基础上进行定性与定量的决策分析，利用层次分析法可以准确地确定具体的评价指标体系以及各级指标的权重，降低传统工作中确定权重过程中的随意性和主观性的成分，确保评价结果的客观性和公正性。该方法具有对变量赋权系统灵活，且具有实用性的优点(苗长虹、赵建吉，2020)，在各种经济评价研究中指标赋权时应用广泛。

层次分析法(Analytic Hierarchy Process)，简称AHP，在20世纪70年代由美国匹兹堡大学教授托马斯·塞蒂(T. Saaty)正式提出，其基本思想就是先对元素之间进行“两两比较”，然后再对这些元素的整体权重进行排序判断，最后确定各元素的权重(邓雪、李家铭、曾浩健等，2012)。按照上述方法进行测算，结合《省直管县体制改革的探索与评价——以河南省为例》的前期研究成果，最终得到河南省县域经济综合评价指标的各权重值，结果见表17-5。

(三)评价方法

1. 数据处理

采用极大化方法进行数据标准化处理，该方法考虑到指标值的差异性，对数据处理之后各值的分布仍与相应原X值分布相同，适用于呈正态分布或非正态分布指标值的无量纲化，具体公式如下：

$$e_i=\frac{x_{ij}}{\max(x_j)}(i=1,\ 2,\ \cdots n;\ j=1,\ 2,\ \cdots m) \tag{17-1}$$

式(17-1)中：e_i的范围在0~1之间，x_{ij}为指标值。

2. 综合指数法

依据上述分析，本研究采用综合指数评价法对河南省直管县与非直管县经济发展状况进行综合评价，具体公式如下：

$$E=E_tW_t+E_jW_j+E_zW_z \tag{17-2}$$

$$E_tW_t=e_{t1}w_{t1}+e_{t2}w_{t2}+....e_{t5}w_{t5} \tag{17-3}$$

$$E_sW_s=e_{s1}w_{s1}+e_{s2}w_{s2}+.....e_{s5}w_{s5} \tag{17-4}$$

$$E_jW_j=e_{j1}w_{j1}+e_{j2}w_{j2}+.....e_{j5}w_{j5} \tag{17-5}$$

$$E_zW_z=e_{z1}w_{z1}+e_{z2}w_{z2}+.....e_{z5}w_{z5} \tag{17-6}$$

式(17-2)、(17-3)、(17-4)、(17-5)、(17-6)中，E、E_t、E_j、E_z分别为经济综合值、经济总量、经济结构与经济质量的值，W_t、W_s、W_j与W_z为经济总量、经济速度、经济结构与经济质量的权重值，e_{ti}、e_{si}、e_{ji}、e_{zi}为指标的标准化值，w_{ti}、w_{si}、w_{ji}与w_{zi}为指标的权重值，考虑到经济发展速度的不稳定性，本研究从经济总量、经济结构与经济质量三个方面计算经济综合值。

(四)结果分析

根据河南省县域经济的指标数据，对河南省108个县域单元和18个市区(考虑到研究单元对等和地域范围相近，也将其作为评价单元)进行评价，按照自然断裂点法进行分类(见图 17-7)。高水平区数量有 12 个，占比为 9.5%，分别是郑州市区、新郑市、荥阳市、巩义市、中牟县、长葛市、洛阳市区、济源市、新安县、孟州市、偃师市和新密市，呈现出以郑州市区、洛阳市市区沿陇海发展轴向西北延伸的状态，小范围连绵集聚效应明显。从高水平县域经济的构成单元看，主要为实力强劲的县级市，经济发展的基础支撑好，加上以郑州市区、洛阳市区为核心的外围辐射和近域带动影响，城镇化与工业化耦合谐振，经济高质量发展且稳步提升，一直走在河南省县域经济振兴发展的前列。中高水平区数量为 31 个，占比为 24.6%，分别是淇县、沁阳市、登封市、渑池县、林州市、义马市、温县、禹州市、孟津县、西峡县、博爱县、漯河市区、修武县、武陟县、鹤壁市区、新乡市区、长垣市、建安区(许昌县)、伊川县、汝州市、汤阴县、许昌市区、灵宝市、临颍县、栾川县、永城市、新乡县、濮阳市区、信阳市区、安阳市区、平顶山市区。从空间分布看，主要分布以郑州市区、洛阳市区为核心的高水平区周边，形成中高、高水平区在中部、中西部集聚的连绵分布态势，体现出县域经济与市域经济一致的空间分布特征；部分分布在北部以鹤壁市区、安阳市区、林州市为支撑的区域，形成小范围的空间集聚特征；小部分分布在外围区如永城市、信阳市区、灵宝市、西峡县、长垣市等，主要是具有县域经济特色的工业强市。中等水平区数量为 37 个，占比为 29.4%，包括尉氏县、襄城县、濮阳县、陕州区、三门峡市区、范县、兰考县、开封市区、辉县市、鄢陵县、鄢陵县、驻马店市区、清丰县、宝丰县、汝阳县、遂平县、浚县、延津县、南阳市区、南乐县、内乡县、洛宁县、鹿邑县、舞钢市、宜阳县、舞阳县、新野县、镇平县、商丘市区、西平县、获嘉县、新县、桐柏县、原阳县、确山县、郏县、焦作市区、方城县。该类型区域主要分布在高、中高水平区周边，部分依托陇海、京广发展轴延伸，呈现小范围集聚特点。值得一说的是，在豫南，以南阳市区为核心形成小范围的连绵态势，体现出南阳县域经济中心辐射特点。中低水平区数量为 29 个，占比 23.0%，分别是杞县、项城市、通许县、台前县、开封县、嵩县、郸城县、沈丘县、泌阳县、民权县、虞城县、平舆县、邓州市、周口市区、南召县、淮滨县、扶沟县、内黄县、夏邑县、社旗县、淅川县、太康县、固始县、商城县、上蔡县、滑县、唐河县、宁陵县和睢县。低水平数量为 17 个，占比为 13.49%，分别是息县、安阳县、柘城县、汝南县、潢川县、淮阳区、新蔡县、西华县、罗山县、商水县、叶县、卢氏县、封丘县、正阳县、鲁山县、光山县、卫辉市。从空间分布看，中低水平区、低水平区主要分布在河南省南部、东南部外围区，大范围连绵分布态势非常明显，与已有的市域经济、“双略”耦合、“六化”协调等分布类似，体现出该区域应继续提升经济发展的总体实力，加快产业转型，寻求新的突破口，实现以“点”带“面”、中心—外围式的全面发展。

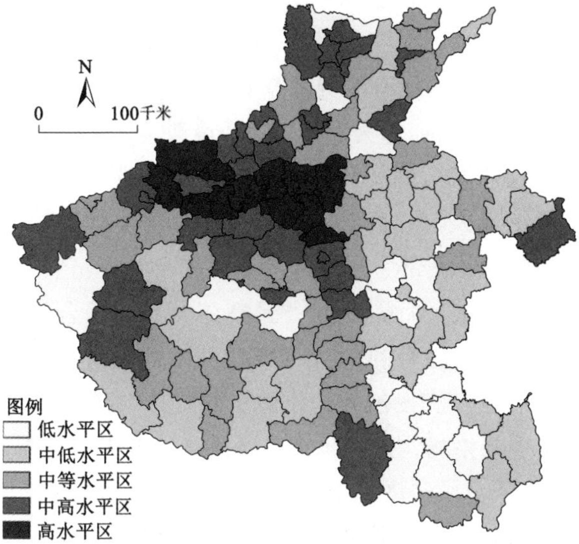

图 17-7 2018 年河南省城市治理可持续发展指数排名

四、小结

在进行经济社会发展水平评价时，人文—经济地理学者、区域经济研究者等倾向于进行发展水平评价且排列顺序不一，有时候也会引起争论，但最终目的都是为了找到短板提升其可持续发展水平。由于研究视角不一、研究侧重点不同，且学者之间的评价结果也相互“打架”，所以普通民众看到各种城市排名、县域经济排名要么“图个新鲜”，要么“看个热闹”，要么“找找自己家乡”，总之不是那么正式了。本章之所以通过已有相对成熟的城市可持续发展综合水平进行评价，是因为已有的城市竞争力评价太多了。河南省的“十八罗汉”中郑州位居前列，充分显示出其在河南省、中原城市群的核心地位和全省引领作用，也期待其能够进一步发挥综合优势，带动中原地区的城市—区域综合发展。排名第二、第三、第四的分别是许昌市、洛阳市和焦作市，与已有的洛阳处于第二位的副核心地位有所不符，可能与选择的指标涉及环境、经济、社会、环境诸多方面有关。如果单纯以经济发展实力、转型发展步伐、未来发展潜力而言，洛阳市的副核心城市地位应该没有大问题，因此，洛阳市应加强社会方面的统筹建设，促进环境的改善、民生福祉的提升、社会质量的现代化等与经济发展相适应，走一个高质量的多维协同道路，从而巩固其在河南省、中原城市群、中原经济区的副核心城市地位。无论如何，许昌市、洛阳市和焦作市作为第二等级城市，围绕在郑州市周边，体现出组建现代化郑州都市圈的重要性。从中等城市所处的位置可知，基本上分布在省内中部、西北部，是郑州、洛阳的周边以及延伸西北方向的城市，体现出西北区域的发展优势，这与已有的资源禀赋、工业基础、产业支撑、经济“底蕴”相关，但这些城市都面临着资源转型、环境改善、社会治理等全方面提升的压力，因此提升这些城市的转型力度，走生态优先、绿色发展的路子成为必然选择，也必须形成人口—资源—经济社会—发展良性的耦合，才能走出全面的可持续发展格局。南部、东南部的城市受自身经济实力弱的影响较大，加之产业升级、创新发展的后劲不足，且整体发展的综合实力不强，形成经济发展的低值连绵区，与已有的“东南半壁”处于低值研究结论类似，因此这些区域应该在加强自身经济发展实力支撑的情况下，厚植发展基础优势，创新驱动引领经济发展新格局，走跨越式发展道路，以团体集聚发展促进“东南半壁”的全面提升。从县域经济的排位和空间格局看，经济发展强的县市依然位居以郑州市区、洛阳市区为核心的中部、中西部发展区，核心区集聚的态势明显。从中国社会科学院财经战略研究院发布《中国县域经济发展报告（2020）》看，河南的全国百强县市为新郑市（52）、济源市（65）、永城市（68）、新密市（73）、巩义市（74）、中牟县（80）、长葛市（89），也印证了核心区的发展实力。除了核心集聚区外，其余的县市整体发展实力不强，这从本章构建的指标体系评价结果也可以体现出，因此，河南省要进一步明确县域经济的特色，释放县域经济发展活力，推进县域经济管理的体制改革，凝练地方中心城市的特色，促使就地就近城镇化与乡村振兴的协同，走具有资源优势有“底”（发展基础）、产业支撑有“力”（持续动力）、转型升级有“理”（论证合理）、团结奋进有“气”（民心一致）的中原特色发展道路。

第十八章　中原城市群的三十座城与职能演化

从中原城市群的省辖市构成看，包括主体区河南省的18个省辖市，山西省长治、晋城与运城，河北省的邯郸和邢台，山东省的菏泽和聊城，安徽省的宿州、淮北、亳州、阜阳和蚌埠，共30个城市。城市体系的职能结构是依据城市所依托的主导产业、产业从业人员占比、城市性质等而形成的城市的主要行业门类结构，如工业城市、现代服务业城市、资源型城市、公共服务型城市、商贸城市、金融城市等。不同的城市职能影响着产业发展的潜力、可持续发展方向和高质量发展的路径，因此只有客观评价城市体系的职能结构特点，找出不同等级城市的产业发力点和突破口，才能为城市等级位次的提升和综合竞争力提升打下基础。考虑到已有研究多数是从全国或者河南省层面分析，较少系统地分析中原地区的城市职能结构演化，因此，本章基于30个省辖市的分行业从业人员数据，运用最小需求量法、纳尔逊城市职能分类和城市专业化指数，从优势职能、突出主导职能以及专业化指数三个维度对中原城市群2006—2018年的城市职能结构演化进行分析，并从城市性质、区域分工、社会联系等层面探讨了职能演化的影响因素，以期为城市的转型升级、提质增效等提供发展依据。

一、城市职能的时代演变与现实意义

(一) 时代演变

农业文明时代主要是指现代印刷术发明以前，即大致从奴隶社会到封建社会末期。19世纪以前，农业生产劳动是社会的主要活动，且发生在城市以外。早期，城市内部集中了规模不大的手工业和商业，城市的主要功能是军事防御和为剩余私有产品的交换提供场所，同时为少数统治者提供生活和工作的场所，因此早期的城市职能主要是军事防御和政治管理职能。在农业文明昌盛时期，日益强大的农业生产需要手工业的技术支持，日渐频繁的农产品交换需要市场的支撑，城市逐渐成了为农业经济提供服务的中心地，因此城市的职能不仅体现在军事防御和政治管理方面，更体现出为农业提供手工业和商业服务中心的职能，且常态的军事防御职能有所弱化。从在中国历史长河的演进和定位看，中原地区无疑是农业文明时代城市文明史中辉煌的篇章，因为其城镇强大的行政管理、军事防御职能在“逐鹿中原”的政治、军事风云中扮演了重要角色。此外，中原地区在农耕文化的支撑下，逐渐发育出具有中原特色的手工业和商业职能，为中国生产力发展与社会进步做出了无可替代的巨大贡献。

工业文明时代主要是指以工业革命为主要社会发展动力的一段时间，即从19世纪初至20世纪70年代。19世纪初工业革命使城市发展的动力由农业生产转变为工业生产，城市数量不断增加，城镇的土地面积得到扩充，以第二、三产业为主的城镇化、工业化特征明显。据联合国经济及社会理事会统计，工业文明时代的后半段，即1900—1970年，世界上100万人口以上的城市从10个猛增到170个。可以说，在机械化支撑的工业文明时代，农业生产已退居次要地位，手工业逐步被大机器工业替代，产业的业态发生根本性转变，城市的非农生产性职能逐步强化。在工业化、城镇化的影响下，各种门类的工业集聚于城镇，成为推动城市发展与建设的主体动力，工厂、工业集群、工业区等极大影响了城市的空间形态。此外，各种业态的商业活动在城市集聚疏通了经济体系的脉络，造就了国民经济的骨干——强大的城市经济体。尤其是第二次世界大战后，城镇化浪潮使城市的非农产业职能突飞猛进，但在支撑城市本身壮大与推动区域经济发展的同时，也伤害了城市生态环境与城市特色。中原地区的城镇发展水平在工业文明时代的相当长时期内，不仅远远落后于国外发达国家城市，也大大落后于我国沿海地带与东北地区的城市，工业化的时代气息对中原这个传统农区影响不大。1949年以后，国家工业化的战略布局逐步强化了中原地区城市的工业职能，商业职能也有了一定基础。但是，中原地区产业结构的失衡、生态环境的破坏以及城市特色的泯灭等工业文明时代的弊病却应有尽有。

现代文明时代是科技革命以来的时期，即从20世纪70年代至今的现代社会阶段。从20世纪70年代开始，传统加工业生产在城市中的地位逐步下降，新兴产业地位日益上升。城市经济由物质生产为主转向物质生产与非物质生产并重，由第二产业为主转向第二产业与第三产业并重，由传统制造业转向技术密集、具有区位灵活性的现代制造业，由传统服务业转向新兴的现代服务业。发达国家城市职能转化的现代趋势是：资本主义进入信息化的阶段后，管理和加工处理信息的专业化城市将处于竞争的有利地位。在这一趋势下，纽约（仅是金融和商业中心）在美国国内和国际的地位逐渐下降，而波士顿（高校科研机构集聚地）、旧金山（高科技产业中心）、洛杉矶（军事科研基地)等一些地区中心城市正在崛起，成为新的国际大都市(孙婴，1995)。当前，随着社会生产力的进步，城市职能向专业型的综合服务职能转变。全球化是人类克服空间、制度、文化等自然和社会因素障碍，在政治、经济、文化、技术、人才等的多个领域、多个层面上发生的全球性的广泛合作，以及由此而引起的人类文化景观、生活方式和意识形态走向统一的过程(王建军、刘红卫、李玉江，2001)。与此同时，这个过程也产生了两个重要的结果：区域走向经济一体和城市竞争不断加剧。但区域一体并不是统一，而是形成一个密切联系的经济网，每个城市在这个经济网中分工越来越明确，社会分工逐步加深，城市之间的相互协作成为城市发展的主流(王建军、许学强，2004)。这一时期，中原地区城市的服务性职能与日俱增，服务的领域和程度不断拓宽和提高。然而，工业化基础不厚，使得物质生产部门仍在不断向城镇集聚，接受东部沿海地区产业转移仍是工业化进程的重要途径。虽然部分生产活动已开始向城市外围迁移，现代服务业再次向市中心区集聚，但服务的主体依然是生产活动。因此，中原地区现代城市仍是区域生产和服务的中心。

(二)现实意义

城市职能是指一个城市在国家或区域中所起的作用及所承担的分工，反映了城市与区域的关系、城市与城市的分工，是城市得以生存和发展的经济基础，也是城市发展的主要动力(许学强、周一星、宁越敏，2009)。城市职能的分工组合与空间联系就形成了城市体系的职能类型结构，对寻求城市—区域的产业演进方向和优化城市体系组织模式意义重大。可以说，城市职能的演变是人类经济社会前进历史的映射，每一次演变都伴随着生产力的进步，因此在城市现代化的发展潮流中，找准城市的职能定位、明确城市性质与定位，对促进城市—区域的协调、高质量发展不仅具有现实意义，而且具有长远意义。2003 年中原城市群战略正式提出以来，河南省政府文件中不断提及与中原城市群整体职能相关的定位表达，并给出了相应的战略走向，强调了中原城市群要结合当前各城市自身优势打造一批区域中心服务功能的城市、新型工业化城市、生产服务性城市以及先进制造业城市，为中原城市群的整体定位和城市发展圈定了大致方向。此后，在 2016 年 12 月国务院批复的《中原城市群发展规划》中，更是明确指出中原城市群要在维持现有产业结构优势的基础上，建设重要的先进制造业和现代服务业基地，这也给中原城市群的核心城市职能定位指明了战略取向。因此，在一系列战略规划的引领下，进一步明确中原城市群城市发展的战略定位、职能分工，必将有力地促进中原地区的现代城镇体系建设和黄河中下游地区城市—区域的高质量发展。

从城市职能的时代演化看，城市职能会经历“简单服务性—生产性—综合性—专业型综合服务性”逐渐转变，最后向“人居服务”职能演化（王建军、许学强，2004）。从文献溯源看，城市职能的研究最早始于20世纪初奥隆索（M. Auronsseau）对城市职能的描述分析和功能识别，并为城市的性质确定奠定了基础支撑。20世纪中期，以哈里斯（C. D. Harris）、纳尔逊（H. D. Nelson）、阿历克山德森（Alexandersson）、贝里（B. J. L. Berry）为代表的经济学家使用了统计描述法、统计分析法、经济基础研究法、多变量分析法等研究方法（龚勤林、郭帅新，2016），从不同的定量视角分析城市职能的主导产业。20世纪七八十年代后，伴随着新技术、新手段的应用，职能类型的方法产生了主成分分析、聚类分析、多变量归类等方法（闫卫阳、刘静玉，2009；曾春水、柯文前、伍世代等，2020），为更精细化的城市职能分工量化分析提供了依据。关于国内城市职能的研究，一般是借鉴国外已有理论基础和定量计算方法，采用多变量聚类、纳尔逊统计分析、综合职能分类与工业职能相结合的方法对中国城市体系整体和局部经济区进行分析（张建伟、徐晓霞、元媛，2008；张静，2008；钱宏胜、吴殿廷、李瑞，2015）。一般而言，城市职能分析常用指标有人口、价值、货币等，但从实际数据获取难度和实用性来看，主要是以从业人员或者就业人员数据指标为主；从研究方法的应用趋势看，逐渐由简单的量化分析向多变量综合分析，由方法的交叉组合向复合应用转变。从区域视角看，既有从全国维度出发对中国城市职能进行的分类研究，如周一星先后两次对中国城市的整体职能类型进行了量化分析（周一星、R. 布雷德肖，1988；周一星、孙则昕，1997）。其具体主体思路是以主因素分析为基础分析方法，用沃德误差法加以改进，最后用纳尔逊法进行补充完善。其研究结果表明，采用多指标共同分析的结果会更接近于实际，为城市职能研究提供了一种新的方法体系，并且提出了城市工业职能分类应当依据不同职能的相似性和差异性进行。张文奎在《论中国城市的职能分类》中采用工业产值、高等学校的在校学生人数等多指标结合的方式进行城市职能分类研究（张文奎、刘继生、王力，1990），研究表明城市各项职能的强弱程度与城市人口规模相关联（徐红宇、陈忠暖、李志勇，2005）。也有基于地方视角来论证城市职能，如陈忠暖首次在国内采用对各城市就业人口进行基本和非基本分离的方法，依据各行业的基本就业人口来进行城市职能分类，认为城市就业人口指标的选取会使得城市职能研究的结果更趋合理性（陈忠暖、杨士弘，2001）。陈国生对湖南省城市的职能研究当中将产业构成分析与统计分析相结合，得到比较理想的分类结果，为城市职能部门的分类提供了新的分类方法（陈国生，2002）。林先杨在对长江三角洲和珠江三角洲城市群职能的分析当中，揭示了不同城市群之间的差异和共同特征，全面分析了城市群职能的形成机制，为研究城市群职能提供了新的分析方向（林先扬、陈忠暖，2003）。从整体来看，城市职能研究在20世纪八九十年代学者关注度较高，进入21世纪研究较少且拘囿于省级行政单位内的城市职能研究。从近期研究特点看，核心研究呈零散化、片段式特点，也缺乏研究方法上的转变与贴合时代发展特征的深入分析。关于中原地区的职能研究，从已有的文献看只有部分的硕士学位论文有所涉及，系统地研究长期中原地区城市职能演变的寥寥无几。因此，从未来研究重点看，应用现代化的城市职能测度方法对地方性区域的职能研究需要进一步加强，因为这能为地区的现代化建设和新型城镇化推进提供理论支撑和现实引领。

中原地区作为我国传统的农区，伴随着工业化、城镇化的进程加快，城市的职能也逐渐地从矿业、工业单一性的职能向生产服务性等复合性、多元化的职能转变，为地区的经济结构调整、产业质量提升提供了方向性的指引（丁志伟，2017）。由于整个中原地区工业化、城镇化的水平相对不高，同时受农区现代化进程的制约，所以很多城市的职能并没有发生根本性改变，甚至一些区域中心性城市的辐射带动作用不够，造成了局部地区产业与区域融合、互动性不够，从而影响了城市—区域的综合发展，延缓了地区枢纽型节点城市的打造，阻碍了高质量现代化产业集群的集聚。基于此，本研究以中原城市群30个省辖市为研究对象，通过细化行业分类并进行定量化、多元化的城市职能评价，深入分析中原城市群城市职能的演变规律，期望为中原地区的城市核心竞争力提升和城市—区域的协同发展提供依据。

二、研究区域、数据处理与研究方法

（一）研究区域与数据来源

2003年中原城市群战略构想正式提出以来，中原城市群的规划范围不断由核心区向周边扩展，至2010年其范围基本框定在以河南省为主体区、延及周边四个省份的30个省辖市。2016年12月国务院批复的《中原城市群发展规划》明确指出，中原城市群规划范围以河南省的郑州、开封、洛阳等12个市以及山西省晋城市、安徽省亳州市为核心发展区，联合周边安阳、邯郸、长治、淮北、聊城等在内外围区为主要发展区，共涉及5省30个省辖市。考虑到本研究主要是测度城市职能的演化，且研究结果要贴近城市状况并为城市未来发展提供参考，所以本研究选取 2016 年划定的中原城市群规划区 30 个省辖市为研究对象。

关于研究时间节点，以 2006 年、2010 年、2018 年为测度年份进行对比分析，具体原因如下：首先，一方面 2006 年《中原城市群总体发展规划纲要（2006—2020）》正式出台，另一方面 2006 年国务院印发的《关于促进中部地区崛起的若干意见》，正式将中原城市群纳入全国战略视野，故将 2006 年定为研究起始年份；其次，2010 年中原城市群范围逐渐扩大且与外部的联动逐渐密切，合理的城市等级结构基本形成，故定为中间年份；最后，考虑到时间上的对比性、空间上的一致性、最新年份数据的获取性，选择 2018 年为最终年份。

关于数据的来源，考虑到数据获取的可靠性和与所选取研究方法的适配性，选择城镇人口反映城市规模，以体现城市规模对行业分类影响的指标。在分行业数据方面，如前文所述选择常用的、具有代表性的城市分行业从业人员为测度指标，其数据主要来源于相应年份的各省市统计年鉴、《中国城市统计年鉴》以及国家统计局官方网站统计数据。

（二）城市职能的归并与整理

对城市职能进行测度时，首先要确定其行业门类，这是因为行业门类的多寡直接影响了城市职能测度的精准程度。在已有的研究当中，徐建军基于产业发展特点和研究需要将 19 个行业门类归并为 15 个，倾向于发掘职能特征，但并不适用于城市职能结构演化研究（徐建军、连建功，2007）；宋洁等基于第三次全国经济普查数据并遵循行业间的差异性和同质性原则，将行业部门划分为 11 个门类，其划分对于当前城市职能的演化研究具有代表性（宋洁、徐建斌、王振波，2018）。为更好地体现当前中原城市群的城市职能演变情况，使研究的结果更具实际价值，首先，秉持所划分的职能门类要高度切合当前区域的城市职能发展状况的原则，以《国民经济行业分类与代码（GB/T 4754—2017）》行业分类为基础；其次，剔除不属于城市主要职能的“农林牧渔业”，以体现城市职能第二、三产业特征；最后，充分考虑在中原城市群区域背景下各城市职能之间的相关关系，以及现代城市职能发展的综合化、复合化特点，根据职能特性和部门差异性进行重新将其归为 11 类（见表 18-1）。

表 18-1　行业指标的归并处理

职能归类	行业分类	职能归类	行业分类
矿业职能	采矿业	商业职能	批发和零售业 住宿和餐饮业
工业职能	制造业 电力、燃气及水的生产和供应业	其他服务职能	租赁和商务服务业 居民服务、维修和其他服务业
社会公共职能	水利、环境和公共设施管理业 卫生和社会工作 文化、体育和娱乐业	科教职能	科学研究和技术服务业 信息传输、软件和信息技术服务业 教育
建筑业职能	建筑业	房地产职能	房地产业
交通邮电	交通运输仓储及邮政业	行政组织职能	公共管理、社会保障和社会组织
金融职能	金融业	——	——

（三）研究方法

依托城市职能三要素理论，综合分析城市职能体系应从城市职能的基本职能规模、职能强度和职能专业化的耦合发展着手。以此为研究着眼点，首先，通过最小需求量法计算城市职能基本活动部分，以用来表征基本职能规模；其次，在基本职能规模数据分析的基础之上，分别根据纳尔逊城市职能分类法和城市专业化指数得到各城市的部门职能强度以及专业化系数；最后，基于职能规模、职能强度以及专业化系数，综合地去分析城市整体职能的演化。

1. 最小需求量法

在城市经济基础研究中，阿列克山德逊认为城市职能分类应当在扣除城市非基本部分上进行，这样更能体现职能的对外服务性。鉴于此，1960 年厄尔曼和达西在已有的理论基础上提出了最小需求量法来划分城市职能基本和非基本部分。但此方法对于具有特殊经济结构的城市难以规避，比较影响城市职能的分析结果。后来，穆尔通过对城市规模进行连续的分级，从每一个规模等级的城市中，找出每个部门的最小职工比重和中位城市规模进行回归分析，很好地弥补了最小需求量方法的不足（C. L. Moore，1975）；此外，也有学者尝试用每规模组中第二位最低职工比重作为最小需求量，但相比较发现，使用穆尔的回归方程拟合结果更接近于实际值。其基本计算公式为：

$$E_i = a_i + b_i lgP \tag{18-1}$$

式中，E_i 是 i 部门 P 规模城市的最小需求量，a_i 和 b_i 是参数，a_i 和 b_i 由式（18-2）计算求得：

$$E_{ij} = a_i + b_i lgP_j \tag{18-2}$$

式中，E_{ij}是第 j 级规模城市中第 i 部门实际的最小职工比重，P_j 是第 j 级规模城市的人口中位数。

2. 纳尔逊城市职能分类法

在使用统计分析方法对城市职能的定量计算结果进行分类中，纳尔逊(H. J. Nelson，1955)通过对美国城市职能的分类研究，提出一种较为客观、统一的量测方法。首先根据计算所得的结果对城市职能划分不同的等级，其次分别计算各部门基本职工占比的平均值和标准差，最后以高于平均值以上几个标准差的数量来表示城市该部门的职能强度(王发曾、闫卫阳、刘静玉，2014)。考虑到选取的研究年份时间跨度不大，为更好地体现中原城市群城市职能的演化情况，采用以高于平均值(X)一个标准差(S_d)来表示城市的主导职能。具体公式如下：

$$Q=(X_i-\overline{X})\div S_d \tag{18-3}$$

式中，Q 表示城市某部门的职能强度，X_i 表示城市某部门基本部分的职工比重，$\overline{X}$表示所有城市该部门基本部分职工比重的平均值，S_d 表示所有城市该部门基本部分职工比重的标准差。根据最后的 Q 值大小的不同，可以将城市职能分为五个等级：一是突出职能($2<Q$)；二是主导职能($1<Q\leqslant 2$)；三是较强职能($0.5<Q\leqslant 1$)；四是一般职能($0<Q\leqslant 0.5$)；五是弱化职能($Q\leqslant 0$)。

3. 城市专业化指数

为更加客观真实地综合反映城市职能演化，弥补纳尔逊城市职能分类法变量选取单一的不足，本章采用纳尔逊分类法和城市专业化指数来共同反映城市规模更为契合的综合性指标，以全面地分析城市职能结构演化特征。该方法是通过结合各职能部门的最小需求量和研究单元的职能部门就业人数占比计算得出各城市专业化指数，具体公式如下：

$$D=\sum_i[(p_i-m_i)^2/m_i]\div[(\sum_i p_i-\sum_i m_i)^2\div\sum_i m_i] \tag{18-4}$$

式中，D 表示城市的专业化指数，i 表示各职能部门中的一个，p_i 为 i 部门职工数占选取研究单元该部门总职工的百分比，m_i 为 i 部门的最小需求量，$\sum_i$ 即为所有部门的总和。

三、中原城市群城市职能结构演化特征

城市职能的演化是一个由量变积累转而向质变的过程，因此选取某一特定的研究方法来反映职能演化都存在一定的缺陷，这就需要通过多种方法的相互补充来更准确地反映城市职能结构的演化规律。基于此，本研究以核心方法最小需求量为基础，进而演变出三个分析城市职能特征的核心指标，即优势职能、突出职能和主导职能、专业化指数，并以此展开城市职能结构演化特征分析。

（一）城市优势职能

城市优势职能是基于各行业从业人员占比而计算出来的最多的几个部分，能很好地体现出城市目前的主导产业和从业导向，因此首先计算城市优势职能，以更好地反映城市的当前城市职能状态，也期望为未来的产业发展方向选择提供现实基础。基于此，以各行业的从业人员为测度指标，采用最小需求量分析方法，计算中原城市群 30 个省辖市的城市优势职能，以客观地分析当前城市群的核心城市职能，结果见表 18-2。

由表 18-2 可知，2006 年，中原城市群的城市优势职能以工业为主、以科教和矿业为辅，体现出工业化对经济发展的主导支撑；2010 年，中原城市群的优势城市职能有所变化，呈现出以工业为主、以科教和矿业为辅，商业职能有所显现的职能结构，体现出城市职能的多样化趋势；2018 年，中原城市群的优势城市职能发生较大变化，工业、矿业的优势地位有所下降，科教方面的优势职能已不存在，而商业职能的优势度逐渐凸显，建筑业职能亦有所上升，体现出城市优势职能的多样化和一定程度的综合化。不难发现，伴随着东南沿海的产业转移和内部先进制造业的加快建设，工业依然是中原城市群的主导产业，为推进新型工业化和工业强市建设提供了强大的动力支撑。然而，伴随着新型城镇化和“退二进三”战略的推进，城市的优势职能逐渐向商业职能转化，近些年河南省大力推进商务中心区、特色商业街区的“两区”建设就是很好例证。值得说明的是，中原城市群部分特色城市如长治、晋城、淮北等，由于本身的资源城市“底色”和转型发展依赖于原有产业，所以矿业职能的特色依然存在。此外，由于建筑业在安阳、宿州具有特殊的历史底蕴和特色的精神象征，所以建筑业的职能特征依然作为标签在这些城市有所体现。总之，中原城市群的城市职能经历了以工业为主导、以矿业、科教业为辅，逐渐向综合化和特色化转变，也体现出中原城市群这些年在推进产业结构升级、特色产业集群打造方面取得的一系列成绩。

表 18-2　2006 年、2010 年和 2018 年中原城市群的优势职能

职能	2006 年	2010 年	2018 年
矿业	濮阳、三门峡、淮北、鹤壁、晋城	长治、晋城、淮北、濮阳、三门峡、鹤壁	长治、晋城、淮北
工业	郑州、南阳、邯郸、洛阳、新乡、长治、安阳、聊城、许昌、焦作、蚌埠、运城、平顶山、漯河、济源、开封	郑州、邯郸、南阳、洛阳、新乡、平顶山、运城、聊城、许昌、开封、焦作、蚌埠、漯河、济源	邯郸、南阳、洛阳、周口、阜阳、聊城、新乡、驻马店、平顶山、许昌、开封、亳州、焦作、濮阳、蚌埠、漯河、济源
建筑业	——	安阳	安阳、宿州

续表

职能	2006 年	2010 年	2018 年
商业	——	邢台	郑州、邢台、商丘、信阳、运城、三门峡、鹤壁
科教	商丘、周口、信阳、驻马店、菏泽、邢台、阜阳、宿州、亳州	周口、阜阳、驻马店、商丘、信阳、菏泽、宿州、亳州	——
行政组织	——	——	菏泽

（二）突出职能和主导职能

突出职能是基于定量化数据计算而得出行业发展态势最好的几个凸显性职能，而非从业人员最多的优势职能，能更好地表征地区发展的行业领先程度。主导职能则是在突出职能的基础上，进一步通过定量计算，以反映突出职能行业的职能强度和具体贡献度，能更好地解释具体行业的内在发展状态和未来发展潜力。因此，基于突出职能、主导职能的定量化计算，能弥补城市优势职能仅从从业人员数量上、占比上计算的不足，也能深入地反映城市发展的优先行业、主导职能优势。基于此，按照纳尔逊城市职能分类法以及分类后的职能强度运算公式，计算中原城市群 30 个省辖市的突出职能、主导职能，结果见表 18-3、图 18-1。

表 18-3　2006 年、2010 年和 2018 年中原城市群突出职能、主导职能

职能类型	2006 年	2010 年	2018 年
突出职能	邯郸[1]、安阳[1]、开封[1]、濮阳[2]、蚌埠[1]、长治[1]、淮北[2]、运城[*]、宿州[1]、亳州[1]、晋城[*]	邯郸[1]、邢台[*]、驻马店[1]、信阳[1]、菏泽[1]、安阳[1]、开封[1]、长治[1]、晋城[1]、濮阳[1]、淮北[1]	郑州[2]、周口[1]、商丘[3]、聊城[1]、信阳[1]、驻马店[1]、安阳[1]、晋城[1]、三门峡[1]
主导职能	郑州[2]、洛阳[1]、新乡[2]、菏泽[1]、聊城[1]、驻马店[1]、焦作[1]、阜阳[2]、濮阳[1]、长治[3]、运城[2]、漯河[1]、宿州[3]、鹤壁[1]、亳州[1]、晋城[3]	郑州[1]、邯郸[3]、周口[2]、驻马店[1]、商丘[2]、菏泽[2]、平顶山[1]、运城[1]、三门峡[2]、开封[2]、焦作[1]、长治[1]、聊城[1]、晋城[1]、濮阳[3]、鹤壁[2]	郑州[*]、南阳[3]、洛阳[1]、邢台[1]、周口[*]、商丘[*]、新乡[1]、信阳[3]、驻马店[*]、安阳[1]、许昌[1]、开封[3]、焦作[1]、长治[3]、濮阳[1]、蚌埠[1]、晋城[1]、三门峡[1]、鹤壁[1]

注：1、2、3 分别代表具有 1 个、2 个、3 个突出职能、主导职能，* 代表具有 3 个以上的突出职能、主导职能。

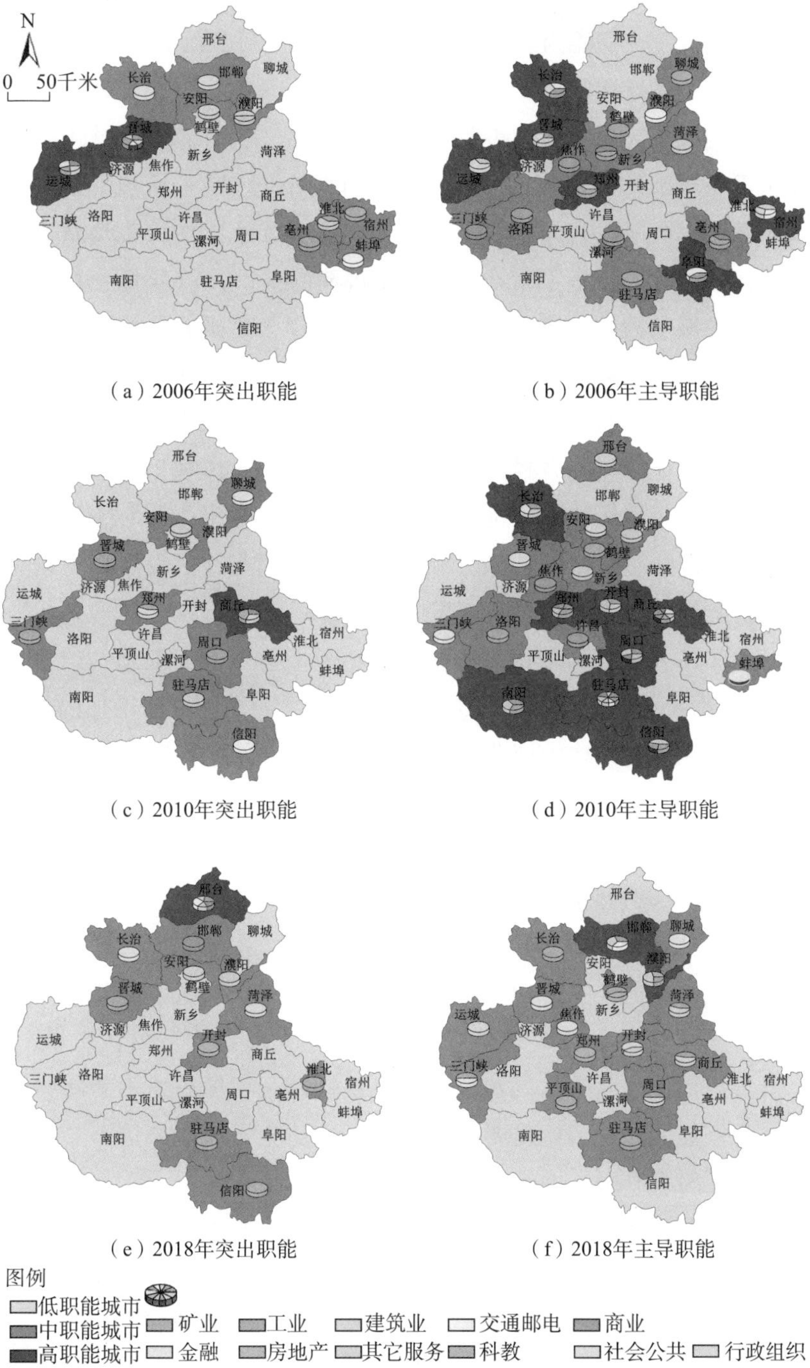

（a）2006年突出职能　（b）2006年主导职能

（c）2010年突出职能　（d）2010年主导职能

（e）2018年突出职能　（f）2018年主导职能

图 18-1　2006 年、2010 年和 2018 年中原城市群各城市突出职能、主导职能分布

由表 18-3 和图 18-1 可知，2006 年中原城市群各城市的突出职能、主导职能多数还是以单一职能为主，只有少数城市出现两个以上。从空间分布看，单一突出职能、主导职能的城市主要分布在主体区河南省内部核心区，两个以上突出职能、主导职能的城市主要分布在西北、东南部的外围区。2010 年中原城市群各城市的突出职能、主导职能有所变化，单一突出职能、主导职能的城市数量有所减少，两个以上突出职能、主导职能的城市依然不多但在主体区河南省内部的分布不断增多。值得说明的是，2010 年以生产性职能作为突出职能的城市数量较多，而以服务性职能作为突出职能的城市数量则明显不足，体现出工业对地区发展的支撑力依然较大。2018 年中原城市群各城市的突出职能、主导职能空间格局发生明显变化，主要表现为拥有突出职能的城市逐渐向主体区河南省经济发展的核心区靠拢，体现出中原城市群中心带动战略的空间集聚优势，这也说明中原城市群以郑州为核心发展的空间格局逐渐形成，产业结构不断转型升级，职能多样化与地区发展实力密切相关且核心城市的职能结构演化程度较高。

2006—2018 年，中原城市群各城市的主导职能个数不断增加，累计增多的有 19 个，增长率高达 76%，体现出多数城市主导职能快速增加的趋势，也体现出城市体系职能结构中产业结构不断升级、特色优势不断凸显的“蝶变”过程。与突出职能所不同的是，拥有主导职能的城市只有极少数发生了变化，空间分布上进一步向中南部集中，表明中原城市群各城市整体的发展逐渐趋于稳定化且中南部的城市职能进一步增强。值得注意的是，2010—2018 年郑州、商丘、驻马店三个城市异军突起，突出职能、主导职能无论是个数还是职能强度均大幅提升，体现出三市在产业结构调整、特色产业培育、优势产业链打造方面取得的显著成绩。而处于东南部安徽省的阜阳、亳州、淮北、宿州、蚌埠五市，伴随着时间演化，其突出职能、主导职能不断减少并逐渐形成了弱势职能区域，因此需要强化突出职能、主导职能来进一步引导该区域城市职能的转型升级。

总的来说，2006—2018 年，中原城市群的突出职能、主导职能变化呈现以下两个方面的特点：一方面，无论是突出职能还是主导职能在空间上的分布，都有向中心区域集中发展的趋势，且靠近中心区域的城市职能更具多样性；另一方面，拥有突出职能的城市发生较大变化且不同时期的职能变化差异较大，拥有主导职能的城市大幅度增加且职能强度明显提升，两者的综合变化体现出城市职能朝着多样性方向演进，也反映出城市突出职能的增强能迅速带动主导职能个数和强度的相应提升，更从侧面反映出中原城市群打造特色产业集群、优化产业链条的区域整体发展策略。

（三）城市职能专业化指数

城市职能专业化指数能很好地反映某一职能在地区的专业化组织模式，也能反映该产业的“专、精、强”程度，因此有必要通过专业化指数来测度城市特色或者专一产业发展的专精程度。基于各职能部门的最小需求量和研究单元职能部门就业人数，运用城市专业化指数的公式进行计算，结果见表 18-4。由表 18-4 可知，中原城市群不同时期不同区域的城市职能存在明显差异，表现出来的专业化程度和区域差异化格局也差异较大。2006 年，除济源市专业化指数“一骑绝尘”外，中原城市群其他城市专业化指数都非常低，这主要因为 2006 年济源城市规模很小且工业职能强度极高，远超其他产业职能强度的计算指标，加之其工业产值、工业化程度均很高，所以形成西部独具特色的发展模式。2010 年，中原城市群专业化程度最高的城市是鹤壁，其专业化指数为 1852.63，这是因为 2010 年鹤壁以矿业和房地产职能为主导职能，而其他产业的职能强度都非常低，各产业职能之间差距过大，从而产生了其专业化程度最高的结果。济源转变为专业化程度最低的城市，专业化指数降至 0.07，这主要是因为该时期济源维持综合、均衡发展的职能格局，工业职能的优势地位变得不那么显著，城市职能总体变化更均衡，所以专业化指数的计算结果大幅下降。2018 年，专业化程度高的城市主要集中在聊城、长治、三门峡等地区，不同于 2010 年、2006 年的一个城市专业化指数独高的局面，随着时间的推移，多数城市职能整体的专业化程度提升且部分城市特色产业的规模、效益、潜力明显提升，体现出中原城市群各城市综合实力不断增强的良好局面。

从各城市专业化程度变化来看，2006—2018 年聊城的专业化指数快速提升，至 2018 年增至 2511.47，随着时间的推移城市职能发展分化显著，金融职能由主导职能变为突出职能且职能强度得到了大幅提高，而其他方面的职能发展较为缓慢且对整体职能结构的贡献度较小。鹤壁、淮北、漯河等地的专业化指数骤降，反映出这些区域在空间竞争和产业结构调整中特色、专一产业优势有所下降。究其原因，这些城市的突出职能、主导职能强度逐渐弱化，而其他职能部门迎头赶上，各部门的发展逐渐趋于均衡化，所以专业化指数发生了较大的变化。值得一说的是，除个别城市职能多样性有所增强外，中原城市群各城市专业化指数整体有逐渐减小的趋势，体现出城市内部产业发展的均衡性，也反映出各城市均强化了产业发展的整体意识和劣势产业“补强”建设。

表 18-4 2006 年、2010 年和 2018 年中原城市群城市专业化指数

城市	2006 年	2010 年	2018 年	城市	2006 年	2010 年	2018 年
郑州	0.01	7.44	1.50	聊城	0.07	18.25	2511.47
邯郸	0.03	2.63	3.56	许昌	0.51	40.47	28.29
南阳	0.02	4.73	2.08	开封	0.01	46.19	32.50
洛阳	0.03	6.18	2.82	宿州	0.64	324.2	3.96
邢台	0.17	3.94	7.89	焦作	0.80	21.06	125
周口	0.14	10.64	1.88	蚌埠	0.29	206.39	2.44
阜阳	0.20	21.63	227.32	亳州	0.79	72.91	2.99
新乡	0.05	9.88	5.74	长治	0.11	11.74	150.07
商丘	0.27	5.10	5.06	晋城	0.08	37.49	35.00
驻马店	0.05	23.73	1.77	淮北	0.03	1148.55	3.77
信阳	0.07	10.60	3.90	濮阳	0.03	15.97	65.93
菏泽	0.54	8.38	32.69	漯河	0.84	569.45	1.63
平顶山	0.04	7.52	13.70	三门峡	0.25	40.08	108.65
安阳	0.11	6.76	4.11	鹤壁	0.52	1852.63	2.21
运城	0.16	32.96	28.75	济源	7.38	0.07	1.02

（四）中原城市群整体城市职能特征

1. 职能部门基本活动部分

城市的基本活动部分是城市得以存在和发展的基础，因此有必要通过基本活动部分的计算来反映对外服务的能力和自身城市的职能强度。基于此，按照基本活动部分的计算公式，首先采取最小需求法计算中原城市群城市的基本活动部分（各部门实际职工比重减去最小需求量），其次用所有城市职能部门的分行业比重累加，最后通过回归方程拟合得到中原城市群各部门的基本活动强度，结果见表 18-5。

表 18-5 2006 年、2010 年和 2018 年中原城市群基本活动部分

	行业	2006 年	2010 年	2018 年
基本活动部分比重	矿业	7.77	0.16	2.51
	工业	24.72	1.33	36.10
	建筑业	6.08	-1.70	12.95
	交通邮电	2.27	-1.15	5.71
	商业	10.90	-3.55	26.85
	金融	2.08	-0.31	0.15
	房地产	0.42	-0.17	0.84
	其他服务	1.24	-0.77	10.78
	科教	14.06	-0.28	0.72
	社会公共	6.20	0.24	1.54
	行政组织	10.47	0.90	0.95

由表 18-5 可知，2006 年中原城市群整体职能发展较为突出的是矿业、工业、商业以及科教类，表明当时上述类型职能的发展较为强势。而发展较弱的职能则为房地产和其他服务，仅为 0.42 和 1.24，体现出现代服务业尤其是市场型产业的优势不强。2010 年中原城市群商业部门的基本活动部分最小为-3.55，表明当时的商业职能处于非常弱势的地位，亟须进一步强化现代服务业的特色商业活动；基本活动部分最大的也只有 1.33 为工业职能，符合当时中原城市群以工业为主导产业但整体职能发展不佳的客观现实，也反映出进一步加强现代工业体系建设和打造特色制造业的未来发展需求。反观 2018 年，基本活动部分最小的是金融职能为 0.15，最大的是工业职能为 36.10，非常贴近中原城市群第二、三产业发展的现状特点，也体现出重视特色产业集聚区和打造特色商业“两区”建设的发展形势。从整体上来看，2006—2010 年，中原城市群处于区域规划发展的“播种期”，城市发展需要大量的投入，基本活动部分发展有减弱的发展趋势，也体现出各城市竞相发展、构建产业体系的发展格局；2010—2018 年，区域规划发展逐渐向“成熟期”和“收获期”迈进，基本活动部分相较于 2010 年均得到了极大的增强，尤其是工业职能和商业职能增幅显著，分别达到了 34.77 和 30.40，反映出城市群整体产业的发展增速较快且产业体系不断完善。综合上文所述，通过区域规划的战略布局和城市体系的现代化建设，中原城市群由最初主要依托第二产业发展的格局，已经发展到由第二、三产业并进的城市经济发展阶段。具体来看，城市体系职能结构依然存在一些问题，例如金融、房地产以及科教职能的基本活动部

分发展不够，导致这几类职能对于城市经济的增长的促进作用不够，因此今后应重点提升该类职能的对外服务功能；工业、商业职能发展最为迅速但内部产业的同质性、模式化发展明显，因此需要强化特色工业门类和优势服务业集群的建设；行政组织职能发展相对稳定，近些年无明显变化和提升，也需要今后进一步强化行政服务能力的提升和营商环境建设，以保障中原城市群城市职能提升的外部环境支撑与内在稳定程度。

2. 城市职能规模演变

为进一步研究中原城市群城市职能规模变化，将其与全国职能强度进行对比分析，结果见表 18-6。由表 18-6 可知，中原城市群职能强度变化显著，多个职能的规模要高于全国的职能水平。具体来看，2006 年中原城市群的矿业、商业、科教等五个职能规模要高于全国水平，其中商业最为明显，较全国水平多一倍有余，其余几个职能差值较小。2010 年中原城市群各职能规模多数在全国水平之下，部分接近于全国水平，少数如商业、建筑业和矿业较强且吸附就业人员较多，体现出整体职能规模不强的客观现实。2018 年，其他服务类、商业就业人口比例增幅较大，尤其是商业带来的就业人口比重增加了 2.5 倍，明显超过全国水平，体现出中原城市群商业职能快速提升的良好发展局面。然而，科教、社会公共服务与行政组织等职能规模不增反降，其从业人口比例低于全国水平，减少幅度远超过全国比例，反映出中原城市群存在明显的城市职能规模转移倾向，也体现出管理类、服务类社会性职能需要进一步加强。此外，房地产职能规模虽然有所扩大，但占比例仍然处于较低的水平，预示着未来中原城市群在房地产业方面仍有较大的发展空间。

表 18-6　2006 年、2010 年和 2018 年中原城市群城市职能规模与全国职能水平对比

区域	年份	矿业	工业	建筑业	交通邮电	商业	金融	房地产	其他服务	科教	社会公共	行政组织
中原城市群	2006 年	8.41	23.75	7.92	3.06	12.87	2.75	0.67	1.66	18.25	7.58	13.08
	2010 年	8.28	24.62	10.58	4.02	10.03	3.04	1.01	2.14	15.74	7.22	13.32
	2018 年	2.00	27.28	16.33	4.97	25.06	1.15	0.94	8.22	6.33	3.85	3.87
全国	2006 年	4.58	31.58	8.55	5.30	6.05	3.17	1.33	5.08	16.22	7.21	10.93
	2010 年	4.36	30.61	9.83	4.89	5.77	3.65	1.64	4.57	15.97	7.62	11.09
	2018 年	2.52	27.68	16.50	4.99	6.65	4.26	0.29	2.36	15.65	8.03	11.07

为了进一步分析城市职能规模的人口底数支撑，从城市体系级别规模进一步归纳总结，以了解城市自身的规模腹地和吸纳就业人员能力。从城市人口规模分析(见图 18-2)，2006—2010 年，主要吸纳就业人口的城市为邢台与

邯郸，成为中原城市群北侧重要的解决就业的职能城市。处于第二梯度的吸纳就业人口城市为核心城市为郑州，体现出省会城市的综合优势，由于行业的差异和不同产业的突出优势职能不一，所以其吸纳就业人口的能力并不是最强。其余城市的人口规模变化较小，仅有部分城市小幅增加，体现出大部分城市吸纳就业人口一般，也反映出未来应强化地区性中心城市的特色产业建设，以更好地解决就业和吸纳人口的产业结构转化问题。2010—2018 年，郑州一跃成为对就业人口吸纳能力最强的城市，其次是南阳、驻马店、商丘、周口等地，再次为洛阳、新乡、安阳、信阳 4 个城市，最后是外围区的 11 个城市。从空间分布看，除郑州和核心区一些城市对人口的吸引力相对较强，其他城市对人口的吸引力明显较弱，城市人口规模呈现不均衡性的空间差异化格局。从中心看，受核心区的中心带动战略和辐射带动作用影响，郑州与洛阳的人口吸引力极强，有力地解决了周边地区的就业难问题，在中原城市群内形成“一主一副”的核心发展区。而中原城市群北部和东部外围边缘区的城市，受限于区域位置、产业特色和工业化进程，就业人口吸收能力低、增幅小，城市人口就业规模的差异化不太明显。总体来看，2006—2018 年，中原城市群整体就业人口、城镇人口均稳步增加，核心增长区域主要集中在中南部地区，边缘化发展区主要分布在北部和东部的外围，空间结构呈现“东南高、西北低”的差异化分布格局。

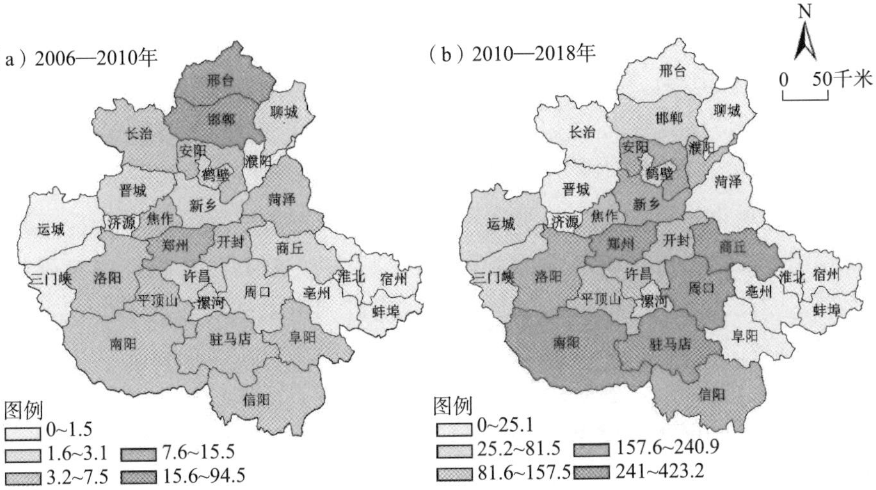

图 18-2 2006—2018 年中原城市群城市职能规模（就业人口规模）变化

3. 中原城市群城市职能转变的影响因素

第一，区域分工与城市地位。区域分工是指相互联系的社会生产体系在地理空间上的分异，城市地位则是其在区域扮演角色的重要性体现，两者的综合影响促进了城市体系职能结构的演化。一般而言，合理的区域分工和科学的城市定位，是区域经济增长与发展的重要源泉（方远平、彭婷、陆莲芯等，2019），因此，明确的区域分工和良好的区域环境会给一个城市带来大量的发展机会，从而提高其相应的城市地位和职能特色，进而带动城市的产业结构升级和功能作用提升。中原城市群中郑州、洛阳作为两大核心城市，其成为带动区域经济增长的增长极，有力地推动了工业、商业的高速发展，又相应地推动了城市的交通邮电职能的发展，因此两个城市的交通邮电职能强度相较2006年逐步提升，职能强度也相应提升很大。至2018年，商业、金融、科教以及其他服务等职能均发展为较强或主导职能，使得城市整体职能大幅充实，从而进一步带动了两个核心城市的综合实力提升和产业结构优化升级。郑州、开封、洛阳、平顶山等九个城市作为中原城市群最初规划的核心发展区，在核心区的带动下辐射整个区域并促使区域分工不断细化，为此类城市的工业、建筑业、商业、房地产等职能带来了良好的发展机会，从而带动了核心发展区的内在竞争力提升和产业的多样化发展。长治、晋城、三门峡等依赖于资源型产业支撑，使得其城市职能在矿业上表现突出，近年来伴随着产业结构调整和现代产业体系打造，工业、商业的城市功能逐渐提升并有效地推动了城市的转型升级。商丘、信阳等城市是中原城市群与外界连接的门户城市，在区位位置的串联和功能的对外连通方面作用明显，因而其交通邮电职能提升较快，职能强度分别从2006年的-0.41、-0.07、-0.04增强到2018年的1.06、1.41与3.12，反映出交界区域的协同和串联作用。此外，其他城市职能也相应地受到不同区域分工与城市地位的影响得到了逐步增强，推动了中原城市群各城市在区域分工上的明晰化并促进了各城市之间的协调性增强。

第二，城市发展阶段与经济水平。城市经济发展水平是城市职能演变的内在推动力量，也是推动城市产业结构转型升级、核心区特色产业集聚的重要支撑，因此提升城市的经济发展水平，推进城市发展阶段的不断演化，有利于城市群经济网络格局的形成和内在凝聚力的提升。河南省作为中原城市群的核心区，其城市发展阶段的变化直接影响整个功能地区的演化，因此有必要从河南省三次结构演化的视角对其功能进行剖析。从2006年到2010年，再到2018年，河南省三次产业结构变化较大，主要体现在第二产业与第三产业的转变，三产占比由9.0：64.1：26.9变为4.7：68.3：27.0，再到4.4：45.6：50.0。从三产的结构变化可知，伴随着工业化、城镇化进程的加快，其城市职能逐渐由生产性转变到高级服务性产业，并且重心也从工业、建筑业职能转向商业、金融、社会公共等职能。其中郑州、洛阳等城市在2018年已经处于后工业化时期，主要职能表现为金融、房地产、其他服务、科教、社会公共五方面，并且这些职能也是城市的突出职能、主导职能；驻马店、信阳、南阳等城市虽也处于工业化的中后期阶段，但其城市原本的规模不够，加上经济发展水平的实力不强，使得其城市功能更多的还是停留在工业与建筑业方面，金融、房地产等服务性职能依然不强；新乡、焦作、许昌等城市处于产业结构的转型期，城市职能也相应地呈现出多样性，主要以工业、建筑业、交通邮电等职能为主。此外，伴随着社会管理、科教服务等第三产业的兴起，省际交会区的城市服务功能有所提升，例如商丘的交通邮电职能与其他服务职能为主导职能，2018 年的职能强度分别达到 1. 4122、1. 1969。总体上，中原城市群各城市的职能强度主要表现出在服务性职能上有所增强，在工业、建筑业职能缓慢减弱的趋势，这也反映出转型发展中城市对人才、技术、创新、资金、物流等要素资源的吸引力逐渐增强。

第三，地理区位与城市规模。由于各城市所处的地理位置与交通条件不同，自身拥有的区位优势度也存在着较大的差异，所以城市在对外服务的交流畅通和外部协同等方面存在较大差异。中原城市群地处华夏腹地，承东启西、连南通北，其地缘的优势和对外的联系借助于交通优势能得到大幅提升，因此其城市发展必须依靠便利快捷的交通，只有内部畅通与对外衔接构成“米”字形发展轴，才能使核心城市郑州的对外辐射优势得到最大的发挥。按照中原城市群的空间布局结构，以郑州为核心，形成“一核四轴四区”的由内向外格局，能有效地串通中原城市群对外联系的所有“经脉”。从具体数据看，郑州在交通邮电方面的部门职能强度为 0. 77，大幅高于其他城市，这明显得益于其在地理区位方面的优势度。城市规模是城市职能规模的重要支撑，也是影响城市就业规模和对外辐射潜力的重要保障，城市规模在很大程度影响了城市职能的主导产业和突出职能。因此，在某种程度上可以说，对于一个区域或者城市而言，城市规模越大，其对外界各种因素的吸引能力越强，城市职能结构发展就越发完善。郑州、邯郸、南阳三个城市的人口规模都在 450 万以上，处于中原城市群中的第一等级规模，在规模基础的支撑下城市职能的对外服务性不断增强，突出表现出工业、交通邮电、商业以及金融等职能强度较高；其次是洛阳、邢台、商丘等人口规模在 300 万~450 万的城市，其城市规模处于第二等级，在城市职能上主要表现为交通邮电、商业、房地产职能比较突出，对外辐射功能也相对较强；再往下一级的城市，拥有的突出与主导职能数量相较前两种规模的城市明显减少，仅在交通邮电、商业职能上表现较强，对外服务能力明显下降；最后是类似于鹤壁、济源这样规模较小的城市，人口规模在 20 万~100 万，由于这类资源型城市的突出职能一般只有一个或者没有，所以多样化指数较低。

第四，区域战略规划。区域战略规划不仅能引领区域的未来战略布局，而且规划了具体城市的发展重点和功能定位，因此重大的战略规划不但能改变一个城市的战略定位，更能重塑一个区域的产业职能。中原地区包括中原经济区、中原城市群在内的一系列重要的区域性发展引导战略规划，明确指出要加快先进制造业、物流业、高端电子信息产业等产业发展，也明确指出要加快新型工业化、构建现代产业体系，还提出要促进公共服务水平的提升，这些发展重点和战略方向，为中原城市群城市体系职能类型结构的转变提供了重要的战略引领。在上述战略规划的引领下，以郑州、洛阳为首的中原地区加快进行了产业结构转型，其中郑州强化以工业、交通邮电、信息技术、金融等行业为核心发展点，使得近几年工业、交通邮电、信息技术以及金融的固定投资增加率大幅提升，有力带动了整体经济实力的提升。洛阳着力提升工业、交通邮电、科教三类职能，职能强度较 2010 年有了很大的提升，有力提升了中原城市群副核心的城市地位。从具体数字看，2018 年洛阳工业增加值达 1772.9 亿元，较上年增长 8.5%；货物运输量 2.63 亿吨，较上年增长 8.1%；申请专利达 13884 件，同比增长 29.4%。豫东一带在提升工业实力的基础上，大力发展现代服务业，其商业职能得到快速增强。邯郸、安阳作为北部门户，信阳、南阳作为南部、西南门户，阜阳、商丘作为东部门户，三门峡作为西部门户，在战略规划的推动下交通邮电职能均得到进一步的充实。此外，南阳、信阳作为中原城市群电子信息产业基地，在该方面的职能得到进一步提升，2018 年职能强度分别达到 1.07、1.06，充分显示出战略规划的引领作用。由于涉及的战略规划较多且层次不同，战略规划的交织、叠加效应也有所差异，所以一系列战略对城市职能的影响不再一一分析。

总结来看，城市体系职能结构的演化受到区域分工与城市地位、城市发展阶段与经济水平、地理区位与城市规模以及区域战略规划在内的外生动力的影响，同时还受到包括资源承载力、科技创新力（方远平、彭婷、陆莲芯等，2019）在内的内生动力的综合影响，因此中原城市群城市职能结构的演化受多要素的交织影响，具体见图 18-3。近些年来，中原城市群建设受中部地区崛起、黄河流域生态保护与高质量发展等战略的进一步影响，其国家中心城市、国家中西部的重要经济增长板块等职能定位不断得到强化，也促使城市职能强度和产业分工出现了向更加细化、深层次的转变，从而使得主、副核心城市及部分区域性中心城市的职能结构也日趋综合化、现代化。

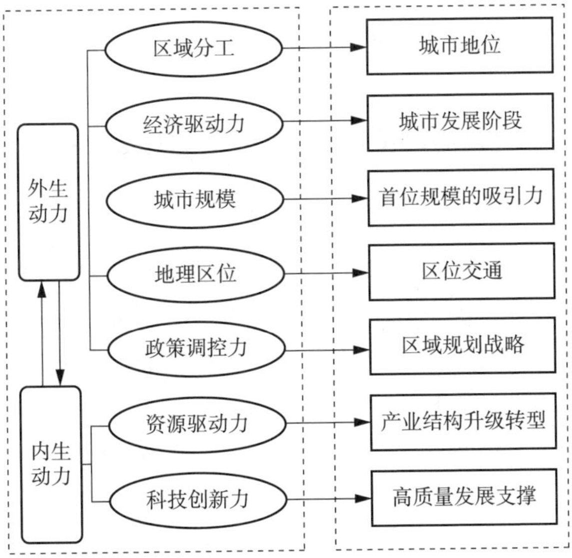

图 18-3　中原城市群城市职能演变动力机制

四、小结

从评价结果可知，中原城市群的优势职能依然是工业，科教文卫、金融等职业强度不高，专业化指数也有待进一步提升。随着中原城市群建设力度的不断加大，30 个城市的职能定位亟须进一步调整和优化，以支撑现代城镇体系的现代化要求，从而助推城市—区域的综合发展和整体区域竞争力的提升。其未来的发展重点有：其一，参照近期中原城市群 30 个省辖市的职能类型结构，从城镇体系等级层次结构优化的框架出发，结合县级城镇职能类型的主导产业、支柱产业、优势产业的现状与未来趋势，协调好城镇之间的产业联系和空间布局类型的互补，突出城镇发展的优势经济职能，强调城镇的趋异和互补。其二，明晰核心城市、区域性中心城市、区域性次中心城市向综合类型的城市定位发展，突出地方中心城镇、地方次中心城镇的主导经济职能，发挥一般性城镇的突出职能，促使现代城镇体系的城市职能类型向既有综合又含突出职能的高级城镇体系职能类型升级。

第十九章　中原城市群的乡镇发展与区域差异

乡镇经济作为串联中心城市的辐射带动和承接县域经济的“底层”渗透，对促进乡村振兴、城乡融合和区域协同具有重要的现实意义。而乡镇经济研究存在单元小、研究尺度细化困难、研究数据获取难度大等问题，多数的研究处于局部地区案例研究和一个县市内部的镇域经济差异研究，大尺度大范围的研究相对不多，因此基于镇域尺度探索中原城市群内部经济的差异成为新时代城乡融合发展的一个突破点。近年来，伴随着《中国县域统计年鉴（乡镇卷）》的出版，使得镇域经济的大范围研究成为可能，为探索区域经济的微观差异提供了支撑。中原城市群虽然在核心城市建设、郑州大都市区国际化、郑洛新国家自主创新示范区打造等方面取得的不错的成绩，但中原地区的城镇化率不高、大部分区域处于农区等，其新型城镇化进程大步往前迈的同时，农业现代化支撑下的乡村振兴依然面临着诸多问题。在这种情况下，有人说“乡村兴则中原兴”，似乎不无道理，因此本章基于镇域尺度，通过多种途径获取乡镇经济数据，分析中原城市群内部的乡镇经济发展差异并找到其影响因素，以期为中原城市群内部的乡村振兴、农业现代化提供微观尺度下的细化支撑。

一、乡镇经济研究的现实意义

乡镇是农村经济的主体和农村各项事业的中心地，是县域经济发展的支撑点和增长极。社会主义新农村和全面小康社会建设，难点在农村，重点在乡镇，工作突破口与发展潜力也均在乡镇（杨冠军、刘灵芝，2007）。镇域经济是统筹城乡经济社会发展的“微观”单元，不仅是城市经济与农村经济的结合部，还是工业经济与农村经济的结合部，更具有促进区域经济增长和社会全面进步的综合功能（温春娟，2010）。因此，研究中原城市群镇域的经济综合发展水平，分析镇域经济的空间分布格局对于探究乡镇的空间变化规律和制定合理的乡镇发展政策意义重大。

2011 年 9 月 28 日出台的《国务院关于支持河南省加快建设中原经济区的指导意见》，标志着中原经济区正式上升为国家战略。该意见强调在加快新型工业化、城镇化进程中同步推进农业现代化，探索建立工农城乡利益协调机制、土地节约集约利用机制和农村人口有序转移机制，加快形成城乡经济社会发展一体化新格局，为全国同类地区发展起到典型示范作用。2016 年 12 月发布的《中原城市群发展规划》指出，要推动城乡统筹协调发展，构建网络化、开放式、一体化的中原城市群发展新格局，这也对城市群内部的乡镇经济发展、城乡统筹提出了新要求。2018 年以来，党中央发布的多项政策文件和乡村振兴战略也明确指出，全面实施乡村振兴战略，强化以工补农、以城带乡，推动形成工农互促、城乡互补、协调发展、共同繁荣的新型工农城乡关系，加快农业农村现代化。因此建设中原城市群，就是要提升乡镇经济水平，培育特色小城镇，提升镇域经济与产业集聚区的协调发展，推进乡村振兴战略的全面实施，从而实现城乡一体、工农互补、区域协调的网络化空间格局。

适度的区域经济差异，有利于发挥区域增长极的集聚与扩散效应，进而逐步实现区域的均衡化发展；过大的区域经济差异，易造成“马太效应”，进而产生区域内部经济失衡、贫富差距过大等问题。因此，正确认识区域经济的差异化格局，发现空间分布与组合规律，有利于提出空间优化组织方案，从而为区域经济的协调发展提供空间整合支撑。人文—经济地理学的核心主题就是分析各种人文—经济现象的空间分异规律，进而解释影响空间分异格局的影响因子与驱动机制，因此基于多种视角、多种方法的区域经济差异空间研究常见于各种主流地理杂志的核心栏目。在以往研究中，基于市域及以上尺度的中国区域经济差异研究较为多见（Xu J，Ai N，Lu Y，et al，2003；Chen H，Deng X，2011；Xie H，Wang W，Yao G，et al，2015；任启龙、王利、李会，2017），研究方法不断改进且难度不断提升；伴随着《中国县域统计年鉴》的出版以及各省区部分县市统计数据的补充，基于县域尺度的中国区域差异研究也不断增多（冯长春、曾赞荣、崔娜娜，2015；谢守红、谭志美、周驾易，2015），研究方法、研究深度等在近些年也不断提升；限于乡镇尺度下数据难以获取，基于镇域尺度的中国区域经济差异较少。一般研究中，省域尺度下的研究单元为 31 个或者 34 个（孟斌、王劲峰、张文忠等，2005；徐建华、鲁凤、苏方林等，2005），市域尺度下的研究单元在 300 个左右（赵永、王劲峰，2007；王洋、修春亮，2011；贺三维、王伟武、曾晨等，2016），县域尺度下的研究单元在 2300 ~ 4000 个之间（仇方道、朱传耿、单勇兵等，2004；陈培阳、朱熹钢，2012；李小建、乔家君，2014；罗庆、李小建、杨慧敏，2014）。伴随着的尺度细化，研究单元以约 10 倍的数量增多。在镇域尺度下，研究单元在 30000 个以上，数据与矢量化地图获取的难度陡增，因而该尺度下的经济差异研究投入的时间和精力极大。伴随着乡村振兴战略的提出与规划引领，镇域尺度下区域经济差异的程度衡量成为新时代区域经济协调发展的重要研究方向。因此，在以往县域、市域尺度的基础上，研究中国镇域经济的空间分异格局，了解中国区域经济的微观尺度差异格局，成为乡村振兴战略下重要的研究课题，也是人文—经济地理学者面向国家战略需求进行区域经济差异研究的重要领域。

关于镇域经济的研究，虽然各个学科的研究视角不同，但多数研究成果侧重于引导具体区域的发展并提出应对措施，因而策论性、规划引导性、具体案例分析型、应对措施类的成果较为多见。一般认为，镇域经济是连接城镇经济、乡村经济的过渡经济，对于县域经济的辐射带动、乡村经济实力的提升具有重要的承转作用，对于提升新型城镇化的"底层"渗透、城乡统筹发展质量、乡村功能的多维转型等具有重要的现实意义（蒋海兵、徐建刚、商硕，2010；毛达、黎世民、康江江等，2015）。镇域经济的重要性毋庸置疑，由于其尺度的问题，学者对镇域经济研究的维度、侧重点不同。从学科分布来看，不仅有侧重于经济社会发展的实践性学科，而且有从时空维度研究其发展规律的区域学科，两者相辅相成，从实践与理论两个方面进行了行之有效的论证。其中经济社会发展学科为镇域经济的发展提供了实践引导，为乡镇规划具体实施方案的推进提供了支撑（B. Pritchard，N. Argent，S. Baum，et al.，2012；M. Tonts，P. Plummer，M. Lawrie，2012；Sheng. L，Chen. Y，Li. H，et al，2018；Zou. Y，Zhao. W，2018；Li. Y，Fan. P，Liu. Y，2019）。而时空维度研究的学科，尤其是人文—经济地理学、区域经济学等学科则提供时空过程规律的解读，为解析区域经济的演化进程提供了理论支撑。在研究时空差异的学科中，人文—经济地理学科作为一个重要的分支，其核心主旨就是利用空间分析的方法来探讨地理现象空间规律及其影响因素，从而为地区经济的持续、健康、高质量发展提供非常重要的支撑。鉴于学科研究的复杂性，本研究着重基于人文—经济地理视角从时空维度进行述评，具体可从实践分析、研究尺度、指标选取、研究方法四个方面展开。在实践分析方面，学者一方面基于内涵剖析、案例分析、战略解析等方面展开对具体案例区镇域经济发展的研究，另一方面基于区域差异视角从时空维度等方面对镇域经济的发展进行研究（胡金林，2008；张静，2014；周仕通、魏燕，2014）。从研究区域看，大多数学者侧重于研究广东（薛德升、许学强、陈浩光，1998）、江苏（蒋海兵、徐建刚、商硕，2010）、河南（乔家君、赵德华，2008）、安徽（魏建飞、程迪、丁志伟等，2019）等省份，另有部分学者对珠江三角洲地区

（徐印州，2001）、中原城市群（丁志伟、黄逦茗、谢慧钰等，2019）、特大城市（卢刚，2016）、都市区（丁志伟、张改素、王发曾，2013）进行了研究。在研究方法上，除了泰尔指数（L. Guan，K. Men，2009）、聚类分析法（蒋海兵、徐建刚、商硕，2010）、NICH 方法（韩冬、乔家君、马玉玲，2017）、向量自回归模型（杨嫚，2018）等统计分析方法外，ESDA 分析（曹昊天、王方雄，2013）、空间关联分析（魏建飞、程迪、丁志伟，2019）、空间回归模型（丁志伟、刘盈盈、吴小妮等，2019）等空间分析方法不断增多且日益丰富。在选取指标上，学者一方面基于代表性指标如人均财政收入（魏建飞、程迪、丁志伟，2019）、农民人均纯收入（丁志伟、刘盈盈、吴小妮等，2020）进行分析，另一方面以工业产值、农业产值、财政收入、非农业比重、农民人均纯收入、第二、三产业从业人员等指标构建指标体系进行综合分析（张改素、魏建飞、丁志伟，2020）。近期，李裕瑞等对国内外镇域发展进行了系统梳理，提出了未来镇域发展需要强化研究的方向，为新一阶段的乡镇经济发展指明了重点（李裕瑞、尹旭，2019）。

已有人文—经济地理学者对镇域经济研究拓展了尺度，有助于深化区域经济的“底层”差异化规律，也有利于乡村振兴战略下乡镇空间协调格局的塑造。但从目前研究成果看，基于镇域尺度对全国区域经济差异规律的整体研究仍显不足，尤其对不同省份、城市群的具体空间差异状态也认知不足。由于获取镇域经济数据的难度较大，考虑到团队的积累和 2016 年《中原城市群发展规划》发布，故选择 2016 年为时间节点进行各项分析内容。本章基于《中国县域经济统计年鉴（乡镇卷）》的统计数据以及克服多种困难的补充数据，对中原城市群镇域尺度下的经济空间格局的分异特征及其影响因素进行分析，以期深化、补充已有的区域经济差异研究认知，为推动乡村振兴战略下区域经济协调发展、农业现代化、城乡统筹发展等提供理论支撑和实践引导。

二、镇域实体经济的差异

（一）评价方法

1. 指标选择与综合指标构建

由于农民人均纯收入是反映其生存状态、生活质量、获得感、幸福感的核心指标，因此在单指标典型指标方面，选取农民人均纯收入（可支配收入）作为测度指标来探讨中原城市群镇域的经济实体水平。在乡村工业化、城镇化进程下，乡镇经济正经历由传统农业向第二、三产业、由分散式的家庭经营向集聚型生产转变，人口、用地、产业、就业等方面也发生了很大的变化。基于上述指标，考虑镇域指标的可获取性，本章基于“规模—效益—结构”构建综合指标体系，反映其经济综合实力的差异。具体而言，选择工业产值、第二、三产业从业人员、建镇区面积来反映规模水平，选择人均工业产值、地均工业产值来反映效益水平，选择第二、三产业从业人员/总从业人员、建镇区面积/总面积、建镇区人口/总人口来反映结构状态。为了对比县域、市域尺度，建镇区面积、建镇区人口由建成区面积、建成区人口替代。在构建指标体系的基础上，需要计算各指标的权重，进而计算综合发展水平。在进行熵权法与层次分析法的对比时发现，受研究单元众多、个别指标内部差异大等影响，熵权法计算出来的权重与现实极为不符，因此本章选择层次分析法进行权重计算（徐建华，2006）。根据检验后的权重计算结果，将每一个镇域单元的指标权重分别乘以其相应的极差标准化后值，进而通过求和命令计算每一个镇域单元的规模、效益、结构和综合发展水平。

表 19-1　城镇经济综合发展水平指标体系

目标层	准则层	指标层	层次分析法权重
综合水平	规模	第二、三产业从业人员	0.0581
		工业总产值	0.1057
		建镇区面积（县域、市域尺度下为建成区面积）	0.0320
	效益	人均工业产值	0.3288
		地均工业产值	0.1645
	结构	第二、三产业从业人员/总从业人员	0.1865
		建镇区人口/总人口（县域、市域尺度下为建成区面积）	0.0622
		建镇区面积/总面积（县域、市域尺度下为建成区面积）	0.0622

2. 空间分析方法

如前文所述，Jenks Natural Breaks 分类方法通过统计数据的方差来衡量差异大小，不仅可以实现分类后组内差异最小、组间差异最大的分类结果，而且可以通过直方图明显地发现数据的断裂之处，从而较为科学地实现“物以类聚”和“自然”的断裂，因此本研究采用该方法分类以更清楚地分析镇域尺度下工业化、城镇化综合水平的空间分异格局。同时基于空间自相关方法的局部 LISA 集聚图来探索研究单元属性指标在空间上的密切程度，分析不同空间自相关类型的空间临近关系。

（二）结果分析

1. 基于单指标的空间格局特点

基于农民人均纯收入指标进行空间分类和空间自相关分析（见图 19-1）。由空间分类图看，较高、高水平区主要分布在三个地区，一是以郑州市区、洛阳市区为核心的集聚片区，同时该片区沿西北方向向济源、晋城方向延伸，体现出核心区的连绵分布态势；二是城市群南部也就是南阳西南部的区域，依托特色资源禀赋、乡镇经济企业支撑、乡村产业链延伸等策略，形成西南部局部的集聚片区；三是邯郸市区附近、豫北局部、聊城西南部等形成的小范围集聚区，反映出城市群北部乡镇经济若干个活力点和发展势头。此外，在城市群东部、西北部也存在零星的分布区，反映出乡镇经济在外围区的局部支撑作用。较高、中等水平区主要是围绕高水平进行圈层式、环绕式、依托型分布，与极高、高水平形成中心—外围式的扩散，体现出经济核心区、特色发展区的点—轴式、圈层状扩散影响。从较低、低水平区看，两者占据了绝大多数分布区，在东部、南部、东南部形成大范围连绵分布区，在西北部外围区也形成了范围不小的连绵分布区，体现出中原城市群整体乡镇经济实力不强、弱值集聚的现象。从空间自相关的 LISA 集聚图看，以郑州市区、洛阳市区为核心向西北方向延展形成的集聚区正向关联效应明显，形成显著 HH 区的集聚现象，反映出高值区在带动城乡联动、促进城乡一体化发展方面的互促共进作用。南阳西南部形成了显著 HH 区，进一步印证了这些区域在区域资源开发、乡镇企业集聚发展、特色产业链打造方面形成的区域优势。此外，从北部、西北部局部的显著 HH 区的局部集聚看，体现出城市群北部乡镇经济的活力和竞争力，也体现出乡镇经济在小范围带动县域经济的支撑性。从显著 LL 区，西北部、西部在外围区的集聚明显强于东南部，反映出西北方向乡镇经济存在着大范围的“低低相连”“近墨者黑”的现象。东部、东南部的显著 LL 区虽然西北、西部集聚程度弱，但其周边多数为低水平区，体现出区域基础环境的支撑力需要大幅提升。显著 HL 区多数临着显著 LL 区分布，反映出在经济欠发达区存在极化效应，也体现出部分经济强镇对周边经济的“剥削”和虹吸。显著 LH 区多在显著 HH 区周边，体现出高水平乡镇引领区周边也存在没有乡镇经济发展动力不足、转型困难的现象。

2. 基于综合指标的空间格局特点

基于镇域经济的综合评价指标体系，带入数据进行计算后，进行空间分类和空间自相关分析（见图 19-2）。由空间分类图可知，极高、高水平区的范

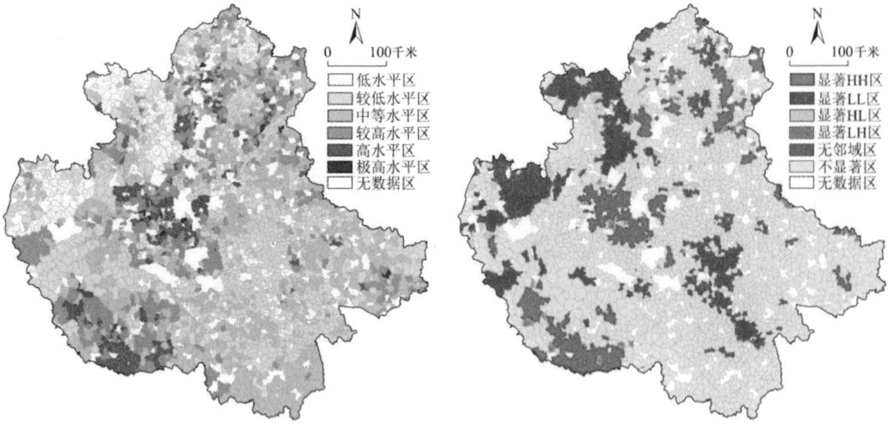

图 19-1 基于农民人均纯收入的中原城市群镇域经济差异

围较基于农民人均纯收入单指标的空间分布图相比，范围明显缩减，主要分布在两个区域，一个是以郑州市区核心周边扩展而形成的区域，另一个是北部邯郸东部形成的小范围集聚区。此外，在北部、东部、东北部外围区也存在一些更小范围的散点状分布区。与单指标相比，南阳市西南部的区域并未出现，反映出该区域乡镇工业化、城镇化的进程仍需进一步加快，乡镇综合实力依然不强。从较高、中等水平看，一方面围绕两个核心区进行扩散，另一方面在西北部、北部集聚分布，反映出西北半壁整体乡镇水平高于东南半壁，与市域、县域经济有类似的地方。从较低、低水平的空间分布看，其数量达到60%以上，除了在东部、南部、东南部大范围广泛分布外，在豫西的山地区、南阳的大部分地区、豫北传统农业区等亦大范围存在，此外在西北部、北部也有集团化的连片分布，充分显示出综合实力指标下中原城市群乡镇经济实力不强的客观现实。从空间自相关的LISA集聚图看，显著HH区主要分布在郑州周边和北部的一些片状集聚区，形成正向促进的关联效应，体现出核心城市、城市群核心区对城乡经济的带动作用，也体现出了高质量发展区主要受地区整体实力影响的“域”环境影响。从北部显著HH区看，其受内部资源型城镇带动、乡镇企业支撑、特色工业集群拉动的影响较大，成为北部乡镇经济发展的活跃区和高质量发展区。显著HH区大范围存在，除了在南部驻马店、信阳区域形成的大范围集聚区外，在南阳、平顶山、三门峡、运城、晋城、阜阳、新乡、菏泽、鹤壁等区域小范围集聚，“天女散花”状的分布格局明显。显著HL区主要分布在显著LL区附近或者夹杂在显著LL区之间，体现出低水平依然存在特色突出、经济实力强劲的乡镇，也体现出落后发展水平在一定范围内存在极化效应。显著 LH 区在以郑州为核心的显著 HH 区周边表现明显，反映出郑州大都市区范围内依然存在很多经济低值区，城乡一体化的进程仍需进一步提升。此外，在东部、南部、西部等外围的低值区也存在一些显著 LH 区，体现出局部经济的一些塌陷。总之，从空间自相关看，显著 LL 区的空间集聚效应明显，"近墨者黑"的正向关联效应现象突出，反映出农区经济亟须进一步转型升级的迫切性和发展诉求。

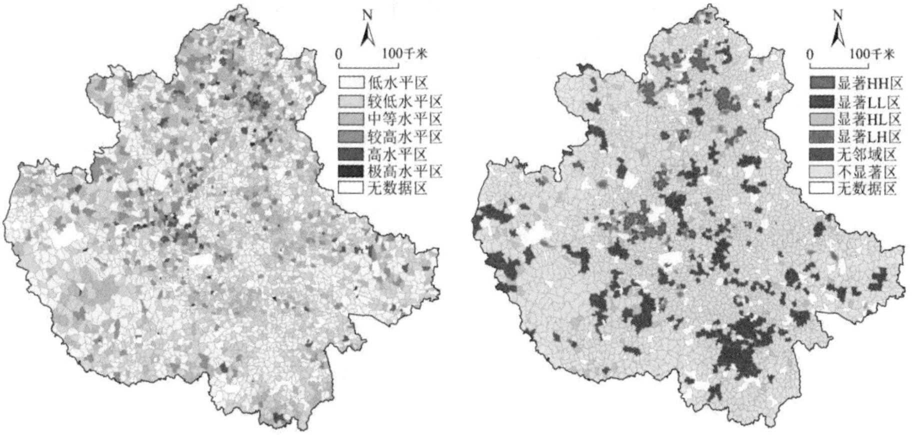

图 19-2 基于综合水平的中原城市群镇域经济差异

(三)影响因素

1. 经济实力的核心支撑

如前文所述，镇域经济是连接城镇经济、乡村经济的过渡经济，对促进城镇经济向"底层"的辐射影响意义重大，因而市域、县域经济本身的实力也直接影响着镇域经济水平的提升。基于前几章市域、县域经济的空间格局的分析可知，高值区、中高值区在中东部地区尤其是高质量城镇化区的空间集聚特征与镇域尺度下的分布特征有很大程度的类似之处，体现出市域、县域经济实力提升对镇域经济的支撑影响；中低值、低值区在西部地区的连绵集聚格局与镇域尺度下的分布特征也极为相似，也进一步反映出西部地区县域经济实力不强对尺度细化后乡镇经济的影响。从现实情况看，城镇经济实力强，其管辖范围的乡镇经济亦强，体现出自上而下式体制经济影响的结果。反过来看，乡镇经济实力强，则会进一步反馈于城镇经济，从而使得城镇经济与乡镇经济之间出现相互影响的正向传导作用。然而，乡镇经济属于"底层"经济，具有自下而上式的市场经济影响，县域经济不强的一些区域也存在乡镇经济繁荣发展的局面，在县域界线束缚的乡镇经济区域效应被忽视，所以镇域尺度下的中国区域经济格局与县域、市域空间分异格局有很多方面的不同，“S”形分隔而非“胡焕庸线”阻隔就是很好的分异证明。

2. 非农化进程的拉动影响

为进一步分析综合水平受单指标的影响，基于乡村城镇化、工业化进行对比发现，城镇化率（非农人口比重）、工业化率（工业增加值/GDP）解释力较强，其与同样反映进程的第二、三产业增加值/GDP 的交互作用明显，反映出非农化进程加快对镇域经济的拉动影响。根据 2016 年中原城市群的城镇化水平、第二、三产业结构比重、人均 GDP 等指标，对比钱纳里的工业化阶段理论可知，中原城市群工业化阶段基本上处于中期阶段，部分处于中期向中后期过渡。在工业化、城镇化进程的影响下，以郑州为核心的集聚区产业结构逐渐向高级化演替，工业实力不断增强且第三产业活力进一步提升，因而乡镇工业经济在中部、北部形成的集聚片区明显不如人均 GDP 表征指标下县域、市域经济的集聚态势明显。中部、西北部地区乡镇工业化进程不断加快，乡镇企业的工业经济实力依然强劲且成为拉动就地就近城镇化的重要力量，同时受华北平原乡镇密布与地方政府产业集聚区战略的影响，因而呈现出西北半壁规模不等的集聚格局。东部、东南部、南部地区乡镇工业化进程缓慢，主要体现在城市群外围区发展环境较差，经济欠发达区域的乡镇产业结构层次普遍偏低且工业实力不强，加之地形地貌条件的影响，因而呈现出低值连绵分布的集聚格局。北部、西北地区虽然工业化阶段相对较高，但面临着工业转型升级、实体经济再次振兴等发展难题，乡镇经济发展处于工业实力下降且转型困难的瓶颈期，因而综合水平的集聚格局也出现局部突显的特征。

3. 乡镇现代化的活力支撑

在国家新型城镇化、乡村振兴战略的引领下，城镇化已从注重人口、土地规模的扩展转向城镇的内涵式调控，特色产业集群、电商经济、集聚区经济表征出的城镇基础设施现代化水平提升逐渐成为新时代城乡统筹的主题。然而，中原地区不同地带所处的城镇化阶段不一，城镇现代化水平对乡镇实力提升的支撑强度也不同。中部、西北部以及北部，经济高水平区尤其是战略先行区如以郑州为核心的乡镇始终处于乡镇现代化建设的先导区，其发展的基础支撑、平台优势、政策红利等远高于外围区和欠发达区的乡镇。由于高水平的城镇化质量支撑，核心区、郑州大都市区内部的乡镇联系、乡镇与城镇联系密切，形成镇域工业化、城镇化的高质量区和集聚共荣发展区。当下，在国家新型城镇化、经济区、城市群、都市区战略的引领下，以郑州为核心扩散影响区的乡镇现代化水平不断提升，乡镇经济发展的政策支撑与“机会窗口”支持不断增强，从而使得国家战略核心区的乡镇处于工业化城镇化综合水平的高值、中高值区，充分体现了国家战略、区域战略的引领作用。在黄河流域生态保护与高质量发展、淮河生态经济带等战略的引导下，西部、南部地区的乡镇虽然出现快速发展，乡镇的现代化水平不断提升，但广大的低值连绵区依然缺乏新型城镇化的内在驱动力，加之地形的限制、经济发展的活力缺失、人口集聚的内在支撑力不强、乡镇落后区的整体振兴环境较差等，依然是东南半壁整体乡镇现代化水平落后的重要影响因素。

4. 地形地貌条件的基础影响

从现实情况可知，临近郑州的平原地区乡镇的土地城镇化进程较快，建镇区土地向外围扩展的速度就快，土地城镇化、乡镇现代化的水平就提升越快。而地形地貌复杂的山区，乡镇的土地城镇化进程虽然加快，但受周边环境的影响，建镇区的土地扩展速度就慢，建镇区的占比提升较慢，城镇化与工业化的进程就较慢。中原城市群地形地貌西高东低，在山脉的阻隔影响下呈阶梯状分布。东部地区的乡镇位于第一阶梯，主要以平原为主，基础设施投入大且投资环境优越，加之对外开放与生产力优先在东部布局的优势，因而沿陇海轴和重要发展轴的乡镇经济实力普遍较高且农业现代化进程明显加快。中部地区为山地向平原的过渡区，除郑州核心区的集聚外，镇域经济也存在一定的过渡性。受基础实力、产业结构、开放环境等方面的约束，其整体实力一般且往往依附于城镇化核心区，因此核心—外围式、圈层辐射状乡镇经济高值集聚格局常现于中部地区。西部、南部地区地形复杂多样，基础发展实力不强且人口稀少，因此乡镇经济发展实力整体不强，呈现出弱—弱相连的空间连绵集聚格局。同时，在地形地貌的影响下，交通轴、产业带的辐射作用不断增强，乡镇经济呈现出围绕核心区郑州、沿北部京广轴、东西向陇海轴的“点—轴”集聚特征，这也表现出与国家的主体功能区、城镇化“三横两纵”格局相契合的特征。

5. 根植性、路径依赖与产业转移

乡镇经济格局中的每一个乡镇均根植于中原城市群地理空间的一个地理区位，这个区位不仅受地理条件、资源禀赋等客观条件影响，而且受当地的历史传承、文化底蕴、制度演替等方面的软环境影响。因此，以乡镇为研究单元的镇域经济也深受地方政治、制度与文化的影响，也就是根植性影响。在乡镇经济的集聚发展中，某些乡镇经济单元不仅在地理空间上具有类似的区位条件，而且这些单元具有很强的区域经济连通、地方文化认同、制度环境熏陶，从而使得区域经济根植于复杂的地域社会关系之中。在空间集聚格局中，以郑州为核心城镇化的核心区经济基础支撑好、开放经济思维活跃、国家宏观经济支持力度大，加之自贸区、一体化区等制度安排的环境影响，因而以郑州为核心的乡镇集聚区经济处于良性的演进与发展循环之中，乡镇经济的区域化而非行政管辖的集聚格局明显。而在南部、东部、东南部欠发达集聚格局中，经济发展的客观区位条件较差、基础实力薄弱、地方文化的开放意识不强，加之整体区域经济环境的束缚，使得西部地区的绝大多数乡镇处于缺乏突破的自我循环之中，路径依赖式的发展使得弱弱相连的空间格局大范围存在。中部地区处于国家区域经济的过渡区，乡镇经济发展的资源禀赋、地理区位格局相对较好，在乡镇工业化城镇化进程中不断受到新战略、新环境的影响，加上中部承接产业转移后的劳动力、市场支撑，使得中部地区的乡镇经济实力进一步增强且就地就近城镇化进程不断加快。

三、虚拟经济的差异

（一）数据来源

百度检索量是反映关注名词被检索频数的统计指数，能够反映数字经济时代一个地区被网民关注的程度，因此很多信息化背景的城市经济类文献经常运用该指标进行分析。百度指数是反映某个词条受关注的程度，更能反映热点事件、热点新闻、重要人物的影响，因而该指标经常用来反映网络关注度和地区信息化水平。由于百度指数只关注到县级层次的名词，乡镇级别的地域名词未被收录，所以需要寻求其他搜索方法。经查核百度指数的概念内涵，结合与百度指数县域层次城市搜索量的比对，本研究采用人工搜索的百度检索量的方法标识乡镇尺度地域名词的关注程度。具体检索方法如下，首先在百度搜索（http：//www. baidu. com）中输入被关注的乡镇名词，之后设置搜索范围为 1970 年 1 月 1 日（百度搜索创建之日）至 2017 年 12 月 31 日，按下搜索按钮就可获取该乡镇被关注的程度。

（二）评价方法

1. 空间插值和空间自相关

Kriging 插值方法是一种根据样本点位置的不同、样本点属性数据的相关程度不同，对每个样本点的属性数据赋予不同的权重，进行滑动平均后获取估测点的插值方法（张海平、周星星、代文，2017）。Kriging 插值方法是一个包括多部运算的过程，包括数据的探索性统计分析、变异函数的构建、表面的创新等过程，会根据数据之间相关程度、方向偏差确定拟合面，是广泛应有的一种空间插值方法。中原城市群乡镇个数多、分布情况随地形变化大，样本点之间存在较强的空间自相关，运用空间插值可以更加形象地看出不同地域的空间差异分布情况，因而本研究采用普通 Kriging 方法进行空间格局特征分析，并与空间等间隔的分类可视化图进行结合分析。同时运用 ESDA 分析方法中的莫兰指数与局部空间联系的 LISA 指标，分析中原城市群镇域尺度下经济现象的空间自相关程度(温春娟，2010)。

2. 相关分析与空间回归分析

研究乡镇的网络关注量就是要探索数字经济背景下虚拟经济空间格局与实体空间格局之间的关系，因而引入相关分析和空间回归分析方法进行测度。相关分析是分析两个要素指标之间相互关系的一种分析方法，是探究百度指数与实体经济数据之间关系的重要依据之一。如果要素指标之间存在相关关系且在 ESDA 分析中具有空间自相关，那么可以借助空间回归分析方法来测度百度指数与实体经济要素之间的归因关系。基于此，本章常用空间回归模型为空间滞后与空间误差模型进行归因分析(张改素、王发曾、康珈瑜等，2017)，并与普通 OLS 型相对比，以更好地反映影响因素的作用程度。

3. 内部影响因子的海量统计分析

由于百度词条检索量仅仅体现乡镇被关注的次数，而不能体现关注该乡镇经济社会发展哪个方面的具体内容，所以要想深入了解乡镇所关注的内容，需要逐一点开网页进行总结方能确定。根据百度指数的关注内容，考虑到细化后的工作难度，本章将关注内容分为八类：企业与产业发展、政府相关、资源禀赋、地理位置、历史文化传说、热点事件与名人效应等。由于统计全部乡镇的具体关注内容工作量及其浩大，本研究选取 209 个百度指数小于 2000 的乡镇和 601 个百度指数大于 100000 的乡镇进行归纳整理，从而判断这些内部影响因子对高值区、低值区百度指数关注度的影响。

(三)结果分析

1. 镇域尺度空间分异格局特征

根据空间分类与空间插值的方法，对中原城市群镇域百度指数的空间分异格局进行分析(见图 19-3)。空间格局呈现出“两个核心高水平集聚区+一个相对集中的较高水平区+斑点式扩散的高水平区”分布特征。“两个核心高水平集聚区”一个是以郑州市区为中心向西北延伸济源、晋城方向形成的高值集聚区，另一个是在东部由宿州、蚌埠乡镇组成的高值区。这两个集聚区以人均经济实力较高的郑州、济源、蚌埠等城市作为支撑，体现出高乡镇经济发展水平对高百度指数的支撑。“一个相对集中高水平区”，主要分布在西南部南阳境内，不仅包括一些乡镇经济实力较强的地区，而且更多的是以生态旅游、历史文化、社会民生等为主题的高搜索量地区，体现出百度指数反映经济社会发展方面的倾向性。“斑点式扩散高水平区”非常多，体现出以某一种特色带动影响周边乡镇的扩散效应，主要分布在东部自聊城向淮北扩散的外围区。而低水平区则相对比较集中，主要分布在两个片区，一个是西北方向沿太行山脉包括邢台、邯郸、长治、晋城、运城的大多数乡镇组成低值片区，另一个是南部以周口、驻马店、信阳为核心覆盖区的低值连片区。

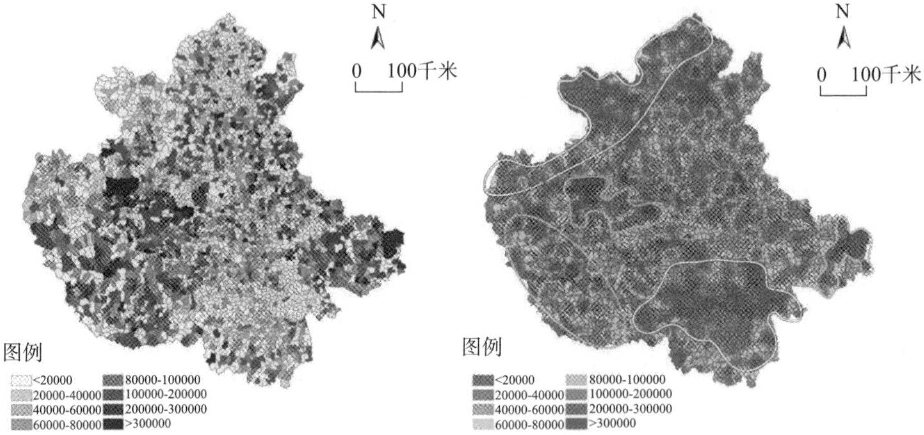

图 19-3 基于百度指数的中原城市群镇域经济空间格局

为对比百度指数下虚拟经济空间格局与实体方面的差异，根据《中国县域统计年鉴(乡镇卷)》提供和能计算的指标进行空间插值分析(见图 19-4)。实体经济的空间格局更具鲜明性，斑点式扩散格局不明显。从工业产值看，高值集中区主要分布在四处，两处范围较大的集中区，两处范围相对较小的集中区。两处大范围集中区一个是以郑州为核心向西北方向延伸形成集中区，与县域层次的经济空间格局有类似之处(薛德升、许学强、陈浩光，1998；胡金林，2008；蒋海兵、徐建刚、商硕，2010)；另一个是从聊城北部和菏泽南部形成的集中区，与虚拟层次的斑点式扩散格局有明显不同。两处小范围集中区一处是沿京广产业带从邯郸到新乡形成不规则条带状集中区，另一处在三门峡西部形成扩散型集中区，与虚拟层次的空间格局对比并无明显的一致性分布规律。基于人均和地均工业产值看，集中分布的范围较百度指数、工业产值有明显不同，人均指标除郑州—济源一带形成集中片区外，其余几个集中区明显范围减小且集中程度下降；地均指标除以郑州为中心的集聚格局与百度指数、工业产值有所相似，其他的分布特征与百度指数并无明显的类似性。值得一说的是，基于地均指标在北部、中东部呈现出的斑点式扩散与百度指数有些许类似。总而言之，中原城市群镇域实体经济与虚拟经济格局除了在中部地区形成的集中分布区有一定的相似性外，其他方面的空间分布格局类似性并不明显。分析到此，不得不让人生疑，镇域层次与县域、市域层次相比，百度指数反映实体经济空间格局的准确性不如中宏观尺度准确。

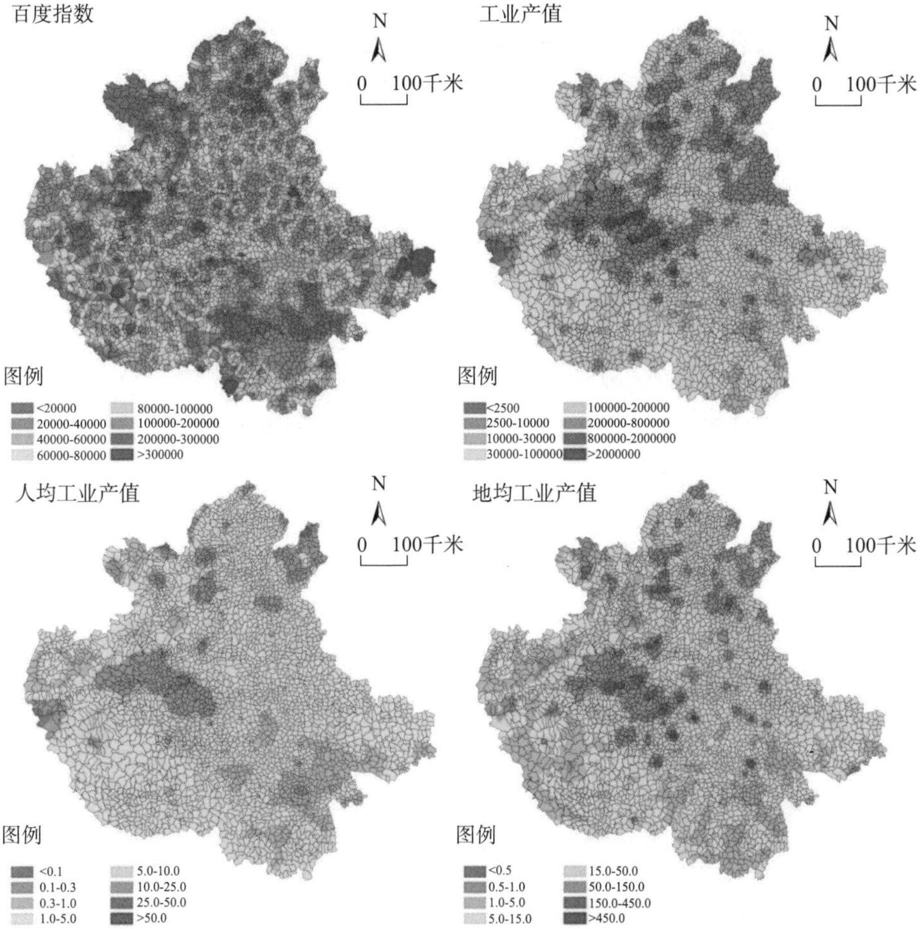

图 19-4　基于百度指数的虚实经济空间格局对比图

2. 镇域尺度空间关联格局特征

基于镇域单元的百度指数，通过 Geo-DA 软件中 Univariate LISA 模块分析中原城市群镇域空间格局的局部关联特征，并且在 Z 检验的基础上（$p \leqslant 0.05$）

绘制 LISA 集聚分布图。基于百度指数、工业产值、人均工业产值和地均工业产值 Moran's *I* 指数全部为正且在 0. 14~0. 22 之间，表明无论是实体指标还是虚拟指标，在空间关联程度上存在类似集聚状态且以 HH 区、LL 区为主。由图 19-5 中局部空间关联集聚图看，基于百度指数的显著 HH 区主要分布在以济源、宿州—蚌埠为核心的两处高值集聚区，而以郑州为核心的集聚区范围较小且不明显。从现实情况看，这些高值集聚区与乡镇间的高密度工业化水平协作有着较强的联系，经济水平发展与百度指数水平均相对较高，表明两者之间有种内在的关联影响作用。其他的一些显著 HH 区与空间分异格局中的高水平区类似，斑点状分布现象明显。而从实体经济来看，显著 HH 区的分布格局有些许类似但更多的不同，类似的一点是中部地区都存在连片区，但从分布位置及范围看明显不同。实体经济的显著 HH 区如分异格局一样东

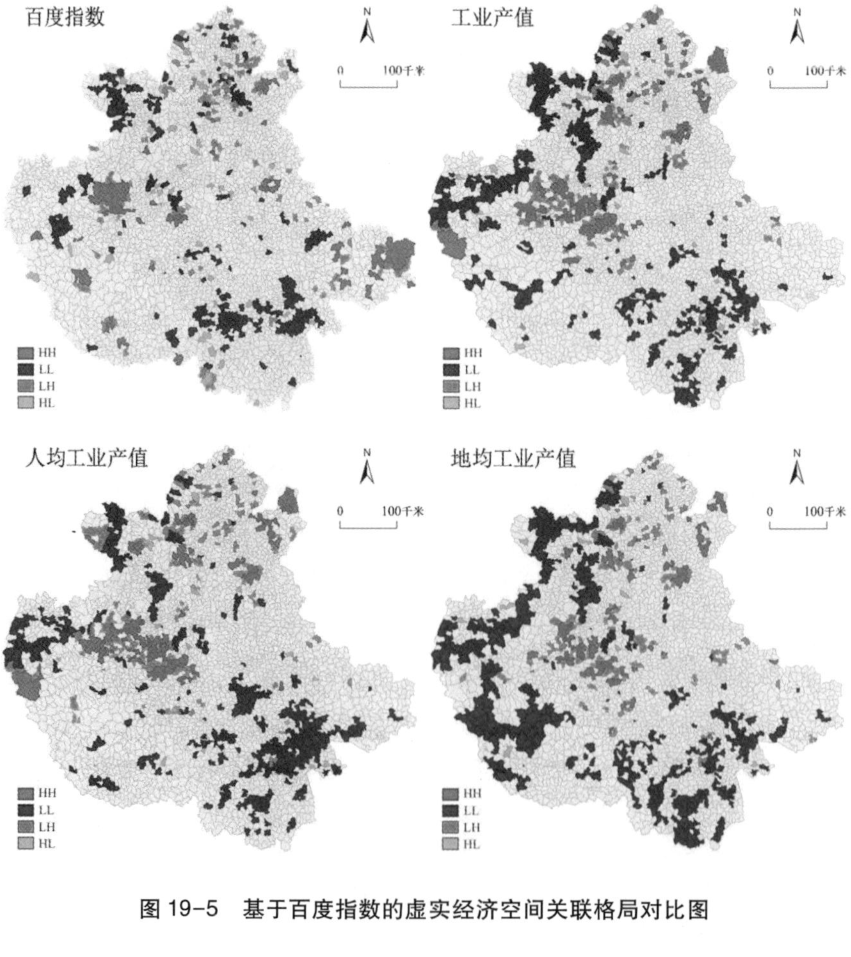

图 19-5 基于百度指数的虚实经济空间关联格局对比图

部地区无集聚区，而高值区则以郑州为核心向西北方向形成较大的集聚片区，与虚拟经济相比以济源为核心的分布区不同。此外，实体经济空间关联格局的小范围显著 HH 区在东北部、北部存在斑点状分布，而虚拟空间格局的分布区则明显不同。基于百度指数的显著 LL 区的分布格局主要以西北部、东南部以及北部的一些区域为主，但连片的集聚态势不明显，体现出“近墨者黑”的空间关联效应影响范围不是很广。而从实体经济格局看，显著 LL 区在西北部、南部、东南部以及西南部形成大片的连绵分布区，集聚的范围和态势均比虚拟空间格局大，体现出实体经济格局低乡镇发展水平之间的“塌陷”效应更加明显。总体看来，空间关联视角下实体经济与虚拟经济之间存在分布上的某种类似性，但实体经济的高值、低值集聚更加明显。

（三）影响因素

1. 相关分析与回归分析

如前面空间分异、空间关联格局分析内容所言，基于百度指数的虚拟经济空间与实体经济空间格局在特征方面有一些类似之处，但内在的关联性并不是很强。那么，两者究竟有何种的内在关联，两者之间的反映程度又如何呢？影响镇域经济差异的影响因素有很多，限于数据搜集的渠道，本研究首先对《中国县域统计年鉴（乡镇卷）》获取的实体经济指标进行相关分析，以探索虚拟、实体经济两者之间的相关状态。具体而言，将获取的实体经济指标第二、三产业从业人员、人均工业产值、地均工业产值、工业产值、从业人员、常住人口、行政面积分别命名为 x_1、x_2、x_3、x_4、x_5、x_6、x_7，在 SPSS 软件与百度指数进行相关分析，结果见表 19-2。由表 19-2 可知，除行政面积、人均工业产值相关系数在 0.2 以下，其余指标的相关系数均在 0.2~0.3 之间，表明百度指数与实体经济指标的整体正向相关性不是很强，两者之间的相关程度仅有 20%~30%。由于基于百度指数的镇域经济发展水平存在正向的空间自相关，所以可进一步利用百度指数与七个实体经济指标进行空间回归分析，以解释指标之间的归因联系，结果同样见表 19-2。常住人口、行政面积、第二、三产业从业人员、地均工业产值四个指标通过了较高的显著性检验且为正向系数，反映出整个空间分异格局与人口的基础支撑、乡镇的人口工业化进程、产业结构的高级化等方面密切相关，也从侧面反映出乡镇工业发展水平、乡村工业化水平对百度指数下的经济空间分异格局的解释力相对较好。当然由于人为检索因素的干扰，百度指数只能反映在一般情况下的平均状况，并无法全面概括乡镇的经济发展水平。

表 19-2 百度指数与实体经济指标的相关系数、空间回归系数

变量	相关系数	OLS	SLM	SEM
x_1	0.273**	0.078**	0.085***	0.076**
x_2	0.145**	0.013	-0.005	-0.003
x_3	0.227**	0.119***	0.126***	0.133***
x_4	0.229**	0.026	0.017	0.007
x_5	0.242**	-0.049*	-0.068**	-0.069**
x_6	0.272**	0.144***	0.147***	0.166***
x_7	0.065**	0.067***	0.060***	0.036*

注：*、**、***分别表示通过了 0.05、0.01、0.001 的显著性检验。

2. 内部影响因子海量分析

由于实体经济指标对百度指数的相关程度仅有 20%~30%，所以有必要通过对百度指数具体的关注领域进行定量统计分析，以更深入地分析影响空间格局分异的具体因子。通过查看镇域尺度下百度指数反映的具体关注内容，同时考虑到统计分析的海量工作，如研究方法中所述，本研究将反映主题归纳为政府新闻与官方网站(政府政策通报、政府部门官网、乡镇规划改革、各工作安排等)、企业报道与产业发展(国有企业、阿里巴巴产业带、二三产业、工程招标、宣传投资网页等)、社会民生与生活百事(饮食、交通、教育、医疗、生活服务、娱乐休闲等)、资源禀赋(自然资源、特色小镇、农副产品等)、热点事件(精准扶贫、其他热点事件等)、地名位置(百度地图、居委会等单元、村级单元等)、历史文化传说(历史遗址、风俗习惯、方言、考古发现等)、名人效应(政府部门代表干部、产业领军人物等)八个方面。如果将各个镇域单元的八个方面全面归纳总结出来，耗费的时间与精力难以计算，考虑到分析的代表性，本研究选取百度指数大于 100000 的 601 个高水平乡镇的 146875200 个词条与百度指数小于 2000 的 209 个低水平乡镇的 268556 个词条进行海量统计分析，以对比分析影响高、低水平区影响因子的差异。

根据上述八个主题的分类对高水平乡镇的词条进行统计，各主题内容占比见图 19-6。由图 19-6 可知，企业报道与产业发展方面的占比为 23%，与 20%~30%的相关系数解释基本一致；政府报道与官方网站占比为 24%，反映出高水平区在经济水平的支撑下社会服务水平相对较高；社会民生与生活百事方面的占比为 15%，体现出乡镇居民在保障基本生产、生活水平之外，倾向于通过信息化平台咨询、解决日常生活中遇到的一些问题；资源禀赋方面的占比为 14%，反映出部分乡镇的发展依靠特色资源、特色品牌提升了乡镇

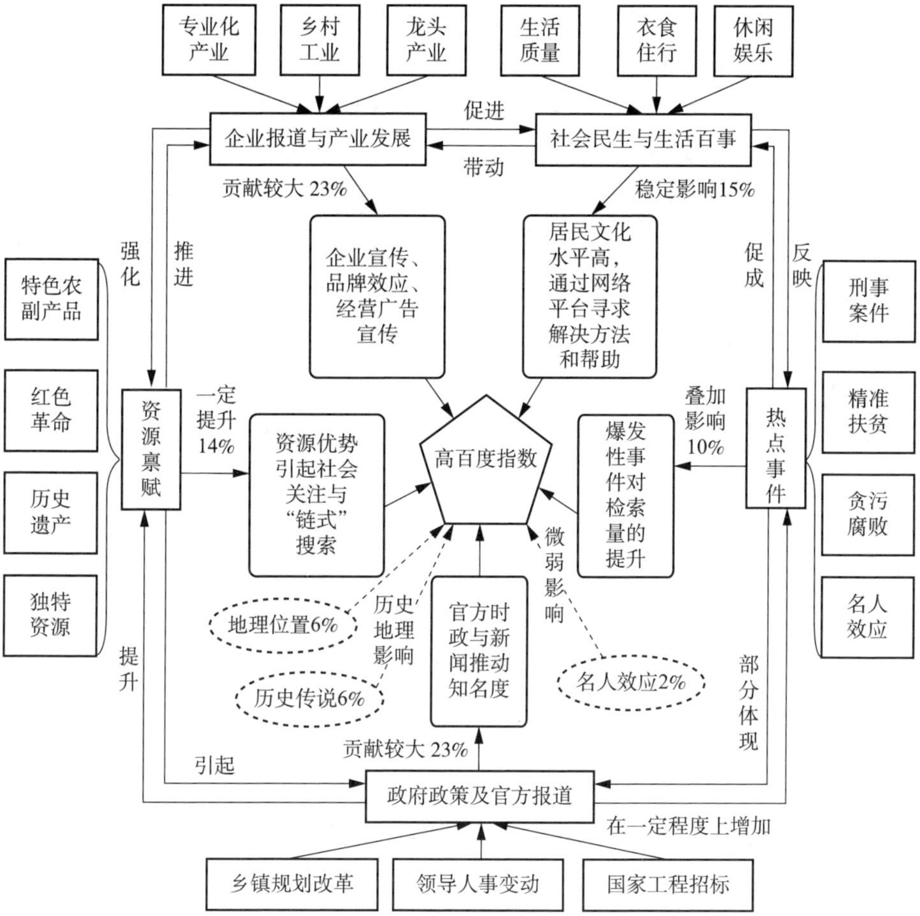

图 19-6　高百度指数乡镇形成的内部影响因子解析

的知名度与发展水平；热点事件占比为 10%，从侧面反映出特殊时期的一些自然灾害、刑事犯罪等方面的事件也能产生一定的影响；地名位置与历史文化传说各占 6%，反映出日常出行、旅游开发、风俗习惯等方面对部分乡镇的贡献价值；名人效应占 2%，反映出人们对影响乡镇发展的能人精神、引领发展事迹等方面的关注。在高水平乡镇地区，人们对企业发展、产业经济方面的关注度高，从而形成了一些明星企业和品牌产业。在乡镇经济实力的提升下，人民生活水平质量大幅提高，信息化水平提升显著，这又在一个层面上增加了原本搜索量较大的政府报道与官方新闻的关注度。同时，政府出台的政策对当地规划影响较大，会在一定程度上提高热点事件的产生。但由于此类事件不确定性极强，对当地检索量影响并不大。值得一说的是，高水平地区乡镇将特色资源与产业相结合从而引发的“链式”搜索也能为高值区提供一定的贡献值，例如，一些特色乡镇以经济产业的企业宣传打头，政府政策报道为辅，同时与人民生活出行，当地优势相互作用，促成了高水平乡镇关注度的产生。同时，这些内部影响因子产生的企业宣传、品牌效应、经营广告宣传，居民文化水平和对网络的高水平需求，政府新闻搜索和暴发性事件，以及优势产业资源对高水平地区有着明显的推动作用。

同样，根据主题对低水平区乡镇的词条进行统计，结果见图 19-7。由图 19-7 可知，社会民生和生活百事占比达到 36%，反映出低水平区更多地受居民日常生活状态影响较大；企业报道与产业发展占比为 12%，贡献中等，主要是低水平区乡镇经济发展水平普遍较低且企业缺乏知名品牌效应；政府政策及官方报道占比为 11%，仅仅反映出政府在宣传发展方面的稳定影响；社会热点事件相比高水平有所下降，反映出社会突发事件依然有一定影响；资源禀赋方面占比达 7%，反映出部分乡镇依靠特色资源、特色品牌提升了乡镇的知名度与发展水平；地理位置、历史传说、名人效应与高水平相比有所变化，但都是一些基本性影响。总体而言，低水平区乡镇在产业带动下的“链式”搜索以及政府宣传报道的企业新闻不足，而乡镇居民遇到的日常琐事或者“吐槽”式的检索量较多，反映出低水平乡镇亟需提升经济发展水平、加快建设基础设施、完善社会保障服务等方面诉求。

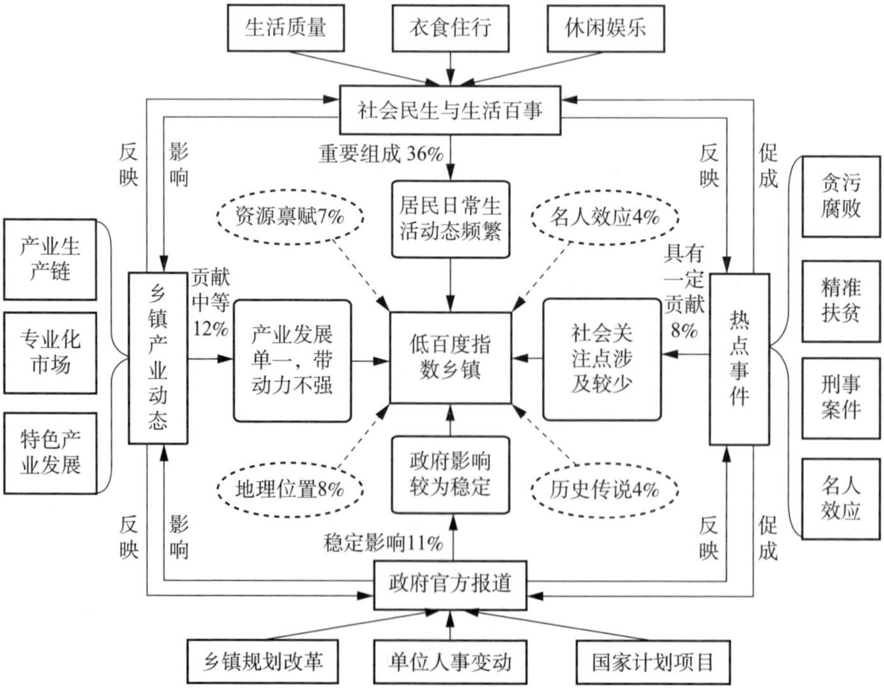

图 19-7　低百度指数乡镇形成的内部影响因子解析

四、小结

从实体空间分布格局看，较以往研究不同，基于镇域综合发展水平的经济呈现小范围集聚分布且高水平区连片集聚格局不明显等特征，高值区在以郑州为核心的集聚现象依然可见。然而，区域整体格局依然主要被中等、较低、低水平占据，反映出中原城市群在整体层面依然面临乡镇经济发展水平较低、乡村工业化城镇化进程缓慢等问题。已有研究中，认为影响县域尺度下空间格局的主要因素有人口聚集度、经济发展、产业结构、区域投资强度、地理区位、离中心城市距离、粮食生产等（李小建、乔家君，2001；赵永、王劲峰，2007；王洋、修春亮，2010；L. Shen，Y. Chen，H. Li，et al，2018；Y. Zou，W. Zhao，2018），以及上述因子组合的市场力、金融力、行政力、内源力、投资力等（陈培阳、朱熹钢，2012）。而在镇域尺度下，主要因素为工业经济支撑力、乡镇现代化的活力支撑、就业非农化的进程影响、地理区位条件的基础影响以及根植性。

从虚拟经济空间格局看，高值区整体表现出“两个核心高水平集聚区+一个相对集中的较高水平片区+斑点式扩散的高水平区”的分布特征，低水平区呈现西北部沿太行山脉和南部以周口、驻马店、信阳为核心覆盖区的两大低值连片区。与实体经济空间格局中高值区集中分布在中部、西北部组成的核心集聚区有类似之处但分布范围有很大的不同，与实体经济空间格局中低值区的连绵分布有相似之处但范围明显缩小。经过对比发现，虚拟经济、实体经济在高值、低值分布的核心区有一定的相似性，但基于百度指数的经济空间格局更加破碎化。从定量化影响因素看，基于百度指数的空间自相关指数与实体经济指标类似，在 0.2 左右，空间集聚格局与空间分异格局有类似之处但范围有所变化。与实体经济的空间关联格局相比，高值集聚区虽然主要分布在济源、郑州市区周边等但集聚范围明显缩小，低值区主要分布在西北部、南部但集聚的连片趋势有所弱化。从检索量的分类和内部驱动看，基于百度指数的空间格局虽受实体经济实力影响但仅仅有 20%~30%的解释力，与产业结构的高级化、乡镇就地城镇化、工业实力提升密切相关。从内部海量因子的解析看，高水平区乡镇受经济发展水平的基础影响较大且在经济发展的引领下表现出与社会发展、政府发展、资源禀赋、热点事件形成链式搜索效应；而低水平区受乡镇经济水平的影响不大，而更多地体现出在社会民生事件方面的反馈，反映出低水平区乡镇亟须提升经济实力和增强社会保障服务。

参考文献

[1]Ali-Toudert F, Ji L. Modeling and measuring urban sustainability in multi-criteria based systems—A challenging issue[J]. Ecological Indicators, 2017, 73: 597-611.

[2]Asomaniboateng R. Borrowing from the past to sustain the present and the future: Indigenons African urban forms, architecture, and sustainable urban development in contemporary Africa[J]. Journal of Urbanism International Research on Placemaking & Urban Sustainability, 2011, 4(3): 239-262.

[3]Boeke J H. Economics and economic policy of dual societies as exemplified by Indon-esia[M]. NewYork: Institute of Pacific, 1953.

[4]Boggia A, Massei G, Pace E, et al. Spatial multicriteria analysis for sustainability assessment: A new model for decision making[J]. Land Use Policy, 2018, 71: 281-292.

[5]Button K L. Urban economics: Theory and policy[M]. London: The Macmillan Press Ltd, 1976.

[6]Chen H, Deng X. Analysis of regional difference of economic development in China based on spatial autocorrelation and σ-convergence models[J]. Journal of Geo-Information Science, 2011, 13(5): 586-593.

[7]Chenery H B, Syrquin M. Patterns of development, 1950-1970[M]. Oxford: Oxford University Press, 1975.

[8]Ciegis R, Streimikiene D. Integration of sustainable development indicators into sustainable development programmes[J]. Engineering Economics, 2015, 42(2): 7-12.

[9] Doxiadis C A. Man's movement and his settlements [J]. International Journal of Environmental Studies, 1970, 1(1-4): 19-30.

[10]Duan Y J. Regional carrying capacity evaluation and prediction based on GIS in the Yangtze River Delta, China[J]. International Journal of Geographical Information Science, 2011, 25(2): 171-190.

[11]Fawcett C B. Distribution of the urban population in Great Britain, 1931 [J]. The Geographical Journal, 1932, 79(2): 100-113.

[12]Geddes P. Cities in Evolution: An introduction to the town-planning movement and the study of cities[M]. London: Williams and Norgate, 1915.

[13]Gottmann J. Megalopolis or the urbanization of the northeastern seaboard [J]. Economic Geography, 1957, 33(3): 189-200.

[14]Guan L, Men K. Cluster analysis on per capita net income of rural households in China[J]. Asian Agricultural Research, 2009, 1(6): 1-3.

[15]H. 钱纳里，M. 塞尔昆．发展的格局[M]. 北京：中国财政经济出版社，1989.

[16]Higgins B. Economic development[M]. New York: WW Norton & Company, 1959.

[17]Howard E. Garden cities of ToMorrow[J]. Organization & Environment, 1965, 16(1): 98-107.

[18]Jabareen Y. A new conceptual framework for sustainable development[J]. Environment Development and Sustainability, 2008, 10(2): 179-192.

[19]K. J. 巴顿．城市经济学[M]. 北京：商务印书馆，1986.

[20]Kangalawe R Y M. Changing land use/cover patterns and implications for sustainable environmental management in the Irangi Hills, central Tanzania[J]. Environment Development & Sustainability, 2010, 12(4): 449-461.

[21]Khlobystov E. Modern approaches to sustainability and spatial development: educational aspects[J]. Nato Security Through Science, 2009: 51-56.

[22]Lele S M. Sustainable development: A critical review[J]. World Development, 1991, 19(6): 607-621.

[23]Lewis W A. Economic development with unlimited supply of Labor[J]. The Manchester School, 1954, 22(2): 139-191.

[24]Li Y, Fan P, Liu Y. What makes better village development in traditional agricultural areas of China? Evidence from long-term observation of typical villages [J]. Habitat International, 2019, 83: 111-124.

[25]Li Y, Lei Z, Suo J. Comprehensive assessment on sustainable development of highway transportation capacity based on entropy weight and TOPSIS[J]. Sustainability, 2014, 6(7): 4685-4693.

[26]Li Y, Li Y, Zhou Y, et al. Investigation of a coupling model of coordi-

nation between urbanization and the environment[J]. Journal of Environmental Management, 2012, 98(1): 127-133.

[27]Lu H, Wei Y, Yang S, et al. Regional spatial patterns and influencing factors of environmental auditing for sustainable development: summaries and illuminations from international experiences[J]. Environment, Development and Sustainability, 2020, 22(4): 3577-3597.

[28]Machlup F. A History of though on economic Integration[M]. London: The Macmillan Press LTD, 1977.

[29]McGee T G. The emergence of desakota regions in Asia: expanding a hypothesis[M]. Honolulu: University of Hawaii Press, 1991.

[30]Moore C L. A new look at the minimum requirements approach to regional economic analysis[J]. Economic Geography, 1975, 51(4): 350-365.

[31]Nelson H J. A service classification of American cities[J]. Economic Geography, 1955, 31(3): 189-210.

[32]Nyerges T, Roderick M, Prager S, et al. Foundations of sustainability information representation theory: spatial-temporal dynamics of sustainable systems[J]. International Journal of Geographical Information Science, 2014, 28(5): 1165-1185.

[33]Office of Management and Budget. 2010 standards for delineating metropolitan and micropolitan statistical areas[M]. Washington D C: Office of Federal Register, 2010.

[34]Pannell C W. China's continuing urban transition[J]. Environment and Planning A, 2002, 34(9): 1571-1589.

[35]Porter M E. Clusters and the new economics of competition[M]. Boston: Harvard Business Review, 1998.

[36]Prebisch R. Commercial policy in the underdeveloped countries(from the point of view of Latin America)[J]. American Economic Review, 1958, 49(2): 251-273.

[37]Pritchard B, Argent N, Baum S, et al. Local-if possible: how the spatial networking of economic relations amongst farm enterprises aids small town survival in rural Australia[J]. Regional Studies, 2012, 46(4): 539-557.

[38]Ranis G, Stewart F, Samman E. Human development: beyond the human development index[J]. Journal of Human Development, 2006, 7(3): 323-358.

[39]Rocio R, Göran S, Carmen O N. Framing sustainable development

through descriptive determinants in private hospitals——Orientation and organization [J]. Evaluation and Program Planning, 2019, 75(5): 78-88.

[40]Shen L, Chen Y, Li H, et al. Development orientations for attracting investments-A perspective of less-developed townships in China[J]. Cities, 2018, 76(1): 84-95.

[41]Smailes, Peter J. The enigma of social sustainability in rural Australia [J]. Australian Geographer, 1995, 26(2): 140-150.

[42]Schaltegger S, Burritt R. Corporate sustainability[D]. Edward Elgar, 2005.

[43]Tilman D, Balzer C, Hill J, et al. Global food demand and the sustainable intensification of agriculture[J]. Proceedings of the National Academy of Sciences of the United States of America, 2011, 108(50): 20260-20264.

[44]Todaro, M P. A model of labor migration and urban unemployment in less developed countries[J]. The American Economic Review, 1969, 59(1): 138-148.

[45]Tonts M, Plummer P, Lawrie M. Socio-economic wellbeing in Australian mining towns: A comparative analysis[J]. Journal of Rural Studies, 2012, 28 (3): 288-301.

[46]Ullman E L. American commodity flow[M]. Seattle: University of Washington Press, 1957.

[47]Xie H L, Wang W, Yao G R, et al. Spatial and temporal differences and convergence of China's main economic zones[J]. Acta Geographica Sinica, 2015, 70(8): 1327-1338.

[48]Xu J, Ai N, Lu Y, et al. Quantitative analysis on the disparity of regional economic development in China and its evolution from 1952 to 2000[J]. Regional Development Studies, 2003(9): 115-123.

[49]Yi Feng, Gaspare M Genna. Measuring regional integration[EB/OL]. http: //lowe. Clareontmckenna. edu, 2014-01-01.

[50]Yi Y, Fan M D. Analysis of the spatial-temporal differences and fairness of the regional energy ecological footprint of the Silk Road Economic Belt(China Section)[J]. Journal of Cleaner Production, 2019, 215: 1246-1261.

[51]Zou Y, Zhao W. Searching for a new dynamic of industrialization and urbanization: anatomy of China's characteristic town program[J]. Urban Geography, 2018, 39(7): 1060-1069.

[52]安徽统计局，国家统计局安徽调查总队．安徽统计年鉴[M]. 北京：

中国统计出版社，2008—2019.

[53]安士伟，贾学锋．对中原城市群一体化发展的思考[J]．河南教育学院学报(哲学社会科学版)，2005，24(5)：71-74.

[54]白雪，宋玉祥，浩飞龙．东北地区“五化”协调发展的格局演变及影响机制[J]．地理研究，2018，37(1)：67-80.

[55]贝塔朗菲．人的系统观[M]．北京：华夏出版社，1989.

[56]蔡世忠．中原经济区建设中“三化”协调发展问题研究[J]．河南农业科学，2011，40(6)：1-5.

[57]曹昊天，王方雄．基于空间自相关的乡镇经济差异分析[J]．地理空间信息，2013，11(4)：19-20.

[58]陈春锋，王宏燕，肖笃宁，等．基于传统生态足迹方法和能值生态足迹方法的黑龙江省可持续发展状态比较[J]．应用生态学报，2008，19(11)：2544-2549.

[59]陈国生．论湖南城市的职能分类[J]．衡阳帅范学院学报(社会科学)，2002，23(5)：94-99.

[60]陈红．新时代五大发展理念的重要价值[J]．农村经济与科技，2019，30(19)：266-268.

[61]陈辉．新经济增长理论对我们的启示[J]．经济论坛，2002，16(6)：41-47.

[62]陈江龙，高金龙，卫云龙．工业化、城镇化和农业现代化“三化融合”的内涵与机制——以江苏省为例[J]．农业现代化研究，2013，34(3)：274-278.

[63]陈明星，陆大道，张华．中国城市化水平的综合测度及动力因子分析[J]．地理学报，2009，64(4)：387-398.

[64]陈培阳，朱熹钢．基于不同尺度的中国区域经济差异[J]．地理学报，2012，67(8)：1085-1097.

[65]陈群元，宋玉祥．城市群空间范围的综合界定方法研究——以长株潭城市群为例[J]．地理科学，2010，30(5)：660-665.

[66]陈淑凤．工业化、城镇化、信息化、农业现代化和绿色化耦合协调发展研究[J]．中南林业科技大学学报(社会科学版)，2017，11(2)：21-26.

[67]陈彦光，姜世国．城市集聚体、城市群和城镇体系[J]．城市发展研究，2017，24(12)：8-15.

[68]陈志峰，刘荣章，郑百龙，等．工业化、城镇化和农业现代化“三化

同步”发展的内在机制和相互关系研究[J]. 农业现代化研究，2012，33(2)：155-160.

[69]陈忠暖，杨士弘. 广东省城市职能分类探讨[J]. 华南师范大学学报(自然科学版)，2001，33(3)：26-32.

[70]程明洋，刘彦随，蒋宁. 黄淮海地区乡村人—地—业协调发展格局与机制[J]. 地理学报，2019，74(8)：1576-1589.

[71]仇方道，朱传耿，单勇兵，等. 中国县域综合实力评价与区域分异特征[J]. 地理科学，2004，24(4)：392-398.

[72]仇方道，朱传耿，刘振. 县域城镇化发展水平评价与对策[J]. 人文地理，2006，21(6)：119-123.

[73]促进中部地区崛起“十三五”规划[M]. 北京：国家发展和改革委员会，2016.

[74]崔彩辉. 中原城市群的城市化进程及动力机制分析[D]. 开封：河南大学，2005.

[75]崔功豪，魏清泉，刘科伟，等. 区域分析与区域规划(第三版)[M]. 北京：高等教育出版社，2018.

[76]打造中原城市群“一极两圈三层”格局 加快构建现代城镇体系[N]. 河南日报，2009-01-11.

[77]单平. 以“五大理念”引领内蒙古“十三五”能源经济发展[J]. 北方经济，2015，23(11)：35-37.

[78]邓雪，李家铭，曾浩健，等. 层次分析法权重计算方法分析及其应用研究[J]. 数学的实践与认识，2012，42(7)：93-100.

[79]丁志伟，黄逦茗，谢慧钰，等. 中原城市群镇域经济空间格局及其影响因素[J]. 经济地理，2019，39(11)：60-68.

[80]丁志伟，刘盈盈，吴小妮，等. 中国镇域经济的空间分异格局及影响因素——基于31755个乡镇的农民人均纯收入数据[J]. 经济地理，2020，40(11)：18-28+38.

[81]丁志伟，唐永文. 郑汴都市区智慧宜居建设研究[J]. 河南科学，2017，35(4)：646-654.

[82]丁志伟，王发曾，殷胜磊. 基于成长能力评价模型的中原城市群空间发展态势[J]. 河南科学，2010，24(5)：1348-1350.

[83]丁志伟，王发曾. 城市—区域系统综合发展的理论与实践[M]. 北京：中国经济出版社，2017.

[84]丁志伟，张改素，王发曾，等．国内外“三化”协调研究进展[J]．世界地理研究，2015，24(4)：111-121+130.

[85]丁志伟，张改素，王发曾，等．中国工业化、城镇化、农业现代化、信息化、绿色化“五化”协调定量评价的进展与反思[J]．地理科学进展，2016，35(1)：4-13.

[86]丁志伟，张改素，王发曾．郑州都市区镇域经济差异的空间分析[J]．经济地理，2013，33(7)：29-35.

[87]丁志伟，张改素，王发曾．中原经济区“三化”协调的内在机理与定量分析[J]．地理科学，2013，33(4)：402-409.

[88]丁志伟．中原经济区“三化”协调发展的状态评价与优化组织[M]．开封：河南大学，2014.

[89]丁志伟．中原经济区“五化”协调发展的状态评价与优化组织[M]．北京：中国经济出版社，2017.

[90]董黎明．中国城市化道路初探[M]．北京：中国建筑工业出版社，1989.

[91]杜启铭．从对外开放的角度谈河南省中心地区的联合开发问题[J]．河南科学，1985，4(4)：103-109.

[92]恩格斯．自然辩证法[M]．北京：人民出版社，1971.

[93]范钦臣．略论中原城市群[J]．中州学刊，1997，19(2)：11-15.

[94]方创琳，马海涛，王振波，等．中国创新型城市的可持续发展——定量评估与创新未来(英文)[J]．Journal of Geographical Sciences，2014，24(6)：1095-1114.

[95]方创琳，姚士谋，刘盛和，等．中国城市群发展报告[M]．北京：科学出版社，2010.

[96]方创琳，姚士谋，刘盛和，等．中国城市群发展报告[M]．北京：科学出版社，2016.

[97]方创琳．城市群空间范围识别标准的研究进展与基本判断[J]．城市规划学刊，2009，53(4)：1-6.

[98]方创琳．中国城市群研究取得的重要进展与未来的发展方向[J]．地理学报，2014，69(8)：11-1144.

[99]方远平，彭婷，陆莲芯，等．粤港澳大湾区城市职能演变特征与影响因素[J]．热带地理，2019，39(5)：647-660.

[100]冯德显，贾晶，杨延哲，等．中原城市群一体化发展战略构想[J].

地域研究与开发，2003，22(6)：43-48.

[101]冯德显．从中外城市群发展看中原经济隆起——中原城市群发展研究[J]．人文地理，2004，19(6)：75-78.

[102]冯明军．中原城市群发展中存在的问题及对策研究[D]．沈阳：东北大学，2011.

[103]冯献，崔凯．中国工业化、信息化、城镇化和农业现代化的内涵与同步发展的现实选择和作用机理[J]．农业现代化研究，2013，34(3)：269-273.

[104]冯献．长江流域"三化"协调发展水平综合评价与空间差异研究[D]．北京：中国农业科学院，2014.

[105]冯长春，曾赞荣，崔娜娜．2000年以来中国区域经济差异的时空演变[J]．地理研究，2015，34(2)：234-246.

[106]福建省人民政府．福建省人民政府关于印发海峡西岸城市群发展规划的通知[EB/OL]．http：//zfgb. fujian. gov. cn/4427，2010-12-13.

[107]付磊．中原城市群发展研究[D]．郑州：郑州大学，2004.

[108]傅晨．广东省农业现代化发展水平评价：1999—2007[J]．农业经济问题，2010，31(5)：26-33.

[109]高洪深．区域经济学[M]．北京：中国人民大学出版社，2002.

[110]高志刚，华淑名．新型工业化与新型城镇化耦合协调发展的机理与测度分析——以新疆为例[J]．中国科技论坛，2015(9)：121-126.

[111]耿明斋．河南省城市可持续发展报告(2019)[M]．北京：企业管理出版社，2020.

[112]工业化与城镇化协调发展研究课题组．工业化与城镇化关系的经济学分析[J]．中国社会科学，2002，23(2)：44-45.

[113]龚勤林，郭帅新．区域协同视角下的城市职能识别及其优化研究——以成都城市群为例[J]．区域经济评论，2016，32(3)：97-104.

[114]龚迎春，冯娟，罗静．中原经济区"三化"协调发展水平的时空特征研究[J]．地域研究与开发，2013，32(3)：158-161+171.

[115]顾朝林，张勤．新时期城镇体系规划理论与方法[J]．城市规划汇刊，1997，41(2)：14-26+65.

[116]顾朝林．城市群研究进展与展望[J]．地理研究，2011，30(5)：771-783.

[117]顾朝林．都市圈规划：理论方法实例[M]．北京：中国建筑工业出

版社，2007.

［118］顾朝林．中国城市地理［M］．北京：商务印书馆，1999.

［119］顾朝林．中国城镇体系——历史·现状·展望［M］．北京：商务印书馆，1992.

［120］顾朝林．中国城镇体系研究［D］．北京：商务印书馆，1995.

［121］关伟．区域水资源与经济社会耦合系统可持续发展的量化分析［J］．地理研究，2007，26(4)：685-692.

［122］国家发展和改革委员会关于支持郑州建设国家中心城市的指导意见［M］．北京：国家发展和改革委员会，2017.

［123］广西人民政府．广西北部湾经济区发展规划［M］南宁：广西人民出版社，2008.

［124］贵州省人民政府．省人民政府关于黔中城市群发展规划的批复［EB/OL］．http：//www.guizhou.gov.cn/zfgb/gzszfgb/201612/t20161206_1947487.html. 2016-12-06.

［125］郭国峰，杨金璐．中部六省工业化水平的综合比较研究［J］．经济问题，2008，30(11)：28-31.

［126］郭丽娟．新型工业化与新型城镇化协调发展评价［J］．统计与决策，2013，29(11)：64-67.

［127］国家发展和改革委员会，住房和城乡建设部．关于印发长江三角洲城市群发展规划的通知［EB/OL］．https：//www.ndrc.gov.cn/xxgk/zcfb/ghwb/201606/t20160603_962187.html？code=&state=123，2016-06-03.

［128］国家发展和改革委员会．《中长期铁路网规划》［EB/OL］．http：//www.gov.cn/xinwen/2016-07/20/content_5093165.htm，2016-07-20.

［129］国家发展和改革委员会．关于培育发展现代化都市圈的指导意见［EB/OL］．http：//www.gov.cn/xinwen/2019-02/21/content_5367465.htm，2019-02-21.

［130］国家发展和改革委员会．关于批准武汉城市圈和长株潭城市群为全国资源节约型和环境友好型社会建设综合配套改革试验区的通知［EB/OL］．https：//www.ndrc.gov.cn/xxgk/zcfb/tz/201005/t20100511_965538_ext.html，2007-12-15.

［131］国家发展和改革委员会．关于印发《淮河生态经济带发展规划》的通知［EB/OL］．http：//www.gov.cn/zhengce/zhengceku/2018-12/31/content_5434891.htm，2018-11-02.

[132]国家发展和改革委员会．关于印发长江三角洲地区区域规划的通知[EB/OL]．http：//www.gov.cn/zwgk/2010－06/22/content_1633868.htm，2010-06-22.

[133]国家发展和改革委员会．关于印发郑州航空港经济综合实验区发展规划(2013—2025年)的通知[EB/OL]．http：//www.gov.cn/zwgk/2013－04/23/content_2387118.htm，2013-03-23.

[134]国家发展和改革委员会．国家发改委批复《武汉城市圈区域发展规划》(2013—2020年)[EB/OL]．http：//fgw.hubei.gov.cn/fbjd/xxgkml/ghjh/201703/t20170327_1543802.shtml，2014-02-08.

[135]国家发展和改革委员会．国家发展改革委关于培育发展现代化都市圈的指导意见[EB/OL]．http：//www.gov.cn/xinwen/2019－02/21/content_5367465.htm，2019-02-21.

[136]国家发展和改革委员会．京津冀协同发展[EB/OL]．https：//www.ndrc.gov.cn/gjzl/jjjxtfz/201911/t20191127_1213171.html？code=&state=123，2019-11-27.

[137]国家发展和改革委员会．海峡西岸经济区发展规划[EB/OL]．http：//www.gwytb.gov.cn/wyly/201104/P020110411704753273954.pdf，2014-03-01.

[138]国家统计局城市社会经济调查司．中国城市统计年鉴[M]．北京：中国统计出版社，2008-2019.

[139]国家统计局农村社会经济调查司．中国县域统计年鉴(乡镇卷)[M]．北京：中国统计出版社，2016.

[140]国务院．国家新型城镇化规划(2014—2020)[M]．北京：人民出版社，2014.

[141]国务院．关于北部湾城市群发展规划的批复[EB/OL]．http：//www.gov.cn/zhengce/content/2017-02/03/content_5164843.htm，2017-02-03.

[142]国务院．关于促进中部地区崛起"十三五"规划的批复[EB/OL]．http：//www.gov.cn/zhengce/content/2016－12/23/content_5151840.htm，2016－12-23.

[143]国务院．关于大别山革命老区振兴发展规划的批复[EB/OL]．http：//www.gov.cn/zhengce/content/2015-06/05/content_9823.htm，2015-06-05.

[144]国务院．关于大力实施促进中部地区崛起战略的若干意见[EB/OL]．http：//www.gov.cn/zhengce/content/2012-08/31/content_1147.htm，2012-08-31.

[145]国务院．关于长江中游城市群发展规划的批复[EB/OL]．http：//

www. gov. cn/zhengce/content/2015-04/05/content_9579. htm，2015-04-05.

[146] 国务院．关于郑州市城市总体规划的批复[EB/OL]. http：//www. gov. cn/zwgk/2010-08/23/content_1686432. htm，2010-08-23.

[147]国务院．国务院办公厅关于批准洛阳市城市总体规划的通知[EB/OL]. http：//www. gov. cn/govweb/gongbao/content/2012/content_2121704. htm，2012-04-09.

[148]国务院．国务院关于成渝城市群发展规划的批复[EB/OL]. http：//www. gov. cn/zhengce/content/2016-04/15/content_5064431. htm，2016-04-15.

[149]国务院．国务院关于洞庭湖生态经济区规划的批复[EB/OL]. http：//www. gov. cn/zhengce/content/2014-04/22/content_8775. htm，2014-04-22.

[150]国务院．国务院关于关中平原城市群发展规划的批复[EB/OL]. http://www. gov. cn/zhengce/content/2018-01/15/content_5256798. htm，2018-01-15.

[151]国务院．国务院关于哈长城市群发展规划的批复[EB/OL]. http：//www. gov. cn/zhengce/content/2016-02/29/content_5047197. htm，2016-02-29.

[152]国务院．国务院关于汉江生态经济带发展规划的批复[EB/OL]. http://www. gov. cn/zhengce/content/2018-10/18/content_5332108. htm，2018-10-18.

[153]国务院．国务院关于呼包鄂榆城市群发展规划的批复[EB/OL]. http://www. gov. cn/zhengce/content/2018-02/12/content_5266197. htm，2018-12-12.

[154]国务院．国务院关于环渤海地区合作发展纲要的批复[EB/OL]. http：//www. gov. cn/zhengce/content/2015-09/27/content_10191. htm，2015-09-27.

[155]国务院．国务院关于兰州—西宁城市群发展规划的批复[EB/OL]. http://www. gov. cn/zhengce/content/2018-03/01/content_5269771. htm，2018-03-01.

[156]国务院．国务院关于依托黄金水道推动长江经济带发展的指导意见 http：//www. gov. cn/xinwen/2014-09/25/content_2756090. htm，2014-9-25.

[157]国务院．国务院关于中原城市群发展规划的批复[EB/OL]. http：//www. ndrc. gov. cn/fzgggz/wzly/wsz/wstzqk/201701/t20170124_836383. html，2016-12-28.

[158]国务院．政府工作报告汇编(1954—2017)[M]. 北京：中国言实出版社，2017.

[159]国务院扶贫办，国家发展和改革委员会．关于印发大别山片区区域发展与脱贫攻坚规划的通知[EB/OL]. http：//www.fy.gov.cn/openness/detail/content/54b9e5997f8b9afc27b81565.html，2014-11-14.

[160]国务院．关于大力实施促进中部地区崛起战略的若干意见[EB/OL]. http：//www.gov.cn/zhengce/content/2012-08/31/content_1147.htm，2012-08-31.

[161]国务院．关于徐州市城市总体规划的批复[EB/OL]. http：//www.gov.cn/zhengce/content/2017-06/23/content_5204776.htm，2014-06-23.

[162]国务院．关于支持河南省加快建设中原经济区的指导意见[M]. 北京：国务院办公厅，2011.

[163]韩冬，乔家君，马玉玲．快速工业化背景下乡村性时空分异及其演化——以河南省巩义市为例[J]. 地理研究，2017，36(12)：2405-2418.

[164]河北省统计局，国家统计局河北调查总队．河北统计年鉴[M]. 北京：中国统计出版社，2008—2019.

[165]河南省发展和改革委员会．河南省第八个五年计划(1991—1995)[EB/OL]. https：//www.henan.gov.cn/ztzl/system/2006/08/12/010002124.shtml，2006-08-12.

[166]河南省发展和改革委员会．中原城市群总体发展规划纲要(2006—2020)[M]. 郑州：河南人民出版社，2006.

[167]河南省发展和改革委员会．河南省国民经济和社会发展“九五”计划和2010年远景目标纲要[M]. 郑州：河南人民出版社，1996.

[168]河南省发展和改革委员会．河南省国民经济和社会发展第十个五年计划纲要[M]. 郑州：河南人民出版社，2001.

[169]河南省建设中原经济区纲要(草案)摘要[EB/OL]. https：//www.henan.gov.cn/10ztzl/system/2012/01/10/010285943.shtml，2012-01-10.

[170]河南省人民政府．关于印发河南省国民经济和社会发展第十二个五年规划纲要的通知[EB/OL]. https：//www.henan.gov.cn/2015/04-22/234962.html，2011-04-29.

[171]河南省人民政府．关于印发河南省国民经济和社会发展第十三个五年规划纲要的通知[EB/OL]. https：//www.henan.gov.cn/2016/04-27/239447.html，2016-03-28.

[172]河南省人民政府．关于印发河南省国民经济和社会发展第十一个五年规划纲要的通知[EB/OL]. https：//www.henan.gov.cn/2015/04-22/234867.html，

2006-09-05.

[173]河南省人民政府．关于印发河南省新型城镇化规划(2014—2020 年)的通知[EB/OL]. https：//www.henan.gov.cn/ztzl/sywgh/hnsywghgy/，2006-09-20.

[174]河南省政府工作报告(2001—2021)[EB/OL]. https：//www.henan.gov.cn/zwgk/zfgzbg，2021-01-25.

[175]河南统计局，国家统计局河南调查总队．河南六十年[M]. 北京：中国统计出版社，2009.

[176]河南统计局，国家统计局河南调查总队．河南统计年鉴[M]. 北京：中国统计出版社，2008—2019.

[177]贺三维，王伟武，曾晨，等．中国区域发展时空格局变化分析及其预测[J]. 地理科学，2016，36(11)：1622-1628.

[178]洪世键，黄晓芬．大都市区概念及其界定问题探讨[J]. 国际城市规划，2007，29(5)：50-57.

[179]侯纯光，程钰，任建兰．山东省“新五化”协调发展时空演变[J]. 经济地理，2016，36(10)：60-68.

[180]侯景梅．中原城市群空间结构研究[D]. 成都：四川大学，2006.

[181]胡金林．我国重点乡镇经济发展的对策研究——以湖北省为例[J]. 农业经济，2008，28(9)：13-15.

[182]胡锦涛．坚定不移沿着中国特色社会主义道路前进为全面建成小康社会而奋斗——在中国共产党第十八次全国代表大会上的报告(2012 年 11 月 8 日)[M]. 北京：人民出版社，2012.

[183]华淑名，高志刚．欠发达地区“五化”耦合协调发展的机理与测度分析——以新疆为例[J]. 经济问题探索，2017，38(4)：103-109.

[184]黄震方，陆林，苏勤，等．新型城镇化背景下的乡村旅游发展——理论反思与困境突破[J]. 地理研究，2015，34(8)：1409-1421.

[185]贾杰民，席荣珧．河南城市发展模式与经济布局总体构想[J]. 地域研究与开发，1989，8(S2)：1-2.

[186]贾卓，陈兴鹏，杨璟恒，等．兰白西城市群空间范围界定和空间发展战略研究[J]. 西北师范大学学报，2013，49(3)：110-114.

[187]简新华，杨冕．从“四化同步”到“五化协调”[J]. 武汉大学学报(哲学社会科学版)，2013，66(6)：104-111.

[188]江西省住房城乡建设厅，南昌市政府．关于《环鄱阳湖生态城市群规

划(2015-20)》和《南昌大都市区规划(2015-20)》的公示[EB/OL]. http://www.jiangxi.gov.cn/art/2016/8/10/art_5141_266068.html，2018-07-03.

[189]江孝君，杨青山，刘鉴．中国地级以上城市“五化”协调发展时空格局及影响因素[J]. 地理科学进展，2017，36(7)：806-819.

[190]姜会明，王振华．吉林省工业化、城镇化与农业现代化关系实证分析[J]. 地理科学，2012，32(5)：591-595.

[191]蒋海兵，徐建刚，商硕．江苏沿海乡镇经济差异的空间分析[J]. 经济地理，2010，30(6)：998-1004.

[192]蒋海兵，徐建刚，商硕．盐城市乡镇经济差异空间分析[J]. 地域研究与开发，2010，29(1)：42-48.

[193]教育部《中国都市化进程年度报告》课题组，上海交通大学城市科学研究院．2017 国家中心城市发展报告[R]. 上海：上海交通大学，2018.

[194]晋陕豫黄河金三角区域合作规划(全文)[EB/OL]. http://top.weinan.gov.cn/jsj2014/zcjd/388777.htm，2014-05-27.

[195]柯福艳．统筹城乡背景下城镇化与农业现代化互促共进长效机制研究[J]. 农村经济，2011，27(5)：36-39.

[196]李恒吉，曲建升，庞家幸，等．甘肃省人口-经济-社会-资源-环境系统耦合协调及可持续发展时空综合测度研究[J]. 干旱区地理，2020，43(6)：1622-1634.

[197]李克强．政府工作报告[M]. 北京：中国言实出版社，2018—2021.

[198]李宁．中原城市群能级评价的实证研究[D]. 南京：南京航天航空大学，2010.

[199]李仙德，宁越敏．城市群研究评述与展望[J]. 地理科学，2012，32(3)：282-288.

[200]李小建，乔家君．20 世纪 90 年代中国县际经济差异的空间分析[J]. 地理学报，2001，56(2)：136-145.

[201]李小建，许家伟，任星，等．黄河沿岸人地关系与发展[J]. 人文地理，2012，26(1)：7-11.

[202]李小建．经济地理学(第三版)[M]. 北京：高等教育出版社，2018.

[203]李小建．经济地理学(第二版)[M]：北京：高等教育出版社，2006.

[204]李晓莉，王发曾，罗军．中原城市群轨道交通干线选择研究——基于图论最小生成树 Kruskal 算法[J]. 地域研究与开发，2008，27(5)：50-

53+63.

[205]李学鑫，苗长虹．城市群产业结构与分工的测度研究——以中原城市群为例[J]．人文地理，2006，21(4)：25-28+122.

[206]李学鑫．中原城市群产业专业化与多样化分工的演进[J]．统计与决策，2008，24(12)：96-99.

[207]李咏华，马淇蔚，范雪怡．基于绿色基础设施评价的城市生态带划定——以杭州市为例[J]．地理研究，2017，36(3)：583-591.

[208]李裕瑞，尹旭．镇域发展研究进展与展望[J]．经济地理，2019，39(7)：1-8.

[209]梁斌．"新型城镇化、新型工业化、农业现代化"协调发展的绩效评价与对策研究[D]．大连：东北财经大学，2013.

[210]林富瑞．人口发展与国土整治[J]．河南科学院学报，1984，3(1)：109-117.

[211]林平，杜姗姗．基于GIS和计量模型的首都城市群空间范围界定[J]．北京联合大学学报，2015，29(3)：58-66.

[212]林先扬，陈忠暖．长江三角洲和珠江三角洲城市群职能特征及其分析[J]．人文地理，2003，18(4)：79-83.

[213]刘晨光，李二玲，覃成林．中国城乡协调发展空间格局与演化研究法[J]．人文地理，2012，27(2)：97-102.

[214]刘承良，余瑞林，熊剑平，等．武汉都市圈经济联系的空间结构[J]．地理研究，2007，26(1)：197-209.

[215]刘方媛，崔书瑞．东北三省工业化—信息化—城镇化—农业现代化—绿色化的"五化"测度及其协调发展研究[J]．工业技术经济，2017，36(8)：35-42.

[216]刘建铭．关于农区工业化、城镇化与农业现代化互动发展的思考[J]．经济经纬，2004，21(2)：63-66.

[217]刘晶，方创琳，何伦志，等．"一带一路"沿线国家城镇化发展质量综合评价——基于经济、制度、社会视角[J]．经济地理，2019，39(4)：59-66.

[218]刘静玉，王发曾．城市群形成发展的动力机制研究[J]．开发研究，2004，20(6)：66-69.

[219]刘静玉．当代城市化背景下的中原城市群经济整合研究[D]．开封：河南大学，2006.

[220]刘凯，任建兰，王成新．中国绿色化的演变特征及其影响因素[J]．城市问题，2016，35，(4)：11-17.

[221]刘凯．中国“五化”协同发展水平演变研究[J]．经济问题探索，2016(4)：27-24.

[222]刘立平．中原城市群经济隆起带可持续发展研究[D]．开封：河南大学，2004.

[223]刘梦丽，王伟，刘静玉．中原城市群城市引力范围界定及演变格局[J]．地域研究以开发，2017，36(4)：49-54.

[224]刘荣增．城镇密集区发展演化机制与整合[M]．北京：经济科学出版社，2003.

[225]刘晓丽，方创琳，王发曾．中原城市群的空间组合特征与整合模式[J]．地理研究，2008，27(2)：409-420.

[226]刘晓丽．中原城市群空间整合研究[D]．开封：河南大学，2006.

[227]刘艳军，李诚固．东北地区产业结构演变的城镇化响应机理与调控[J]．地理学报，2009，64(2)：154-166.

[228]刘勇，高建华，丁志伟．基于改进熵权法的中原城市群城镇化水平综合评价[J]．河南大学学报(自然科学版)，2011，41(1)：49-55.

[229]刘勇，王莹，高建华．河南省城市化与产业结构演变的互动研究[J]．人文地理，2011，26(3)：71-75.

[230]刘玉．农业现代化与城镇化协调发展研究[J]．城市发展研究，2007，14(6)：37-40.

[231]刘兆德，刘聪，刘强，等．中国地级及以上城市区域综合发展水平及其类型[J]．经济地理，2017，37(3)：25-31+39.

[232]龙冬平，李同昇，苗园园，等．中国农业现代化发展水平空间分异及类型[J]．地理学报，2014，69(2)：213-226.

[233]龙景奎，付保华，赵春晓．徐州农业现代化与农村城镇化的相关性研究[J]．经济研究导刊，2010，6(31)：50-52.

[234]卢刚．中国特大城市镇域经济研究[D]．上海：上海社会科学院，2016.

[235]陆大道，樊杰．区域可持续发展研究成果的应用和社会价值[J]．地理教育，2012，33(12)：1.

[236]陆大道，姚士谋，刘慧．中国区域发展报告[M]．北京：商务印书馆，2007.

[237]陆大道．区域发展及其空间结构[M]．北京：科学出版社，1995.

[238]罗庆，李小建，杨慧敏．中国县域经济空间分布格局及其演化研究：1990~2010 年[J]．经济经纬，2014，31(1)：1-7.

[239]罗煜．试论我国新型城镇化道路[J]．决策探索(下半月)，2008，24(10)：40-41.

[240]洛阳市人民政府．《洛阳都市圈发展规划(2020—2035)》印发实施[EB/OL]．http：//www. ly. gov. cn/html/1/2/10/65/66/10933777. html，2020-12-25.

[241]雒海潮，刘荣增．河南省推进工业化、城镇化和农业现代化"三化"协调发展的对策研究[J]．农业现代化研究，2013，34(6)：664-667.

[242]雒海潮，苗长虹，罗未蓉．中原城市群地区交通网络演化分析[J]．云南地理环境研究，2007，19(5)：30-35.

[243]雒海潮，苗长虹，周凯．近百年来中原城市群地区铁路网络通达性分析[J]．中国集体经济，2009，25(10)：190-191.

[244]吕斌，孙莉，谭文垦．中原城市群城市承载力评价研究[J]．中国人口·资源与环境，2008，19(5)：53-58.

[245]吕拉昌，孙飞翔，黄茹．基于创新的城市化——中国 270 个地级及以上城市数据的实证分析[J]．地理学报，2018，73(10)：1910-1922.

[246]马恩成，蒋励，彭力，等．珠三角农村城镇化与农村经济建设[J]．中国软科学，1995，10(6)：16-19.

[247]马延吉，艾小平．基于 20 年可持续发展目标的吉林省城镇化可持续发展评价[J]．地理科学，2019，39(3)：487-495.

[248]迈克尔·P. 托达罗．经济发展(第六版)[M]．北京：中国经济出版社，1999.

[249]迈克尔·波特．国家竞争优势[M]．北京：华夏出版社，2002.

[250]毛达，黎世民，康江江，等．信阳市镇域农民收入时空分异研究[J]．河南农业科学，2015，44(8)：165-172.

[251]毛泽东选集第三卷[M]．北京：人民出版社，1991.

[252]孟斌，王劲峰，张文忠，等．基于空间分析方法的中国区域差异研究[J]．地理科学，2005，25(4)：11-18.

[253]苗长虹，王海江．河南省城市的经济联系方向与强度——兼论中原城市群的形成与对外联系[J]．地理研究，2006，25(2)：222-232.

[254]苗长虹，王海江．中原城市群发育现状分析[J]．地域研究与开发，

2006，25(2)：24-29.

[255]苗长虹，赵建吉．省直管县体制改革探索与评价(以河南省为例)[M]．北京：科学出版社，2020.

[256]倪鹏飞．谈谈城市综合竞争力[J]．中国监察，2003，16(6)：48-49.

[257]宁夏沿黄城市带发展规划[EB/OL]．https：//wenku.baidu.com/view/c66fd50cb9f67c1cfad6195f312b3169a551ea38.html，2019-09-24.

[258]宁艳丽．中原城市群在中部崛起中的作用与对策研究[D]．2007，南宁：广西大学．

[259]宁越敏．论中国城市群的界定和作用[J]．城市观察，2016，8(1)：27-35.

[260]宁越敏．中国都市区和大城市群的界定——兼论大城市群在区域经济发展中的作用[J]．地理科学，2011，31(3)：257-263.

[261]潘竟虎，胡艳兴，刘晓，等．中国地级及以上城市"四化"协调发展效率的时空分异测度[J]．地理科学，2016，36(4)：512-520.

[262]庞玉平，张秋娟．郑州大都市区城市化的特征分析[J]．河南省情与统计，2001，49(5)：35-36.

[263]钱宏胜，吴殿廷，李瑞．中原经济区城市职能分类与职能优化研究[J]．西北师范大学学报(自然科学版)，2015，51(2)：105-111.

[264]钱丽，陈忠卫，肖仁桥．中国区域工业化、城镇化与农业现代化耦合协调度及其影响因素研究[J]．经济问题探索，2012，33(11)：10-17.

[265]乔家君，赵德华．河南省百强镇时空演化特征及其影响环境[J]．经济地理，2008，28(2)：255-260，282.

[266]全国主体功能区规划[M]．北京：人民出版社，2015.

[267]任启龙，王利，李会．中国区域经济发展空间差异性分析[J]．地理与地理信息科学，2017，33(1)：110-116.

[268]山东省人民政府．山东省人民政府关于山东半岛城市群发展规划(2016-20年)的批复[EB/OL]．http：//zwfw.sd.gov.cn/art/2017/2/3/art_1684_734.html，2017-02-03.

[269]山东统计局，国家统计局山东调查总队．山东统计年鉴[M]．北京：中国统计出版社，2008—2019.

[270]山西统计局，国家统计局山西调查总队．山西统计年鉴[M]．北京：中国统计出版社，2008—2019.

[271]邵一珊，李豫新．西北五省农业现代化发展水平的定量综合评价[J]．新疆农垦经济，2010，30(2)：45-51.

[272]沈正平．优化产业结构与提升城镇化质量的互动机制及实现途径[J]．城市发展研究，2013，20(5)：70-75.

[273]石贤光．基于引力模型的中原城市群空间范围界定[J]．现代经济，2007，6(10)：16-17.

[274]史育龙，周一星．关于大都市带(都市连绵区)研究的论争及近今进展述评[J]．国外城市规划，1997，19(2)：2-11.

[275]世界环境与发展委员会．我们共同的未来[M]．长春：吉林人民出版社，1997.

[276]宋洁，徐建斌，王振波．基于"三经普"数据的中国城市群职能特征研究[J]．经济地理，2018，38(11)：59-67.

[277]宋周莺，刘卫东．中国信息化发展进程及其时空格局分析[J]．地理科学，2013，33(3)：257-265.

[278]孙宝明．辽宁省区域城市化水平评价研究[J]．地理科学，2010，30(6)：868-873.

[279]孙一飞．江苏省城镇密集区研究[D]．南京：南京大学，1994.

[280]孙樱．试论新时期城市职能研究的必要性[J]．城市规划，1995，19(5)：22-24.

[281]孙致陆，周加来．我国中部六省农业现代化水平综合竞争力评价[J]．综合竞争力，2010，2(2)：119-123.

[282]覃成林，张华，毛超．区域经济协调发展：概念辨析、判断标准评价方法[J]．经济体制改革，2011，29(4)：34-38.

[283]汤青，李扬，陈明星，等．半城镇化农民可持续生计与农村可持续发展——理论框架、研究进展及未来展望[J]．地理科学进展，2018，37(8)：1022-10.

[284]唐鸿，刘雨婧，麻学锋．旅游业与新型城镇化协调发展效应评价——以张家界为例[J]．经济地理，2017，37(2)：216-223.

[285]滕藤．中国可持续发展研究(上卷)[M]．北京：经济管理出版社，2001.

[286]田光辉，赵宏波，苗长虹．基于五大发展理念视角的河南省区域发展状态评价[J]．经济经纬，2018，35(1)：22-28.

[287]汪芳，王舜奕，Prominski Martin. 城镇化与地方性中的水资源：可

持续视角的水环境保护利用与水空间规划设计[J]. 地理研究，2018，37(12)：2576-2584.

[288]王德，顾家焕，晏龙旭．上海都市区边界划分——基于手机信令数据的探索[J]. 地理学报，2018，73(10)：1896-1909.

[289]王发曾，刘静玉，徐晓霞，等．中原城市群整合发展的关键问题[J]. 经济地理，2008，28(5)：799-804.

[290]王发曾，刘静玉，徐晓霞，等．中原城市群整合研究[M]. 北京：科学出版社，2007.

[291]王发曾，刘静玉．我国城市群整合发展的基础与实践[J]. 地理科学进展，2007，26(5)：88-99.

[292]王发曾，吕金嵘．中原城市群城市竞争力的评价与时空演变[J]. 地理研究，2011，30(1)：49-60.

[293]王发曾，毛达．"一带一路"战略的河南行动[J]. 地域研究与开发，2016，35(5)：26-29.

[294]王发曾，王新涛．中原城市群土地资源综合利用的整合[J]. 资源导刊，2008，38(10)：14-15.

[295]王发曾，闫卫阳，刘静玉．中原经济区主体区现代城镇体系研究[M]. 北京：科学出版社，2014.

[296]王发曾，袁中金，陈太政．河南省城市体系功能组织研究[J]. 地理学报，1992，47(3)：274-283.

[297]王发曾，张改素，丁志伟，等．中原经济区城市体系空间组织[J]. 地理科学进展，2014，33(2)：153-168.

[298]王发曾，张伟．基于中部地区崛起的城市群整合发展[J]. 人文地理，2009，24(5)：55-60.

[299]王发曾．国土规划中的城镇群规划[J]. 地域研究与开发，1987，6(4)：15-19+28.

[300]王发曾．科学谋划大郑州都市区[N]. 河南日报，2014-02-12(04).

[301]王发曾．省域城市体系、城市群研究的中原实践[C]. 开封：中国人文—经济地理学发展暨庆祝李润田先生九十华诞学术研讨会，2014.11.

[302]王发曾．中原城市群整合研究[M]. 北京：科学出版社，2007.

[303]王发曾．中原经济区的"三化"协调发展之路[J]. 人文地理，2012，27(3)：55-59.

[304]王发曾．中原经济区的新型城镇化之路[J]. 经济地理，2010，30

(12)：1972-1977.

[305]王格格．中原城市群一体化发展研究[D]．郑州：河南工业大学，2018.

[306]王国霞，蔡建明．都市区空间范围的划分方法[J]．经济地理，2008，28(2)：191-195+249.

[307]王建军，刘红卫，李玉江．21世纪中国区域经济发展战略调整初探[J]．山东师大学报(自然科学版)，2001，46(3)：293-296.

[308]王建军，许学强．城市职能演变的回顾与展望[J]．人文地理，2004，19(3)：12-16.

[309]王建康，谷国锋，姚丽，等．中国新型城镇化的空间格局演变及影响因素分析——基于285个地级市的面板数据[J]．地理科学，2016，36(1)：63-71.

[310]王丽，邓羽，牛文元．城市群的界定与识别研究[J]．地理学报，2013，68(8)：1059-1070.

[311]王林枝，王盼盼，郭林豪，等．基于引力和场强度模型的山东半岛城市群空间范围界定[J]．城市规划，2017，25(3)：40-42.

[312]王敏．基于乡镇以上城镇的郑州大都市区城镇体系结构分析与优化[D]．开封：河南大学，2019.

[313]王维，张涛，陈云．长江经济带地级及以上城市"五化"协调发展格局研究[J]．地理科学，2018，38(3)：385-393.

[314]王新越，宋飏，宋斐红，等．山东省新型城镇化的测度与空间分异研究[J]．地理科学，2014，34(9)：1069-1076.

[315]王彦武．中原城市群几个问题的探讨[J]．中州学刊，2004，26(5)：36-40.

[316]王洋，修春亮．1990—2008年中国区域经济格局时空演变[J]．地理科学进展，2011，(8)：1037-1046.

[317]王永苏．试论中原经济区工业化、城镇化、农业现代化协调发展[J]．中州学刊，2011，23(3)：73-76.

[318]魏建飞，程迪，丁志伟，等．安徽省镇域经济发展水平的时空分异及空间格局影响因素[J]．长江流域资源与环境，2019，28(8)：1860-1871.

[319]温春娟．近年来镇域经济理论研究取得的进展[J]．中国国情国力，2010，18，(8)：15-18.

[320]邬晓霞．多中心空间开发战略研究——以大郑州都市区为例[J]．

地域研究与开发，2011，30(5)：21-25+102.

[321]毋晓蕾，韦东，陈常优．中原城市群城市土地集约利用评价[J]．国土资源导刊，2009，6(1)：54-57.

[322]吴国玺，刘培，王丽娜．中原城市群融合发展的机制与对策[J]．决策探索(下)，2018(2)：7-8.

[323]吴先华．城镇化、市民化与城乡收入差距关系的实证研究——基于山东省时间序列数据及面板数据的实证分析[J]．地理科学，2011，31(1)：68-73.

[324]吴晓薇．基于经济联系视角的河南省经济空间结构优化研究[D]．郑州：郑州大学，2013.

[325]吴一洲，吴次芳，王琳，等．浙江省新型工业化地域差异及其机理研究[J]．地理科学，2009，29(4)：508-14.

[326]伍国勇．基于现代多功能农业的工业化、城镇化和农业现代化"三化"同步协调发展研究[J]．农业现代化研究，2011，32(4)：385-389.

[327]习近平．决胜全面建成小康社会 夺取新时代中国特色社会主义伟大胜利—在中国共产党第十九次全国代表大会上的报告[M]．北京：人民出版社，2017.

[328]习近平．在黄河流域生态保护和高质量发展座谈会上的讲话[J]．中国水利，2019(20)：1-3.

[329]夏安桃．长株潭城市群整合发展研究[D]．广州：中山大学，2004.

[330]夏保林，吕连琴．中原城市群空间发展与布局研究[J]．郑州航空工业管理学院学报，2009，27(1)：32-36.

[331]夏春萍．工业化城镇化与农业现代化的互动关系研究[J]．统计与决策，2010，26(10)：125-127.

[332]谢伏瞻．河南省十次党代会报告[M]．郑州：中国共产党河南省第九届委员会，2016.

[333]谢伏瞻．政府工作报告：2016 年 1 月 25 日在河南省第十二届人民代表大会第五次会议上[M]．郑州：河南人民出版社，2016.

[334]谢守红，谭志美，周驾易．中国县级市经济发展的空间差异及影响因素[J]．经济地理，2015，35(1)：38-43.

[335]谢守红．都市区、都市圈和都市带的概念界定与比较分析[J]．城市问题，2008，27(6)：19-23.

[336]谢永琴，曹怡品．基于 DEA-SBM 模型的中原城市群新型城镇化效

率评价研究[J]. 城市发展研究，2018，25(2)：135-141.

[337]徐红宇，陈忠暖，李志勇．中国城市职能分类研究综述[J]. 云南地理环境研究[J]. 2005，17(2)：33-36.

[338]徐建华，鲁凤，苏方林，等．中国区域经济差异的时空尺度分析[J]. 地理研究，2005，24(1)：57-68.

[339]徐建华．计量地理学[M]. 北京：高等教育出版社，2014.

[340]徐建军，连建功．河南省城市职能分类研究[J]. 国土与自然资源研究，2007，29(4)：9-10.

[341]徐晓霞．中原城市群城市生态系统分析、评价与城乡一体化调控[D]. 开封：河南大学，2005.

[342]徐晓霞．中原城市群城市生态系统评价研究[J]. 地域研究与开发，2006，25(5)：98-102.

[343]徐选国，杨君．人本视角下的新型城镇化建设：本质、特征及其可能路径[J]. 南京农业大学学报(社会科学版)，2014，14(2)：15-20.

[344]徐印州．珠江三角洲镇域经济初探[J]. 广东商学院学报，2001，16(4)：41-45.

[345]徐永健，许学强，阎小培．中国典型都市连绵区形成机制初探——以珠江三角洲和长江三角洲为例[J]. 人文地理，2000，15(2)：19-23.

[346]许淑明，刘静玉．中原城市群的形成与发展分析[J]. 许昌学院学报，2006，25(2)：144-148.

[347]许学强，叶嘉安，张蓉．我国经济的全球化及其对城镇体系的影响[J]. 地理研究，1995，14(3)：1-13.

[348]许学强，周素红．20 世纪 80 年代以来我国城市地理学研究的回顾与展望[J]. 经济地理，2003，23(4)：433-440.

[349]许学强，周一星，宁越敏．城市地理学(第二版)[M]. 北京：高等教育出版社，2009.

[350]许学强，周一星，宁越敏．城市地理学[M]. 北京：高等教育出版社，1997.

[351]薛德升，许学强，陈浩光．珠江三角洲镇域乡镇工业发展及其地方经济影响研究——以顺德市北窖镇为例[J]. 人文地理，1998，13(4)：39-43.

[352]亚当·斯密．道德情操论[M]. 北京：中央编译出版社，2008.

[353]闫卫阳，刘静玉．城市职能分类与职能调整的理论与方法探讨——以河南省为例[J]. 河南大学学报(自然科学版)，2009，39(3)：265-270.

[354]颜双波．基于 VAR 模型的我国“五化协同”发展研究[J]．华中农业大学学报(社会科学版)，2016，36(6)：123-135+146-147.

[355]阳立高，廖进中．城镇化、工业化与农业产业化经济拉动作用分析[J]．经济问题探索，2009，30(3)：163-168.

[356]杨冠军，刘灵芝．河南省乡镇经济社会发展的现状、问题与对策思考[J]．决策探索(上半月)，2007，23(1)：25-27.

[357]杨建仁，刘卫东．中部六省工业化水平的实证研究—基于灰色关联的综合评价[J]．华东经济管理，2010，24(1)：40-43.

[358]杨建涛，高建华，史雅娟．基于 PIL 的中原城市群城镇化演进与态势研究[J]．中国土地科学，2014，28(3)：59-66+75.

[359]杨莉，刘海燕．习近平“两山理论”的科学内涵及思维能力的分析[J]．自然辩证法研究，2019，35(10)：107-111.

[360]杨林军，何大明，巫继学．河南省经济发展战略构想[J]．预测，1986，5(5)：65-66.

[361]杨林军，巫继学，何大明．中原经济区产业结构发展战略探索[J]．中州学刊，1985，7(5)：30-33.

[362]杨嫚．乡镇经济时空演变、影响因素与发展研究[D]．开封：河南大学，2018.

[363]杨吾扬．论城市体系[J]．地理研究，1987，6(3)：1-8.

[364]杨迅周，杨延哲，刘爱荣．中原城市群空间整合战略探讨[J]．地域研究与开发，2004，23(5)：33-37.

[365]杨勇，李忠民．基于面板数据模型的中国“五化”协同发展影响因素研究[J]．当代经济管理，2017，39(2)：6-10.

[366]杨勇，李忠民．中国“五化”协同发展的效率测度与时空特征[J]．软科学，2017，31(2)：19-23.

[367]姚士谋，陈爽，汤茂林，等．我国小城镇发展战略问题初探[J]．现代城市研究，1999，14(3)：3-5.

[368]姚士谋，陈振光，叶高斌，等．中国城市群基本概念的再认知[J]．城市观察，2015，7(1)：73-82.

[369]姚士谋，陈振光，朱英明等．中国城市群[M]．合肥：中国科学技术大学出版社，1992.

[370]姚士谋，张平宇，余成，等．中国新型城镇化理论与实践问题[J]．地理科学，2014，34(6)：641-647.

[371]姚士谋，周春山，王德，等．中国城市群新论[M]．北京：科学出版社，2016.

[372]姚士谋，周春山，张童，等．21 世纪我国城市群发展的新特征、新理念[J]．城市观察，2017，9(2)：26-31.

[373]姚士谋，朱英明，陈振光，等．中国城市群(第二版)[M]．合肥：中国科技大学出版社，2001.

[374]姚士谋．沪宁杭城市群区发展趋势探讨[J]．人文地理，1995，10(4)：10-16.

[375]姚士谋．我国城市群的特征、类型与空间布局[J]．城市问题，1992，11(1)：10-15+66.

[376]尹稚，袁昕，卢庆强，等．中国都市圈发展报告 2018[M]．北京：清华大学出版社．2018.

[377]尤先迅．世界贸易组织法[M]．上海：立信会计出版社，1999.

[378]于洪俊，宁越敏．城市地理概论[M]．合肥：安徽人民出版社，1983.

[379]喻新安．建设中原经济区若干问题研究[J]．中州学刊，2010，32(5)：72-79.

[380]袁嘉新，何伦志．经济系统分析[M]．北京：社会科学文献出版社，1997.

[381]岳文海．中国新型城镇化发展研究[D]．武汉：武汉大学，2013.

[382]云南省人民政府．云南省人民政府关于印发滇中城市群发展规划的通知[EB/OL]．http：//www.yn.gov.cn/zwgk/zcwj/zxwj/202008/t20200826_209715.html. 2020-08-26.

[383]曾春水，柯文前，伍世代，等．京津冀城市群城市职能演变机理[J]．城市发展研究，2020，27(9)：72-81.

[384]曾宪初，张洁燕，路志宏，等．农业产业化现代化、农村工业化城镇化与全面小康[J]．统计与决策，2005，21(22)：114-116.

[385]湛柏明．再探经济一体化理论[J]．世界经济研究，1999，18(4)：25-29.

[386]张丹，王建军，席捷．中原城市群与郑州大都会建设的战略思考[J]．地域研究与开发，1997，16(S1)：24-29.

[387]张二勋，秦耀辰．中原城市群发展研究[J]．聊城大学学报(自然科学版)，2006，19(3)：6-9+39.

[388]张改素，丁志伟，赵威．中原城市群生态环境保护的技术整合研究

[J]. 生态经济，2014，30(10)：170-174.

[389]张改素，王发曾，康珈瑜，等. 长江经济带县域城乡收入差距的空间格局及其影响因素[J]. 经济地理，2017，37(4)：42-51.

[390]张改素，魏建飞，丁志伟. 中国镇域工业化和城镇化综合水平的空间格局特征及其影响因素[J]. 地理研究，2020，39(3)：627-650.

[391]张海平，周星星，代文. 空间插值方法的适用性分析初探[J]. 地理与地理信息科学，2017，33(6)：14-18+105.

[392]张建伟，王发曾，徐晓霞. 以生物群落演化视角透视中原城市群整合[J]. 河北师范大学学报(自然科学版)，2008，32(6)：834-840.

[393]张建伟，徐晓霞，元媛. 中原城市群城市职能研究[J]. 河南科学，2008，26(5)：618-622.

[394]张静. 东营市乡镇经济社会发展的现状与对策思考[J]. 全国商情(经济理论研究)，2014，29(20)：37.

[395]张静. 中原城市群的职能分类探讨[J]. 许昌学院学报，2008，27(5)：139-143.

[396]张丽君，秦耀辰，张金萍，等. 基于学习型区位论的县域产业集聚格局研究——以中原城市群为例[J]. 经济地理，2011，31(8)：11-17.

[397]张丽君，秦耀辰，张金萍，等. 郑汴都市区产业 CO_2 排放演变机理及脱钩分析[J]. 地理科学进展，2012，31(4)：426-434.

[398]张丽君. 中原城市群产业地理集中格局及影响因素研究[D]. 开封：河南大学，2010.

[399]张谦智，吴国玺. 中原城市群地区土地资源利用及优化配置研究[J]. 生态经济，2010，26(2)：59-62.

[400]张荣天，焦华富. 中国新型城镇化研究综述与展望[J]. 世界地理研究，2016，25(1)：59-66.

[401]张伟. 都市圈的概念、特征及其规划探讨[J]. 城市规划，2003，27(6)：47-50.

[402]张文奎，刘继生，王力. 论中国城市的职能分类[J]. 人文地理，1990，5(3)：1-7.

[403]张引，杨庆媛，李闯，等. 重庆市新型城镇化发展质量评价与比较分析[J]. 经济地理，2015，35(7)：79-86.

[404]张占仓，杨迅周，杨延哲. 中原城市群发展特征与发展途径[N]. 郑州日报，2004-07-23(14).

[405]张占仓，杨延哲，杨迅周．中原城市群发展特征及空间焦点[J]. 河南科学，2005，23(1)：133-137.

[406]张占仓．河南省新型城镇化战略研究[J]. 经济地理，2010，30(9)：1462-1467.

[407]赵传松，任建兰，陈延斌，等．中国科技创新与可持续发展耦合协调及时空分异研究[J]. 地理科学，2018，38(2)：214-222.

[408]赵荣，王恩涌，张小林，等．人文地理学[M]. 北京：高等教育出版社，2006.

[409]赵昕，茶洪旺．信息化发展水平与产业结构变迁的相关性分析[J]. 中国人口·资源与环境，2015，25(7)：84-88.

[410]赵永，王劲峰．中国市域经济发展差异的空间分析[J]. 经济地理，2007，27(3)：357-361.

[411]郑汴产业带总体规划(2006—2020年)[M]. 郑州：河南省人民政府，2006.

[412]郑德高，朱郁郁，陈阳，等．上海大都市圈的圈层结构与功能网络研究[J]. 城市规划学刊，2017，61(5)：41-49.

[413]郑度．中国21世纪议程与地理学[J]. 地理学报，1994，61(6)：481-489.

[414]郑开大道沿线地区总体规划(2006—2020年)[M]. 郑州：河南省发展和改革委员会，2006.

[415]郑州大都市区空间规划(2018—2035)[M]. 郑州：河南省委办公厅，河南省政府办公厅，2019.

[416]郑州都市区总体规划(2012—20)[M]. 郑州：郑州人民政府，2012.

[417]郑州市人民政府．郑州市人民政府办公厅关于印发郑州市2020年高品质推进城市建设实施方案的通知[EB/OL]. http://public.zhengzhou.gov.cn/D0104X/3289702.jhtml，2020-04-28.

[418]中共河南省委，河南省人民政府．中共河南省委、河南省人民政府关于印发《河南省全面建设小康社会规划纲要》的通知[EB/OL]. http://www.chinalawedu.com/falvfagui/fg22016/72231.shtml，2003-08-15.

[419]中共中央，国务院．关于建立更加有效的区域协调发展新机制的意见[EB/OL]. http://www.gov.cn/zhengce/2018-11/29/content_5344537.htm，2018-11-29.

[420]中共中央，国务院．关于建立国土空间规划体系并监督实施的若干意见[EB/OL]．http：//www.gov.cn/zhengce/2019-05/23/content_5394187.htm，2019-05-23.

[421]中共中央，国务院．关于实现巩固拓展脱贫攻坚成果同乡村振兴有效衔接的意见[EB/OL]．http：//www.gov.cn/zhengce/2021-03/22/content_5594969.htm，2021-03-22.

[422]中共中央，国务院．国家创新驱动发展战略纲要[M]．北京：人民出版社，2016.

[423]中共中央，国务院．国家新型城镇化规划[M]．北京：人民出版社，2014.

[424]中共中央，国务院．乡村振兴战略规划(2018—2022 年)[M]．北京：人民出版社.2018

[425]中共中央，国务院．粤港澳大湾区发展规划纲要[M]．北京：人民出版社，2019.

[426]中共中央，国务院．长江三角洲区域一体化发展规划纲要[M]．北京：人民出版社，2019.

[427]中共中央，国务院．中共中央国务院关于加快推进生态文明建设的意见[N]．人民日报，2015-05-06(001).

[428]中国共产党河南省第六次代表大会文件汇编[M]．郑州：河南人民出版社，1995.

[429]中国社会科学院．中国城市竞争力报告 No.18[M]．北京：中国社会科学出版社，2020.

[430]中国社会科学院财经战略研究院．中国县域经济发展报告(2020)[R]．北京：中国社会科学院财经战略研究院，2020.

[431]国家统计局．中国城市统计年鉴[M]．北京：中国统计出版社，2009.

[432]国家统计局．中国分县市统计年鉴[M]．北京：中国统计出版社，2009.

[433]国家统计局．中国统计年鉴[M]．北京：中国统计出版社，2009.

[434]国务院．中华人民共和国国民经济和社会发展第十二个五年规划纲要[M]．北京：人民出版社，2011.

[435]国务院．中华人民共和国国民经济和社会发展第十三个五年规划纲要[M]．北京：人民出版社，2016.

［436］国务院．中华人民共和国国民经济和社会发展第十四个五年规划和2035年远景目标纲要［M］．北京：人民出版社，2021.

［437］国务院．中华人民共和国国民经济和社会发展第十一个五年规划纲要［M］．北京：人民出版社，2006.

［438］中原经济区建设纲要（试行）［M］．北京：河南人民出版社，2011.

［439］周兵，高君希，吕斐．新型工业化和新型城镇化协调发展分析——基于重庆市的实证［J］．重庆师范大学学报（自然科学版），2014，31（2）：105-109.

［440］周恩来．周恩来总理在第三届全国人民代表大会第一次会议上作政府工作报告［M］．北京：人民出版社，1965.

［441］周倩．中原城市群空间演化研究——基于2018、2019年界面分析［J］．中州大学学报，2019，36（5）：41-45.

［442］周仕通，魏燕．乡镇创新经济发展路径研究——以徐州市为例［J］．农村经济与科技，2014，25（9）：173-176.

［443］周一星，R. 布雷德肖．中国城市（包括辖县）的工业职能分类理论、方法和结果［J］．地理学报，1988，43（4）：287-298.

［444］周一星，曹广忠．改革开放20年来的中国城市化进程［J］．城市规划，1999，23（12）：3-5.

［445］周一星，史育龙．建立中国城市的实体地域概念［J］．地理学报，1995，50（4）：289-301.

［446］周一星，孙则昕．再论中国城市的职能分类［J］．地理研究，1997，16（1）：11-22.

［447］周一星．城市地理学［M］．北京：商务印书馆，2007.

［448］周一星．关于明确我国城镇概念和城镇人口统计口径的建议［J］．城市规划，1986，10（3）：10-15.

［449］朱士鹏，张志英．黔中城市群空间范围界定和空间结构研究［J］．地域研究与开发，2015，34（5）：64-67.

［450］朱永红．中原城市群可持续发展研究［D］．昆明：昆明理工大学，2010.

［451］最新中国城市GDP百强榜出炉：你的家乡排名第几？［N］．21世纪经济报道，2019-08-13.

［452］左其亭．黄河流域生态保护和高质量发展研究框架［J］．人民黄河，2019，41（11）：1-6+16.